民生：深化改革直接目标　改革：民生发展动力之源

U0646445

2018
中国民生发展报告
改革是民生发展动力之源

Minsheng Development Report in China 2018

Reform is the Source of the Motive Power of Minsheng Development

北京师范大学政府管理学院　　著

北京师范大学出版集团
BEIJING NORMAL UNIVERSITY PUBLISHING GROUP
北京师范大学出版社

图书在版编目(CIP)数据

2018 中国民生发展报告：改革是民生发展动力之源/北京师范大学政府管理学院著. —北京：北京师范大学出版社，2019.3
ISBN 978-7-303-24574-1

Ⅰ. ①2… Ⅱ. ①北… Ⅲ. ①居民生活－研究报告－中国－2018 Ⅳ. ①D668

中国版本图书馆 CIP 数据核字(2019)第 045389 号

营 销 中 心 电 话 010-58805072 58807651
北师大出版社高等教育与学术著作分社 http://xueda. bnup. com

2018 ZHONGGUO MINSHENG FAZHAN BAOGAO：GAIGE
SHI MINSHENG FAZHAN DONGLI ZHIYUAN
出版发行：北京师范大学出版社 http://www. bnupg. com
北京市海淀区新街口外大街 19 号
邮政编码：100875
印　　刷：三河市兴达印务有限公司
经　　销：全国新华书店
开　　本：787 mm×1092 mm 1/16
印　　张：25
字　　数：410 千字
版　　次：2019 年 3 月第 1 版
印　　次：2019 年 3 月第 1 次印刷
定　　价：126.00 元

策划编辑：马洪立　　　　责任编辑：戴　轶
美术编辑：李向昕　　　　装帧设计：李向昕
责任校对：段立超　　　　责任印制：马　洁

前　言

40年改革开放，40年风雨征程，中国发生了翻天覆地的变化，经济增长，社会稳定，人民安居乐业。这个拥有5 000年文明的东方大国，经过短短40年的改革开放，如神话般地崛起，成功实现了从站起来到富起来再到强起来的伟大跨越，成为世界第二大经济体、制造业第一大国、货物贸易第一大国和外汇储备第一大国，也是世界上128个国家的最大贸易伙伴。40年来，中国经济增长对世界经济增长的贡献率超过30%，对亚洲经济增长的贡献率更是超过了50%。中国已经成为拉动全球经济复苏与增长的重要引擎，并在当今重大国际和地区事务中发挥着举足轻重的作用。可以说，中国从来没有像今天这样靠近世界舞台的中心，从来没有像今天这样接近实现中华民族伟大复兴中国梦的目标。

40年改革开放，中国在幼有所育、学有所教、劳有所得、病有所医、老有所养、住有所居、弱有所扶的民生领域，取得了长足的进步，惠及广大人民群众的是看得见、摸得着的实实在在民生改善的获得感、满足感和安全感。随着中国特色社会主义进入新时代，社会主要矛盾已经转化为人民日益增长的美好生活需要和不平衡不充分的发展之间的矛盾，在14亿人口的温饱问题得到解决、总体上实现小康的背景下，人民美好生活需要日益广泛，不仅对物质文化生活提出了更高要求，而且在民主、法治、公平、正义、安全、环境等方面的要求日益增长。因此，发展不平衡不充分的矛盾，成为满足人民日益增长的美好生活需要的制约因素，这就需要全面深化改革。增进老百姓的民生福祉不仅成为改革的根本目的，更是激活民生发展活力、触发民生发展动能、做大民生发展蛋糕、提升人们民生发展的获得感、满足感和幸福感的不竭力量源泉。

2018年是中国改革开放40周年，《2018中国民生发展报告》以"改革：民生发展动力之源"为主题，探讨改革对民生发展的影响。报告基于前期研究成果，沿袭定型的格式，在多次专家论证与实地调研的基础上，构建了"中国民生发展指数4.0版"，对36个省会城市和计划单列市以及260个地级市的民生发展进行了测度。

　　根据对 36 个省会城市和计划单列市 2018 年民生发展的测度结果，得分前五、排名前五位的省会城市和计划单列市是深圳、北京、杭州、上海、广州。相较于 2017 年前五位（北京、深圳、广州、上海、杭州）的排名，深圳超过北京排名第一，杭州超过上海、广州跃居第三。这表明深圳、北京、杭州、上海、广州在创新能力、协调能力、开放能力、共享能力上较其他城市有明显的优势，同时也反映出传统的"北上广"被"北上深杭"替代的发展趋势。得分后五名的省会城市和计划单列市是西宁、石家庄、长春、南宁、拉萨，表明这五个城市在改革、创新、协调、绿色、开放和共享发展民生方面尚需进一步发力。

　　根据对 260 个地级市的测度结果，评出"2018 中国地级市民生发展 100强"，民生发展指数地级市排名前 10 位的城市是金华、苏州、东莞、珠海、中山、无锡、阿拉善、威海、佛山、绍兴。与 2017 年地级市排名前 10 位相比，此前排名第 29 位的金华一路高歌猛进，取代了苏州一跃成为 2018 年地级市民生排名第 1 位。同时，2017 年排名第 16 位的威海于 2018 年跃升至第 8 位，其余 8 个入围城市皆是前 10 位名单中的常青树，鄂尔多斯和乌海虽然跌出前 10，但其所取得的成绩仍旧不俗。2018 年地级市排名后 10 位的城市是衡水、天水、北海、绥化、齐齐哈尔、邢台、达州、玉林、梧州、阜阳，表明这 10 个地级市在民生改善方面还需要进一步精准发力。

北京师范大学政府管理研究院院长、教授、博士生导师

2018 年 12 月 31 日

目　录

专栏目录

表　目

图　目

Contents

Chapter 4　Reform to Improve the People's Livelihood Development Momentum

Chapter 5　Reform and Develop People's Livelihood Cake

Chapter 6　Reform and Upgrading of People's Livelihood, Sense of Happiness, Sense of Security

Chapter 7　2018 China's Livelihood Development Index Report

第1章 绪 论

2018 年是中国改革开放 40 周年。40 年来，中国共产党领导中国人民，以逢山开路、遇水架桥的闯劲，凭滴水穿石、与时俱进的韧劲，成功地走出一条中国特色社会主义道路，书写出一部中华民族蓬勃发展、开拓奋进的壮丽史诗。

>> 1.1 40 年改革带来的民生发展变化 <<

1978 年 5 月，一篇题为《实践是检验真理的唯一标准》的文章，掀起了解放思想、实事求是的真理标准大讨论，吹响了改革开放的前奏曲。1978 年年末，党的十一届三中全会召开，做出了改革开放这一"决定当代中国命运的关键抉择"，中国进入了改革开放的历史新时期；同年，安徽凤阳小岗村的 18 位农民在土地承包责任书上按下了鲜红的手印，开始了农村经济体制改革，拉开了由下至上的诱致性制度变迁的序幕；1980 年，国务院将深圳、珠海、厦门、汕头设为经济特区，开启了中国看世界的窗口，打开了中国开放的大门；1988 年 5 月 10 日，我国第一个高新技术产业开发试验区在北京成立，科技体制改革的序幕拉开；2013 年 9 月 29 日，中国（上海）自由贸易试验区正式成立，中国的改革开放向纵深发展；2017 年 4 月 1 日，中共中央、国务院决定在河北雄安设立国家级新区，延续了 20 世纪 80 年代看深圳、20 世纪 90 年代看浦东、21 世纪看雄安的连续剧；2018 年 4 月 14 日，国务院发布指导意见，支持海南全岛建设自由贸易试验区并探索建设自由贸易港，全面深化改革进入了新阶段……除此之外，还有农村经济体制改革、城市经济体制改革、国有企业改革、事业单位改革、价格体制改革、财政税收体制改革、医疗卫生体制改革、教育体制改革、户籍体制改革、司法体制改革、行政体制改革……

梳理 40 年来中国改革的这一幕幕，回望 40 年中国改革的足迹，这是触及人们灵魂的改革，为中国带来了翻天覆地的变化和民生的改善。改革开放 40 年，中国的经济、社会取得了长足发展，国内生产总值（GDP）从 1978 年的 3 679 亿元增长到 2017 年的 82.7 万亿元。40 年间，中国年均 GDP 增幅达到 9.5%，大大高于世界同期年均 2.9% 的水平。按照国际组织的数据，1980 年中国在 148 个国家中，以人均 GDP312 美元排在第 130 位。2017 年中国在 232 个国家和地区中，人均 GDP 排位上升到第 70 位，达到了 9 481 美元。这为民生保障、改善和发展提供了坚实的基础，使 7 亿多人摆脱了贫困，中国脱贫人口占全球脱贫人口的 76%。中国人的人均预期寿命从新中国成立初期的 43 岁增加到 2017 年的 76.7 岁。中国还是世界外汇储备第一大国、制造业第一大国、货物贸易第一大国。改革，解决了中国社会民生发展中很多长期没有解决的问题，中华民族从来没有像今天这样接近伟大复兴的目标。

>> 1.2　全面深化改革是民生发展动力之源 <<

中国特色社会主义进入新时代，社会主要矛盾已经由"人民日益增长的物质文化需要同落后的社会生产之间的矛盾"转化为"人民日益增长的美好生活需要和不平衡不充分的发展之间的矛盾"。改革使我国社会生产力水平总体上显著提高，社会生产能力在很多方面进入世界前列，稳定地解决了十几亿人的温饱问题，总体上实现了小康，不久将全面建成小康社会。广大人民美好生活需要日益广泛，不仅对物质文化生活提出了更高要求，而且在民主、法治、公平、正义、安全、环境等方面的要求日益增长。但是，民生发展仍然面临着不平衡不充分的突出问题，这已经成为满足人民日益增长的美好生活需要的主要制约因素。而要消除这些制约因素，就需要"全面深化改革"。因此，全面深化改革仍然是新时代的民生发展动力之源。

为了深入解析 40 年中国民生发展的动力机制，揭示中国民生发展成就取得的动力源泉，2018 年北京师范大学民生发展课题组以"改革：民生发展动力之源"为主题，研发了《2018 中国民生发展报告》。报告从改革开放 40 年带来的民生发展巨大成就入手，探析了改革激发民生发展活力，触发民生发展动能，做大民生发展蛋糕，提升人们民生发展的获得感、满足感和幸福感，从不同的视角和维度，探讨民生发展的动力之源。

>> 1.3 2018 中国民生发展指数的特点 <<

2018 年民生发展报告沿用中国民生发展指数 4.0 版，遵循科学性、系统性、可操作性、可比性及可量化性的原则，设计了包括 5 个二级指标（民生基础、收入消费、居住出行、文化教育、安全健康），25 个三级指标的指标体系，并依据德尔菲法，确定了每个二级指标 20% 的权重、每个三级指标 4% 的权重，分别对 36 个省会城市和计划单列市以上的城市、27 个省（区）的 260 个地级市的民生发展状况进行测度，评出了"2018 中国地级市民生发展 100 强"，同时对 260 个地级市在省（区）内的地位进行了排名。

根据对 36 个省会城市和计划单列市 2018 年民生发展的测度结果，得分前五、排名前五位的省会城市和计划单列市是深圳、北京、杭州、上海、广州。相较于 2017 年前五位（北京、深圳、广州、上海、杭州）的排名，深圳超过北京排名第一，杭州超过上海、广州跃居第三。这表明深圳、北京、杭州、上海、广州在创新能力、协调能力、开放能力、共享能力上较其他城市有明显的优势，同时也反映出传统的"北上广"被"北上深杭"替代的发展趋势。得分后五名的省会城市和计划单列市是西宁、石家庄、长春、南宁、拉萨，表明这五个城市在创新、协调、绿色、开放和共享发展民生方面尚需进一步发力。

根据对 260 个地级市的测度结果，评出"2018 中国地级市民生发展 100 强"，民生发展指数地级市排名前 10 位的城市是金华、苏州、东莞、珠海、中山、无锡、阿拉善、威海、佛山、绍兴。与 2017 年地级市排名前 10 位相比，此前排名第 29 位的金华一路高歌猛进，取代了苏州一跃成为 2018 年地级市民生排名第 1 位。同时，2017 年排名第 16 位的威海于 2018 年跃升至第 8 位，其余 8 个入围城市皆是前 10 位名单中的常青树，鄂尔多斯和乌海虽然跌出前 10，但其所取得的成绩仍旧不俗。2018 年地级市排名后 10 位的城市是衡水、天水、北海、绥化、齐齐哈尔、邢台、达州、玉林、梧州、阜阳，表明这 10 个地级市在民生改善方面还需要进一步精准发力。

    2018 年地级市民生发展 100 强中，有东部城市 53 个，中部城市 28 个，西部城市 19 个，民生发展水平从整体上呈现出"东部—中部—西部"依次递减的状态，充分验证了党的十九大报告的新时代我国社会主要矛盾已经转化为"人民日益增长的美好生活需要和不平衡不充分的发展之间的矛盾"的正确性。我国东、中、西部发展不平衡的问题是一个综合性问题，与我国改革开放以来的政策导向有关，也是中国特色社会主义初级阶段的产物。但是，在国家东、中、西部平衡发展的战略部署以及"一带一路"倡议的推进下，我国中西部地区也日益释放出巨大的发展潜力，经济社会发展取得了很大成就，民生领域与东部地区的发展差距也在逐渐缩小。

    总之，《2018 中国民生发展报告》在继承连续研究优良传统的基础上，内容上有进一步的创新，特色更加鲜明，提出了一系列新见解和新观点，丰富了民生发展理论。我们坚信，北京师范大学民生发展课题组通过坚持不懈的扎实研究，一定会推动中国民生事业的发展，结出更加丰硕的果实。

第2章 民生是改革的目标，改革是民生的动力

1978年12月18日，党的十一届三中全会召开，提出改革开放这一历史性创举，翻开了新中国发展史上新的一页。时至今日，中国的改革开放已经稳稳地走过了40年，中国经济社会发生了翻天覆地的变化，中国的民生改善和发展取得了惊天动地的成就，中国人民的获得感、满足感和幸福感从来没有像今天这样强烈。40年改革历程，40年民生发展，我国走出了一条符合中国国情的民生发展之路。中国民生发展进入新时代，民生发展的道路和经验，已经成为一个具有世界意义的社会主义发展中大国的民生发展成功案例和参照对象。中国特色社会主义进入新时代意味着中国特色社会主义道路、理论、制度、文化不断发展，拓展了发展中国家发展民生、走向现代化的途径，给世界上那些既希望加快民生发展又希望保持自身独立性的国家和民族提供了全新的选择，为解决人类的衣食住行、教育医疗保障等民生问题贡献了中国智慧和中国方案。改革开放40年后的中国，正以更大胸怀、更广视野的全新姿态，以决胜全面建成小康社会、全面改善和发展民生为目标，开启全面建设社会主义现代化中国的新征程。

>> 2.1 40年改革带来中国民生发展的伟大成就 <<

40年改革开放，40年风雨征程，40年中国民生发展的历史性成就，是新时代改革开放再出发、实现"两个一百年"奋斗目标，再创中国民生发展的伟大辉煌的重要思想基础和精神动力。

— 5 —

2.1.1　民生发展的基础：经济实力大幅增强

改革开放以来，依照"实践是检验真理的唯一标准"的理念，我们渐进式推动农村土地、户籍、乡镇企业、国有企业、外商投资、金融服务、科技管理、经济特区等相关制度的改革，逐渐明晰社会主义与市场经济、政府与市场、国家与民众之间的关系，全面调动了生产者积极性，激发了经济活力，完成了从计划经济到市场经济的转变，创造了经济发展的中国奇迹。国内生产总值（GDP）从 1978 年的 3 679 亿元迅速跃升到 2017 年的 82.7 万亿元，成为世界第二大经济体，2017 年整个欧元区的 GDP 只比中国多了不到 2 000 亿美元。2018 年中国的 GDP（名义 GDP）预计达到约 13.2 万亿美元，超过 19 个欧元区国家的 12.8 万亿美元。中国 GDP 占世界 GDP 总和的比重从 1978 年不足 1.8%，上升到 2017 年的 15.2%，稳居世界第二位。40 年间，中国年均 GDP 增幅达到 9.5%，而世界经济同期的年均增幅是 2.9%。按照国际组织的数据，1980 年中国在 148 个国家中，以人均 GDP312 美元排在第 130 位。2017 年中国在 232 个国家和地区中，人均 GDP 排位上升到第 70 位，达到了 9 481 美元。中国货物进出口总额 1978 年是 206 亿美元，2017 年超过了 4 万亿美元，居世界货物贸易第一位。中国对外投资近几年上升很快，累计达到了 1.9 万亿美元，已经上升到了世界第二位。中国制造业产值在 2010 年首次超过了美国，占世界的 19.8%，美国自第二次世界大战以来首次下降到第二位，占全球制造业产值的 19.6%。2016 年中国制造业产值占全球的 25.5%。2005 年，中国 GDP 增加 16.8%，超过意大利，成为世界第六大经济体。2006 年，中国经济规模超过英国，成为仅次于美国、日本和德国的世界第四大经济体。2007 年，中国 GDP 增速为 13%，超过德国成为全球第三大经济体。仅仅 3 年之后的 2010 年，中国 GDP 便超过日本，成为"世界第二"。可以说，当今中国实现了从封闭型经济弱国向开放型全球经济大国的转变。

2.1.2　民生发展的治理结构：实现了从单极化传统管理向现代公共服务型治理的转变

以市场为导向的经济体制改革，必然给国家的政府管理体制、传统管理理念、社会管理能力等带来巨大的挑战。因此，不断适应经济体制改革释放活力、社会流动性增加、科技互联网技术崛起、多元社会组织蓬勃发展等趋势，协调推进党的自身建设、重塑中央与地方关系、调整政府组织结构、转变政府职能，加强城乡基层政权建设等方面的改革，成为中国渐进式改革开放的政府逻辑与基本内容。中国治国理政模式实现了"权威—民主—法治"的动态平衡，基本形成了以宏观调控、市场监管、公共服务、社会管理、保护环境为核心职能，以"党委领导、政府负责、社会协同、公众参与、法治保障"为框架和以大数据互联网技术为支撑的共建共治共享、公共服务型现代治理新模式。截至2017年年底，国务院取消下放行政审批事项1/3以上，工商登记前置审批精简85%，资质资格认定事项压减44%，多数省份行政审批事项减少50%～70%；中共党员总数达到8 956.4万人，党的基层组织达到457.2万个；全国社会组织数量突破80万个；基层群众自治组织达到66.2万个；经过微博平台认证的政务微博达到173 569个。

以市场为导向的改革，优化了民生发展的治理结构，有助于民生改善和发展，使得中国人民的民生获得感、满足感、幸福感大大增强。

2.1.3　改革实现了从落后的乡村型社会向富足的城乡融合型社会转变

1978年，我国是一个农村人口占总人口80%的典型农业型国家。此后，经过采取户籍制度、土地制度、城市单位体制、经济特区、开放城市等改革创新，农民从原有的土地束缚中被解放出来，大量的农村劳动力开始流向大中型城市，整个社会呈现出高度的流动性，中国社会走上了现代城市化发展之路，城市活力进一步释放。截至目前，中国的城市化率已经达到58%，一半以上的人口成为城市居民，并且产生了一大批人口超过500万的特大城市以及人口高度密集、经济一体化的超大城市区域，创造了新的财富、新的产品、新的文明、新的生活方式。对一个拥有十几亿人口的发展中大国而言，在如此短的时间内，从一个贫穷落后的国家转变成一个以城市居民为主的国家，同时以高铁、互联网为主的城乡基础设施建设取得了突飞猛进的发展，不得不说是巨大的成绩。党的十九大报告提出了乡村振兴战略，这是"五位一体"总体布局在乡村领域的具体落实。未来中国社会，将是一个城乡互动共融、协调发展的城乡融合型新社会。

2.1.4 改革实现了从温饱向全面小康的整体性转变

40 年经济、政治、社会、生态的全方位改革，为广大民众开辟了新的就业渠道和发展机会，不断改善民生，不断增加收入，让人民群众过上富裕、幸福、文明的美好新生活，这是改革开放的初心，也是 40 年改革开放最大的成就之一。其中最典型的就是中国的减贫事业，使得 7 亿多人口脱离了极端贫穷。中国脱贫人口占全球脱贫人口的 76%，为世界的减贫事业做出了巨大贡献。1978 年，城镇居民家庭的人均生活消费支出为 311 元，恩格尔系数为 57.5%，到 2017 年，分别变为 24 445 元（增长了 78 倍）和 28.6%；1978 年农村居民家庭的人均生活消费支出为 116 元，恩格尔系数为 67.7%，到 2017 年，分别变为 10 955 元和 31.2%。城乡居民享受到了改革的红利，开始走向更加富裕、多元化消费的生活；中国人的人均预期寿命从新中国成立初期的 43 岁，发展到 2017 年的 76.7 岁。新时代，随着交通、教育、医疗、住房、就业创业、文化、社会保障等民生领域的进一步建设，人民对生活的追求从"有没有"变成了"好不好"，高品质生活成为新的追求目标。

2.1.5 改革实现了基本公共服务均等化的跨越式转变

教育、医疗、就业、养老、社会保障、公共文化等基本公共服务，是民生的核心内容。长期以来，中国实行二元体制，城乡公共服务发展不平等，大量优质的公共服务集中在城市，绝大多数的农民享受不到医疗、养老、社会保障、公共文化等公共服务。

改革开放以来，党和政府将公共服务均等化作为改革的重要内容，以改革促进公共服务质量和效益的提高。首先，创新公共服务的理论、制度和方法，在借鉴世界上优秀的公共服务理论的同时，结合中国的历史、文化和国情，形成中国特色、中国风格、中国气质的公共服务改革理论，深化行政管理体制改革，进一步转变政府职能，持续推进简政放权、放管结合、优化服务，提高政府效能，激发市场活力和社会创造力，加快形成一系列有利于公共服务发展的市场制度、产权制度、投融资制度、分配制度、人才制度等，建立和完善劳动就业、教育、社会服务、医疗卫生、人口生育、住房保障、社会保险、文化体育等一系列的公共服务制度，再利用互联网、大数据、云计算等科学技术创新成果，瞄准公共服务的瓶颈制约问题，制订系统性技术解决方案，发展出一系列公共服务的新技术、新业态、新平台、新模式，大大提高了公共服务均等化的能力和水平。其次，改革打破了城乡二元体制，坚持工业反哺农业、城市支持农村，健全城乡发展一体化体制机制，推进城乡要素平等交换、合理配置等举措，推进了城乡基本公共服务均等化的进程。再次，改革促进了东部率先发展、西部大开发、振兴东北老工业基地、中部崛起等，实施了京津冀协同发展、长江经济带建设等区域协同发展战略，加快了革命老区、民族地区、边疆地区、贫困地区公共服务发展，加大了资源枯竭、产业衰退、生态严重退化等困难地区公共服务的支持力度。最后，改革进一步建立和完善了一系列具体的基本公共服务制度，在劳动就业、教育培训、社会服务、医疗卫生、人口生育、住房保障、社会保险、文化体育、交通通信、公用设施、环境保护等方面亟须相关具体制度的相互沟通、相互协调。

>> 2.2　改革的目标和主题是民生 <<

2.2.1　夯实民生是化解风险的稳定力量

改革是对既有利益格局的调整，因而风险与各方阻力必然伴随着整个改革进程。在改革开放初期，邓小平同志就曾指出：在实现四个现代化的过程中，必然会出现许多我们不熟悉的、预料不到的新情况、新问题。尤其是生产关系和上层建筑的改革不会是一帆风顺的，它的涉及面很广，涉及一大批人的切身利益，一定会出现各种各样的复杂情况和问题，一定会遇到重重障碍。……对此我们必须有足够的思想准备。与早期改革相比，今天的改革面临的风险越来越大，改革更难获得公众的支持与信任。长期以来的社会问题消耗了部分人民群众对改革的信心和政府的公信力，使改革越来越难获得社会一致的支持；社会上的急躁情绪，导致人们希望改革一蹴而就，而现实是改革需要长时间的试错与纠错才能发挥成效，因而易受到公众的指责。

改革是对旧生产关系的调整，必然会触动利益团体的既得利益，无论改革的方案多么周密，既得利益者会用优势话语权阻碍改革，媒体公众会用挑剔的目光审视改革，一些人甚至还会以乌托邦思维苛求改革，改革总与风险相伴。尤其是当改革进入深水期、攻坚期之时，越向前推进，触动的社会矛盾越深，涉及的利益越复杂，阻力也越大。如何化解改革过程中的风险成为维护社会稳定的关键。我国改革一直是处于摸着石头过河的状态，尽管有顶层设计相配合，对于缺乏经验的社会主义建设来说，风险依然存在。发挥市场在资源配置中的决定性作用，需要进一步理顺政府与市场的关系，进行体制性改革，如何在改革与稳定间保持平衡是考验执政党的难题。

化解这些矛盾，渡过深水区和攻坚期，实现社会的稳定和发展，关键在于通过改革发展民生，夯实民生是化解社会矛盾和风险、实现社会稳定的力量。马克思主义认为，人民群众是实践的主体和历史的创造者，人民群众始终是社会物质资料生产的主体，也是历史的主体，民生问题体现在人民群众的生产需要中，也是人民群众改善生活与生产的一种实践活动。改革进入深水期，攻坚克难离不开人民群众的支持，人民群众作为实践活动的主体，是全面深化改革的依靠力量，有民本温度，才有改革力度。党的十八大报告把解决民生问题作为重点，鉴于教育公平的实现有利于社会合理的分层流动，是促进社会公平的调节器，从资源配置、资金投入、政策引导等方面加大对相对贫困地区的投入；把医疗保障、公共服务、药品监管等作为推进卫生事业发展的重点，旨在为群众提供方便的医疗服务体系；鉴于人口老龄化的趋势，提出大力发展老龄服务业，并要求完善社会保障制度的顶层设计，尤其要完善农村社保体系，并通过多种途径加大对养老保障基金的投入，构建以自我养老与家庭养老为基础、社区养老为主干的新型养老服务体系，等等。不能顺民意、谋民利、得民心，就会动摇立党之本，削弱执政之基，阻塞力量之源。民生问题的解决过程是化解社会矛盾的过程，更是获得民心的过程，是实现社会稳定的可靠途径，也是化解改革风险的稳定力量。

改革是当代中国社会发展的主题，也是中国当代社会发展的难题。深化改革攻坚克难的目标涉及民生领域的诸多矛盾与问题，同时民生的改善也绝非一时一事之功，它涉及每个人的生活，需要全体人民群众的参与。人民群众是实践活动的主体，民生问题事关改革进程与成败，也是新时期全面深化改革的关键动力。从长远来看，夯实民生必然成为实现中国梦的坚实基础和强大的物质保证。

2.2.2　改革是为了民生

中国共产党从建立起，从来不因循守旧、故步自封，而是随着时代的变化、环境的变化，不断进取、不断创新、不断改革、不断自我革新。中国共产党百年来之所以生气勃勃，一个重要的原因就在于党始终带领人民走在时代的前列，不断改革。改革是党的生命力所在，是党的事业兴旺发达的力量源泉。

1921 年中国共产党成立以后，没有照搬照抄苏联城市包围农村、首先从城市夺取政权的经验，而是根据中国当时城市中反革命势力大大超过革命势力的情况，走农村包围城市的道路并最终取得胜利。新中国成立以后，在如何走社会主义道路的问题上，中国共产党一方面在改造生产资料私有制、建立生产资料社会主义公有制等方面坚持马克思列宁主义的基本原则，向苏联学习；另一方面又从中国的实际出发，采取适合中国国情的社会主义改造的方针、政策和办法，避免了苏联社会主义改造中的某些过火行为。在如何建设社会主义的问题上，中国共产党以苏联为鉴，走出了一条中国特色的社会主义道路。1992年，当改革面临困难之时，邓小平同志坚定地指出：不改革就只有死路一条。这一切都充分体现了中国共产党的改革创新精神。

改革为了什么？或者说改革的目标是什么？这个问题始终是古往今来改革者必须回答的首要问题。战国时期的商鞅变法，目的是富国强兵；王安石变法是为了改变北宋初年"三冗"造成的积贫积弱现象；明代张居正推行万历新政是为了挽救日渐衰落的明王朝。由于时代的局限，封建社会的政治家们推行的改革都是从维护封建统治者的利益出发的，目的是强化封建统治者的统治。

中国是社会主义国家，中国共产党作为无产阶级的政党，从一开始就将全心全意为人民服务作为自己的行动纲领，为的是为劳苦大众求解放，谋利益，消灭阶级差别，消灭资本主义私有制，没收剥削阶级的机器、土地、厂房和半成品等生产资料。在新民主主义革命的每一个关键时期，中国共产党改善民生的初心始终没有变。新中国成立以后，人民当家做了主人，中国共产党为改善民生做出了不懈的努力，民生有了基本的保障。但是，由于各种原因，人民的生活仍然艰难。因此，解决广大人民群众的民生问题，成为改革开放和全面深化改革的直接目标。

在改革开放之初的 1978 年，中国人均 GDP 比撒哈拉沙漠以南的非洲国家还少 340 多美元，84％的人口生活在国际贫困线之下。

专栏 2-1 改革开放前中国人的民生

改革开放前，老百姓的穿衣需要票证供给，每年每个人发一定数量的布票，用以购买布料、衣服、蚊帐、床单乃至布袜，一切含有棉纱成分的产品均属其内。正常情况下，不分年龄大小，每人每年一丈二尺。一般家庭内部按不同需要，量入为出，精打细算，统筹考虑使用。一家几个孩子，总是只给老大添置新衣。老大穿的旧衣小了，给老二穿；老二穿小了，再给老三穿……衣服破了补了又补，穿了又穿，以致补丁垒补丁是常见的事。后来有了尼龙袜，有了的确良，不收布票，又是新产品，成为时髦，为众人所追捧。人们平时克勤克俭，万般节约，过年时总要想尽办法给孩子添置件新衣，或棉袄，或罩褂，或裤子，或帽子，让他们喜庆喜庆，高兴高兴。有人调侃说："要想富，过年穿新裤。"

再说"食"，改革开放前，粮食定量供应，分大小口，成年人月供应标准多在二十五斤半到三十二三斤之间。孩子出生，凭出生证到派出所办理户口，到粮站办理粮油供应证，于次月正式供应粮油，每人月供菜油四两。很多农村人口每到青黄不接时捉襟见肘，甚至吃了上顿没有下顿。米、面、杂粮，包括玉米、红薯、土豆、山芋干等均凭粮证或粮票供应。粮站有什么老百姓才能买什么。食品店里的糕点零食，饮食店里的包子、油条、发糕、馄饨、水饺，均收取粮票。过年过节，居民才能凭票购买一些肉食蔬菜、豆制品，节日的糕点也要凭票排队购买，甚至为病人购买红糖也要凭医生开具的证明。

再说"住"，改革开放前，农村的住房一般较为宽裕，城镇居民的住房则十分紧张。一家几口人十来平方米，没有厕所没有厨房，房间大点儿的腾出一小块儿地方作厨房，一律上公共厕所。有的地方，两家人合住一间房，中间用木板隔开，户与户之间一点都不隔音，年轻人到了谈婚论嫁的年龄了也不敢结婚。一些筒子楼里，三户五户，乃至八户十户人家挤在一个空间里煮饭烧菜，叮叮当当，磕磕碰碰，既嘈杂又热闹，而且没有自来水。

再说"行"，改革开放前，对于县城乃至农村人来说，出行靠的是两条腿。公路多为砂石铺成，路况极差，坑坑洼洼。火车每小时 60 千米，一到春节，买不到票，即使买到了票火车上也是挤得水泄不通，从北京到云南，要走几天几夜。县城里没有公交车，更无出租车。城市里，自行车是颇受人们欢迎的代步工具，一般单位都要努力弄一辆乃至几辆自行车，"永久""凤凰""飞鸽"自行车，是最时尚的交通工具，干部下乡、办理公事，都用这种交通工具。出门办事，到外地出差，住宿问题常令人困扰。住宿需要单位开介绍信，无论去哪个城市，无论多晚到达，必须去"住宿接待站"排队登记，然后持单到指定的旅社住宿。

总之，改革开放前，"票证"这两个字是当时民生最生动的写照。今天的"票"是代表价值的，如钞票、邮票、电影票、门票等，"证"是证明身份的，如身份证、选民证、工作证、学生证等。改革开放前，各种"票证"对每个人和每个家庭来说，是民生必不可少的。各种各样、名目繁多的"票"，如粮票、油票、布票、棉花票、豆腐票、肉票、肥皂票、糖票等，是按人定量每月（年）发放的，而且是定点供应的；有一些紧俏物资的票，既不定量也不定时，如手表票、缝纫机票、自行车票等；还有逢年过节根据物资的多少，临时发一些酒票、香烟票、香菇票、木耳票、粉丝票等。以上这些票大多数是发给有城镇户口吃商品粮的居民的，发到农民手中的票只是其中一小部分。"证"则主要是购粮证和购货证。购粮证是和粮票同时使用的。购货证主要用于买盐和临时分配的食品和生活用品，购货以后，要进行登记，以免重购。购货证也发给农民，让他们买盐和其他由供销合作社凭计划供应的少量的食品和工业品。由于当时人们离不开各种票证，票证也就成了民生的基本保障了。

资料来源：根据相关资料整理。

1978 年党的十一届三中全会开启了改革开放的序幕，中国的民生改善进入了一个新的历史阶段。改革开放和现代化建设的总设计师邓小平以巨大的政治勇气和智慧指出，改革开放是决定中国命运的一招，"改革也是解放生产力"，社会主义的优越性归根结底要体现在它的生产力比资本主义发展得更快一些、更高一些，改革是为了扫除发展社会生产力的障碍，使中国摆脱贫穷落后的状况。"改革是社会主义制度的自我完善和发展"，改革不能走封闭僵化的老路、改旗易帜的邪路，总的目的是重新开辟和寻找一条有利于巩固社会主义制度，有利于巩固党的领导，有利于在党的领导和社会主义制度下发展生产力的新路。"改革是全面的改革"，包括经济体制改革、政治体制改革和相应的其他各个领域的改革，只搞经济体制改革，不搞政治体制改革，经济体制改革也搞不好。"三个有利于"是判断改革得失成败的标准，改革是否成功，就看是否有利于发展社会主义社会的生产力，是否有利于增强社会主义国家的综合国力，是否有利于提高人民的生活水平。邓小平改革思想指导着我国改革开放和社会主义现代化建设事业，并且在实践中取得了巨大成功，我国经济水平、科技实力、综合国力大幅提升，经济建设、政治建设、文化建设、社会建设、生态文明建设以及党的建设稳步推进，国际地位日益提升，中国的发展不仅使中国人民大踏步地赶上了时代的潮流，中国的民生得到了巨大的改善，中国人民从短缺经济中走出来过上了比较富裕的小康生活，而且为世界经济发展和人类文明进步做出了重大贡献。

党的十八大以来，以习近平同志为核心的党中央，紧紧围绕改善民生这个目标，进一步深化改革。2013 年 11 月 12 日，党的十八届三中全会通过《中共中央关于全面深化改革若干重大问题的决定》，2018 年 2 月 28 日党的十九届三中全会又通过了《中共中央关于深化党和国家机构改革的决定》，目标就是完善和发展中国特色社会主义制度，推进国家治理体系和治理能力现代化，既立足于实现第一个百年奋斗目标，针对突出矛盾，抓重点、补短板、强弱项、防风险，从党和国家机构职能上为决胜全面建成小康社会提供保障；又着眼于实现第二个百年奋斗目标，注重解决事关长远的体制机制问题，打基础、立支柱、定架构，为形成更加完善的中国特色社会主义制度创造有利条件。正如习近平总书记所说："我们党领导人民全面建设小康社会、进行改革开放和社会主义现代化建设的根本目的，就是要通过发展社会生产力，不断提高人民物质文化生活水平，促进人的全面发展。检验我们一切工作的成效，最终都要看人民是否真正得到了实惠，人民生活是否真正得到了改善。""在前进道路上，我们一定要坚持从维护最广大人民根本利益的高度，多谋民生之利，多解民生之忧，在学有所教、劳有所得、病有所医、老有所养、住有所居上持续取得新进展。"总之，在习近平总书记看来，注重民生、保障民生、改善民生，让改革发展成果更多更公平惠及广大人民群众，使人民群众在共建共享发展中有更多获得感，"在发展经济的基础上不断提高人民生活水平""始终把实现好、维护好、发展好最广大人民的根本利益作为党和国家一切工作的出发点和落脚点，不断解决好人民最关心最直接最现实的利益问题，努力让人民过上更好生活"，不仅是党和国家一切工作的根本目的，也是改革开放的目的。老百姓对美好生活的追求，就是党和政府努力的方向。

2.2.3　民生问题的解决是构建改革正当性的必然要求

全面深化改革最终能否取得成功，与民众对改革正当性的认同程度有关。正当性是指合理性、正统性、合法性，改革正当性是指改革在多大程度上被视为合理的和符合道义的。当大多数民众认为改革是正当的，改革的诸项措施才会得到支持和拥护，即使出现部分抵触也不会危及社会的稳定；倘若大多数人认为改革是不正当的，比如，改革的分配过程不透明，分配形式不公平，改革成果不能惠及大多数人，那么改革就是无正当性的，人民群众也不会认同。苏联早期的改革由于忽视经济发展与民生问题，为日后日益恶化的国内形势埋下一颗地雷。苏联早期优先发展重工业是建设社会主义国家的首要选择，重工业是一切工业、农业技术改造的物质技术基础，是发展国防、增强国防实力的前提。在两个五年计划的引导下苏联完成了由农业国到工业国的转变，但后期发展由于过于重视重工业，忽视轻工业、农业等关系民生的行业的发展，致使整个国民经济结构比例失调，严重影响了人民的生活质量。一般来说，改革是生产关系的调整，现代改革者在启动改革之时，承诺所有社会阶层在改革的过程中都能获利，因而自身具有不证自明的正当性。党的十一届三中全会推进的改革是一场多边双赢的改革，社会在改革开放中失去的是锁链，获得的是改革红利，它打破传统集权计划经济，是极具正当性的一次改革。然而，当人民的生活水平达到一定程度时，以往"效率优先，兼顾公平"的做法会带来越来越严重的社会后果，社会贫富差距越来越大，以经济发展为核心的模式忽视社会公共服务建设与贫富分化问题，人民对改革的评价标准发生了变化，这影响着改革正当性的评估。

正当性基础是改革成败的决定性因素。韦伯最早提出政治合法性的基础，指出"政治合法性是指政府在被民众认可的原则的基础上实施统治的正统性或正当性"，是政治稳定的保证。现代社会主张用"传统型""个人魅力型""法理型"来分析不同政权的正当性基础，认为在现代社会中政绩正当性发挥着重要作用。当前主要国家改革的正当性基础同样也可通过三种不同的标准进行：对改革理念的认同、对改革实际运行的程序和规则的认同、对改革绩效的认同。开启改革，首先要使改革理念或目的得到民众的认同，最初进行改革开放，"快速发展经济"的理念得到了社会民众的普遍拥护，因而在改革的进程中阻力也是最小的。正如今天全面深化改革，其目的是以坚持中国特色社会主义道路为前提，改革和完善中国特色社会主义制度，需要民众具有理论自信、制度自信以及道路自信。改革正当性的规则基础是指改革必须依据一定的程序规则，而民众对规则也是明确的，是监督以国家主导的改革进程的重要一招，也是预防当权者借改革契机牟取个人利益的有效监督途径，这在西方具有法治传统的国家表现突出。最后一种改革正当性基础在于有效性，认为国家进行改革后满足社会需要的程度，是当前发展中国家能够继续推进改革的主要因素。当前我国的改革正当性，在很大程度上依赖于政绩正当性，尤其改革开放以来，经济的迅速腾飞为大众带来实际利益的同时，也悄悄改变着民众对更高生活水平的追求，单纯 GDP 的增长无法满足民众的要求，社会生活的质量成为其考量的重要因素，这客观要求政府更加注重改善民生。

民生问题的解决是政绩的主要内容，但不同时期民众对民生的诉求不断变化。改革开放以来，我国的经济发展速度平均每年保持在 10% 左右，这也成为近几年来维持政治正当性的重要依据。但由于经济危机，全球经济低迷，我国最近几年的经济增长速度有所下降，纯粹以经济增长速度作为政治正当性基础的观念必须改变。同时，经济与社会的不均衡发展带来社会贫富分化加剧、环境污染、生态破坏以及社会道德滑坡等社会问题，社会不稳定程度加深。英格尔哈特在 20 世纪 70 年代曾经指出，在经济达到一定程度后，社会进入后物质主义时期，人们对社会问题更为关注，物质需求不再是人们关注的重点。尽管我国的经济尚未达到如此程度，但公民对生活质量的关注程度的确在不断提高。新时期全面深化改革的推行需要获得人们的认可，必须达成对改革正当性的认同，而这种正当性基础的获得必须来自人们关注的民生问题的解决。党的十八大与十八届三中全会对未来发展的总体布局体现了对民生的持续关注，比如十八大提出"深化收入分配改革，从制度上保证居民收入的提高""强调收入与经济增长同步，提高居民收入的增速""提高收入在国民收入中的比重，从根本上保证居民收入提高"；十八届三中全会明确了改革的总体目标，更加注重缩小贫富差距，提出改变贫富差距扩大现状的若干措施，"健全城乡发展一体化体制机制"，改革收入分配制度，等等。这些举措成为构建改革正当性的现实依托。

2.2.4　改革的主题是发展民生

民生是人类社会的永恒话题，民生问题贯穿人类社会发展的始终。按照历史发展的线性逻辑，原始社会、奴隶社会、封建社会、资本主义社会以及社会主义社会中都存在民生问题，只是每个社会解决民生问题的方式不同，即便是在自然环境恶劣、生产力水平极其低下的原始社会，仍然依靠集体劳动与平均分配的方式解决民生问题。历史上非民主国家中的民生问题的解决是依靠社会底层的不断反抗和统治集团的适度调节与妥协实现的；在鼓吹人民享有天赋生存权与发展权的时代，所有民主国家的改革都号称以解决民生问题、实现人类的共同发展为终极目标。民生问题之所以受到高度重视，原因在于民生问题是人类进行其他活动的前提，人必须首先解决衣食住行问题才能从事宗教、文化、经济、政治等活动。马克思从个体人的基本生活需求和发展出发，对人民群众的现实生活进行深入研究，提出"一切人类生存的第一个前提也就是一切历史的第一个前提，这个前提就是：人们为了能够'创造历史'，必须能够生活。但是为了生活，首先就需要衣、食、住以及其他东西"。马克思的这段话中确实没有"民生"一词，但却从人的基本生活需要等民生问题来加以阐述。恩格斯评价马克思的这一思想说："正像达尔文发现有机界的发展规律一样，马克思发现了人类历史的发展规律，即历来为繁茂芜杂的意识形态所掩盖的一个简单事实：人们首先必须吃、喝、住、穿，然后才能从事政治、科学、艺术、宗教等等；所以，直接的物质的生活资料的生产，因而一个民族或一个时代的一定的经济发展阶段，便构成为基础，人们的国家制度、法的观点、艺术以至宗教观念，就是从这个基础上发展起来的，因而，也必须由这个基础来解释，而不是像过去那样做得相反。"物质资料的获得是进行其他一切社会活动的前提，民生问题贯穿目前人类社会发展的所有阶段，是人类社会发展的普遍性问题，它并非一劳永逸地就能得到解决。生产力的发展是解决民生问题的关键，生产力的不断发展必然要求生产关系不断做出调整，每一次社会形态的衰落从根本上来说都是生产关系不再适应生产力的发展的结果。改革是对生产关系的局部调整，这种调整的原因是生产关系满足不了生产力的发展需要，无法解决当前社会民生问题，因此，始终存在的民生问题是不断进行改革的持久动力。

民生是与人民密切相关的问题，自人类产生之初就已经存在，人类整个发展过程都伴随着不断产生的民生问题，只有到了共产主义社会民生才能得到完全保障。民生问题的凸显是一系列不合理的体制机制产生的结果与表现。全面深化改革就是要改革和完善中国特色社会主义制度，因而改革必定是对原有不合理的体制机制的调整，作为旧体制产生的现实结果——民生问题，就必然成为当前深化改革的直接目标，全面深化改革就是以民生问题解决为基础，进而实现对原有不合理体制机制的顶层设计改革。进入中等收入国家行列以后，如何避免"中等收入陷阱"，是改革必须面对的难题。纵观世界上一些中等收入国家陷入中等收入陷阱的惨痛教训，一旦陷入"中等收入陷阱"，不但无法发展到高收入国家行列，而且老百姓的民生直接受到威胁，遭受经济增长回落或停滞、民主乱象、贫富分化、腐败多发、过度城市化、社会公共服务短缺、就业困难、社会动荡、信仰缺失、金融体系脆弱等冲击。"现代性孕育着稳定，现代化滋生着动乱"，中国如果陷入"中等收入陷阱"，民生发展中积累下来的矛盾将更加尖锐，形势将更为严峻，收入、城乡、医疗、卫生、社保、住房、教育等方面矛盾将日益激化。因此，民生就不可避免地成为改革的主题，包括吃穿住行、养老就医、子女教育等基本需求成为改革直接关注的对象。2017 年党的十九大报告中提出中国特色社会主义进入新时代，社会主要矛盾转化为人民日益增长的美好生活需要和不平衡不充分的发展之间的矛盾，基本公共服务非均等化成为民生发展中最突出的短板。

　　基本公共服务是最重要的民生，是实现每个公民的生存权与发展权、由政府提供的必需的生活服务，不同地域、身份、能力的公民都能平等地享受基本公共服务。我国公共服务不均等的原因是多方面的，长期存在的城乡二元结构、地域经济发展水平的差距、公共财政体制的缺陷以及政府职能转变不到位等都是造成公共服务分配非均等化的关键原因。公共教育领域存在教育资源分配不合理、教育政策不完善，农民工子女的教育问题、偏远贫困地区的教育问题以及留守儿童的教育问题等都给不成熟的教育体制带来了挑战。公共卫生建设，尤其是农村的公共卫生设施需要完善；社会保障机制不健全，农村的社保应不断加大投入。民生问题虽然表现为一系列经济社会问题，但实质上是政治体制机制落后于社会经济的发展，比如，医药改革进展缓慢，主要在于传统行政管理体制的羁绊。医疗卫生部门希望政府加大对常见病及多发病的投入，劳动保障部门希望政府着手建立全民医疗保障体系，而财政部门认为现有行政体制不改进，投入多少资金都不能解决问题。不合理的权力运作机制导致更多权力寻租，政府转移的专项基金，如扶贫基金、"三农"基金、社保基金等成了某些部门及利益部门牟取私利的目标。此外，民生问题出现时，不畅通的民众参与反映机制，导致民怨无处倾诉，无法为政府及时了解民情提供一个可靠的渠道，结果是原本易解决的民生问题经过发酵后难以解决。全面深化改革是对不适应当前生产力发展的诸多不合理体制制度的改革，必然首先触及民生问题，因而民生问题是当前改革的直接目标。

　　民生问题成为改革的主题，最重要的是在国家层面上确定"以人为本"的民生理念，也就是习近平总书记所说的"以人民为中心"。我国民本思想早在商周时期就已经产生，姜尚最早提出，"得民心"关系到国家的生死存亡，后经过儒家的继承成为中国传统政治文化的核心要素。最具代表性的观点，如孔子"仁者爱人"，孟子"民为贵，社稷次之，君为轻"，荀子"君者，舟也；庶人者，水也；水则载舟水则覆舟"，等等。马克思主义的民本思想来源于对西方的人本主义思潮的批判继承，是对人类的终极关怀。马克思主义是中国共产党民生政治观的直接理论来源，马克思主义倡导从现实中的人、实践中的人出发分析社会现象，强调以人为本，强调人是社会活动的主体，通过保障人的权利最终实现人的价值。

民生领域的改革除了建立起"以人民为中心""以人为本"的民生理念之外，还包括丰富的内容。毛泽东早在 1934 年就说过："我们要胜利，一定还要做很多的工作。领导农民的土地斗争，分土地给农民；提高农民的劳动热情，增加农业生产；保障工人的利益；建立合作社；发展对外贸易；解决群众的穿衣问题，吃饭问题，住房问题，柴米油盐问题，疾病卫生问题，婚姻问题。总之，一切群众的实际生活问题，都是我们应当注意的问题。假如我们对这些问题注意了，解决了，满足了群众的需要，我们就真正成了群众生活的组织者，群众就会真正围绕在我们周围，热烈地拥护我们。"党的十八大以来，民生工作面临的宏观环境和内在条件都发生了变化，过去有饭吃、有房住是基本需求，现在人民群众有收入稳步提升、医疗服务优质、教育公平、住房改善、环境优美和空气洁净等更多层次的需求。正如习近平总书记所说的，"我们的人民热爱生活，期盼有更好的教育、更稳定的工作、更满意的收入、更可靠的社会保障、更高水平的医疗卫生服务、更舒适的居住条件、更优美的环境，期盼孩子们能成长得更好、工作得更好、生活得更好。人们对美好生活的向往，就是我们的奋斗目标"。因此，改革就是"要突出重点，针对群众最关切的就业、教育、医疗、住房、养老、脱贫等问题发力"。要"按照守住底线、突出重点、完善制度、引导预期的工作思路，从人民群众最关心最直接最现实的利益问题入手，采取针对性更强、覆盖面更大、作用更直接、效果更明显的举措，集中力量做好基础性、兜底性民生建设，统筹做好教育、收入分配、就业、社会保障、医疗卫生、住房等方面的工作"。在幼有所育、学有所教、劳有所得、病有所医、老有所养、住有所居、弱有所扶上持续取得新进展。"我们党干革命、搞建设、抓改革，都是为了让人民过上幸福生活。要在抓好脱贫攻坚这个第一民生工程的同时，统筹做好就业、收入分配、教育、社会保障、医疗卫生、住房、食品安全、生产安全、公共治安等各项民生的保障和改善工作，确保人民安居乐业、社会安定有序。推出的每件民生实事都要一抓到底，一件接着一件办，一年接着一年干。"显然，民生成为全面深化改革的主题和中心内容。

专栏 2-2 改革开放 40 年民生发展的十件大事

1. 解决了温饱，实现了全面小康。1978 年，中国的经济总量为 3 679 亿元，占全球的 1.8%，排名世界第 15 位，人均 GDP381 元，在全球 200 多个国家中排在倒数第 7 位。2018 年中国是全球的第二大经济体，经济总量（2017 年）为 82.7 万亿元，经济总量占全球的 15%，人均 GDP 达到 59 660 元。

2. 实现了住有所居。根据国家统计局发布的信息，中国家庭的平均居住面积要大过英国、德国、荷兰等绝大部分欧洲国家，在欧盟范围内仅稍落后于丹麦。改革开放 40 年，中国人均住房面积由 1978 年的 3.6 平方米增长到 2017 年的 40.8 平方米，实现了历史性的跨越。

3. 学有所教，大幅提升了国民素质。改革开放 40 年，我国全面普及了九年制义务教育，大力发展中等教育。1977 年恢复高考，570 万名考生只录取了 27 万人，录取率仅为 4.7%，是地地道道的精英化教育。2017 年全国共有高等学校 2 913 所，高考报名人数达到 923.42 万人，录取人数达 650 多万人，高考录取率超过 70%，实现了高等教育大众化。高等教育在学总规模接近 4 000 万人，占世界高等教育总规模的比重达 20%，成为世界高等教育第一大国。终身教育体系初步形成。2012 年教育经费首次突破国内生产总值的 4%，基本实现了教育现代化。

4. 初步建立起了全民医保体系。改革开放 40 年，中国医疗卫生事业发展飞速。农村合作医疗制度、农村三级医疗预防保健网、赤脚医生制度，被世界卫生组织誉为中国农村卫生工作的三大法宝。截至 2017 年，我国基本医保参保人数超过 13 亿人，参保率稳定在 95% 以上。2017 年城乡居民基本医保人均财政补助标准提高到 450 元，医保目录新增 375 个药品，保障范围不断扩大，报销比例不断提升。在基本医保普惠的基础上，建立了城乡居民大病保险制度，覆盖 10.5 亿人，大病患者合规医疗费用报销比例平均提高 12 个百分点左右。2018 年 3 月 13 日，国家卫生健康委员会成立。从 1978 年到 2018 年，被称为世界上第一大难题的医疗卫生改革取得了巨大成功。

5. 可靠的社会保障体系初步建成。改革开放 40 年，我国的社会保障从无到有、从弱到强、从城镇到农村、从职业人群到城乡居民，不断改革、发展和完善。2016 年 11 月 17 日，在国际社会保障协会第 32 届全球大会上，中国政府被授予"社会保障杰出成就奖",成为世界上第二个获此殊荣的国家。这是国际社会对中国获得的举世瞩目成就的认可与致敬。中国作为拥有 14 亿人口的大国,基本养老保险、医疗保险、失业保险、工伤保险、生育保险参保人数分别达到 9.26 亿人、13.5 亿人、1.92 亿人、2.31 亿人、1.98 亿人,建成了世界上最大养老保障网络、健康保障网络,参保率分别达到 90％、95％,一个世界上覆盖人群最多的社会保险安全网蔚然成形。党的十八大以来,社会保险制度不断完善,走向更加均衡和统一。全国所有县级行政区基本实现了制度名称、政策标准、管理服务、信息系统"四统一",并实现了机关事业单位与企业一致的社会统筹与个人账户相结合的基本养老保险制度,终结了养老"双轨制"。40 年社会保障探索路上,民生雨露广泛播撒,辉煌成就彪炳史册,全面实施全民参保计划,对各类人员参加社会保险情况进行登记补充完善,建立全面完整准确的社会保险参保基础数据库,实现全国联网和动态更新。全国社会保障卡持卡人可"一卡通办"。

6. 百姓出行更加便捷。"各种喊叫,各种拥挤,各种踩踏,有从门口挤进来的,有从窗户爬进来的。大冬天,车厢里竟然越来越热,每个人都成了别人的暖气装置。列车到站了,赫然发现站台上人山人海,而车厢里已被挤得水泄不通,车门根本无法打开……"这是 20 世纪八九十年代人们不堪回首的春运场景。作为人类最大规模的周期性迁徙,曾经"一票难求"的春运是大多数中国人的"心头之痛"。改革开放 40 年来,99.99％的乡镇通上农村公路,99.97％的建制村也通了;高速公路从零起步到 13.6 万千米,高铁里程从无到有再到 2.5 万千米,民用机场从 78 个到 229 个……随着交通基础设施建设翻天覆地的变化,百姓出行不断迭代升级,"说走就走"的旅行正在上演。2017 年,全国旅客运输量达到 184.86 亿人次。2018 年春运,全国旅客发送量约为 30 亿人次。这意味着,40 年间,中国春运规模扩大了 30 倍。如今中国铁路电气化率、复线率分别达到 68.2％、56.5％,居世界第一和第二位,高铁成为中国走向世界的一张名片,铁路营运里程已经达到 12.7 万千米,公路通车总里程有 477 万千米,河航道通航里程有 12.7 万千米,在全球十大港口中独占 7 席,民用航空机场达到 229 个,邮政网点有 21.7 万个……形成了"五纵五横"综合运输大通道,高铁覆盖 65％以上的百万人口城市,高铁、高速公路、城市轨道交通运营里程和港口深水泊位数量均居世界第一。

7. 持续实现更高质量和更充分的就业。就业是民生之本。改革开放 40 年，我国坚持就业优先战略和积极就业政策，努力实现、持续实现更高质量和更充分的就业，就业形势趋稳向好。数据显示，2017 年年末，全国就业人员达 7.76 亿人，比 1978 年增加了 3.75 亿人。党的十八大以来，大众创业万众创新硕果累累，城镇新增就业连续 5 年保持在 1 300 万人以上，累计帮扶 800 多万建档立卡贫困劳动力实现就业增收，高校毕业生人数年均突破 750 万人，年底总体就业率一直保持在 90％以上的较高水平。城镇登记失业率保持在较低水平，城镇就业人员规模由 1978 年的 0.95 亿人增至 2017 年的 4.25 亿人，占全部就业人员的比重由 23.7％上升至 54.7％；大量农村劳动力转移就业，2017 年年末全国农民工总量达 2.87 亿人，成为现代化建设的生力军；第三产业成为吸纳就业的主体，就业人数由 1978 年的 0.49 亿人增至 2017 年的 3.49 亿人，占全部就业人员的比重由 12.2％上升至 44.9％，第三产业占主导的"倒金字塔形"就业结构进一步形成；2017 年年末私营企业和个体从业人员已达 3.41 亿人，占到城乡就业人员的 50％左右。

8. 公共文化服务体系建设大大提升了老百姓的获得感。40 年间，我国公共文化设施和产品供给从相对紧缺迈入大繁荣大发展的新时代：博物馆从 340 多家增加到 4 700 多家，公共图书馆从 1 200 多家增加到 3 100 多家，文化馆（站）从不到 7 000 个增加到 44 000 多个，艺术表演团体从 3 100 多家增加到 15 700 多家。目前，中央、省、市、县、乡、村六级公共文化服务体系已经确立。全国群众文化机构每年开展活动近 200 万次，服务群众达 5 亿多人次。以标准化、均等化、社会化、数字化为突出特点的现代公共文化服务体系建设步入发展快车道。

9. 生态环境得到改善。习近平总书记说过，环境就是民生，青山就是美丽，蓝天也是幸福。改革开放 40 年，我国森林面积达 2.08 亿公顷，森林覆盖率 21.63％，活立木总蓄积 164.33 亿立方米，森林蓄积 151.37 亿立方米，森林资源呈现出总量增加、质量提升、结构优化的变化趋势；全国自然保护区达 2 750 个，自然保护区面积 14 733 万公顷；全国湿地总面积 5 360.26 万公顷（另有水稻田面积 3 005.7 万公顷未计入），湿地率 5.58％，初步建立了以湿地自然保护区为主体，湿地公园和自然保护小区并存，其他保护形式为补充的湿地保护体系。国家逐步加快造林绿化步伐，加强对自然保护区的保护力度，推进水土流失治理，重视建设和保护森林生态系统、保护和恢复湿地生态系统、治理和改善荒漠生态系统，全面加强生态保护和建设，国家生态安全屏障的框架基本形成。

10. 以人民为中心的行政体制改革取得进展。改革开放 40 年，中国进行了 8 次行政体制改革，精简机构，截至 2018 年 8 月 6 日，中国县级行政区有 2 851 个，包括 967 个市辖区、369 个县级市、1 344 个县、117 自治县、49 个旗、3 个自治旗、1 个特区和 1 个林区，乡级行政区 39 888 个，村委会 559 702 个和居委会 102 777 个，政府职能转变，"创造良好发展环境、提供优质公共服务、维护社会公平正义"的职能得到加强，反对"四风"、八项规定有效避免官僚主义、形式主义，服务型政府建设取得大的进展，诸如"一站式服务""只需跑一次"等民生办事效率大幅提高，老百姓的民生获得感大幅提升。

资料来源：根据相关资料整理。

>> 2.3 改革促民生：经验和教训 <<

2.3.1 改革开放 40 年民生发展的曲折历程

改革开放 40 年，也是我国民生保障、改善和发展的 40 年。改革与我国民生建设的实践发展历程具有历史与逻辑的统一性。40 年改革开放，40 年民生发展，改革与民生发展相互激荡，相互促进，构成了一部交响曲。

40 年的改革开放历经四个阶段，每一个阶段都有着不尽相同的改革任务，同时又都在民生发展上取得了阶段性的成果，为后续的改革奠定了良好的基础。

第一阶段：改革的启动和目标探索阶段(1978—1992 年)，生存型民生建设取得成效，人民温饱得到解决。自 1978 年党的十一届三中全会到党的十四大确立我国实行社会主义市场经济体制，这一时期是改革的启动和目标探索阶段。改革首先从农村开始，逐步向城市推进；从开展改革试点，积累经验，再逐步推广；对外开放从兴办经济特区向开放沿海、沿江乃至内地推进。在农村改革方面，安徽等一些地区率先进行了家庭联产承包责任制、统分结合的双层经营改革试验，这一改革取得了巨大成功，得到人民群众的普遍支持，随后被推广到全国。在企业改革方面，开展了多种形式的国有企业扩大自主权试点，集体经济和个体经济逐步恢复和发展。在对外开放方面，1980 年，中央决定在深圳、珠海、汕头、厦门设立经济特区。随着改革取得巨大成功和人们对推进改革的共识逐步形成，1984 年 10 月，党的十二届三中全会通过《中共中央关于经济体制改革的决定》，确定社会主义经济是"公有制基础上的有计划的商品经济"，改革的重点逐渐从农村转向城市，以搞活国有企业为中心环节全面展开。在宏观管理体制方面，以宏观间接管理为目标，对价格、财税、金融、计划以及流通体制等进行改革。同时，政治、科技、教育、文化等领域的改革也开始启动。

与这一阶段改革同步进行的是生存型的民生建设突破了"先生产、后生活"的民生思维方式和民生建设模式，从政策上提出了改善民生的一系列举措，初步建立起了效率优先、兼顾公平的民生模式，以改革开放为动力、共同富裕的民生目标等一系列涉及民生建设的重大战略问题，从而把中国带上了一条崭新的民生发展之路，实现了小康社会"三步走"战略的第一步目标，即 1981 年到 1990 年实现国民生产总值比 1980 年翻一番，基本解决了人民的温饱问题和 2 亿多人的贫困问题。生存逻辑是这一阶段民生发展的重要动因，因而民生建设表现出应急性、单一性和针对性的特点，生存型民生成为这一阶段改革的中心。

第二阶段：社会主义市场经济体制框架初步建立阶段（1992—2002 年），改善型民生建设成效显著，人民生活达到小康水平。1992 年邓小平同志视察南方发表一系列重要讲话，党的十四大确立社会主义市场经济体制的改革目标，党的十四届三中全会通过《中共中央关于建立社会主义市场经济体制若干问题的决定》，我国正式确立社会主义市场经济的改革方向和基本内容。到 2002 年，社会主义市场经济体制的基本框架初步建立。这一阶段改革的主要内容包括：宏观管理体制方面，1994 年提出对财政、税收、金融、外汇、计划和投融资体制进行系统改革的方案，确立以分税制为核心的新的财政体制框架和以增值税为主的流转税体系。在国有企业改革方面，党的十五大确立了以公有制为主体、多种所有制经济共同发展的基本经济制度。按照建立现代企业制度的方向，实施"抓大放小"，积极推进国有企业改革和国有经济布局的结构调整。市场体系取消了生产资料价格双轨制，进一步放开了竞争性商品和服务的价格，要素市场逐步形成。

与这一阶段改革同步进行的是改善型民生建设，以江泽民同志为核心的党的第三代中央领导集体在实践中继承改革开放以来民生建设的成果，把代表最广大人民群众根本利益作为核心，从多方面开辟了民生建设的新途径，科学地回答了在新的历史条件下"为什么要改善民生、怎样改善民生"的重大理论问题和实践问题，在民生政策取向、工作部署等方面提出了一系列新观点、新概括、新举措，深刻揭示了发展、执政与民生的辩证统一关系，把发展上升到关系党和国家的生死存亡的高度，同时把关注民生作为党长期执政的基石，更多关注的是促进就业、生态与环境保护、社会包容、促进人权、防止两极分化、促进人的全面发展等内容，逐步建立起社会统筹和个人账户相结合的养老、医疗保险制度，建立了失业保险、社会救济制度及城镇居民最低生活保障制度等社会保障体系。从总体上看，这一阶段的划分与小康社会"三步走"战略的第二步基本吻合，人民的生活达到小康水平。改善逻辑是这一阶段民生建设发展的重要内容，民生建设具有明显的发展性和整体性的特点。

第三阶段：社会主义市场经济体制的初步完善阶段(2003—2012年)，发展型民生初步成型，人民小康生活更加宽裕。党的十六大提出到2020年建成完善的社会主义市场经济体制的改革目标，党的十六届三中全会对建设完善的社会主义市场经济体制做出全面部署。与此同时，党中央总结提出科学发展观和构建社会主义和谐社会的重大战略构想，作为深化改革的重要指导思想。自此，我国改革进入完善社会主义市场经济体制的新阶段。这一阶段主要的改革措施有：取消农业税、牧业税、特产税；放宽非公有制经济的市场准入，允许非公有资本进入法律法规未禁入的行业和领域；公共财政体制不断健全；国有商业银行股份制改革加快推进，实现有管理的浮动汇率制度；政府投资的范围进一步缩小，企业投资自主权逐步扩大；土地、劳动力、技术、产权、资本等要素市场进一步发展，水、电、石油和天然气等重要资源价格的市场化步伐加快；社会保障体系不断完善，社会保障覆盖面不断扩大。

发展型民生建设指的是21世纪最初十年，与"新三步走"战略的第一步基本吻合，即 21 世纪第一个十年实现国民生产总值比 2000 年翻一番，使人民的小康生活更加宽裕，形成比较完善的社会主义市场经济体制。2002 年，党的十六大确立了全面建设小康社会的宏伟蓝图，深入贯彻落实科学发展观，更加注重保障和改善民生，党的十六大召开标志着中国现代化建设的中心任务就是要实现从以经济指标的"单边突进"为特征的"总体小康"水平，向包括经济指标、政治指标、社会指标、生态指标以及人的全面发展等指标在内的社会整体进步和发展的"全面小康社会"的转变，从"一部分人和一部分地区先富起来"向"共同富裕"的和谐社会转变。以胡锦涛同志为总书记的党中央把关注民生和保障民生放在了突出的位置上，首先，从以人为本的价值取向出发，对社会发展内涵、发展要义、发展本质进行了发展与创新，把科学发展观落实到人民的生存、发展等基本民生问题上，将民生建设作为执政党构建和谐社会的基点和主线，提出了"和谐社会构建"的民生发展蓝图，从而将民生建设与社会主义和谐社会的构建有机地统一起来，使中国走上了一条创新性的和谐型民生发展之路。其次，对和谐型民生建设的途径做出了更为明确的定位，党的十七大特别强调了"加快推进以改善民生为重点的社会建设"，并对此做出明确部署：必须在经济发展的基础上，更加注重社会建设，着力保障和改善民生，推进社会体制改革，扩大公共服务，完善社会管理，促进社会公平正义，努力使全体人民学有所教、劳有所得、病有所医、老有所养、住有所居，推动建设和谐社会。经济建设、政治建设、文化建设和社会建设四位一体的建设全面展开。更重要的是新一届中央领导集体自觉回应社会变革提出的新要求，从改革制度入手，使民生建设在制度框架下展开，把民生建设提高到一个前所未有的高度，赋予了前所未有的重要意义。从总体上看，和谐逻辑是这一阶段民生建设发展的主要目标，这一阶段的民生建设具有明显的和谐性和制度化的特点。

第四阶段："五位一体"全面深化改革的新阶段（2012 年至今），全面型民生发展破局，人民生活进入"全面建成小康社会"。2012 年党的十八大召开，中国特色社会主义进入新时代，以习近平同志为核心的党中央在十八届三中全会上通过了《中共中央关于全面深化改革若干重大问题的决定》，明确指出改革是涵盖经济、政治、社会、文化以及生态文明的全面的改革。为落实这些改革内容，中央全面深化改革领导小组将党的十八届三中全会规定的改革任务分解为336 项重要举措，逐一确定协调单位、牵头单位和参加单位，为落实党的十八届三中全会决定奠定了坚实的基础。随后，陆续出台了《关于进一步推进户籍制度改革的意见》《深化财税体制改革总体方案》和十九届三中全会通过的《中共中央关于深化党和国家机构改革的决定》《深化党和国家机构改革方案》等，解决了许多长期想解决而没有解决的难题。

这一阶段与改革同步的民生问题是全面型的民生建设。我国在稳定解决了十几亿人的温饱、总体上实现小康的基础上，人民生活水平不断提高，城乡居民收入增速超过经济增速，中等收入群体持续扩大，中国特色社会主义进入新时代，社会主要矛盾已经转化为人民日益增长的美好生活需要和不平衡不充分的发展之间的矛盾。广大人民群众在物质文化生活得到一定满足后，对美好生活的需要日益广泛，不仅对物质文化生活提出了更高要求，而且在民主、法治、公平、正义、安全、环境等方面的要求日益增长，追求更美好的生活，追求获得感、幸福感、安全感，追求公平正义和人的全面发展，在幼有所育、学有所教、劳有所得、病有所医、老有所养、住有所居、弱有所扶上追求新进展。党的十八大在总结十六大和十七大以来全面建设小康社会成就的基础上，进一步提出了全面建成小康社会的目标要求。从"人民生活达到小康"到"全面建设小康社会"，再到"全面建成小康社会"，清楚地展现出我们党在小康社会建设问题上的认识脉络。小康社会建设的目标从侧重强调经济发展和人民生活水平的提高，逐步扩展为"五位一体"的发展目标，并具体阐述了经济领域、政治领域、文化领域、社会领域以及生态领域的改革任务和要求。全面建成小康社会是亿万中国人进行社会主义现代化建设的目标，小康社会是民生问题的升级，是所有民生问题的集合，小康社会下人民的物质、文化、政治各方面都得到极大改善，解决民生问题与建成小康社会具有共同的价值观。从总体上看，全面逻辑是这一阶段民生建设发展的重要内容，这一阶段的民生建设具有明显的全面性和法治性的特点。

2.3.2　改革开放 40 年民生发展的经验

40 年改革开放，40 年民生发展，积累了不少民生发展的宝贵经验。

一是不断解放思想，推进理论创新，是民生发展的前提。民生发展是一个系统工程，需要科学理论的指引和思想的启蒙。改革开放 40 年中国民生发展取得的每一个成就，都是以思想的解放和理论创新为前提的。中国民生发展之所以取得举世瞩目的成就，也正是因为中国共产党坚持解放思想，实事求是，与时俱进，将实践作为检验真理的唯一标准，不断推进理论创新、思想创新和体制创新，创造性地提出了以人民为中心的民生理论及其政策体系。

二是社会主义市场经济改革方向是民生发展的保障。改革开放 40 年的历程，是市场作为资源配置手段地位不断提升、民生不断改善和发展的历程。中国 40 年改革、40 年民生发展的经验，其中最核心的一条，就是要坚持中国特色社会主义市场经济的改革方向，保障人民群众当家做主的地位，最大限度地发挥人民群众的劳动积极性。改革之前，人们吃不饱、穿不暖，几乎所有的生活物资都要凭票供应，推广家庭联产承包责任制后，短短几年农村就实现了大丰收，并倒逼城市经济体制进行改革，中国特色社会主义市场经济取向的改革带来的人民群众创造财富的积极性不可估量。正是因为坚持市场化的改革方向，国家创新创业的活力无限焕发，中国的经济体量呈几何级数增加，尤其是民营企业，从无到有，对国民生产总值的贡献已超过一半，使得民生的基础实力雄厚。这些都是市场经济的成果，在互联网大数据时代，头脑清醒地坚持市场经济，将互联网和大数据与市场结合，才能迸发出更大的效用。

三是先行先试、先易后难，统筹兼顾、协调推进的方法是民生发展的路径。我国民生发展采取的路径与改革路径一样，先行试点、总结推广是其典型特征，立足于把解决本地实际问题与攻克共性难题有机结合起来，选择一定地区或改革领域开展试点，在对试点进行总结的基础上，对成功经验和做法再行推广。这种由点到面、先易后难的改革推进方式，既控制了风险，又通过有效的推广机制使成功经验能够迅速普及，成为我国民生发展渐进式改革的重要经验，也是新时期推进改革开放、探索新的发展模式和体制模式的重要途径。改革与民生发展是一项系统工程，必须不断完善改革的推进方式，统筹兼顾，加强总体协调，立足于立新，适时、大胆地破旧，从而不断消除深层次的体制机制障碍，建立健全适应生产力发展需要的新体制、新机制。坚持整体推进与重点突破相结合，在统筹规划的基础上注重协调配合，不失时机地实现改革的重点突破。民生发展按照守住底线、突出重点、完善制度、引导舆论的思路，政府主要是保基本，不做过多过高的承诺，多做雪中送炭的重点民生工作，少做锦上添花的事情，推出的每件民生实事都要一抓到底，一件接着一件办，一年接着一年干。正是由于选择了正确的发展路径，中国的民生才取得了举世瞩目的成就。

四是正确处理改革、发展、稳定与民生改善的关系。民生发展是一个系统工程，既要依靠发展集聚强大的经济实力，民生发展才有基础；又需要一个稳定的社会环境，民生发展才有保障。所以，民生与改革、发展、稳定之间是紧密联系的，是相互依存的关系。改革是经济社会发展的强大动力，有效的体制是实现经济社会又好又快发展的根本保证，从长远来看，也是社会稳定的根本保障，同时，发展和稳定提供了深化改革的良好环境和基本条件。正确处理好改革与发展、稳定的关系，适时有序推进改革开放，把改革的力度、发展的速度和社会的承受能力有机结合起来，在保持稳定的前提下推进改革和发展，通过改革和发展促进社会稳定，从而始终保障民生发展既有坚实基础，又有持续发展的动力，还能够有稳定的发展环境做保障。

五是发展民生首先要保护人民人身权、财产权、人格权。40 年改革开放，社会生产力飞速发展，社会财富迅速增长，人民生活逐步改善，即将实现全面建成小康社会的目标，一些在市场经济中摸爬滚打出来的弄潮儿已经提前达到富裕水平。无论是先富起来的群体，生活小康的群众，还有那些暂时处于贫困之中的人口，他们都有了新的关切：一是个人财产能否得到保障；二是人格尊严能否得到保护；三是贫富分化能否缩小，贫困人口能否脱贫。这些需求都是人民对美好生活的需求。古今中外的事实证明，人身权、财产权、人格权保护不到位，就会导致财产和精英人才的流失。中国共产党一方面加强法制建设，制定了物权法，用法律的形式保护居民的合法财产，同时保障资本从收益低的地方流向收益高的地方，使人们对未来有满意的预期；另一方面进行精准扶贫，计划到 2020 年全面消除绝对贫困，建设起广覆盖、普惠型的社会保障体系，回应不同人群的关心，夯实从富起来到强起来的基石。党的十九大报告再次明确提出保护人民人身权、财产权、人格权。由此来看，对人民人身权、财产权、人格权进行保障已经成为我国改革开放以来民生发展的重要经验之一。

2.3.3 改革开放 40 年民生发展的启示

民生为治国之本、执政之基。正如孙中山先生所说，民生是人民的生活、社会的生存、国民的生计、群众的生命，民生主义就是社会主义、共产主义，可见民生之重要。中国共产党从创立开始，就重视民生。在新民主主义革命时期，中国共产党将民生作为赢得民心、夺取革命胜利的武器；革命胜利成为执政党后，将发展民生作为治国理政的根本；改革开放 40 年，发展民生成为改革的目标和核心。40 年民生发展历程，为未来中国民生发展留下了宝贵的启示。

一是发展民生必须以人民为中心。改革的目标是增进人民的福祉，正如习近平总书记所说的，"人民对美好生活的向往，就是我们奋斗的目标"。不是为了改革而改革，更不是为了权力的巩固而改革。改革是促进社会和谐的强大动力，是社会和谐体制机制的构建和完善过程。改善民生，维护好、实现好和发展好广大人民群众的根本利益是社会和谐的基础，有效的体制机制是实现社会公平正义和社会和谐的根本保证。在改革的初始动机上，邓小平同志首先考虑到的是民生，是人民的福祉，而后才延伸出社会主义的优越性和本质问题。在改革措施的出台和推进过程中，中国共产党也始终坚持以人为本，民生为重，注重把提高效率同促进社会公平结合起来，通过提高效率来促进发展，同时注重从解决关乎人民群众切身利益的问题入手，努力兼顾好各方面的利益，在经济发展的基础上实现社会公平。通过妥善处理好改革过程中的各种利益关系，使广大人民群众能够共享改革发展的成果，达到以制度建设促进社会和谐、改善人民生活的目标。

改革为了人民，人民就有了无限的动力和创造力，改革就能够依靠人民。事实证明，以增进人民福祉为目标的改革能够充分发挥群众的首创精神，能够调动各方面参与和推动改革的积极性。改革既要依靠各级党委和政府的坚强领导，又要充分扩大社会参与度。改革的历史也表明，一系列影响重大的改革措施的推出，都是以基层单位的人民群众创造的具体改革经验和做法为基础和依据的。改革始终注重充分尊重群众的首创精神，不断扩大社会公众的参与度，调动和发挥人民群众参与改革的积极性和创造性，努力把政府合理引导、积极推动与充分发挥群众改革创新的自主性、能动性有机结合起来。改革为了人民，依靠人民，改革的成果由人民共享，这样的改革才能有根，人民才能满意和支持。

二是发展民生必须坚持中国特色社会主义的方向。发展民生需要稳定的社会环境，既不走封闭僵化的老路，也不走改旗易帜的邪路，只有根据中国的国情，走有中国特色社会主义市场经济的新路，才能保障民生的不断发展。市场经济是主体平等的经济，改革开放 40 年的历史证明，在市场这个人与人交换的平台上，人与人的关系是一种平等的交换关系，按照市场经济价值规律运动轨迹，交易双方都能够实现效益最大化，社会资源能够得到最优配置，民生发展能够实现效率最大化。正是基于这一点，我国成功走出了一条中国特色社会主义的民生发展之路，一切劳动、知识、技术、管理、资本等要素的活力竞相进发，一切创造社会财富的源泉充分涌流，各种所有制经济依法平等使用生产要素、公平参与市场竞争、同等受到法律保护，民生快速发展。

三是民生发展必须与经济发展同步。改革开放 40 年，我国的经济以 9.5% 的速度发展，中国成为世界第二大经济体。在改革开放 40 年中，我国较好地处理了经济发展与民生改善的关系，避免了世界上很多国家面临的"民生陷阱"，即发展中国家的"民生缺失陷阱"、发达国家的"高福利陷阱"和"贫富分化陷阱"。我国吸取了苏联因为没有处理好经济发展与民生改善的关系最终导致解体的教训；吸取了欧洲一些发达国家为了争取选票而超越国家经济发展实力片面实施高福利，从而导致主权债务危机的教训；也吸取了南美以及西亚、北非的一些国家忽视民生改善，而导致"中等收入陷阱""阿拉伯之春"危机，使国家动荡不安的教训。我们始终坚持在经济发展的同时将民生保障、改善和发展放在突出的位置，使得民生发展与经济发展同步，广大老百姓在改革中得到了更多的实惠，享受到了改革开放带来的红利，国家经济增长的同时老百姓有了更好的教育、更稳定的工作、更满意的收入、更可靠的社会保障、更高水平的医疗卫生服务、更舒适的居住条件、更优美的环境，获得感、满足感、幸福感日益增强，因此中国社会稳定，人民安居乐业。

四是始终坚持全面深化改革来回应老百姓对美好生活的期待。中国民生发展还存在许多不足，特别是发展不充分、不平衡的问题还比较突出，民生领域还有不少短板，脱贫攻坚任务艰巨，城乡区域发展和收入分配差距依然较大，群众在就业、教育、医疗、居住、养老等方面面临不少难题。对于这些问题，党中央高度重视，习近平总书记在十九大报告中明确指出，中国特色社会主义进入新时代，社会主要矛盾已经转化为人民日益增长的美好生活需要和不平衡不充分的发展之间的矛盾。我国已经稳定解决了十几亿人的温饱问题，总体上实现小康，但是人民美好生活需要日益广泛，因此就需要进一步全面深化改革，在继续推动发展的基础上，着力解决好发展不平衡不充分问题，大力提升发展质量和效益，更好地满足人民在经济、政治、文化、社会、生态等方面日益增长的需要。

> **专栏 2-3　见证改革开放 40 年民生发展十人**
>
> 　　1978—2018 年，是中国巨变的 40 年，书写奇迹的 40 年，也是中国民生发展的 40 年。40 年前，从"文化大革命"中走出来的中国，满目疮痍，百废待兴，民生艰难。面对众多民生难题，邓小平同志作为改革开放的总设计师，以非凡的胆识和科学的态度，做出了实行改革开放的决策。党的十一届三中全会的召开，开启了中国改革开放的序幕。一批改革开放的重要实践者，或以他们自己的思想和智慧，为民生发展鼓与呼；或以他们的实践和勇气，推动中国的民生改善和发展。正如俄国作家托尔斯泰说过的，"思想，就是推动自己和全人类的生活的力量"。这些人是中国民生发展的重要实践者、参与者、见证者、推动者，他们的经历与奋斗，让后人得以窥见改革开放 40 年来民生发展的每一步彷徨与前进、每一次探索和成功。
>
> 　　第一名，安徽凤阳县小岗村 18 位农民。1978 年，安徽省凤阳县遭受特大旱灾，饥饿的阴影笼罩在小岗村人头上。11 月 24 日晚，小岗村严宏昌等 18 位农民，在一间低矮残破的茅屋里，以"托孤"的形式，冒着巨大的风险在一张生死文书上按下了鲜红的手印。这份沉甸甸的文书上记录的内容有三条：一是分田到户；二是不再伸手向国家要钱要粮；三是如果干部坐牢，社员保证把他们的小孩养活到 18 岁。会上他们特别强调："我们分田到户，瞒上不瞒下，不准向任何人透露。"这一举动在 1978 年那个岁月里，几乎是冒天下之大不韪，他们做出了可以说是惊天动地的伟大壮举，打破了中国长期以来那种"干活一窝蜂、出工大呼隆"的缺乏效率的经济模式，将村集体土地"分田到户"，收成除向国家交纳农业税、向集体交纳公共提留外，完全归承包者所有，即"交够国家的，留够集体的，剩下都是自己的"，从而拉开了中国农村改革的序幕。分田到户不到一年的时间（1979 年 10 月），小岗村打谷场上一片金黄，经计量，当年粮食总产量

66 吨，相当于全队 1966 年到 1970 年 5 年粮食产量的总和。1980 年 5 月 31 日，邓小平同志在一次重要谈话中公开肯定了小岗村"大包干"的做法。1982 年 1 月 1 日，中国共产党历史上第一个关于农村工作的"一号文件"正式出台，明确指出包产到户、包干到户都是社会主义集体经济的生产责任制。此后，中国政府不断稳固和完善家庭联产承包责任制，鼓励农民发展多种经营，中国人民解决了长期以来没有解决的吃饭问题，中国因此创造了令世人瞩目的用世界上 7% 的土地养活世界上 22% 人口的奇迹，中国人民的民生有了最基本的保障。

第二名，申纪兰。山西省一位普普通通的农村妇女，全国劳动模范，三八红旗手，唯一一位出席从第一届到第十三届全国人民代表大会的人大代表。党的十一届三中全会以后，她带头实行家庭联产承包责任制，全村经济收入、粮食总产量因此大幅提高，乡亲们日子越过越好。2016 年她获得全国脱贫攻坚奖。

第三名，袁庚。香港招商局的第 29 代"掌门"，被称为"第一个敢于吃螃蟹的人"。1978 年他向中央递交了一份《关于充分利用香港招商局问题的请示》，建议兴办蛇口工业区，提出要"面向海外、冲破束缚、来料加工、跨国经营、适应国际市场特点、走出门去做买卖"。这些对刚刚走出"文化大革命"的中国来说不啻于石破天惊的"乌托邦式的幻想"。经过他的再三争取，他的方案获得了中央批准。1979 年 7 月，有着中国"改革试管"之称的蛇口工业区正式运作，24 字经营方针是"立足港澳、背靠国内、面向海外、多种经营、买卖结合、工商结合"。而后蛇口港的成功又成为国内港口城市一再复制的模板。袁庚在工业区的开发方面，确立了"产业结构以工业为主，企业投资以外资为主，产品市场以出口为主"和"来料加工、补偿贸易、技术落后、污染环境和挤占出口配额"的项目不引进的"三个为主五不引进"规矩，率先创办了中国第一家股份制中外合资企业——中国南山开发股份有限公司，中国第一家股份制商业银行——招商银行，倡导成立了中国第一家由企业合股兴办的保险公司——中国平安保险公司。

第四名，吴南生。汕头市位于地图上广东省的"头"部，不仅是"粤东之门户，华南之要冲"，而且拥有十分辉煌的历史。一百多年前，恩格斯就说它是"远东唯一一座具有商业色彩的城市"。20 世纪 30 年代，汕头有"小上海"之称。新中国成立初期汕头商业繁荣，经济条件和香港差距并不大。然而，30 年过去了，香港成为亚洲"四小龙"之一，而汕头却满目凄凉：楼房残旧不堪，摇摇欲坠；城市道路不平，电灯不明，电话不灵；市容环境脏乱不堪，由于自来水管年久失修，下水道损坏严重，马路上污水横流。担任广东省委常委、省委书记的吴南生，看到汕头的现状，立下"在汕头划出一块地方搞试验，用各种优惠的政策来吸引外资，把国外先进的东西吸引到这块地方来"的宏愿。后来，他不辞劳苦地反复向中央汇报争取支持，提出在广东省办经济特区的建议，在中央领导的支持下，终于开启了在深圳、汕头、珠海、厦门开办经济特区的历史，为中国人民的民生改善走出了一条新路。

第五名，杜润生。农村问题专家，农村改革重大决策参与者和亲历者，被誉为"中国农村改革之父"，对于家庭承包责任制在中国农村的推广和巩固发挥了重要作用。1979 年，66 岁的杜润生在离开农口 23 年后，被调到新成立的国家农业委员会工作。让亿万农民摆脱贫困，解决温饱是杜润生面对的首要问题。杜润生深刻地认识到，"中国最大的问题是农民问题，农民最大的问题是土地问题"。1980 年，在中央长期规划会议上，杜润生提出先在贫困地区试行包产到户，"让农民自己包生产、包肚子，两头有利"。杜润生一直以来重视民生，关心农民，为农民争取最大利益。1982 年，在中央的支持下，他起草了"一号文件"，正式肯定了土地的家庭承包经营制度，结束了对包产到户长达 20 多年的争论。1982 年至 1986 年，中共中央连续发布五个"一号文件"，指导农村改革与发展，都是由杜润生参与起草的。他一生不忘农民，呼吁"农民有了经济上的自主权，政治上也应有相应的民主权利，要摒弃一切歧视农民的做法，使农民变成有完整权利的公民"，深刻地影响了数亿农民的命运，成为农民忠诚的代言人。

第六名，张瑞敏。著名企业家、海尔集团创始人、董事局主席、首席执行官。1984 年，张瑞敏临危受命，接任当时已经资不抵债、濒临倒闭的青岛电冰箱总厂厂长一职。30 多年创业创新，张瑞敏始终以创新的企业家精神和顺应时代潮流的超前战略决策引航海尔，持续发展，使海尔大型家电品牌零售量多次蝉联全球第一，同时，冰箱、洗衣机、酒柜、冷柜也分别以大幅领先第二名的品牌零售量继续蝉联全球第一。张瑞敏认为，没有成功的企业，只有时代的企业，所谓成功只不过是踏准了时代的节拍。在互联网时代，张瑞敏再次突破传统管理的桎梏，提出并在海尔实践互联网时代的商业模式——人单合一双赢模式，让员工在为用户创造价值的过程中实现自身价值；通过搭建机会公平、结果公平的机制平台，推进员工自主经营，让每个人成为自己的 CEO。张瑞敏的努力，为丰富人民的民生提供了巨大的支撑。

第七名，吴仁宝。曾任江阴县委书记、华西村党委书记等职，农民企业家，中国农民的杰出代表，华西集团（公司）董事长，全国人大代表。他带领村民走共同富裕的道路，使华西村由一个负债累累的贫困村，逐步发展成为人均存款超百万元的"天下第一村"。他不仅带动周边十多个村庄共同致富，帮助宁夏、黑龙江建成"省外华西村"，还为全国培训了数以十万计的农村基层干部。早在20世纪80年代初，吴仁宝就提出，华西富了，要不忘国家、不忘集体、不忘左邻右舍。多年来，吴仁宝带头践行自己的诺言，关心周边村的经济社会发展，关爱周边村村民的安居乐业。

第八名，袁隆平。中国工程院院士、美国国家科学院外籍院士，首届国家最高科学技术奖得主，中国杂交水稻的开创者，被誉为"世界杂交水稻之父"。袁隆平从事杂交水稻研究50多年，不畏艰难，甘于奉献，呕心沥血，苦苦追求，始终在农业科研第一线辛勤耕耘，将杂交水稻研究不断向前推进。他推广的杂交水稻亩产超过1 000公斤。他不仅为解决中国人民的温饱和保障国家粮食安全做出了巨大的贡献，更造福了全世界，促进了世界和平和社会进步。

第九名，李书福。吉利控股集团董事长，曾经连饭都吃不饱的放牛娃，伴着改革开放的好政策，大胆创新实践。生产装潢材料取代进口，为用户带来了实惠；生产电冰箱配件取代进口，为用户带来了实惠；生产摩托车取代进口，把踏板式摩托车价格从每辆3万元降到3千元，为用户带来了实惠；35岁时转型升级生产吉利汽车，把中国汽车价格降到了每辆3万元，为用户带来了实惠。他收购了沃尔沃，把沃尔沃轿车全球研发中心迁到了中国，把沃尔沃轿车全球生产基地转移到了中国，成功地实现了沃尔沃豪华轿车（中国制造）出口全球的目标，让中国制造的豪华轿车为全世界市场提供服务；收购了奔驰母公司戴姆勒9.69%股权，使吉利成为戴姆勒集团最大的股东。40年历史机遇，40年风雨征程，李书福创立的吉利控股集团从无到有，从小到大，由弱变强，从小山村走向全中国、走向全世界，2017年营业额约为2 700亿元，全球纳税约346亿元，其中在中国境内纳税183亿元，为中国的民生发展创造了新的希望。

第十名，马云。阿里巴巴集团主要创始人，阿里巴巴集团董事局主席、联合国数字合作高级别小组联合主席。他创业建立的阿里巴巴，囊括医疗卫生、教育、环境保护、食品安全等民生领域，大大地改变了人们的生活方式，降低了人们的生活成本，创造了成千上万的就业机会，提高了生产的效率，使人们的生活更便捷。更重要的是，马云通过阿里巴巴，建立了一个公平信用的平台，创建了一个信用体系，让所有参与其中的人都讲诚信，讲信用，逐渐在全社会建立起诚信的观念和习惯，对整个社会经济生活产生了巨大的影响。

资料来源：根据相关资料整理。

参考文献

[1]习近平. 全面贯彻落实党的十八大精神要突出抓好六个方面工作[J]. 求是，2013(1).

[2]中共中央文献研究室. 习近平关于社会主义社会建设论述摘编[M]. 北京：中央文献出版社，2017.

[3]马克思恩格斯选集(第 1 卷)[M]. 北京：人民出版社，1995.

[4]马克思恩格斯全集(第 3 卷)[M]. 北京：人民出版社，1995.

[5]毛泽东选集(第 1 卷)[M]. 北京：人民出版社，1991.

[6]十八大以来重要文献选编(上)[M]. 北京：中央文献出版社，2014.

[7]习近平在黑龙江考察调研时强调：深化改革开放优化环境，闯出老工业基地振兴发展战略[N]. 人民日报，2016-05-26.

[8]习近平在山西考察工作时强调：扎扎实实做好改革发展稳定各项工作，为党的十九大胜利召开营造良好环境[N]. 人民日报，2017-06-24.

第3章 改革激发民生发展活力

    民生是指民众日常生计与生活的问题，事关广大民众的切身利益。具体来说包括人民群众的发展机会、发展能力及权利维护状况等。同时，民生是一个持续和动态发展的概念，其内涵随着时代变迁和经济社会的发展变化和延伸。我国经历了满足人民低层次温饱需求的阶段后，民生问题不再是简单的衣食无忧，而是指包括教育、就业、收入分配、医疗卫生、社会保障乃至民主法治、公平正义等覆盖物质和精神的高层次和全方位的民生问题。

    我国民生问题一直以来都受到党和政府高度关注。我国现阶段社会问题多集中在与民生相关的环节，如收入差距过大，就业及住房问题突出，义务教育、社会保障、公共卫生等基本公共服务水平不高，等等。随着民生问题所引发社会问题的增多以及日趋复杂化，民众生活需求增多，同时也对政府民生问题治理能力提出了更高的要求。在这种高要求下民生改革便应运而生。改革是问题倒逼机制产生的结果，同时改革成果又在问题解决中不断深化。近些年来，改革坚持以"以人民为中心"为根本，着力解决关系人民切身利益的矛盾与问题，回应社会长期关注的民生疑虑及难点问题，具有极强的针对性、前瞻性和战略性，为新时代致力转型和现代化提供了组织与行动保障。

>> 3.1 改革推动民生思想发展 <<

    思想指导行动，民生思想的发展是一个逐步演化、不断丰富的历史过程。民生思想是伴随人类对自身认识的不断深化与完善而发展起来的。回顾我国在中国特色社会主义建设过程中各个时期所倡导的民生思想，探寻民生发展轨迹，将为民生工作的开展提供有益的指导与理论支撑。

3.1.1　改革开放以来中国共产党民生思想的发展历程——

古籍资料显示，我国民生思想由来已久，古时就非常重视民生问题，并以此作为治国之道、安邦之策。随着社会的进步以及思想的逐渐解放，改革开放以后渐渐将民生思想系统化并真正将思想贯彻落实到政策法规中。可以说我国改革开放 40 年的发展历程是不断重视、发展和改善民生的过程。从民生事业发展本身来看，改革开放以来我国民生事业能够紧跟时代潮流、与时俱进，严格遵循民生事业发展的客观规律，准确聚焦不同时期的主要矛盾，正是因为清晰地认识到了民生问题既是历史的，又是具体的，为改革开放以来我国改善民生的实践取得巨大的经济社会效益提供了正确的思想指导。在民生建设方向上，我国民生发展模式从最初的存量改革转向高质量民生建设。在民生发展初期以制度覆盖为主，主要做的是在关乎民生发展的各个领域建立民生制度、完善民生资源，这是"从无到有"的一大步。就现实来看，民生建设"从无到有"已经实现，但是这一短期目标显然与经济发展要求下人民的高质量需求不完全适应。因此，现阶段，我国将"高质量民生"作为发展的前进方向，更加注重民生制度的公平性与民主性、民主资源的可持续性。"从无到有"到"从有到好"的跨越需要改革作为桥梁，改革难度也随之加大。

以邓小平同志为核心的党的第二代中央领导集体的民生思想

改革开放初期，我国处于经济发展的初期阶段，经济发展程度较低，历史遗留问题(如贫困、经济结构不合理、思想落后等问题)仍然存在。因此，在这一时期我国民生问题的核心是生存问题，着力解决温饱，满足人民的基本物质生活需求。最基本的是教育、就业、收入分配、社会保障、环境等问题，改善民生的目标是让全体人民共享发展成果。

党的十一届三中全会以后，以邓小平同志为核心的党的第二代中央领导集体在开辟中国特色社会主义的新道路过程中，将民生建设放在重要位置。邓小平同志强调：社会主义的本质，是解放生产力，发展生产力，消灭剥削，消除两极分化，最终达到共同富裕。贫穷不是社会主义，更不是共产主义。只有通过不断发展生产力，提高广大人民群众的生活水平，才能最终消灭贫穷，也只有这样才真正符合社会主义的要求。要坚持走社会主义道路，就要在生产发展的基础上改善人民生活。他提出要坚持按劳分配原则，反对平均主义和防止两极分化，要保持国家稳定，维护世界和平，创造一个有利于民生改善的良好环境。在此基础之上，邓小平同志又针对如何建设民生工作、如何做好全心全意为人民服务工作提出"人民满意不满意、人民高兴不高兴、人民赞成不赞成，应当成为检验我们一切工作的标准"。除此之外，从"温饱型""小康型""比较富裕型"的"三步走"战略到"三个有利于"的提出，为当时实现拨乱反正、书写改革开放的大好篇章打下了坚实的现实基础。

以邓小平同志为核心的党的第二代中央领导集体的民生思想是中国特色社会主义理论体系的重要内容，对巩固和完善社会主义初级阶段的基本经济制度和分配制度具有重要的指导意义，对深化关于中国特色社会主义道路和理论体系的认识具有重要的指导意义。

"三个代表"中的民生思想

以江泽民同志为核心的党的第三代中央领导集体在建设中国特色社会主义、不断提高人民生活水平的伟大实践中形成宝贵精神财富，坚持"始终代表中国最广大人民的根本利益"的根本理念，这是一种社会主义性质的民生思想。"高度关注人民群众的安危冷暖"是以江泽民同志为核心的党的第三代中央领导集体的民生思想的重要内容。在党的第十四、第十五、第十六次全国代表大会和庆祝中国共产党成立八十周年等重要会议上，江泽民同志都将民生问题作为一个非常重要的问题专门加以论述。

江泽民同志《在庆祝中国共产党成立八十周年大会上的讲话》指出："党的一切工作，必须以最广大人民的根本利益为最高标准。……深入群众，深入基层，倾听群众呼声，反映群众意愿，集中群众智慧，使各项决策和工作符合实际和群众要求。……各级领导干部时刻都要把人民群众的安危冷暖放在心上，关心群众疾苦，努力为群众办实事、办好事。"江泽民同志强调："要始终代表中国最广大人民的根本利益，始终保持同人民群众的血肉联系，实现好、维护好、发展好最广大人民的根本利益……要把不断改善人民生活作为处理改革发展稳定的重要结合点。""在整个改革开放和现代化建设的过程中，都要努力使工人、农民、知识分子和其他群众共同享受到经济社会发展的成果。"

以江泽民同志为核心的党的第三代中央领导集体的民生思想是"三个代表"重要思想在理论层面的最重要体现,也是"三个代表"重要思想在改善人民生活实践中的生动体现。

科学发展观中的民生思想

党的十六大以来,以胡锦涛同志为总书记的党中央强调必须把尊重人民首创精神同加强和改善党的领导结合起来,高度重视民生问题。坚持执政为民、紧紧依靠人民、切实造福人民、在充分发挥好人民创造历史作用中体现党的领导核心作用。胡锦涛同志在党的十七大报告中明确指出:"着力保障和改善民生,推进社会体制改革,扩大公共服务,完善社会管理,促进社会公平正义,努力使全体人民学有所教、劳有所得、病有所医、老有所养、住有所居,推动建设和谐社会。"将"民生问题"明确写进党的政治报告,这在党的历史上还是第一次。

在此基础上,"五有"的民生理论,包括"学有所教""劳有所得""病有所医""老有所养""住有所居",成为党文件的关键词及时代发展的新指南,这为中国由解决温饱提升到实现小康历史性跨越打下现实基础,人民群众对改革开放和现代化建设充满了信心。

以胡锦涛同志为核心的党中央的民生思想内容丰富,主要包括经济民生、政治民生、文化民生、社会民生四大方面,是科学发展观的重要组成部分,对全面建设小康社会、构建社会主义和谐社会都具有重大的指导意义和巨大的推动作用。

3.1.2 习近平总书记关于民生的重要论述

随着民生制度的日益健全,历史因素、制度因素对民生问题的影响逐步弱化,而现实的经济因素、社会因素、文化因素、全球化因素的影响却持续增强,因此,在大力发展生产力的基础上,要更为重视生产关系和社会关系的调整,重视在更高水平上实现经济社会良性互动。习近平总书记关于民生的重要论述不但系统、全面地继承了毛泽东思想、邓小平理论、"三个代表"重要思想、科学发展观中关于民生思想的精髓,更是在新的时代背景下提出了适合中国国情发展的具体的新的举措，如供给侧改革等内容。随着经济全球化的发展，我国积累了相当的实力，人民的生活得到极大的改善，物质得到极大丰富，民生思想也逐步完善。

"以人民为中心"的民生思想的内涵

党的十八大以来，"以人民为中心"的发展理念一直是习近平总书记关于民生的重要论述的重要内容。以习近平同志为核心的党中央在治国理政实践中，紧紧围绕"让老百姓过上好日子"这一党的一切工作的出发点和落脚点，形成了较为完备的民生思想。党的十九大报告提出了"提高保障和改善民生"的新目标，又进一步丰富和发展了这个思想体系。从大的方面看，一是对民生思想的传统内容进行了深化和发展；二是对传统民生思想进行了内容拓展，增添了新内容。习近平总书记多次在不同场合指出："我们的人民热爱生活，期盼有更好的教育、更稳定的工作、更满意的收入、更可靠的社会保障、更高水平的医疗卫生服务、更舒适的居住条件、更优美的环境，期盼孩子们能成长得更好、工作得更好、生活得更好。"在党的十九大报告上，习近平总书记大力强调为人民谋幸福的初心与使命，提出新时代社会主要矛盾由原来的"人民日益增长的物质文化需要同落后的社会生产力之间的矛盾"转化为"人民日益增长的美好生活需要和不平衡不充分的发展之间的矛盾"。这一矛盾的转变为新时代民生建设提供了清晰的目标定位，也为人民描绘了未来美好的民生愿景。而在解决这一社会主要矛盾的过程中，努力提高保障和改善民生水平，加强和创新社会治理，无疑成为新时代中国特色社会主义社会建设的两大基本任务。

在习近平治国理政的新理念新思想新战略中，也处处蕴含"以人民为中心"的民生思想，无论是从"两个一百年"奋斗目标到伟大复兴中国梦，还是从"四个全面"到"五大发展理念"，一切都是以人民为中心的，以最广大人民的利益为根本追求和发展目标的。新时代新形势，深入研究习近平总书记"以人民为中心"的关于民生的重要论述的发展体系，不仅是民生实践之需，也是关于中国特色社会主义民生思想理论发展之需，更是全面建成小康社会和实现伟大复兴中国梦之需。

习近平总书记关于民生的重要论述，是中国共产党人集体智慧的结晶，是当前中国开展一切民生工作的行动指南，不仅为新时代中国特色社会主义民生事业提供了思想武器，而且为马克思主义民生建设开辟了新局面。"民生梦"是中国梦的重要内容。习近平总书记指出："实现中华民族的伟大复兴是近代以来中华民族最伟大的梦想。"党和政府带领广大人民群众，不断地深化改革，破除一切阻碍因素，为实现"民生梦"而不懈奋斗。习近平总书记关于民生的重要论述特别强调民生工作的质量。加快解决教育、就业、扶贫等一系列民生问题，切实保障人民群众的利益，有利于调动广大人民群众积极投身于中国梦的伟大事业中。习近平总书记关于民生的重要论述就是要求党和政府始终把人民群众放在心上，让改革的成果惠及全体人民，促使广大人民群众积极投身于新时代的建设中。习近平总书记关于民生的重要论述有利于增强人民群众的获得感、幸福感、安全感，有助于实现"两个一百年"奋斗目标，从而实现中国梦。

专栏3-1　十八大以来多项民生改革开始破冰，民生难点变亮点

十八大以来，多项民生领域的重大改革开始"破冰"。

收入分配如何更加合理有序？2013年2月，酝酿已久、备受关注的收入分配制度改革方案出台。"到2015年绝大多数地区最低工资标准达到当地城镇从业人员平均工资的40%以上"——"提低"之举让低收入者看到希望。"加强国有企业高管薪酬管理""逐步缩小行业工资收入差距"——"控高"措施让人感受到党和政府深化改革的决心。"清理规范工资外收入、严格规范非税收入""健全现代支付和收入监测体系"——以"公开透明"为导向的改革目标赢得普遍认同。改革方案"直面人民群众最关注的突出矛盾"，有不少"政策新突破"，有利于当前矛盾的解决。

教育公平迈出关键步伐。2012年12月30日，京穗两地同日公布了随迁子女在流入地的升学考试办法。异地高考，这一承载着近3亿流动人口及其家庭对公平教育梦想的重大改革，取得突破。目前，我国各地（除西藏）均出台了异地高考方案。尽管对于实施细节仍有争论，但大方向确定无疑。异地高考制度体现了"一切为了孩子"的宗旨，是推进教育公平的有力之举。

"没有贫困地区的小康，就没有全面建成小康社会。"到2013年1月18日，全国集中连片特困地区片区规划已全部出台，扶贫攻坚全面启动。14个片区基

本覆盖了全国绝大部分贫困地区和深度贫困群体，将依托更给力的"小灶"，积极融入"四化同步"的进程，力争到 2020 年，实现扶贫对象不愁吃、不愁穿，收入增幅高于全国平均水平，扭转发展差距扩大趋势。

资料来源：《十八大以来多项民生改革开始破冰　民生难点变亮点》，http://politics.peo-ple.com.cn/n/2013/0227/c1001-20618189.html，2013-02-27。

习近平总书记关于民生的重要论述的理论基础

马克思主义唯物史观认为，人民群众是历史的创造者，是物质财富和精神财富的创造者，即历史实践主体源于人民，人民是历史的开拓者和书写者。在早期共产主义运动中，马克思、恩格斯就指出："历史活动是群众的活动，随着历史活动的深入，必将是群众队伍的扩大。"恩格斯说："人只须认识自身，使自己成为衡量一切生活关系的尺度，按照自己的本质去评价这些关系，根据人的本性的要求，真正依照人的方式来安排世界。"《共产党宣言》指出："过去的一切运动都是少数人的或者为少数人谋利益的运动。无产阶级的运动是绝大多数人的、为绝大多数人谋利益的独立的运动。""共产党人可以把自己的理论概括为一句话：消灭私有制。"马克思主义从一开始就是以人民群众为基础的，也就注定了要以"人"为本，关注人民的疾苦，改善民生。

马克思主义民生思想是习近平总书记关于民生的重要论述形成的理论基石。马克思主义理论宝库包含了丰富而深刻的科学社会主义民生思想。马克思主义民生思想就是有关现实的个人的生计与生活、生存和发展的基本理论。首先，马克思主义认为民生问题是一个复杂系统的体系。民生问题包含多个层面的需求，民生问题所要解决的不仅是人们的吃穿行住等基本的物质生活方面的需求，而且还包括人们的精神文化需求和发展享受等更高层次的需求。因此，民生问题不仅是一个简单的经济问题，而且还是一个政治问题、文化问题，更是一个突出的社会问题。

习近平总书记关于民生的重要论述继承和发展了马克思、恩格斯、列宁民生思想的内容。马克思和恩格斯非常关注工人和农民的生活，经常深入工人阶层了解他们的疾苦。马克思和恩格斯指出，人民群众是历史的创造者，是物质财富和精神财富的创造者，要促进经济发展与人的全面发展相协调。

对此，习近平总书记也多次强调："人民是创造历史的动力，我们共产党人任何时候都不要忘记这个历史唯物主义最基本的道理。"只有坚持这一道理，才能把握历史前进的规律，读懂历史前进的方向，只有坚持按历史发展规律办事，才能在新时代破解诸多难题，跨越众多崎岖，补足发展短板，实现新时代新斗争的伟大胜利。党的十八大以来，习近平总书记围绕社会主义社会建设发表的一系列重要论述，立意高远，内涵丰富，思想深刻，对于我们深刻认识民生建设和社会治理的重大意义，落实以民为本、以人为本的执政理念，不断实现好、维护好、发展好最广大人民的根本利益，做到发展为了人民、发展依靠人民、发展成果由人民共享，在幼有所育、学有所教、劳有所得、病有所医、老有所养、住有所居、弱有所扶上持续取得新进展，夺取全面建成小康社会决胜阶段的伟大胜利，实现"两个一百年"奋斗目标，实现中华民族伟大复兴中国梦，具有十分重要的指导意义。

对中国传统民生思想的继承发展

任何一种理论思想的诞生都离不开在前人成果的基础上继承、发展、创新。习近平总书记"以人民为中心"的关于民生的重要论述，是中国传统民生思想和共产党人集体智慧在当下发展实践中的结晶。"以人民为中心"的民生思想可谓内涵丰富、思想深邃、博大精深，目前从具体实践而言，党的十九大提出"七有"是其成熟定型的实践指南，而"七有"的思想体系，正是源于党的十七大所提出的"学有所教、劳有所得、病有所医、老有所养、住有所居"的"五有"民生理论。

纵观我国历史，民生思想源远流长。在古代，国计民生是联系在一起的，它把国家发展与改善民生紧密地联结在一起，民生思想也就是历代统治者治国安邦的政治思想。中国思想家和统治者等都非常看重百姓的疾苦，从"民为贵，社稷次之，君为轻"及"民为邦本，本固邦宁""以民为本"等思想中可以看出，古代思想家们都把民生视为国家的根本，人民生活的好坏关系到国家社稷的兴衰成败。中国传统文化具有众多的民生思想内涵，为习近平总书记关于民生的重要论述提供了丰富的思想文化资源。人民是国家之根本和基础，只有安众养民、培根固本，才能治国安邦、长治久安。古代的民生思想对我们今天如何去认识民生、重视民生、保障民生和改善民生都具有巨大的启迪作用和积极的借鉴意义。虽然不同时代要求下民生思想也会有所不同，但是我们今天所提的民生思想无不受古代民生思想观念的影响，我们只有坚持以人为本，保障人民在经济、政治、文化、社会等各方面的权益，才能从根本上解决民生问题。习近平总书记多次引用此类警句作为治国理政的重要思想，并在此基础上进行了升华，将民生建设由古代执政者作为巩固执政的一种方式转化为当下执政者执政的根本目标和行动指南。

习近平总书记关于民生的重要论述的价值目标要求

解决民生问题是实现共同富裕的基础，共同富裕是社会主义的本质规定和奋斗目标。改善民生、共同富裕是人类的美好理想，是中国共产党的一贯价值追求，是社会主义的本质要求。中国共产党带领广大人民群众以经济建设为中心，促进社会全面发展，加强民生建设，不断地向共同富裕的目标迈进。习近平总书记关于民生的重要论述深入贯彻落实共同富裕的目标，在这一目标下不断为人民造福祉，真正让人民群众过上好日子，实现社会公平正义、和谐稳定。共同富裕目标有两大特点，对民生建设也提出了两大层面的要求。其一，共同富裕的历史性、渐进性使得我们民生建设必须要准确把握历史发展的脉络，要秉承"以人为本"的发展思想。其二，共同富裕内涵中所蕴藏的地区差异性特征使得民生建设必须要兼顾好民生建设中的不平等或差距过大问题。

我们党自成立以来就以解决民生问题、带领广大人民群众实现共同富裕作为长期奋斗目标。共同富裕的社会是社会财富源泉充分涌流、人民公平、平等地共享社会财富、人人安居乐业的和谐社会，是民生问题妥善解决的社会。实现共同富裕是妥善解决民生问题的基础，是民生建设的追求目标。同时，实现共同富裕的目的和落脚点就是逐步解决出现的民生问题。总体来讲，中国共产党领导中国人民不管是革命还是现代化建设，其目的就是要就解决我国的民生问题，使人民过上富裕幸福和谐的生活，有尊严体面的生活。但是，我们也应该明白民生问题的妥善解决不是靠响亮的口号，也不能寄希望于不切实际的空想，而只能依靠全体人民的艰苦奋斗，坚持科学发展推动社会的全面进步，逐步实现共同富裕。共同富裕是一个长期的目标，其目的是在建设有中国特色社会主义的过程中，全体社会成员的物质文化生活水平都能得到逐步提高，都能享受到社会发展的成果，改善民生解决民生问题。这就告诉我们摆脱贫困实现共同富裕是以解决民生问题作为落脚点的，目的是更好地、全面地、妥善地解决民生问题。

党的十八大以来，以习近平同志为核心的党中央带领全国各族同胞迈上了实现"两个一百年"和中华民族伟大复兴中国梦之路。无论是"两个一百年"奋斗目标，还是中华民族伟大复兴中国梦，我们都需要紧抓共同富裕这一目标，着眼于保障和改善民生，以利民厚生为本，不断深化改革，真正回应关系到人民群众切身利益的卫生健康、人口老龄化、社会保障、"三农"、食品药品安全等重大社会问题，真正想民所想、为民解忧。

>> 3.2　全面深化改革，激发民生发展活力 <<

高度关注民生、关心群众生活，是我们党全心全意为人民服务宗旨的体现，是党的群众路线的重要组成部分，是贯彻党的路线方针政策的一条红线。改革开放以来，中国民生事业经历了持续改善、全面制度建设以及质量提升三个发展阶段，民生事业发展取得空前成就。

党的十九大对中国民生事业的发展进行了长远规划，落实规划的关键是要进一步明确中国民生事业发展的独特模式及主要着力点，顺应人民对美好生活的向往并与时俱进地调整理念思路、创新体制机制、完善法规体系，以有效地解决新时代社会管理领域存在的影响社会和谐稳定的突出民生问题，从而在更高水平上更好地改善人民生活。在改善民生方面，习近平总书记强调，经济发展与改善民生要实现良性循环，改善民生既要尽力而为，又要量力而行。党的十九大则进一步强调，要在发展中保障和改善民生，在发展中补齐民生短板。

3.2.1　改革创造民生红利

破解民生问题的根本途径在于深化改革。保障和改善民生是社会主义制度的本质规定，经济社会发展与人民需求的不相适应倒逼体制改革，要解决好民生问题，要满足人民群众对民生的现实诉求，必须全面深化改革，要在改革过程中发展和改善民生，在民生优化和提升过程中进一步深化改革。中国共产党对于改革、发展和民生的关系有着深刻清楚的认识，全面深化改革的最终价值追求是保障和改善民生，把促进社会公平正义、增进人民福祉作为出发点和落脚点，紧紧围绕更好保障和改善民生、促进社会公平正义深化社会体制改革，在全面深化改革中构建中国特色社会主义民生制度，着力构建民生改善与经济发展的协同机制，从而在根本上助力解决民生问题。

改革的最终价值追求是保障和改善民生，激发民生发展活力。纵观中国这些年的改革和发展，都直接或间接围绕着民生这一核心问题展开，而且随着人们需求的增多，党和政府对民生的重视程度也逐渐提高。邓小平在改革之初就强调改革的目的是增加国民收入，让人们的生活过得更好。现阶段全面深化改革的各项部署和举措，也都是以"促进社会公平正义、增进人民福祉为出发点和落脚点"，综合调配各项资源为改善民生服务，让一切劳动、知识、技术、管理、资本的活力竞相迸发，让一切创造社会财富的源泉充分涌流，从而让发展成果更多更公平惠及全体人民。

总体来说，改革与民生是相辅相成的关系，二者相互促进，最终目的是从"改革是最大红利"的维度来提高民生改善的整体性、系统性和协同性，通过体制改革使发展的成果惠及增进民生福祉的事业。

专栏 3-2　深圳以改革释活力促发展，深入破解"民生之问"

破解"民生之问"，需要继续深化民生领域和基层治理改革。35 年来，深圳发展一日千里，经济高速增长，人民福祉不断增加。然而，目前深圳在教育、医疗、住房、交通、环保等民生领域，依然存在不少问题。解决这些问题，有些体制需要完善，有些政策需要改进，有些利益需要调整。因此，补齐民生短板，破解"民生之问"，不仅需要稳步推进"购买学位""青年文体驿站""惠民一卡通"等民生"微改革、微创新"，而且需要继续深化教育综合改革、医疗卫生体制改革、促进就业和收入分配制度改革，健全社会保障制度，创新基层社区治理体制。只有这样，才能实现基本公共服务均等化，让市民平等享受改革发展的红利，提升市民对深圳这座城市的归属感和认同感。

全面深化改革，根本目的在于惠民生谋民利。"天下顺治在民富，天下和静在民乐。"全面深化改革必须坚持以民为本。习近平总书记指出："遇到关系复杂、牵涉面广、矛盾突出的改革，要及时深入了解群众实际生活情况怎么样，群众诉求是什么，改革能给群众带来的利益有多少，从人民利益出发谋划思路、制定举措、推进落实。"破解"民生之问"，必须善于从群众关注的焦点、百姓生活的难点、社会发展的痛点中，寻找改革切入点，在改革中"多谋民生之利，多解民生之忧"，真正做到"人民有所呼，改革有所应"。当前，出行难、就学难、看病难等问题，已经成为"民生之问"的焦点。打通"断头路"，优化公共交通，向民办学校购买学位，深化家庭病床改革，乃是解决当前民生问题的着力点。

资料来源：李永辉、李绍元，《以全面深化改革破解"四问"》，http://www.sohu.com/a/31881472_162758，2015-09-15。

3.2.2　改革厚植民生力量

改革让每个孩子都有机会通过教育改变命运

"百年大计，教育为本。"教育是中华民族历来关注的重点，推动教育公平公正，是我国普惠民生政策的质量保证。教育问题，小到个人、家庭发展，大到社会稳定乃至国家繁荣，教育是民族振兴和社会进步的基石。党中央历来高度重视教育发展，党的十八届三中全会通过的《中共中央关于全面深化改革若干重大问题的决定》是指导未来我国全面深化改革的纲领性文件，明确提出了"深化教育领域综合改革"的任务。党的十九大更是明确将优先发展教育事业作为提高保障和改善民生水平、加强和创新社会治理的首要内容写入报告。在优先发展教育的同时，实现教育向更好、更全、更高目标发展，努力办好人民更为满意的教育，一直是习近平总书记所关心的重大民生话题。实现中华民族伟大复兴中国梦，关键靠人才，基础在教育。大力发展教育事业，是党和国家长期坚持的一项重大方针。党的十八大以来，全党继续坚持党的教育方针，秉承办好人民满意教育的根本宗旨，更加注重教育的公平发展、均衡发展。

只有坚持科教兴国的发展战略，建立学习型社会，才能普遍提升我国劳动者的知识技能水平，才能疏通人才向上流动的渠道，打破利益阶层间的不平等，才能将知识转化为生产力创造价值，才能进一步带动就业，提升劳动报酬在资本收益中所占比重。坚持教育为本，就要始终将教育摆在优先发展的战略地位，不断增进对教育事业的投入，丰富教育形式，努力发展全民教育、终身教育，努力让每个孩子享有受教育的机会，享有更优质、更公平的教育，获得发展自身、奉献社会、造福人民的能力，不断增强与国际的教育交流，扩大教育对外开放。

要发挥教育改革作用，实现地区、城乡教育资源公平。城乡发展不平衡，是我国发展中面临的一个大问题，农村教育资源的短缺及质量不高是急需补齐的"短板"。教育事业是全国性的事业，各地经济发展不平衡的局限，以及教育市场所引发的市场缺陷问题，都需要国家发挥宏观调控的作用，通过改革缩小地区间、城乡间的教育资源差距。

在教育资源普惠基础上，要不断完善职业教育体系。根据习近平总书记在全国职业教育工作会议(2014)上的重要批示，职业教育是整个国民教育体系的重要组成部分，肩负着培养实用型人才、传承职业技能、促进就业的重要职责。关于职业教育如何发展，习近平总书记指出，要以服务发展、促进就业为办学方向，深化体制改革，创新职业教育模式，引导社会各界特别是行业企业积极支持职业教育，努力建设中国特色职业教育体系。也就是要加强对职业教育领域的资金、政策、技术等支持，实现教育与生产更进一步地融合，拓展教育理念的广度和深度，从而培养真正适合新时代发展的知识型人才。

改革让人民群众共同享有实现价值的机会

就业是事关人民利益、社会稳定、国家富强的关键环节。如果就业这个根本问题解决不好，就可能会引发一系列问题。所谓"就业优先战略"，就是要把促进就业作为经济社会发展的优先目标，更加注重选择有利于扩大就业的经济社会发展政策，强化政府在促进就业中的主导责任。

宏观经济我们主要看 GDP 增长，但是 GDP 靠什么？还是靠所有人的劳动，劳动才能创造社会价值，带来收入，进一步带动消费。所以说稳就业就是稳民生、稳经济，就业跟宏观经济实际上是相互促进的。当前经济发展从高速向中高速转变，进入新经济时代以后，对劳动者的需求也不一样了。过去以劳动密集型为主，经济活动主要需要和吸收的是大量低技能劳动力。但新经济时代，全球都在转型升级，无论是用工方还是劳动者，无论是主观意愿还是客观能力，都需要适应转型升级。经济活动需要新型的劳动者，劳动者也需要新型的经济和用工者，就业市场产生的这种结构性矛盾，可能成为一个重要挑战。尤其是供需人才矛盾显著，"用工荒"和"就业难"成为一大亟须跨越的现实鸿沟。

针对此问题，中央高度重视，提出了要坚持就业优先战略和积极就业政策，实现更高质量和更充分就业。政府要积极谋划就业大格局，实现岗位和人才相适应，努力改善就业环境和提高就业质量。第一，加强职业技能培训。推动高职学校和企业深度合作，企业为高职学校发展提供所需要的资金、技术、设备等，高职学校为企业发展提供所需要的科研成果和人才，实现共赢的局面，共同推动职业教育事业健康向上发展。政府鼓励劳动者自主择业、自主创业，解决了自身就业问题，为他人提供了就业岗位，减轻了社会负担，稳定了社会秩序，是一件多赢的事情。第二，健全公共就业服务体系。中央大力提倡"双创"计划，积极给予相关创业政策，为创业转化为就业提供新空间；积极实施"营改增"，减低企业成本，为有效缓解就业市场提供新动力；积极构建人力资源平台，真正将劳动者、市场、政府三者紧密结合，形成以提高就业质量为前提、以充分稳定为导向的就业新格局。所谓创业就业，就是通过鼓励创业带动就业、扩大就业。十八大以来，中央提出了"大众创新，万众创业"新方针，就是要通过建设服务型政府来营造公平公正的创业环境，使各类市场主体"如鱼得水"，通过创业增加收入，让更多人实现富裕。根据十九大报告相关精神，就是要大规模开展职业技能培训，鼓励创业带动就业，同时进一步降低市场准入门槛，为就业创业减障清负，加强创业指导和创业服务，促进各类人员创业创新。

专栏 3-3　改革开放 40 年来我国就业工作取得的成就

就业工作取得历史性成就、发生历史性变革。

就业总量持续增长。我国是世界上人口和劳动力最多的国家，就业工作面临巨大困难。但经过长期努力，我国基本实现了比较充分的就业。2017 年年末全国就业人员达 7.76 亿人，比 1978 年增加了 3.75 亿人。自 2003 年建立统计制度以来，城镇新增就业年均达到 1 178 万人左右。党的十八大以来，城镇新增就业再上新台阶，连续 5 年保持在 1 300 万人以上；累计帮扶 800 多万建档立卡贫困劳动力实现就业增收；供给侧结构性改革深入推进，110 万去产能职工得到妥善安置；高校毕业生人数年均突破 750 万人，年底总体就业率一直保持在 90% 以上的较高水平。2018 年第二季度末全国城镇登记失业率 3.83%，6 月末全国城镇调查失业率 4.8%，均处于近年来的低位水平。

就业结构不断优化。从城乡结构看，城镇就业人员规模不断扩大，由 1978 年的 0.95 亿人增至 2017 年的 4.25 亿人，占全部就业人员的比重由 23.7% 上升至 54.7%；大量农村劳动力转移就业，2017 年年末全国农民工总量达 2.87 亿人，成为现代化建设的生力军。城乡就业格局发生历史性转折，2014 年城镇就业人数首次超过乡村。从三次产业结构看，第三产业成为吸纳就业的主体，就业人数由 1978 年的 0.49 亿人增至 2017 年的 3.49 亿人，占全部就业人员的比重由 12.2% 上升至 44.9%，第三产业占主导的"倒金字塔形"就业结构进一步形成。从不同经济类型看，随着私营和个体经济从无到有、从小到大，2017 年年末私营企业和个体从业人员达 3.41 亿人，约占到城乡就业人员的 50%。

就业制度实现根本性变革。随着改革的不断深入，计划经济时代"统包统配"的就业制度实现根本转变。一方面，我国就业方针不断与时俱进。从 20 世纪 80 年代初的劳动部门介绍就业、自愿组织起来就业和自谋职业相结合的"三结合"就业方针，到 90 年代"劳动者自主择业、市场调节就业、政府促进就业"的就业方针，再到党的十八大以来"劳动者自主就业、市场调节就业、政府促进就业和鼓励创业"的新时代就业方针，市场导向的就业机制逐步建立并不断完善。另一方面，劳动就业法治化建设稳步推进。从 1983 年开始劳动合同制试点到 1986 年实行劳动制度四项改革，从 1995 年劳动法出台到 2008 年就业促进法、劳动合同法实施，促进就业和劳动关系调整的法律体系逐步完善。

就业政策和服务体系日益丰富发展。首先，从 2002 年开始确立积极就业政策体系的基本框架，到 2005 年积极就业政策进一步延续扩展，再到 2008 年应对国际金融危机形成更加积极的就业政策，演进到党的十八大以来更加突出创业和就业紧密结合、支持发展新就业形态、拓展就业新空间，积极就业政策迭代升级。其次，从早期开办劳务市场和人才市场，到劳动力市场、人才市场向人力资源市场整合发展，我国逐步建立起覆盖省、市、县、街道（乡镇）、社区（村）的五级公共就业服务网络，确立了免费提供政策咨询、信息发布、职业指导、职业介绍、创业服务等的基本公共就业服务制度，覆盖城乡的公共就业服务体系基本形成。最后，面向全体劳动者的职业培训制度不断发展，职业培训规模不断扩大，劳动者就业能力普遍提高。目前，各级公共就业服务机构每年办理劳动者求职登记 5 000 多万人次，提供职业指导 2 000 多万人次，享受政府补贴性培训的劳动者达 1 750 万人次。

资料来源：人力资源和社会保障部党组理论学习中心组，《把就业这个最大的民生抓紧抓好——改革开放 40 年来我国就业工作取得的成就和经验》，http://theory.people.com.cn/n1/2018/0807/c40531-30212699.html，2018-08-07。

改革发展成果更多更公平惠及全体人民

收入分配是民生之源，直接体现了民生改善、发展成果由人民共享的成效与影响。收入分配制度是一个国家基本经济制度的重要组成部分，是一种带有根本性、基础性的制度安排，而能否确立一套适合本国经济社会发展水平的、公平合理的收入分配制度，对于这个国家和这个国家的人民生活都具有决定性意义。

从我国收入分配的原则来看，改革开放初期，我们更加注重效率，这就导致在发展的过程中出现了一些问题，如对社会财富分配不公平、收入差距悬殊等问题。随着认识的不断深化，我们认识到公平对于社会稳定和谐的重要性，发展固然重要，但是发展的成果分配问题更加重要。我们在不断做大社会财富这块蛋糕的同时，也要注意到如何分割这块蛋糕的问题。效率和公平二者并不是割裂的两个方面，强调无论是什么分配，都要注重效率与公平，这是认识上的一大飞跃，化解了发展过程中可能会出现的矛盾。

我们党历来都非常重视提高人民群众的收入水平，尤其是随着我国经济不断发展，经济"蛋糕"进一步做大的同时，更需注意"蛋糕"的有序分配，力争将"蛋糕"做大分好。社会公平正义问题是发展中的问题，最终还要在发展中通过制度安排、法律法规、政策支持加以解决。共建是共享的前提，共建解决的是把"蛋糕"做大的问题，共享解决的是把"蛋糕"分好和社会公平正义问题。特别是针对当下发展中城乡、区域、行业之间收入差距不断增大的现象，以及世界经济史上"中等收入陷阱"的诸多先例，中央明确提出深化收入分配制度改革，完善市场评价要素贡献并按贡献分配的机制，保护合法收入，规范隐性收入等举措，在不断增加低收入劳动者收入的同时，进一步扩大中等收入者比重，由此形成橄榄型分配格局。习近平总书记多次强调要扩大中等收入群体，激发要素活力，完善分配制度，全面提升人民的收入水平。随着更合理、更有序的分配制度得以实施，人民也得到了更为满意的收入。

改革让每个身处困境的人都能得到社会的关爱和温暖

社会保障是民生安全网、社会稳定器，与人民幸福息息相关，关系国家长治久安。习近平总书记在党的十九大报告中明确指出，按照兜底线、织密网、建机制的要求，全面建成覆盖全民、城乡统筹、权责清晰、保障适度、可持续的多层次社会保障体系。兜住民生保障底线，坚守社会稳定底线；织密网，就是要实现制度最广泛的覆盖，让人人都能享受基本社会保障；建机制，就是要持续深化改革，建立健全体制机制，不断提高社会保障法治化、制度化水平这是社会保障体系自身发展完善的必然要求，与全面建成小康社会目标相契合。"覆盖全民、城乡统筹、权责清晰、保障适度、可持续"是奋斗目标。覆盖全民，就是要不断扩大社会保障覆盖面，基本实现法定人员全覆盖；城乡统筹，就是要统筹推进城乡居民社会保障体系建设，合理缩小社会保障领域的城乡差异；权责清晰，就是要明确各级政府和用人单位、个人、社会的社会保障权利、义务和责任；保障适度，就是要根据经济发展确定保障待遇水平，合理引导群众的保障预期；可持续，就是要确保各项社会保险基金收支平衡，制度长期稳定运行。

党和政府始终坚持习近平总书记关于民生的重要论述的要求，贯彻保底线、建机制的原则，积极构建多层次社会保障体系。所谓多层次社会保障体系，一是指社会保障覆盖面广，具体体现为城乡一体、全国统筹、男女平等、老幼皆扶；二是指社会保障项目多，具体包括社会保险、社会救助、社会福利、慈善事业、残疾人事业、老龄事业及住房保障，而且光社会保险就包括养老、医疗、失业、工伤及生育等方面。

改革全方位全周期保障人民健康

健康是促进人的全面发展的内在要求，是国家富强、民族昌盛的重要标志。习近平总书记指出："努力全方位、全周期保障人民健康，为实现'两个一百年'奋斗目标、实现中华民族伟大复兴中国梦打下坚实健康基础。""人民健康是民族昌盛和国家富强的重要标志。"健康已经从个人的美好期许，上升到国家的美好愿景。健康中国是民生工作的奋斗目标。

党的十九大提出的实施健康中国的战略部署，为人民群众提供全方位全周期健康服务的部署，是全党践行全心全意为人民服务宗旨，努力满足人民日益增长的美好生活需要的重要体现，同实现国家昌盛和民族复兴的宏伟目标紧密相连。卫生与健康事业既是人民群众最关心、最直接、最现实的利益诉求，也是党和政府历来高度重视的民生领域。健康中国战略的提出，既反映了我国深化医药卫生体制改革工作的深入落实，也进一步彰显了党和国家对人民健康的高度重视；既是国家大健康理念的清晰表述，也是积极参与全球健康治理新格局的行动体现。健康中国将是党和政府以后的工作重心。

从机构保障上，将相关部门归口统一，提高决策效率。长期以来，我国医疗卫生服务体系缺乏独立统一的政府管理机构，由国家卫生计生委、财政部、国家发展改革委等十几个部委共同管理，带来思想不统一、目标不一致、政策难以形成合力等问题。国家卫生健康委员会的设立通过制度安排把多部门有关健康监督管理的职责进行整合，有利于制定出合理长远的卫生健康政策法规，合力落实"三医联动"和各项改革政策，这标志着我国深化医药卫生体制改革的重点工作已经从战略层面的顶层设计转变为战术层面的执行落实。

从制度保障上，深入推进医药制度改革。践行全心全意为人民服务的理念，切实维护好广大人民群众的利益。政府加强对药品供应的管理和监督，要从源头上解决问题。针对医药供应系统出现的一系列乱象，必须加强对医药供应系统的管理，取消以药养医，恰当地处理企业、医院和病人三者之间的关系，力争形成一个良性循环。政府积极开展各式各样的宣传活动，提高老百姓的卫生环保意识，培养健康文明的生活方式，预防各种疾病，营造良好的城市面貌。在全国各大城市积极开展"双创"活动，努力为广大市民建设一个美丽的家园。

专栏 3-4　看病体验感不是奢侈品

北京 22 家市属医院推出 18 项便民服务措施，改善服务流程，创新服务模式。例如，在医院内开展电子导航、图形导航等导医服务；在门诊区域增设储物柜、挂衣钩、共享充电宝等；在急诊留观区域提供可卧式陪护床、床上用品等设施……一项项接地气的服务新举措，提升了百姓看病就医的体验感。

伴随我国社会主要矛盾的转化，在医疗卫生领域，老百姓也开始从关注"有没有"转而追求"好不好"。过去，看得上病、看得好病是"标配"，体验感、舒适度是"高配"。今天，人们已经不满足于"标配"，开始追求"高配"，"高配"也变成了"标配"。所以，体验感不是奢侈品，而是必需品。

改革开放以来，我国医疗卫生行业发展迅猛，医院越来越大，床位越来越多，技术和设备越来越先进，医生数量大幅增长，每千人口拥有执业医师数量为 2.31 人，与发达国家的差距越来越小。当前，我国医疗行业最大的短板是服务质量跟不上，"软件"与"硬件"不相匹配。医疗行业应当从数量扩张转向品质提升，医疗供给侧改革必须以患者需求为导向，努力提升患者的就医体验感。

医疗行业是一个特殊的服务行业，其特殊性体现为技术含量高、人文含量高。也就是说，医疗是一个高技术、高风险、高奉献、高情感的服务行业。服务并不低贱，我们每个人都在服务别人，也在享受别人的服务。服务体现价值，服务创造价值。因此，服务是医疗的本质，也是医疗的灵魂。但是，由于医院长期处于优势地位，缺乏竞争，部分医生服务意识不强，服务质量偏低。时代在变，患者的需求在变，医院也要适应新变化，不断提升服务品质。

提升就医体验感，医生是主力军。金杯银杯不如口碑，谁能赢得患者的口碑，谁就能立于不败之地。然而，部分医生缺乏危机意识和品牌意识。目前，医生多点执业和自由执业正在推进，医生个人品牌的价值将日益凸显。谁的技术水平高、服务态度好，谁的口碑就好、上门求医的患者就多。对于技术水平，患者未必能有一致评价。但是，对于服务态度，患者的评价标准基本一致。一位医生如果从细微之处关爱患者，让患者在就医过程中感受到温暖，他的人气指数就会越来越高。无论走到哪里，都会自带"光环"和"流量"，得到患者的认可和尊重。

老百姓满意不满意，是衡量医改成败的"金标准"。患者的需求，是医疗行业进步的原动力。2018 年年初，我国推出新一轮为期 3 年的《进一步改善医疗服务行动计划》，努力使诊疗更安全、就诊更便利、沟通更有效、体验更舒适，推动医疗服务高质量发展，改善人民群众看病就医感受。希望更多医院用高品质的医疗服务增强百姓获得感，让看病体验更舒心！

资料来源：白剑峰，《看病体验感不是奢侈品》，载《人民日报》，2018-05-11。

3.2.3　激发新时代要求下新的民生领域活力，补齐民生短板

实施精准扶贫：贫困人口和贫困地区一道进入全面小康社会

精准扶贫是打赢脱贫攻坚的基本方略。新中国成立以来，为改变旧中国一穷二白的面貌，为使全国各族人民的生活不断好起来，党领导人民持续向贫困宣战。特别是改革开放以来，全党广泛动员、投入巨资，开始了有计划、有组织、大规模的扶贫开发，形成了中国特色减贫道路。党的十八大以来，以习近平同志为核心的党中央继续高度重视扶贫开发工作，逐步将其置于民生建设的大格局中来考量和治理，并进一步提出要把脱贫攻坚作为"十三五"时期第一民生工程来抓，提出"要坚持不懈推进扶贫开发。国家级扶贫开发工作重点县就是要把减少扶贫对象作为首要任务，坚定信心，找准路子，加快转变扶贫开发方式，实行精准扶贫"。从此，精准扶贫成为以习近平同志为核心的党中央扶贫开发的重大举措和基本方略。习近平总书记在党的十九大上提出重点攻克深度贫困地区脱贫的新任务。

精准扶贫要求我们适应扶贫对象、扶贫阶段、扶贫任务的新变化、新要求，把"大水漫灌"变成"滴灌"，像打靶一样精确瞄准，做到对贫困人口精细化管理、对扶贫资源精确化配置、对贫困农户精准化扶持，确保扶贫资源真正用在扶贫对象身上，真正用在贫困地区，扶真贫、真扶贫。"一刀切"的扶贫政策并不能满足所有地区的政策需求，需要多角度、多领域探讨扶贫模式，因地制宜扶贫，因人因地施策，因贫困原因施策，因贫困类型施策，发挥各地扶贫的

"十八般武艺"。同时，必须解决好"三个"根本问题，那就是"扶持谁""谁来扶""怎么扶"的问题。所谓"扶持谁"，就是要把真正的贫困人口搞清楚，把贫困程度和贫困原因搞清楚，以便做到对症下药。所谓"谁来扶"，就是要加快建立由中央统筹、省（自治区、直辖市）负总责、市（地）县抓落实的扶贫开发工作机制。在关于"怎么扶"的问题上，主要是实施"五个一批"工程，就是通过发展生产、生态补偿、易地搬迁、社会保障兜底、发展教育脱贫。

精准扶贫是由于我国城乡之间、行业之间、大小城市之间、东中西部之间存在较大的发展差距，我们面对的是一个多层次、多样化的贫困局面。只有处理好贫困问题，才能更好地调动老百姓的生产积极性，增强老百姓的生活幸福感，才能更好地展现社会主义制度的优越性。第一，统筹东西部扶贫协作。东部先进地区应该发挥其资金、技术、人才等优势帮助西部落后地区，加大对口帮扶力度和深度，促使西部地区政策倾斜、资金支持、资源整合，更好地解决当地贫困问题。第二，强化第一书记责任制。针对国家政策设计与基层治理方面存在脱节的现象，由中央、省、市、县各级派第一书记去贫困市县、乡镇、农村具体负责工作，有利于国家政策贯彻落实，有利于解决老百姓的实际问题。

习近平总书记特别强调教育在摆脱贫困中的根本作用，认为教育扶贫是阻断贫困代际传递的重要途径。也就是说，在实施精准扶贫过程中，一定要将贫困地区教育事业的发展作为扶贫工作的重中之重来抓，让孩子们都能受到良好优质的教育。十九大报告再次强调了扶志同扶智相结合的重要性，提出要"注重扶贫同扶志、扶智相结合"。

建设平安中国：总体国家观视域下的人民幸福安康

平安是老百姓解决温饱后的第一需求，是极重要的民生，也是最基本的发展环境。党的十八大以来，以习近平同志为核心的党中央把平安中国建设置于中国特色社会主义事业中总体布局谋划。党的十九大，根据新时代新要求，对平安中国建设做了新要求，提出了"提高社会治理社会化、法治化、智能化、专业化水平"新目标。平安中国建设体现的是"大安全"理念。"平安中国建设"是由"平安建设""平安创建活动"等概念发展而来的。平安建设主要侧重于平安地区和平安单位建设，如平安社区、平安乡村、平安企业、平安铁道线、平安校园、平安家庭、平安大道等各种形式的基层安全创建活动，属于社会治安综合治理的范畴。"平安中国建设"则是立足于"大安全"，贯彻的是总体国家安全观。所谓总体国家安全观，就是"坚持国家利益至上，以人民安全为宗旨，以政治安全为根本"的大安全理念，不仅包括内部安全和外部安全，还包括国民安全和国土安全，既包括传统安全，也包括非传统安全。除此以外还包括食品药品安全、生产安全、自然灾害防御、社会治安防控、反恐怖斗争、网络安全等公共安全和自身安全。平安中国建设不仅拓展了平安建设的领域，而且丰富了平安建设的内涵。从理念上看，就是体现了从传统社会管理的"管控"向现代社会治理的"善治"的转变，体现了由维护稳定、社会秩序安定向人民安居乐业、总体国家安全的转变。

有关资料显示，2016 年我国严重暴力犯罪案件比 2012 年下降 43％，每 10 万人中发生命案 0.62 起，是世界上命案发案率最低的国家之一，重特大交通事故下降 56％。人民群众对社会治安满意度从 2012 年的 87.55％上升到 2016 年的 91.99％。党的十八大以来，全国政法机关自觉用习近平总书记系列重要讲话精神和党中央关于政法工作的新理念新思想新战略统一思想、指导工作，深入推进平安中国、法治中国、过硬队伍建设，着力维护社会大局稳定，促进社会公平正义，保障人民安居乐业。

建设公共安全体系是平安中国建设的内在要求。十八届中央政治局第二十三次集体学习时集中讨论了这个问题。公共安全包括社会治安防控、安全生产、食品药品安全、防灾减灾救灾、国家网络与信息安全以及反恐怖斗争。在习近平总书记看来，食品安全事关千家万户的幸福安康，不仅是民生问题、经济问题，而且是政治问题，不仅要作为民生大事来抓，而且要作为政治任务来抓。人民群众生命安全始终排在第一位，保障人民群众生命安全，最主要的就是安全生产。要树立以人为本、生命至上的理念，高标准、严要求，建立健全安全生产责任制。国家网络和信息安全是平安中国建设遇到的新问题，事关广大人民群众的工作和生活，没有网络安全就没有国家安全。当今世界互联网已融入人类社会各个方面，我国已成为网络大国。一方面要建设具有自主知识产权的信息网络，发展信息服务；另一方面则要加强网络治理。当前，恐怖活动成为影响全球人类生命安全的重大问题，我国也面临着这样的挑战。因此，我们要防患于未然、专群结合，深入开展反恐怖斗争。

专栏 3-5 平安中国，暖心的民生名片

　　稳定是发展的基石，也是最重要的民生。抓好政治安全、经济安全、国土安全、社会安全、网络安全等各方面安全工作，为老百姓提供一个安全、舒适的工作和生活环境，推进平安中国建设，不断提升人民群众的安全感，是新时代最基本的民生。

　　利剑出鞘，严厉打击各类违法犯罪。暴力恐怖成为我国新时代最大的现实威胁之一，横向到边、纵向到底的反恐怖工作责任体系在全国范围内迅速建立，牢牢把握反恐怖斗争主动权，有力维护社会大局持续稳定；互联网迅猛发展，传统犯罪"披上新装"，新型犯罪大量涌现，公安机关依法打击网络谣言、电信诈骗，深入整治侵犯公民个人信息，让网络空间清朗起来；更快地破大案、更多地破小案、更好地控发案，努力让老百姓居家更安心、出行更放心、生活更舒心，公安机关集中力量开展破案攻坚，近 5 年来，8 类严重暴力犯罪案件下降42.7%，命案下降 30%。

　　天罗地网，社会治安防控凸显预警性。平安中国，贵在打防结合、标本兼治，社会面治安防控网、重点行业治安防控网、乡镇和村治安防控网，越来越多的"天罗地网"给广大群众提供全方位、多层次的安全防护。加强网络社会治理，网警这一群体从幕后走向前台，全面提高网上"见警率""管事率"，全国已建成"网安警务室"1 116 家。一边是科技强警"新武器"，一边是深入基层"传家宝"。从深入推进消防安全责任制落实，持续开展高层建筑等火灾隐患排查整治，到深入开展城市交通秩序整治，大力整顿酒驾、醉驾、毒驾等违法行为，加强公园、景点、商场等人员密集场所治安管理，严防个人极端事件发生，查隐患、防事故、保安全，始终是公安工作的一项重头戏。近 5 年来，重特大火灾、道路交通事故数量年均分别下降 18.3% 和 18.6%。

　　国际合作，为安全命运共同体贡献"中国力量"。全球化时代，中国警方始终高举"合作共赢"大旗，全面推进与有关国家的务实合作，为构建人类命运共同体贡献"中国力量"；公安机关攻坚克难，守护平安，我国成为世界上社会治安较好的国家之一；200 万公安干警砥砺前行，牢固铸就维护国家安全、社会公共安全和人民群众生命财产安全的"铜墙铁壁"。

　　资料来源：张洋、倪弋，《平安中国，暖心的国家名片》，载《人民日报》，2017-08-23。

繁荣公共文化：让人民群众的基本文化权益得到有效保障

文化既是凝聚人心的精神纽带，又是增进民生幸福的关键因素。2013 年的政府工作报告首次将公共文化服务体系、文化惠民工程、发展公益性文化列入民生和社会事业。此后历年的政府工作报告都是将文化包括公共文化列入"推进以保障和改善民生为重点的社会建设"来论述的。关于公共文化的发展，习近平总书记提出，要"推动基本公共文化服务标准化、均等化发展，引导文化资源向城乡基层倾斜，创新公共文化服务方式，保障人民基本文化权益"。当下，我国人民在物质生活上得到了极大满足，人民对精神文化向往有了更高更深层次的要求。这也表明，协同推动物质文明和精神文明发展的时代已到来。习近平总书记对此形象地指出："当高楼大厦在我国大地上遍地林立时，中华民族精神的大厦也应该巍然耸立。"习近平总书记多次在不同场合强调，要坚持以人民为中心的创作导向，要传承和弘扬中华优秀传统文化，更要善于创新，创造出更多大众所需的社会文化产品。更为重要的是要在讲好中国故事中，树立强烈的文化自信。

党的十八大以来，文化领域以打通公共文化服务"最后一公里"为重任，为人民的美好生活提供了精神指引和文化滋养。现代公共文化服务体系建设加快推进，覆盖城乡的国家、省、市、县、乡、村六级公共文化服务网络基本建成。文化基础设施不断完善，各类文化工程推进实施，文化产业快速发展，人民精神生活得到了极大提高。

习近平总书记提出，要推进基本公共文化服务标准化、均等化。均等化，就是各级政府要引导文化资源向城乡基层倾斜，重视革命老区、民族地区、边疆地区、贫困地区公共文化建设，同时要保障老年人、残疾人、未成年人、农村留守妇女儿童的基本文化权益。

构建现代公共文化服务体系，就是将保障文化民生、促进文化公平作为重要的制度和政策，目的是消除文化贫困，使人民群众基本文化需求得到满足，公平公正地分享公共文化成果和服务。根据十九大报告相关精神，构建和完善公共文化服务体系，抓手是基本公共文化发展标准化、均等化，重点是基层和农村。内容包括深入实施文化惠民工程，健全设施网络，创新运行方式，提高服务水平，丰富群众性文化活动，调动群众文化创造的积极性，引导群众在文化建设中自我表现、自我教育、自我服务；同时还要加强文物保护和文化遗产在活跃群众性文化生活中的积极作用。

专栏 3-6　2018 年上半年"民生账本"

　　2018 年上半年，各级财政部门在严控一般性支出的基础上，集中力量支持脱贫攻坚、生态环保、教育、科技创新、社保、医疗等重点领域，相关支出得到有效保障。

　　支持打好精准脱贫攻坚战。全国半年专项扶贫支出 1 760 亿元，同比增长39.7%，着力全面改善贫困地区生产生活条件，推进深度贫困地区精准脱贫。

　　支持打好污染防治攻坚战。全国半年节能环保支出 2 627 亿元，同比增长16.3%。其中污染防治支出 846 亿元，同比增长 19.5%，支持解决突出环境问题，加快大气、水、土壤污染防治，促进生态环境质量改善。

　　支持发展公平优质教育。全国半年教育支出 16 400 亿元，同比增长 6.9%。支持增加学前教育供给，改善贫困地区义务教育薄弱学校基本办学条件，推进高中阶段教育普及，完善职业教育和培训体系，支持加快世界一流大学和一流学科建设。

　　落实创新驱动发展战略。全国科学技术半年支出 3 644 亿元，同比增长25.4%。进一步落实科研项目资金管理改革等政策，加快开展面向目标与结果的财政科技支出绩效评价，提高资金使用效益。

　　加强就业和社会保障。全国社会保障和就业半年支出 16 482 亿元，同比增长 11.3%。及时兑现退休人员的养老金，加强对困难群众的兜底保障。

　　推进健康中国建设。全国医疗卫生半年支出 9 472 亿元，同比增长 9.8%。支持完善基本医疗保险制度，促进提升医疗服务能力，做好困难群众医疗保障。

　　资料来源：郁琼源，《稳收入、保民生、促改革——聚焦 2018 年上半年"国家账本"》，http://www.xinhuanet.com/politics/2018-07/13/c_1123124302.htm，2018-07-14。

>> 3.3　民生靠改革，改革惠民生 <<

3.3.1　以人的全面发展为目标，高度关注民生问题————

　　在马克思主义发展观下，人类整体的进步和个体的全面发展是经济社会发展的出发点和落脚点。从马克思的本真原意来看，人的自由全面发展应包含人的素质的全面发展、能力的和谐发展、关系的协调发展、个性的自由发展四个层次。这四个层次的发展与人民对美好生活的需要与向往相适应。因此，党和政府要真正从人的全面发展角度入手，不断深入扩大改革，让人民群众共享新一轮机构改革的红利。这有赖于改革方案扎实有效的落实，因此要充分发挥党中央对机构改革落实督导和督查的重要作用，保证制度创新的民生红利得到有效释放，让改革发展成果更多更公平惠及全体人民，朝着实现全体人民共同富裕的目标不断迈进。

　　新一轮机构改革面临着理念转变、部门协调、制度建设等诸方面的挑战。对此，我们应当始终把人民对美好生活的向往作为奋斗目标，在党中央的督导下积极落实和深化改革，推进公共服务均等化、部门整合协调化、府际职责通畅化、改革过程法定化，充分释放改革红利。在整个发展过程中，都要注重民生、保障民生、改善民生，让改革发展成果更多更公平惠及广大人民群众，使人民群众在共建共享发展中有更多获得感。特别是要从解决群众最关心最直接最现实的利益问题入手，做好普惠性、基础性、兜底性民生建设，全面提高公共服务共建能力和共享水平，满足老百姓多样化的民生需求，织就密实的民生保障网。

　　要确保持续提高居民收入，建立居民收入增长和经济增长同步、劳动报酬和劳动生产率同步提高的体制机制。党的十九大报告指出：当前我国社会的主要矛盾已经转化为人民日益增长的美好生活需要和不平衡不充分的发展之间的矛盾。居民收入分配格局不合理状况的主要表现，就是当前发展不平衡不充分的重要反映。我们要牢固树立"共享""共富"理念，将收入分配改革列入重要议事日程，完善再分配体制机制，强化对资本所得以及高收入者的征税力度；要切实增加公共服务供给，提高公共服务的共建能力和共享水平，明确政府提高公共服务质量的职责和内容，合理配置公共资源。改善公共服务的分布格局，加大对贫困地区的扶持力度，弥补贫困地区公共服务的不足和短板。要统筹城乡基础设施建设和社区建设，推进城乡基本公共服务均等化，缩小农村地区与城市之间的基本公共服务差距；要维护好社会公平正义，以保证人民平等参与、平等发展的权利。公平正义犹如阳光和空气，对美好生活来说不可或缺。同时，公平正义作为社会主义核心价值观的组成部分，影响着人们的获得感、幸福感和安全感。只有强化宗旨意识、以百姓之心为心，坚定维护公平正义，才能让人民生活得更幸福，从而有效促进每个人的全面发展。

3.3.2 深化对社会主义本质的认识，正确把握民生建设的规律和方法

社会主义本质就是解放生产力，发展生产力，消灭剥削，消除两极分化，最终达到共同富裕。40年的改革和发展经验表明，改革是发展的动力，发展是硬道理，是第一要务，也是改善民生的最大的红利。只有把改革和发展紧紧地联系在一起，增进民生福祉的目标才能实现。全面深化改革最根本的是要推动民生的发展。改革的目的是让人民过上更好生活，更好地促进人的发展。而不断满足人民群众的物质需求，最大限度地增加社会财富是解决民生问题、改善民生环境、发展民生事业、增进民生福祉的基础和前提。

要坚持顶层设计和摸着石头过河相结合的方法。民生建设采用何种模式、走哪条道路不能任由市场自发形成，政府要干预和主导，这是政府的职责和作用。因此，全面深化体制改革，尤其是在民生重点领域取得突破，必须加强改革的顶层设计，要从民生发展的战略高度统筹布局、系统规划，不断提高改革决策科学性，并使民生体制改革的成果朝着预期的目标前进。由于"中国道路""中国模式"的独特性以及中国国情的特殊性决定了顶层设计的实施缺乏可借鉴的经验，因此，发展和建设有中国特色的社会主义民生事业必须重拾"摸着石头过河"的工作方法，要从问题着手、从实践出发，从人民群众中集聚改革的智慧，及时总结和推广国内成功做法，批判地比较和借鉴国外有益经验，胆子要大、步子要稳、敢于试错、勇于创新、注重协同、形成合力，团结和依靠广大人民群众，把我国民生事业不断推向更高的阶段。同时，改善民生要从国情出发，逐步进行。民生是全体人民的民生，但不同群体的民生问题不一样，要更加重视普通民众尤其是占相当大比重的困难群体。

当前和相当长时期内，我国都处于适度普惠型民生模式的建设和定型阶段。在这样一个保障和改善民生的新阶段，我国民生体系建设的基本着力点主要表现在以下一些方面。

在民生建设的深度上，我国民生建设要实现从浅层的制度创新转向深层的价值变革。需要根据时代变化与需求确立许多新的民生理念，将共同富裕这一改革目标扎根民众内心，为改革的高效高质量开展提供保障。要让强势群体意识到，现在的改善民生，共同富裕，短期内可能会消减强者的福利，甚至可能会出现"劫富济穷"现象，但从长期来看却是有利于所有人的行为；也要让弱势群体意识到，福利过快增长只是短期现象不可持续，未来不仅要靠政府，更要靠辛勤劳动改变命运。只有不同社会阶层、社会群体都有这种社会合作理念，深层次的存量改革才能推进，真正的共赢共生局面才能出现，共同富裕的目标才会早日实现。

在民生建设的性质定位上，我国民生事业发展要尽快实现"互动论"。在民生事业发展的早期，一般认为经济积累用于再生产的越多，经济发展就越快；反之用于消费尤其是民生类集体消费的越多，就会拖累经济发展。为了保持经济快速发展就要牺牲一部分人的利益，这是典型的"负担论"。随着社会建设的持续推进，改善民生的地位日益上升，无论是中央还是地方或部门，都已经把经济发展和社会和谐放在并列的地位，这是"并列论"，是历史性的进步。但这种进步还不够，因为它认为经济社会是简单的并列关系，事实上，民生不仅是发展目标，更是实现更高层次发展的基本手段。为了防止出现超出经济承受能力过度改善民生的倾向，未来十几年，良性循环论将成为民生建设性质的最新定位，需要大力宣传并且让广大人民群众真正理解和主动接受这一新的民生性质定位。

3.3.3　更好地把握生产与生活、改革与民生发展的辩证关系

在人类社会发展过程中，始终存在生产力与生产关系、经济基础与上层建筑之间的矛盾，这两对矛盾是人类社会最基本的矛盾。任何社会以及民族国家想要获得发展、进步，就需要调节生产力与生产关系、经济基础与上层建筑之间的矛盾。因此，人类社会的基本矛盾和发展要求，从根本上决定了改革的必要性和普遍性。将保障民主和促进社会公平正义的基础性制度理念、制度规则、制度体制、制度机制及制度组织体系，落实到社会建设和社会管理的创新

过程中，从而创造更加公平正义的社会环境。尤其要"促进公共资源向基层延伸、向农村覆盖、向弱势群体倾斜"，逐步实现基本公共服务均等化，使基层群众获得更可靠的民生保障，不断增强人民的获得感、幸福感、安全感。

现阶段供给侧结构性改革的直接目的是解放和发展社会生产力，而解放和发展生产力的根本价值取向是改善民生。即通过供给侧结构性改革，不断提升生产力发展水平，为人民群众提供更加丰富、更加优质、更加便宜的产品和服务，以满足人民群众不断升级的、个性化的物质文化生活需要，从而为人的自由全面发展奠定了现实基础，最终实现社会主义生产的根本目的。供给侧结构性改革的改善民生价值意蕴，是中国特色社会主义的本质要求，是中国特色社会主义制度优越性的现实体现，也是落实以人民为中心的发展思想的具体要求。中国特色社会主义是以人为本、让全体社会成员共享改革发展成果、促进人的自由全面发展的社会主义，必然要求在改革实践中不断增进人民群众的各种民生福祉。与此同时，把改善民生作为供给侧结构性改革的根本价值取向，也是深入推进供给侧结构性改革的现实需要。唯有如此，才能规避资本主义供给侧改革的诸多缺陷和问题——如贫富两极分化、社会矛盾频发、民生福利下降等——以实现供给侧结构性改革与改善民生的互促互动。

参考文献

[1]中共中央文献研究室. 邓小平年谱（一九七五——一九九七）（下）[M]. 北京：中央文献出版社，2004.

[2]江泽民文选（第 3 卷）[M]. 北京：人民出版社，2006.

[3]江泽民文选（第 2 卷）[M]. 北京：人民出版社，2006.

[4]习近平谈治国理政[M]. 北京：外文出版社，2014.

[5]马克思恩格斯全集（第 3 卷）[M]. 北京：人民出版社，1995.

[6]马克思恩格斯选集（第 1 卷）[M]. 北京：人民出版社，1995.

[7]韩喜平，孙贺. 社会主义改革与保障和改善民生[J]. 湖南社会科学，2014(3).

[8]习近平谈治国理政（第 2 卷）[M]. 北京：外文出版社，2017.

[9]王道勇. 改革开放以来中国民生事业发展经验及基本趋势[J]. 党政研究，2018(5).

第4章 改革增强民生发展动能

中国经济发展进入增速换挡的新常态，改革发展正处在爬坡过坎的关键阶段，寻找民生发展的新动能，成为新时代中国民生发展的关键。千难万难，只要重视就不难；大路小路，只有行动才有出路。全面深化改革、优化结构、创新驱动，才能积聚民生发展新动能，强化保障和改善民生的物质基础，创造更多有效需求，从而拓展更大发展空间。

>> 4.1 发展民生是中国共产党的不懈追求 <<

4.1.1 中国共产党领导人民革命和建设的目标是改善民生

民生的发展需要强大的动能或者说驱动力，改革是民生发展的强大动能，而中国共产党的民生思想与实践是推进改革开放、促进民生发展的最核心驱动力。中国共产党的民生思想由近代中国积贫积弱、民不聊生的国情所催生，由先进的无产阶级政党的性质和救亡图存的历史使命所推动，随着中国特色社会主义道路的实践和探索所发展，实事求是，统筹兼顾，稳步推进，在改革中不断发展。

五四运动前后，早期先进的共产主义知识分子向西方寻求救亡图存的真理，在比较与鉴别中选择了马克思主义作为改造社会、解决民生问题的指导思想，开始了马克思主义民生理论中国化的理论探索和创新。在这个进程中，中国传统的民生思想为中国共产党人接受马克思主义民生观奠定了文化基础，孙中山的民生观由于具有深厚的中华民族民生理念底蕴，又在一定程度上吸收了马克思主义的民生理论因素，因而成了中国共产党民生观重要的理论来源。中国共产党人运用马克思主义的立场、观点和方法对中华传统民生思想以及孙中山的民生观进行了辩证的批判和发展，使马克思主义中国化的民生观体现出鲜明的中国特色。

中国共产党自建立起就将党的最高价值诉求定位为为民谋幸福，在其纲领中明确提出了为大多数人谋利益，让人民过上美好生活的历史责任。1921年，中共一大通过的《中国共产党第一个纲领》规定："本党的纲领如下：（1）革命军队必须与无产阶级一起推翻资本家阶级的政权，必须支援工人阶级，直到社会阶级区分消除为止；（2）承认无产阶级专政，直到阶级斗争结束，即直至社会的阶级区分消除为止；（3）消灭资本家私有制，没收和征用机器、土地、厂房和半成品等生产资料，归社会公有。"这一纲领的提出表明了中国共产党是以马克思主义为指导的无产阶级政党，其政治目标就是支援与领导无产阶级进行革命，进而实现社会阶级区分的消失和民生的改善。1922年，为了进一步明确改善民生的目标，中国共产党在中共二大的《中国共产党第二次全国代表大会宣言》中对民生问题的改善提出了具体化的内容："（六）工人和农民，无论男女，在各级议会市议会有无限制的选举权，言论、出版、集会、结社、罢工绝对自由；（七）制定关于工人和农人以及妇女的法律。"这些内容与《中国共产党第一个纲领》的内容前后呼应，民生改善的方面涉及人权、自由、医疗、保障、税收以及教育，尤其是开始强调女性群体的生计及发展问题。由此可见，自中共一大、中共二大开始，中国共产党就已经清晰地将民众作为自己的联合对象，将为民造福、求生存、谋发展作为自己奋斗的方向与目标。

国民革命时期，在工人运动和城市武装暴动的不断探索中，中国共产党逐渐对农民问题和土地问题这两个中国革命的关键问题有了较为清晰的认识，初步提出了最广大底层民众的民生诉求。

土地革命时期，以毛泽东为代表的中国共产党人，总结大革命失败的经验教训，初步探寻了把革命的重心从城市转向乡村、武装农民进行土地革命、创建革命根据地等具有中国特色的革命道路，初步提出了党解决民生问题的实事求是思想路线，提出了关注民生、为民谋利的解决革命根据地民生问题的宗旨，自觉将革命战争与革命根据地民生问题的解决密切结合，提出坚持党的领导和加强党的建设是革命根据地民生建设的根本保证，并开始探索以革命法制为革命根据地的民生建设保驾护航。1934 年，在瑞金召开的第二次全国工农兵代表大会上，毛泽东进一步对民生建设的重要性做了细致的分析与阐述，指出："我们要胜利，一定还要做很多的工作。领导农民的土地斗争，分土地给农民……解决群众的穿衣问题，吃饭问题，住房问题，柴米油盐问题，疾病卫生问题，婚姻问题。总之，一切群众的实际生活问题，都是我们应当注意的问题。"此时的中国共产党已经认识到民生建设与中国革命之间的关系。

抗日战争时期，中国共产党对民主革命的对象、动力、性质和前途的认识日趋成熟和系统。面对抗日根据地生存和发展的艰难局势，以毛泽东为代表的中国共产党人充分认识到民生问题的艰巨性和重要性，从党的全心全意为人民服务的宗旨出发，提出了解决民生问题的实事求是思想路线和发展经济、保障供给，自力更生、艰苦奋斗，民生与革命相结合，以民主促民生等民生原则和方针。1945 年，毛泽东在中共七大开幕词中提出了"全心全意为中国人民服务"的民生理念，并指出全心全意为人民服务是中国共产党的根本宗旨，也是党的领导机关和每个党员想问题、办事情的出发点和归宿。

解放战争时期，为了彻底地完成民主革命的任务，面对国民党违背人民和平民主意愿而悍然发动的内战，中国共产党人坚定不移地代表最广大中国人民的根本利益，为了保卫人民的生命、财产、权利和幸福，在把进行自卫的决战作为重中之重的同时，依然高度重视民生，把解决民生问题提到赢得解放战争的成败与取得政权的关键的政治高度，鲜明地提出了新民主主义的三大经济纲领，明确提出集中领导、统筹兼顾、实事求是、因地制宜等解放区民生建设原则和方针。

新中国成立以后，以毛泽东同志为核心的党的第一代中央领导集体，实事求是地探索中国式的民生改善之路，把改善民生作为赢得人民的拥护和支持、巩固人民民主专政的重大政治问题，主张以正确处理各种矛盾与统筹兼顾的方法解决民生问题，充分照顾人民生活所需，把改善民生纳入重要的计划发展范畴，还尝试探索进行经济体制改革以促进生产力的发展从而改善民生，并开始了以社会主义民主法治建设保障民生的伟大实践。虽然这些民生主张由于"大跃进""人民公社化运动""文化大革命"未能全面贯彻实施，但这些探索为中国特色社会主义民生观的形成做了准备。

党的十一届三中全会以来，以邓小平同志为核心的党的第二代中央领导集体对民生建设基本思路进行拨乱反正，确立了中国特色社会主义民生观；指出社会主义初级阶段我国民生建设的长期性与艰巨性，提出通过解放生产力，发展生产力，消灭剥削，消除两极分化，最终实现共同富裕的民生发展目标；提出"两手抓"等统筹兼顾的民生发展原则，以"三个有利于"标准为检验，规划了"三步走"的民生发展蓝图。

党的十四大以来，以建立市场经济体制为目标的改革为新时期改善中国的民生营造了良好的环境氛围。面对世纪之交历史方位的新变化，以江泽民同志为核心的党的第三代中央领导集体提出了"三个代表"重要思想，提出了新时期改善民生的价值诉求，提出了全面建设小康社会的民生目标，并探索提出了可持续发展、区域经济协调发展、科教兴国的民生发展战略，进一步发展了中国特色社会主义民生观。十四大报告明确提出："加快改革开放和经济发展，目的都是为了满足人民日益增长的物质文化需要。随着生产发展和社会财富的增加，城乡居民的实际收入、消费水平和生活质量要有明显提高。衣食住行尤其是居住条件，应有较多改善。文化生活更加丰富，体育、卫生事业进一步发展，人民健康水平继续提高。""在经济发展的基础上，使全国人民过上小康生活，并逐步向更高的水平前进。努力增加城乡居民实际收入，拓宽消费领域，引导合理消费。在改善物质生活的同时，充实精神生活，美化生活环境，提高生活质量。特别要改善居住、卫生、交通和通信条件，扩大服务性消费。逐步增加公共设施和社会福利设施。提高教育和医疗保健水平。实行保障城镇困难居民基本生活的政策。国家从多方面采取措施，加大扶贫攻坚力度，到本世纪末基本解决农村贫困人口的温饱问题。"这是党的十五大报告关于改善民生的重要阐述。

党的十六大以来，以胡锦涛同志为总书记的党中央在探索中国特色社会主义的民生实践中，提出了"以人为本"的科学发展观，构建了中国特色社会主义政治、经济、文化、社会、生态"五位一体"的现代化建设的宏伟蓝图。把"以人为本"作为寻求解决民生问题的出发点和归宿，把"改善民生"为重点的社会建设作为解决民生问题的新任务、新途径、新事业，把"生态文明"建设确立为改善民生的环境目标，把"社会主义和谐社会"建设确立为改善民生的价值目标。"千方百计扩大就业，不断改善人民生活""就业是民生之本"是十六大报告中改善民生的一项重要措施。党的十七大报告突出阐述了"发展为了人民、发展依靠人民、发展成果由人民共享",即"让老百姓更多地分享经济发展成果"的改善民生的思路。

党的十八大以来,以习近平同志为核心的党中央高度重视民生建设问题,并将其切实落实到治国理政中去,提出保障和改善民生要坚持"以人民为中心",坚持植根于人民,坚持群众路线,树立群众观点,保持党同人民群众的血肉联系;坚持以人为本,树立科学的政绩观和发展观;实现共同富裕和社会的公平正义,使人人共享人生出彩的机会,共享梦想成真的机会。习近平总书记指出,实现全面建成小康社会、建成富强民主文明和谐的社会主义现代化国家的奋斗目标,实现中华民族伟大复兴的中国梦,就是要实现国家富强、民族振兴、人民幸福。

党的十九大以来,中国特色社会主义进入新时代,习近平总书记在党的十九大报告中指出:我国社会主要矛盾已经转化为人民日益增长的美好生活需要和不平衡不充分的发展之间的矛盾,必须坚持以人民为中心的发展思想,不断促进人的全面发展、全体人民共同富裕。团结带领全国各族人民决胜全面建成小康社会,奋力夺取新时代中国特色社会主义伟大胜利。中国共产党人的初心和使命,就是为中国人民谋幸福和为中华民族谋复兴。一切发展为了人民,要依靠人民来发展,要由人民共享发展成果。"以人民为中心"的发展理念成为新时代中国特色社会主义社会建设的一条主线。

4.1.2　以人民为中心的民生思想实践

坚持用中国化马克思主义民生理论指导解决民生问题

解决好民生问题,是中国长治久安和实现中华民族伟大复兴的重要基础。马克思、恩格斯作为科学社会主义的创始人,对民生问题的关注是从人类生存所必需的"吃喝住穿"等基本问题开始的。他们还结合无产阶级革命与斗争的实践,研究如何实现无产阶级的生活改善和利益问题。民生思想既是贯穿马克思主义理论体系的一条红线,又是马克思主义理论体系的重要组成部分。中国共产党坚持把马克思主义民生理论与中国具体实际相结合,不断进行理论创新,提出了一系列解决民生问题的新思想、新观点和新论断,丰富和发展了马克思主义民生理论。

改革开放前，以毛泽东同志为核心的党的第一代中央领导集体，在领导社会主义革命和社会主义建设中，坚持把马克思主义民生理论与中国的具体实践相结合，提出了实现"四个现代化"的战略目标和"两步走"的战略部署，即从"三五"计划开始，我国国民经济发展可以按两步来考虑：第一步，建立一个独立的比较完整的工业体系和国民经济体系；第二步，全面实现工业、农业、国防和科学技术的现代化，使我国经济走在世界的前列。实现四个现代化的战略目标，是第一代中央领导集体智慧的结晶，是全党全国人民的共同选择和理想，开拓了中国化马克思主义民生理论的新境界。

改革开放新时期，以邓小平同志为核心的党的第二代中央领导集体经过多年的探索与实践，不仅继承和完善了第一代中央领导集体提出的四个现代化思想，而且创造性地确立了以共同富裕为战略目标的"三步走"发展战略。即第一步，到1990年，实现国民生产总值比1980年翻一番，解决人民的温饱问题；第二步，到20世纪末，使国民生产总值再增长一倍，人民生活达到小康水平；第三步，到21世纪中叶，人均国民生产总值达到中等发达国家水平，人民生活比较富裕。

党的十三届四中全会以来，以江泽民同志为核心的党的第三代中央领导集体，把关注民生作为党长期执政的基石，提出"三个代表"重要思想，提出新"三步走"的发展战略和"全面建设小康社会"的战略目标。即到2010年，实现人均国内生产总值比2000年翻一番，使人民的小康生活更加宽裕；到2020年，实现人均国内生产总值比2010年再翻一番，全面建设更高水平的小康社会，使人民的小康生活更加殷实；到21世纪中叶，基本实现现代化，使全国人民都能过上比较宽裕的小康生活，并逐步过上比较富裕的生活。

党的十六大以来，以胡锦涛同志为总书记的党中央根据新世纪新阶段的新要求，高度关注并着力解决民生问题，提出科学发展观，确立"学有所教、劳有所得、病有所医、老有所养、住有所居"的民生目标。党的十七大对全面建设小康社会提出了五个方面新的更高要求：一是增强发展协调性，努力实现经济又好又快发展；二是扩大社会主义民主，更好地保障人民权益和社会公平正义；三是加强文化建设，明显提高全民族文明素质；四是加快发展社会事业，全面改善人民生活；五是建设生态文明，基本形成节约能源资源和保护生态环境的产业结构、增长方式、消费模式。

党的十八大以来，以习近平同志为核心的党中央提出"深入贯彻以人民为中心的发展思想"，为实现"两个一百年"奋斗目标、实现中华民族伟大复兴的中国梦不懈奋斗。党的十九大以来，中国特色社会主义进入新时代，从人民日益增长的物质文化需要同落后的社会生产之间的矛盾，到人民日益增长的美好生活需要和不平衡不充分的发展之间的矛盾，标志着在新时代我国社会的主要矛盾已经发生了转化。而在解决这一社会主要矛盾的过程中，努力提高保障和改善民生水平，无疑成为新时代中国特色社会主义社会建设的重要任务。

始终关注并能正确把握人民群众的根本利益

民生问题主要是指民众的生存、发展和福利问题，实质上是指人民群众的根本利益问题。中国共产党始终把全心全意为人民服务作为自己的根本宗旨，反复强调党的一切奋斗和工作都是为了造福人民。人民群众的根本利益是具体的、历史的，不同时期人民群众的根本利益是不同的，与此相适应，中国共产党根据不同时期的具体情况采取了不同的政策措施。

民主革命时期，我国革命的基本问题是农民问题，农民问题的核心则是土地问题，因而，土地问题成为中国共产党在民主革命时期必须解决的首要问题。以毛泽东为代表的中国共产党人，把解决土地问题、满足广大农民的土地要求作为头等大事，采取了一系列政策措施，如开展打土豪、分田地，实行减租减息政策，先后制定和颁布了《井冈山土地法》《兴国土地法》《关于土地问题的指示》《中国土地法大纲》等法律法规，有效解决了农民少地或无地的困境，在一定程度上解决了农民最切实的利益问题，得到了广大农民的拥护，为共产党最后取得民主革命的胜利赢得了牢固的群众基础。

改革开放初期，由于之前的 20 多年里我国实行的是高度集中的计划经济体制和低工资、低消费、高就业的平均主义分配模式，以及国民经济低效率运行、人民群众尚未解决温饱问题，衣食之忧成为人民群众的根本利益所在，因此，解决人民的温饱问题成为党的燃眉之急。为此，邓小平同志强调指出，切实关心群众生活、帮助群众解决具体问题是全心全意为人民服务的具体体现，要一心一意地搞四个现代化。在他的领导下，我国进行了被称为"第二次革命"的经济体制改革，促进了经济的快速发展，带来了全国居民生活水平的迅速提高。其中，农村以党的十一届三中全会为标志，率先推行家庭联产承包责任制，促进了农村经济的迅速发展，使广大农民很快摘掉了贫穷落后的帽子；城市以党的十二届三中全会为标志，全面推行以市场为导向的经济体制改革和分配制度改革，城市居民很快富裕起来，到 20 世纪 80 年代末我国基本解决温饱问题。

20 世纪 90 年代以来，一方面，随着经济体制改革的深化，我国社会生产力快速发展，人民的收入水平大幅提高，实现了从温饱到小康；另一方面，我国社会结构的深刻变动、利益格局的深刻调整、思想观念的深刻变化等巨大的社会变革，给我国经济社会发展带来诸多的矛盾和问题，如城乡之间和区域之间的发展不平衡、就业难、看病难、教育不公、房价过高、分配不公等。对此，江泽民同志明确指出：必须把实现和维护最广大人民群众的利益作为改革和建设的根本出发点，在任何时候任何情况下，党的一切工作和方针政策，都要以是否符合最广大人民群众的根本利益为最高衡量标准。这是我们观察和处理问题的一个根本原则。改革越深化，越要把最广大人民群众的切身利益实现好、维护好、发展好，把他们的积极性引导好、保护好、发挥好。为此，以江泽民同志为核心的党的第三代中央领导集体，制定了一系列解决民生问题的重大举措，如坚持和完善按劳分配为主体、多种分配方式并存的分配制度；正确处理效率与公平的关系，防止两极分化；强调可持续发展战略，采取综合治理措施，缩小相对贫困面，惠及广大西部地区、边远地区和各少数民族人民利益等。

进入新世纪新阶段，我国人民的生活水平总体上达到小康，但国家持续发展中的一些重大问题凸显出来，如教育、就业、住房、社会保障、医疗卫生、公平正义和民主法制等成为日益突出的民生问题。以胡锦涛同志为总书记的党中央提出以人为本，坚持立党为公、执政为民的民生理念。胡锦涛同志在党的十七大报告中强调，共产党的根本宗旨是全心全意为人民服务，党的一切奋斗和工作都是为了造福人民，要始终把实现好、维护好、发展好最广大人民的根本利益作为党和国家一切工作的出发点和落脚点，做到发展为了人民、发展依靠人民、发展成果由人民共享，要求全党必须从人民群众的根本利益出发谋发展、促发展，不断满足人民群众日益增长的物质文化需要，切实保障人民群众的经济、政治和文化权益。为此，采取了一系列惠民、安民和富民的政策，如实施"四减免"（即免除农业特产税、牧业税、农业税和屠宰税）和"五补贴"（即种粮直补、良种补贴、农机补贴、农业生产资料补贴和农村家电补贴）政策，免除城乡义务教育阶段学费，推行农村新型合作医疗制度，实施城乡居民最低生活保障政策等，从而使发展成果更好地惠及全体人民。

进入中国特色社会主义发展新时代，以习近平同志为核心的党中央以"人民对美好生活的向往"作为奋斗目标，推出精准扶贫、户籍制度改革、公立医院改革、城乡养老并轨等一系列民生改革措施，推进了民生建设向纵深领域发展，居民收入和就业稳步增长、医疗社会保障水平提高、教育和公共服务日趋公平公正，中国民生建设方面取得了新的发展，经济发展与民生改善同步推进，亿万人民体会到实实在在的获得感与幸福感。

正是由于中国共产党始终关注并能正确把握人民群众的根本利益，民生问题才能得到不断地解决，党同人民群众的血肉联系才越来越紧密。

坚持党的领导与尊重人民群众的主体地位相结合

坚持党的领导与尊重人民群众的主体地位相结合，正确处理领导力量与依靠力量之间的关系，是中国共产党解决好民生问题的一条重要经验。

在中国共产党的正确领导下，逐渐形成党和人民群众共同推动解决民生问题的格局。一方面，坚持中国共产党的领导是解决民生问题的根本保证。中国共产党是中国革命、建设和改革事业的领导核心。我国各项事业都离不开党的领导，解决民生问题亦不例外。党领导人民进行革命、建设和改革的历史，就是不断解决民生问题的历史。

民主革命时期，中国共产党制定了正确的纲领、路线、方针和政策，领导全国人民经过 28 年的浴血奋战，取得了新民主主义革命的伟大胜利，建立了新中国。

社会主义革命和建设时期，党领导全国人民完成了对生产资料私有制的社会主义改造，确立了社会主义基本制度，初步探索了适合中国国情的社会主义建设道路，虽然期间遭受挫折，但党最终依靠自己和人民的力量纠正了前进中的错误，逐步建立起独立的比较完整的工业体系和国民经济体系，为我国最终摆脱绝对贫困、解决民生问题提供了制度保障和经济基础。

改革开放以来，党始终关注解决民生问题，把是否有利于提高人民物质文化生活作为判断改革开放和一切工作得失成败的标准，领导人民摆脱了贫困，解决了温饱问题，实现了"总体小康"，朝着"全面建设小康"目标不断迈进。可见，正是由于坚持党的正确领导，我国的民生问题才能不断得到解决。

党的十九大以来，党带领我国在新时代继续发展，人民生活不断改善。脱贫攻坚战取得决定性进展，6 000 多万贫困人口稳定脱贫，贫困发生率从 10.2% 下降到 4% 以下。教育事业全面发展，中、西部和农村教育明显加强。就业状况持续改善，城镇新增就业年均 1 300 万人以上。城乡居民收入增速超过经济增速，中等收入群体持续扩大。覆盖城乡居民的社会保障体系基本建立，人民健康和医疗卫生水平大幅提高，保障性住房建设稳步推进。社会治理体系更加完善，社会大局保持稳定，国家安全全面加强。

另一方面，尊重人民群众的主体地位是解决民生问题的动力和源泉。马克思主义群众观强调，人民群众是历史的创造者，是社会实践的主体。尊重人民群众的主体地位，关键在于尊重人民群众的首创精神，充分发挥人民群众的积极性、主动性和创造性。中国共产党一直十分重视发挥人民群众的主体作用，党的许多重要民生理论、一些解决民生问题的重大举措都是在尊重人民群众首创精神的基础上形成的。

毛泽东同志多次强调，要尊重人民的首创精神，全心全意依靠人民，相信人民群众自己能解放自己。在陕甘宁边区的经济建设中，"变工队""扎工队"等农业劳动互助组织，由于劳动效率高，得到党中央的高度称赞，并被推广开来。

邓小平同志坚持人民群众是社会历史活动主体的基本原理，认为党与人民存在血肉联系，得出了人民群众不是党的工具，相反，党是人民群众的工具的科学结论。1980 年 1 月，他在《目前的形势和任务》一文中说：共产党同广大群众的联系，对中国社会主义事业的领导，是 60 年的斗争历史形成的。党离不开人民，人民也离不开党，这不是任何力量所能够改变的。

江泽民同志则把人民群众视为共产党取之不尽的力量源泉。胡锦涛同志强调要坚持以人为本，并把以人为本提升为共产党治国理政的一个核心理念。改革开放以来，家庭联户承包责任制来自安徽凤阳小岗村 18 户农民的"包产到户"，异军突起的民营企业来自温州农民的"鸡毛换糖"，农地使用权市场化改革来自广东南海农民首创的"土地股份合作制"等。正是基于对农村人民群众伟大创造的高度概括和总结，才形成中国特色社会主义理论体系关于农村家庭联产承包责任制、发展乡镇企业、股份合作制等理论，才能用科学理论指导亿万人民的实践。可见，只有把广大人民群众的积极性、主动性和创造性充分调动起来，激发他们的聪明才智和创造精神，民生问题的解决才有不竭的动力和源泉。

习近平总书记提出，保障和改善民生要坚持"以人民为中心"，坚持植根于人民，坚持群众路线，树立群众观点，保持党同人民群众的血肉联系；坚持以人为本，树立科学的政绩观和发展观。中国共产党人的初心和使命，就是为中国人民谋幸福，为中华民族谋复兴。

坚持把发展经济放在首要位置，努力为解决民生问题提供坚实的物质基础

民生问题实质上是生存与发展的问题，解决生存与发展问题归根结底要靠经济发展。只有坚持以经济建设为中心，大力发展生产力，创造出更多的物质财富，解决民生问题才有坚实的物质基础，否则，民生问题的解决就是无源之水、无本之木。中国共产党自成立之日起，就一直把发展经济放在首要位置，努力为解决民生问题提供坚实的物质基础。

土地革命时期，针对苏区物资匮乏，人民群众基本需求得不到满足的状况，党创造性地采取组织劳动互助社、开展劳动竞赛、改良农田水利建设等一系列措施，积极发展苏区经济，较好地解决了民众的生存问题。

抗日战争时期，党从改善军民生活、关注民生的现实需要出发，以经济建设为中心，以"发展经济、保障供给、改善人民生活、争取抗战胜利"为经济建设的总方针，采取奖励开荒、减免义务劳动、鼓励妇女参加农业生产、发放农贷等一系列政策措施，促进生产发展，有效地解决了民生问题。

新中国成立之初，面对"一穷二白"的国情，党把发展生产、恢复经济看作头等大事，党的八大更是把发展生产力作为全党和全国人民的重要任务提出来。但遗憾的是，由于缺乏经验，未能及时对国内外新形势做出正确判断，放弃了发展经济的中心任务，走上了"以阶级斗争为纲"的错误道路，最终导致"文化大革命"的爆发，给国民经济发展造成了巨大的损失，使民生问题的解决失去了应有的物质基础。

党的十一届三中全会后，共产党把工作重点转移到以经济建设为中心的轨道上来，实行改革开放，大力发展生产力，使国民经济持续快速增长，物质财富与日俱增，解决民生问题的物质基础越来越坚实。改革开放 40 年来，我国的生产力得到了极大地解放和发展，GDP 位列世界第二位，货物进出口总额居世界第一位，谷类、肉类、棉花等主要农产品和钢铁、煤炭、电视机、电脑等主要工业产品均居世界第一位；人民生活从温饱不足发展到总体小康，农村贫困人口从 2.5 亿人减少到 1 000 多万人。

进入中国特色社会主义新时代，党转变经济发展方式，坚定不移地贯彻新发展理念，坚决端正发展观念、转变发展方式，发展质量和效益不断提升。

坚持统筹兼顾的根本方法

统筹兼顾既是党的重要战略方针，也是党解决民生问题的根本方法和基本经验。民生问题极其复杂，往往与经济、政治、文化等重大问题紧密结合在一起，因而，解决民生问题必须坚持统筹兼顾。党在解决民生问题的实践中，始终坚持统筹兼顾的方法，注意统筹协调各方面的利益关系，调动一切积极因素，促进了党的事业长足发展和人民生活水平的持续提高。

民主革命时期，中国共产党就把争取民主和解决民生问题统筹起来考虑。一方面，党把动员广大群众参加革命战争，以革命战争打倒帝国主义和国民党，把革命发展到全国，把帝国主义赶出中国作为中心工作；另一方面，党又十分注重解决人民群众的穿衣、吃饭、住房、柴米油盐等生计问题，从而粉碎了敌人的多次围剿。

抗日战争时期，党强调解决民生问题要与争取抗战胜利、推动人民民主相结合，提出军民兼顾、公私兼顾的基本原则，正确处理了解决民生问题与持久抗战之间的矛盾。社会主义革命和建设时期，毛泽东多次强调指出，统筹兼顾是解决民生问题的根本方法，并在《论十大关系》《关于正确处理人民内部矛盾的问题》等著作中明确阐述了统筹兼顾的方针。

改革开放以来，随着社会阶层和利益主体的日益多样化，党在解决民生问题过程中更加注重妥善处理各种利益关系，认真考虑和兼顾不同阶层、不同群体的利益。比如，邓小平同志提出先富带后富、最后达到共同富裕以及"两手都要抓，两手都要硬"等思想；江泽民同志在《正确处理社会主义现代化建设中的若干重大关系》中提出必须统筹兼顾处理好十二种关系以及要协调推进"三个文明"等思想；胡锦涛同志针对 21 世纪以来就业难、上学难、住房难、看病难等民生问题日益突出的状况，提出要深入贯彻落实科学发展观、坚持统筹兼顾的根本方法。习近平总书记在十九大报告中提出，紧扣我国社会主要矛盾变化，统筹推进经济建设、政治建设、文化建设、社会建设、生态文明建设，坚定实施科教兴国战略、人才强国战略、创新驱动发展战略、乡村振兴战略、区域协调发展战略、可持续发展战略、军民融合发展战略，突出抓重点、补短板、强弱项，特别是要坚决打好防范化解重大风险、精准脱贫、污染防治的攻坚战，使全面建成小康社会得到人民认可、经得起历史检验。

坚持制度创新，努力为解决民生问题提供有力保障

解决民生问题，离不开制度的有力保障。只有建立健全相应的制度体系，才能有效地解决民生问题。民生建设之所以能够健康发展，关键在于共产党重视制度建设，切实做好制度安排，用制度作为保障，促进了错综复杂的民生问题的解决。

从 1921 年至 1949 年，中国共产党领导全国人民经过 28 年的浴血奋战，迎来了中华人民共和国的成立。新中国的成立，各级人民政权的建立，人民当家做主，为解决民生问题提供了可靠的政治保证。社会主义革命时期，党领导全国人民对个体农业、手工业和资本主义工商业进行社会主义改造，消灭了延续几千年的封建土地所有制，建立起社会主义经济制度，为解决民生问题创造了根本的制度前提。诚如胡锦涛同志在党的十七大报告中所指出的，新民主主义革命的胜利，社会主义基本制度的建立，为当代中国的一切发展进步奠定了根本的政治前提和制度基础。改革开放以来，党围绕经济体制改革进行了一系列创新。从党的十一届三中全会开始改革开放、十四大确立社会主义市场经济体制目标、十四届三中全会做出关于建立社会主义市场经济体制的决定，再到十六届三中全会做出关于完善社会主义市场经济体制的决定，我国经济体制改革在理论和实践上取得重大进展。比如，我国基本实现了由高度集中的计划经济体制向社会主义市场经济体制的根本转变，确立了以公有制为主体、多种所有制共同发展的基本经济制度，基本形成全方位、宽领域、多层次的对外开放格局，经济发展取得巨大成就，人民生活总体小康。

进入 21 世纪，为了解决教育、就业、住房、医疗和社会保障等民生问题，

党从建立健全制度入手，不断进行制度创新，先后颁布和实施了一系列政策措施，如《国务院关于解决农民工问题的若干意见》《国务院关于解决城市低收入家庭住房困难的若干意见》《国务院关于在全国建立农村最低生活保障制度的通知》《中共中央 国务院关于深化医药卫生体制改革的意见》《国务院关于开展新型农村社会养老保险试点的指导意见》等，为解决民生问题提供了强有力的制度支撑。

党的十九大提出，坚持全面深化改革。只有社会主义才能救中国，只有改革开放才能发展中国、发展社会主义、发展马克思主义。必须坚持和完善中国特色社会主义制度，不断推进国家治理体系和治理能力现代化，坚决破除一切不合时宜的思想观念和体制机制弊端，突破利益固化的樊篱，吸收人类文明有益成果，构建系统完备、科学规范、运行有效的制度体系，充分发挥我国社会主义制度的优越性。

总之，自1921年成立以来，中国共产党在领导中国革命、建设和改革的历程中，坚持用中国化马克思主义民生理论指导民生问题的解决；始终关注并能正确把握人民群众的根本利益；坚持党的领导与尊重人民群众的主体地位相结合；坚持把发展经济放在首要位置，努力为解决民生问题提供坚实的物质基础；坚持统筹兼顾的根本方法；坚持制度创新，努力为解决民生问题提供有力的保障；等等。在解决民生问题上取得了巨大的成绩并积累了宝贵的经验。科学总结其基本经验，从中获得有益的启示，对于贯彻落实科学发展观、解决民生问题有着重大的理论意义和现实指导意义。

>> 4.2 政府机构改革着力解决民生痛点 <<

4.2.1 政府机构改革历程及 2018 年政府机构改革————

自新中国成立，到改革开放前，我国政府不断地与时俱进，对机构进行了多次改革，大致包括 1949 年新中国成立建立政务院、1951—1953 年、1954—1956 年、1956—1959 年、1960—1965 年、1966—1975 年、1976—1981 年七个阶段。改革开放后，到 2018 年政府机构改革为止，我国进行了八轮政府机构改革，分别是 1982 年、1988 年、1993 年、1998 年、2003 年、2008 年、2013 年、2018 年，平均五年一轮。

表 4-1　　　　　　　　　　　　　政府机构改革历程

阶段	涉及文件	背景与主要内容	中心与目的	部门数量变化
1949 年	《中华人民共和国中央人民政府组织法》	1949 年 9 月 27 日中国人民政治协商会议第一届全体会议通过《中华人民共和国中央人民政府组织法》。 政务院设政治法律委员会、财政经济委员会、文化教育委员会、人民监察委员会和下列各部、会、院、署、行，主持各该部门的国家行政事宜。	建立政务院	设置 35 个办事机构。下辖 4 个委员会；25 个部、会、院；5 个署、行；1 个秘书厅
1951—1953 年	《关于调整机构紧缩编制的决定(草案)》	1951 年 12 月，政务院做出《关于调整机构紧缩编制的决定(草案)》，进行了新中国成立以来第一次精兵简政工作。 其主要内容有：(1)调整紧缩上层，合理充实下层；(2)合并分工不清和性质相近的机构；(3)精简机构，减少层次；(4)明确规定干部与勤杂人员的比例；(5)要求划清楚企业、事业机构和行政机构的编制和开支；(6)严格编制纪律。	以加强中央集权为中心内容	到 1953 年年底，政务院工作部门增加到 42 个
1954—1956 年		1954 年，随着中国政权组织形式的确定和各级政权机关的建立，从当年年底开始，用了一年多的时间，对中央和地方各级机关进行了一次较大规模的精简。 中央一级机关的精简包括：(1)在划清业务范围的基础上，调整精简了机构，减少了层次；(2)各级机关根据业务需要，紧缩了编制，明确了新的编制方案；(3)妥善安置精简下来的干部。地方各级机关也进行了精简，专员公署和区公所分别是省、县政府的派出机关，精简比例较大。 1954 年 9 月，根据第一届全国人大通过的宪法规定，政务院改称国务院。其后，依法成立的国务院开始增设机构。	精简各级机关，完善国务院	到 1956 年，机构总数达 81 个，形成了新中国成立以来政府机构数量的第一次高峰

续表

阶段	涉及文件	背景与主要内容	中心与目的	部门数量变化
1956—1959 年	《关于改进国家行政体制的决议（草案）》	这次改革以中央向地方下放权力为主要内容，通过国务院精简所属工作部门，下放权力，以达到扩大地方自主权的目的。1958 年，撤销合并了国家建设委员会等 10 多个单位。经过调整，国务院部委减少 8 个，直属机构减少 5 个。到同年年底，国务院设 68 个工作部门。1959 年，国务院工作部门又做了进一步调整和撤并，到同年年底，国务院设 39 个部委，21 个直属机构和办事机构。	以中央向地方下放权力为主要内容	到 1959 年年底，机构总数达 60 个，比 1956 年减少 21 个
1960—1965 年		1960 年到 1964 年，为了贯彻国民经济调整的方针，进行了新中国成立后的第三次较大机构改革。一是先后在中央和地方各级机关进行了两次比较集中的干部精简运动。全国共精简 81 万人。精简下来的干部大多充实到基层和生产第一线。二是中央收回 20 世纪 50 年代后期下放给地方的权力并恢复被撤销的机构。	贯彻国民经济调整的方针	到 1965 年年底，国务院的机构数达到 79 个，为新中国成立后的第二次高峰
1966—1975 年		"文化大革命"中，政府机构发生非正常的大变动。1970 年，国务院的 79 个部门撤销合并为 32 个，其中 13 个还由部队管理，达到新中国成立以来中央政府机构数的最低点。1975 年，邓小平主持国务院工作，并对各领域进行整顿。	"文化大革命"中的非正常的大变动	1975 年国务院工作部门恢复到 52 个
1976—1981 年		1976 年，"四人帮"被粉碎后，鉴于当时经济上已处于崩溃，故沿用并发展了 20 世纪 50 年代后期的管理体制和机构设置。	沿用并发展了 20 世纪 50 年代后期的管理体制和机构设置	1981 年国务院的工作部门增加到 100 个，达到新中国成立以来的最高峰
1982 年	《全国人民代表大会常务委员会关于国务院机构	十一届三中全会后，中国开始了改革开放。与此相适应进行机构改革。首先从国务院做起，自上而下地展开各级机构改革，这次改革历时 3 年之久，范围包括各级党政机关。这次改革	提高政府工作效率，实行干部年轻化	国务院各部门从 100 个减少为 61 个，人员编制从 5.1 万人减少为 3 万人

阶段	涉及文件	背景与主要内容	中心与目的	部门数量变化
	改革问题的决议》	力求使机构调整为经济体制改革的深化提供有利条件，较大幅度地撤并了经济管理部门，并将其中一些条件成熟的单位改革成了经济组织。其历史性进步可用三句话来概括：一是开始废除领导干部职务终身制；二是精简了各级领导班子；三是加快了干部队伍年轻化建设步伐。		
1988 年	《国务院机构改革方案》	此次改革是在推动政治体制改革、深化经济体制改革的大背景下出现的，首次提出了转变政府职能，其内容主要是合理配置职能，科学划分职责分工，调整机构设置，转变职能，改变工作方式，提高行政效率，完善运行机制，加速行政立法。改革的重点是那些与经济体制改革关系密切的经济管理部门。改革采取了自上而下、先中央政府后地方政府、分步实施的方式进行。国务院在调整和减少工业专业经济管理部门方面取得了进展，但是，由于经济过热，这次精简的机构很快又膨胀起来了。	转变政府职能，增强政府宏观调控能力和转向行业管理	国务院部委由45 个减少为41 个
1993 年	《关于国务院机构改革方案的决定》	这次机构改革是在确立社会主义市场经济体制的背景下进行的，它的核心任务是在推进经济体制改革、建立市场经济的同时，建立起有中国特色的、适应社会主义市场经济体制的行政管理体制。这次改革的指导思想是，适应建立社会主义市场经济体制的要求，按照政企职责分开和精简、统一、效能的原则，转变职能，理顺关系，精兵简政，提高效率。改革的重点是转变政府职能。首次提出政府机构改革的目的是适应建设社会主义市场经济体制的需要。实行了中纪委机关和监察部合署办公，进一步理顺了纪检检查与行政监察的关系。	适应建设社会主义市场经济的需要	国务院组成部门、直属机构从86 个减少到59 个

阶段	涉及文件	背景与主要内容	中心与目的	部门数量变化
1998 年	《关于国务院机构改革方案的决定》	改革的目标是建立办事高效、运转协调、行为规范的政府行政管理体系，完善国家公务员制度，建设高素质的专业化行政管理队伍，逐步建立适应社会主义市场经济体制的有中国特色的政府行政管理体制。撤销了几乎所有的工业专业经济部门，共 10 个：电力工业部、煤炭工业部、冶金工业部、机械工业部、电子工业部、化学工业部、地质矿产部、林业部、中国轻工业总会、中国纺织总会。政企不分的组织基础在很大程度上得以消除。	消除政企不分的组织基础，推进社会主义市场经济发展	国务院组成部门由原有的 40 个减少到 29 个
2003 年	《关于深化行政管理体制和机构改革的意见》《国务院机构改革方案》	改革的目的是进一步转变政府职能，改进管理方式，推进电子政务，提高行政效率，降低行政成本。改革目标是，逐步形成行为规范、运转协调、公正透明、廉洁高效的行政管理体制。改革的重点是，深化国有资产管理体制改革，完善宏观调控体系，健全金融监管体制，继续推进流通体制改革，加强食品安全和安全生产监管体制建设。这次改革重大的历史进步，在于抓住当时社会经济发展阶段的突出问题，进一步转变政府职能。	进一步转变政府职能	国务院组成部门变为 28 个
2008 年	《国务院机构改革方案》	国务院机构改革的主要任务是，围绕转变政府职能和理顺部门职责关系，探索实行职能有机统一的大部门体制，合理配置宏观调控部门职能，加强能源环境管理机构，整合完善工业和信息化、交通运输行业管理体制，以改善民生为重点加强与整合社会管理和公共服务部门。这次改革突出了三个重点：一是加强和改善宏观调控，促进科学发展；二是着眼于保障和改善民生，加强社会管理和公共服务；三是按照探索职能有机统一的大部门体制要求，对一些职能相近的部门进行整合，实行综合设置，理顺部门职责关系。	转变政府职能，理顺部门职责关系，探索大部制	国务院组成部门调整至 27 个

阶段	涉及文件	背景与主要内容	中心与目的	部门数量变化
2013 年	《国务院机构改革和职能转变方案》	根据党的十八大和十八届二中全会精神，深化国务院机构改革和职能转变的方案，这次国务院机构改革，重点围绕转变职能和理顺职责关系，稳步推进大部门制改革，实行铁路政企分开，整合加强卫生和计划生育、食品药品、新闻出版和广播电影电视、海洋、能源管理机构。这次改革，国务院正部级机构减少 4 个，其中组成部门减少 2 个，副部级机构增减相抵数量不变。改革后，除国务院办公厅外，国务院设置组成部门 25 个。	深化国务院机构改革和职能转变	除国务院办公厅外，国务院设置组成部门 25 个
2018 年	《深化党和国家机构改革方案》	在新的历史起点上深化党和国家机构改革，适应新时代中国特色社会主义发展要求，以加强党的全面领导为统领，以国家治理体系和治理能力现代化为导向，以推进党和国家机构职能优化协同高效为着力点，改革机构设置，优化职能配置，深化转职能、转方式、转作风，提高效率效能，积极构建系统完备、科学规范、运行高效的党和国家机构职能体系。	以国家治理体系和治理能力现代化为导向，实现国家机构职能体系的全方位优化和重构	除国务院办公厅外，国务院设置组成部门 26 个

2018 年 2 月，党的十九届三中全会审议通过了《中共中央关于深化党和国家机构改革的决定》和《深化党和国家机构改革方案》，同意把《深化党和国家机构改革方案》的部分内容按照法定程序提交十三届全国人大一次会议审议。3 月，十三届全国人大一次会议审议通过了《深化党和国家机构改革方案》，正式拉开了 2018 年政府机构改革的序幕。

《深化党和国家机构改革方案》指出，在新的历史起点上深化党和国家机构的改革，必须适应新时代中国特色社会主义发展要求，以加强党的全面领导为统领，以国家治理体系和治理能力现代化为导向，以推进党和国家机构职能优化协同高效为着力点，改革机构设置，优化职能配置，深化转职能、转方式、转作风，提高效率效能，积极构建系统完备、科学规范、运行高效的党和国家机构职能体系。本轮机构改革分为八个方面，改革分别涉及党中央机构（20

条)、人大机构(3条)、国务院机构(23条)、政协机构(3条)、行政执法体制(5条)、跨军地(6条)、群团(无具体条目)、地方机构(无具体条目)。

专栏 4-1 国家机构改革的五大看点

一是本轮国家机构改革的视野宽、站位高,是改革开放以来一次国家机构职能体系的全方位优化和重构。与以往七次机构的起点不同,本次机构改革,不局限在国务院或者行政层面的机构改革和职能优化,而是涉及党、政府、人大、政协、司法、军队、事业单位、群团、社会组织等全方位的机构改革。改革力度之大,覆盖面之广,前所未有。

二是本轮国家改革的目标明确,路径清晰,具有战略性和前瞻性。形成职责明确、依法行政的政府治理体系是《中共中央关于深化党和国家机构改革的决定》提出的党和国家机构改革目标之一。此次国家机构改革方案,就是要聚焦发展所需、基层所盼、民心所向,按照优化协同高效的原则,既立足当前也着眼长远,优化国务院机构设置和职能配置,理顺职责关系。

三是本轮国家机构改革体现出系统性改革、结构性优化和整体性推进三大特征。所谓系统性改革,就是从改革的顶层设计上,强调国家机构设置、职能配置的统筹性和系统性。所谓结构性优化,就是要国家的机构职能配置,作为一个整体进行重新优化配置,防止政府机构职能产生重叠交叉、设置不够科学、权责脱节等问题。所谓整体性推进,就是由于本轮国家机构改革涉及面广,具有全局性。

四是本轮国家机构改革坚决落实以人民为中心的发展思想,将增进人民福祉、促进人的全面发展作为出发点和落脚点。让老百姓过上好日子,是我们一切工作的出发点和落脚点。此次国务院机构改革中,涉及完善公共服务管理体制改革的内容,从推进基本公共服务均等化、普惠化、便捷化,推进城乡区域基本公共服务制度统一方面入手,必将让公共服务管理更加高效便民。

五是本轮国家机构改革给省级及以下地方机构更多自主权,增强地方治理能力。处理好中央与地方关系是党和国家机构改革的重要内容。比如中央与地方权责关系的处理、财力与事权的划分等。此次国家机构改革,致力于解决好中央和地方的关系问题，简约高效的基层管理体制，地方基层机构拥有了更多自主权，在管理本地区事务时更有动力。

资料来源：汪玉凯，《国家机构改革的五大看点》，http://www.qstheory.cn/wp/2018-03/14/c_1122537055.htm，2018-03-14。

4.2.2　机构改革中对民生痛点的回应："放管服"

十三届全国人大一次会议闭幕会上，习近平总书记说道："我国是工人阶级领导的、以工农联盟为基础的人民民主专政的社会主义国家，国家一切权力属于人民。我们必须始终坚持人民立场，坚持人民主体地位，虚心向人民学习，倾听人民呼声，汲取人民智慧，把人民拥护不拥护、赞成不赞成、高兴不高兴、答应不答应作为衡量一切工作得失的根本标准，着力解决好人民最关心最直接最现实的利益问题，让全体中国人民和中华儿女在实现中华民族伟大复兴的历史进程中共享幸福和荣光！"人民群众是我们党的力量源泉，人民立场是我们党的根本政治立场。我们党 2018 年的新一轮体制改革，致力于解决人民群众最关切最直接的利益问题，想群众之所想，急群众之所急，办群众之所需，立足破解发展不平衡、不充分的矛盾，立足以人民为中心的立场，对民生痛点进行了诸多回应。

优化机构职能，推进"放管服"。政府一直在搞"放管服"，成效受到影响的主要原因就在于原各部门之间的"扯皮"。本次机构改革，大力推进大部制建设，包括优化审计署职责，整合审计监督力量，减少职责交叉分散，避免重复检查和监督盲区，构建统一高效审计监督体系；改革国税地税征管体制，降低征纳成本，理顺职责关系，提高征管效率，为纳税人提供更加优质高效便利服务；组建国家市场监督管理总局，改革市场监管体系，推动实施质量强国战略，营造诚实守信、公平竞争的市场环境；组建中国银行保险监督管理委员会，深化金融监管体制改革等，有效地推进重点领域、关键环节的机构职能优化和调整，推进"放管服"工作进行。

理顺职责关系，加强生态保护。金山银山不如绿水青山。本次机构改革也不忘加强资源环境生态保护，包括组建自然资源部，统一行使所有国土空间用途管制和生态保护修复职责；组建生态环境部，整合分散的生态环境保护职责，统一行使生态和城乡各类污染排放监管与行政执法职责等，大部制之下，对于生态的保护也将更加有力。

集中统一领导，助力"三农"。"三农"问题是关系国计民生的根本性问题，我们党始终把解决好"三农"问题作为全党工作重中之重。本次机构改革中，为加强党对"三农"工作的集中统一领导，组建农业农村部，统筹研究和组织实施"三农"工作战略、规划和政策，监督管理种植业、畜牧业、渔业、农垦、农业机械化、农产品质量安全，负责农业投资管理等。

推进大卫生、大健康。养老、看病、食品安全在当今民生痛点中位列前茅。本次机构改革中，组建国家卫生健康委员会预防控制重大疾病，积极应对人口老龄化，为人民群众提供全方位全周期健康服务；组建国家药品监督管理局，负责药品、化妆品、医疗器械的注册并实施监督管理；组建国家医疗保障局，完善统一的城乡居民基本医疗保险制度和大病保险制度，推进医疗、医保、医药"三医联动"改革，更好保障病有所医；组建国家市场监督管理总局，推进市场监管综合执法、加强产品质量安全监管，让人民群众买得放心、用得放心、吃得放心，针对性解决养老、看病、食品安全问题。

专栏 4-2 2018 国家机构改革举措：和你的民生息息相关

自 2018 年 3 月 21 日《深化党和国家机构改革方案》公布以来，需要新挂牌子的部门已陆续挂牌，一大批惠民便民的新举措先后出台，老百姓从改革中获得了实实在在的实惠和便利。

直面"痛点"，回应民生关切。环保督察越来越严，全域旅游做精做美，社会保障网越织越密。对于机构改革，老百姓感受最深的是实惠！4 月 16 日，生态环境部正式挂牌。挂牌第二天，生态环境部就在全国范围内开展黑臭水体整治环保专项行动。其中，行动方案明确指出，要通过检查群众满意度的方式，督促各地从根本上解决导致水体黑臭的相关环境问题。除此之外，4 月 20 日至23 日，生态环境部连续公布了 6 起涉及中央环保督察问题整改不力和污染反弹等问题，其中 3 起为媒体曝光和群众举报。组建国家卫生健康委员会、国家医

疗保障局，进一步为民众普及"卫生工作是手段，健康是目的"的"大健康"理念。

　　紧扣"重点"，优化机构职能。办理出入境证件"只跑一次"，物品通关实现"一次查验"，国税地税合并办税事项"最多跑一次"，对于机构改革，老百姓体验最好的还是便利！2017 年，全国出入境人数高达 5.9 亿人次。面对民众日益活跃的出入境活动，新组建的国家移民管理局宣布，自 5 月 1 日起，全国实行办理出入境证件"只跑一次"制度，赢得广大人民群众的热情"点赞"。同时，在人员、资金等还没有全部到位的情况下，国家移民管理局陆续推出在海南省实施59 国人员入境旅游免签政策、及时发布口岸通关信息等一系列服务经济社会发展的便民利民举措。4 月 20 日起，海关、检验检疫行政审批事项全面整合实行一个窗口办理，进出境旅客随身行李物品通关实现"一次查验"，邮件快件监管把原来的 26 个环节精简为 10 个环节，通关成本大大降低。两会期间，国家税务总局局长表示，从今年 4 月 1 日起，全国范围内承诺清单上的事项 100% 实现"最多跑一次"和"全程网上办"；从 8 月 1 日起，全国范围内实现 100% 的办税服务厅一厅通办所有税收业务，更好地为纳税人服好务、增强纳税人获得感。

　　资料来源：《2018 国家机构改革又有新消息！改革举措和你息息相关》，http://www.zhicheng.com/n/20180515/211312.html，2018-05-15。

>> 4.3　社会治理创新构建民生发展共建、共治、共享格局 <<

4.3.1　社会治理的改革历程

　　20 世纪 90 年代以来，治理理论逐步成为西方学术界关注的热点，治理理论强调治理的系统性、互动性、合作性，实现多主体、多中心治理，从而寻求公共社会管理的科学化以及公共利益的最大化。在中国古代传统政治思想中，治理通常在字面上被理解成"治国理政"这一以统治者为主体的行为。而随着实践和理论的发展，治理的内涵已经得到了丰富和改变。中国学术界研究治理理论的代表性学者俞可平将"治理"定义为"政府组织和(或)民间组织在一个既定范围内运用公共权威管理社会政治事务，维护社会公共秩序，满足公众需要"，且治理以善治为理想目标，寻求实现公共利益最大化。新中国成立后，中国共产党人在马克思主义国家学说的基础上，结合治理国家的政治实践，对于"治理"和"国家治理"等概念进行了探索和发展。逐步发展成熟的理论指导着中国共产党领导人民有效治国理政，科学民主地处理公共事务。

党的十六大以来，"党领导人民有效治理国家"成为文件中常用的表达方式。党的十八届三中全会通过了关于全面深化改革的重要决定，并且明确提出"全面深化改革的总目标是完善和发展中国特色社会主义制度，推进国家治理体系和治理能力现代化"。党的十九大将国家治理现代化作为全面深化改革的总目标，并将其纳入"两个百年目标"之中。现代国家治理体系是一个有机的、协调的、动态的和整体的制度运行系统，其包括规范行政行为、市场行为和社会行为的一系列制度和程序。政府治理、市场治理和社会治理是现代国家治理体系中三个最重要的次级体系。关注中国社会治理改革变迁，有助于理解改革开放 40 年间中国国家—社会关系变化和政府行政理念演变，展望中国民主化和社会发展进程。

转型期社会管理的初步探索

改革开放初期，虽然经济建设是国家发展重心，但党领导下的社会建设尤其是基层民主自治建设依然取得了历史性的突破。家庭联产承包责任制的推行和农村经济的发展，促进了人民公社管理体制的逐步消解。1983 年中共中央、国务院联合下发《关于实行政社分开建立乡政府的通知》，两年后人民公社体制被彻底废除。同时，城乡基层自治制度得到了恢复和发展。1982 年宪法明确规定"城市和农村按居民居住地区设立的居民委员会或者村民委员会是基层群众性自治组织"。1987 年全国人大通过《中华人民共和国村民委员会组织法（试行）》。1989 年，全国人大通过《中华人民共和国城市居民委员会组织法》。相关法律文件的完善为城乡居民自治提供了法律保障，基层民主自治得到推动和发展，社会治理主体更加丰富，传统一元化格局有所改变。同时，政府在公共服务和公共产品提供上也进行了初步的探索创新，在教育、医疗卫生、社会保障、社会治安体制等方面开展了一系列改革。1988 年、1989 年，《基金会管理办法》《社会团体登记管理条例》相继出台，我国社会组织管理体制实现里程碑式发展。

社会管理体系的逐步成熟

随着党的十四大社会主义市场经济体制的经济体制改革目标的确立，社会事务更加复杂，社会管理难度日益提升。在重点投入经济建设的同时，国家也在以稳定为主要目的的社会管理领域进行了改革探索。1993 年十四届三中全会通过的《关于建立社会主义市场经济体制若干问题的决定》首次使用了"社会管理"概念，提出要加强政府的社会管理和公共服务职能。随着社会保障和社会福利制度等逐步从经济体制中独立出来，我国逐步形成了相对独立的社会政策体系，社会政策逐渐从过去的企业—国家模式转化为政府主导下的社会化模式。1998 年《关于国务院机构改革方案的决定》强调要把"政府职能切实转变到宏观调控、社会管理和公共服务方面来，把生产经营的权力真正交给企业"。在明确将社会管理作为政府职能的过程中，国家、社会开始分化，行业协会、商会等社会组织的作用受到更多重视，理念上更加强调社会参与，强调社区、家庭和个人责任。2002 年党的十六大提出全面建设小康社会的目标，并将社会管理明确为政府的四项主要职能之一。2003 年至 2006 年党的十六届三中全会、四中全会、五中全会、六中全会和 2007 年十七大等重要会议从完善社会主义市场经济、加强党的执政建设、加强社会管理的具体途径等角度对社会管理进行了重点论述。2012 年，党的十八大报告较为系统地提出了中国特色社会主义社会管理体系的基本框架。

社会治理内涵的丰富创新

2013 年党的十八届三中全会通过的《中共中央关于全面深化改革若干重大问题的决定》，将"社会管理"改为"社会治理"，并将其上升到国家治理的层面，提出"国家治理体系与治理能力现代化"目标，强调创新社会治理体制。至此，"社会治理"在政策文本中首次出现。这一理念的更新，体现了改革开放以来中国共产党和政府不断结合实践开拓创新，丰富和发展执政理念和方式的探索过程，是在全局与本土的综合考察下做出的制度安排，展现出了推进力量与规范力量并行、顶层设计与摸着石头过河相结合、"现实"问题与"目标"问题共思量的鲜明特点。随后，政府出台一系列文件从宏观制度安排向微观机制建设转型，进一步强调提高社会治理精细化水平，重视顶层设计和基层治理，以民生为导向加强和创新社会治理。2018 年党的十九大不仅将"加强和创新社会治理，维护社会和谐稳定"作为新时代中国特色社会主义建设的重要内容，而且对"打造共建共治共享的社会治理格局"做出新的部署。国家进一步关注社会力量在治理格局中的重要性，并试图探索制度创新，吸纳社会力量参与治理过程，培育社会主体的参与能力。

社会结构转型推动社会体制改革

社会结构转型、人民生活需求提高、利益格局失衡等问题的涌现，促使社会治理与社会体制创新。社会问题的复杂化和社会力量的成长对政府履行社会职能、开展社会建设提出了更高的要求。纵观社会治理改革发展历程，从"社会管理"向"社会治理"的转变过程，不仅反映国家治理理念的演进，也表明社会管理活动中主体从单一的政府公共权力机构转向多元，治理过程由自上而下的单向管控转向多主体的平等协商与合作。协调不同利益群体间关系，吸纳多元社会力量参与治理成为政府维持社会秩序，提供社会保障，激发社会活力的重要方式。有学者将当前中国的社会治理体系概括为"国家主导的社会治理"，即国家能够较好地回应社会诉求，允许并引导社会力量发挥更大作用，并且国家与社会在应对社会问题、履行公共性职能方面逐步确立起良好的合作关系。当前中国社会治理主体、制度机制、理念和手段尚存在不足，需要坚持立足实际、循序渐进、增量改革的原则，在实现政府改革与政府职能转变的同时促进公民社会的成长与发育。协调国家社会关系，在政府与社会的力量对比上向社会倾斜，关系上由"政府本位"向"社会本位"转变，树立引导、服务和整合社会的观念，推动社会治理的创新实践，促进社会公共事务的合作治理，推动社会治理体系制度化、科学化、规范化、程序化、精细化。

4.3.2 企业/社会组织参与民生发展实践

社会治理的核心是实现多元共治，构建多主体协商共治、协商服务的新型社会治理主体关系，需要充分发挥社会各部门参与的积极性，推动更多更新的社会治理参与力量涌现，协调不同主体间利益关系，实现广泛对话基础上的共识性治理。实现社会治理创新，打造社会治理的新格局，需要将市场和社会力量变为城市社会治理主体，形成多主体共同主导的公共行为。

企业捐赠与企业公益行动

市场经济繁荣发展的同时，企业在社会中所应扮演的角色以及如何积极参与公益事业也愈发受到人们关注。随着企业社会责任和企业公民理念的兴起，现代企业更加注重如何在战略发展规划与营销运作中践行企业社会责任，将企业的经济效益与社会公益形象紧密相连。捐赠是企业参与公益事业的重要渠道。2018 年福布斯发布的中国慈善榜数据显示，共有 100 位企业家上榜，现金捐赠总额达到 173.1 亿元，与 2017 年的 103.8 亿元相比大幅上涨 66%，首位捐赠者现金捐赠总额达 42.1 亿元。从捐赠方向来看，教育、扶贫和医疗为慈善捐赠的三大主要方向。企业公益慈善捐赠持续活跃，对公益慈善事业的贡献越来越大。

关注民生、保障民生、发展民生，是全社会共同的任务，也是当代企业义不容辞的责任。许多企业也通过一系列公益项目，将企业社会责任理念融入自身运营管理和实际业务，结合国家战略和社会需求，推动民生发展和社会和谐。例如，佳能（中国）一直秉承“共生”的企业理念，结合自身的影像技术优势制定“影像公益”战略，在环境保护、教育启蒙、文化传承、社区关怀、人道援助等多个领域开展了特色的公益项目，通过影像开展丝路沿线重点城市的物质及非物质文化遗产进行创作和宣传，推动“一带一路”上的文化建设和责任实践。

“互联网＋”公益与企业公益创新

随着网络通信技术的发展，互联网以及移动客户端的普及使其正在成为承载社会公益的新舞台，“互联网＋”公益迎来了新的发展机遇和挑战。2014 年国务院印发《关于促进慈善事业健康发展的指导意见》，明确提出鼓励发挥网络技术捐赠优势，方便群众就近开展捐赠；优先发展具有扶贫济困功能的各类慈善组织，积极探索培育网络慈善等新的慈善形态。2016 年，“网络公益”的概念正式被写入《“十三五”国家信息化规划》，民政部首批通过了 13 家互联网募捐信息平台，包括腾讯公益、淘宝公益、新浪公益、百度慈善捐助平台等。除了需要符合相关法律规定，这些互联网公开募捐信息平台及其运营主体还需在公益慈善领域或互联网行业具有一定代表性或较大影响力。2018 年，民政部开展第二批互联网公开募捐信息平台遴选。企业参与网络公益慈善活动具有独特资源优势和内外部驱动力，能够有效推动网络公益发展和公益慈善行业创新。

专栏 4-3　践行企业社会责任，让公益创新发挥核心作用

通过互联网技术和力量推动公益事业发展，应该是全社会共同的责任。"要让网络公益遍布所有网络的每一个角落"既是国家对公益事业发展的要求和期盼，也是腾讯企业社会责任的战略目标。腾讯从 2007 年起发起了互联网行业第一家公益基金会，希望以公益这个更好的平台来承担企业社会责任。腾讯依托企业产品的网络影响力和运作经验，在推进公益事业、传递公益理念方面积累了一定的经验。

互联网给公益提供了全新的渠道。目前已有 4 000 多家公益组织先后入驻腾讯公益平台，发起并上线 2 万多个公益项目，汇聚九千多万次网友的爱心捐款，累计为公益组织募集资金超过 16 亿元。

去中心化让公益生态更具活力。移动互联网所带来的指尖公益，不仅意味着从项目推送、捐赠、进展反馈在手机上成为闭环，也意味着我们通过社交网络、朋友圈将朋友与圈子连接，将公益的影响力成倍放大。

以更轻量的参与方式让公益变成一种生活方式。例如，网友捐步数、腾讯搭建平台、企业配捐资金的形式，就能够打造一个公益生态圈，通过更多样化、更便捷、更轻量的方式，让公益变得触手可及。

公益组织在互联网公益平台快速成长。腾讯公益在行业发展中和企业战略目标一样，同样起到"连接器"的作用，即腾讯搭建平台，让公募基金会、项目发起人、草根组织和捐赠人成为公益舞台的主角，通过公益组织的成长，带动公益圈的欣欣向荣。

以公益撬动社会正能量。腾讯公益通过不断优化互联网公益平台的用户体验，推出了形式多样、表达时尚的公益项目，让捐助人、被捐助人及公益组织形成信息公开透明的沟通渠道，不仅降低了公众的捐赠门槛和捐赠的信息成本，还能够有效激发公众参与公益的热情和潜力。

资料来源：郭凯天，《践行企业社会责任，让公益创新发挥核心作用》，http://www.rmlt.com.cn/2017/0307/463095.shtml? winzoom=1，2017-03-07。

环境保护与社会组织政策倡导

社会组织在志愿性、公益性、非营利性等方面具有独特特点。改革开放以来中国社会组织不断发展，为民生建设提供了持续的动力。在社会治理主体多元化的趋势下，社会组织将承担更大的社会责任，实现民生诉求和维护公众利益。近年来公益领域关注倡导的组织数量有所增加，对现实议题的介入更为直接、公开，出现了一些专门定位于倡导、以倡导为核心价值并常常运用公共影响力推进议题的非政府组织。以环保领域为例，随着中国环境问题日益严峻，中国环保型社会组织在不断的实践探索中逐渐壮大，倡导能力逐渐提升，成为影响国家环境政策的力量之一。2003 年 8 月，怒江中下游两库十三级梯级水电开发方案经国家发展和改革委员会审批通过。绿家园志愿者、自然之友、云南大众流域等环保非政府组织利用媒体、网络、国际会议等，积极倡导保护怒江，引起国内外各界的讨论，促使中央关注，暂时搁置怒江水电开发计划。怒江事件成为环保领域社会组织参与和发声的重要标志。2015 年新修订的《中华人民共和国环境保护法》首次将破坏生态的行为纳入环境公益诉讼的范围，为环保组织公益诉讼打开大门。截至目前，自然之友已提起环境公益诉讼 37 起，其中立案 31 起，审结 9 起，关注领域包括水污染、大气污染、土壤污染、生态破坏和行政公益诉讼。社会组织的独特优势有利于其成为政府和民众之间沟通的桥梁，促进双向理解，化解社会矛盾，同时发挥自身专业和信息优势，提升决策民主化科学化水平。在社会组织政策倡导的过程中，弱势群体的话语权有望进一步得到保障，推动政策更加完整反映民意，实现公共利益的最大化。

精准扶贫与社会组织服务提供

自 2013 年 11 月习近平总书记在湖南湘西考察时首次提出"精准扶贫"以来，各地在中央的统一指挥下开始了持久的扶贫开发攻坚战，通过精确识别、精确帮扶、精确管理的治贫方式，缓解落后地区的贫困问题，改善欠发达地区人民生活。2016 年 3 月全国人大通过《中华人民共和国慈善法》，明确将扶贫济困定义为公益慈善活动，将开展扶贫济困的社会组织定义为慈善组织，鼓励社会各界的慈善捐赠行为，为社会力量参与精准扶贫提供了重要的法律保障和政策支持。社会组织具有专业性、灵活性、广泛性等优势，在精准扶贫工作中发挥越来越重要的作用。通过明确自身定位,社会组织可以积极参与到精准扶贫的各个环节中去,参与包括人口识别、规划制定、项目安排、资金管理监督等活动,提高精准扶贫的实际效能。

专栏 4-4　中国扶贫基金会：10 天销售 17 万斤柑橘

"善品公社"是中国扶贫基金会以农村电商合作社为基础的一个电商扶贫项目,搞电商扶贫,如果简单把农产品拿过来卖给消费者是不可持续的,因为质量没法保障,为此中国扶贫基金会开始建立合作社,解决生产效率和规模问题。

通过互保结成共同体,通过建立产品的质量标准,进行倒查,一个农户产品出问题,就要追溯到合作社的产品农户群体,发现问题有可能将农户全都踢出善品公社,这种约束机制可以使农户不会因为多赚一点钱,而得罪全村的人,这样能够真正使农户重视产品质量。

合作社农户将这一机制叫作"连坐",一个农户出问题,其他农户就会受到牵连,这就使得个别农户不会选择冒这个风险,从而符合产品质量标准,由善品公社统一在各个平台上推广。2016 年 3 月间,10 天时间通过善品公社销售了 17 万斤柑橘,帮农户每户增收 2 000 元。

随着"互联网十"的兴起,善品公社进行了微商城建设,扫一下二维码即可购买。目前,这个项目得到很多大平台的支持,包括淘宝、京东,这种合作能够真正帮助到农民。

资料来源:张明敏,《三个小故事,告诉你如何推动精准扶贫》,载《公益时报》,2016-09-13。

>> 4.4　技术升级助力民生发展 <<

4.4.1　从移动互联网到人工智能

"国家科技投入要向民生领域倾斜,加强雾霾治理、癌症等重大疾病防治攻关,使科技更好造福人民。"李克强总理在政府工作报告中提到多项有关民生问题的改革和要求,回应了诸多民生关切。

党的十八大以来，科技创新有力支撑了供给侧结构性改革和民生改善。我国在新一代移动通信技术和标准、集成电路制造工艺、数控机床、大飞机、核电技术和装备制造能力等方面取得重大成果。人工智能、大数据、云计算等引领支撑数字经济、平台经济、共享经济快速发展，高速铁路里程超过2.5万千米，占全球总里程的60%以上。科技创新改进民生福祉成效显著，农业科技进步贡献率从2012年的53.5%上升到2016年的56.7%。不仅如此，我国科技创新力量由科研人员为主向全社会拓展，开创了大众创业、万众创新的历史性新局面。技术转移转化中介机构加快发展，各类技术交易市场超过1 000家。众创空间有效服务实体经济转型升级，2017年服务创业团队和初创企业近40万家，带动社会资本投入超过930亿元，带动就业超过200万人。科技体制改革向系统纵深推进，科技管理格局实现了从研发管理向创新服务的历史性转变。企业的创新主体地位和主导作用显著增强，企业已成为创新创业的主要力量，在全社会研发投入、研究人员和发明专利的占比均超过70%。

科技在改善民生方面的作用不言而喻。党的十九大报告指出，当前我国社会主要矛盾已经转化为人民日益增长的美好生活需要和不平衡不充分的发展之间的矛盾。在现实语境下，政府工作报告提出"国家科技投入要向民生领域倾斜"，是在科技助推国家发展、强大与保障民生福祉之间做出合理的调节。医疗条件更好，蓝天更多，食品标准更高……这些人们对美好生活的需求，都需要靠经济的发展、科技的进步去争取和实现。在"倾斜"的指引下，我国FAST天眼的吊装、5G技术、磁悬浮列车、移动支付等科学技术在很多方面改变了人们的生活，改善民生的速度、效率进一步提高，老百姓的衣食住用行加快迈上新台阶，美好生活触手可及，公众科技获得感不断增强。

移动互联网时代打造服务型政府

在移动互联网时代，公共服务的模式与手段出现了创新和转型。移动互联网越来越嵌入生产生活的方方面面，无论是动动手指就能实现在线购票、转账缴费，还是查询热门商品信息、网上购物，抑或是在线预约诊疗，移动互联网日益真切地走入寻常百姓日常生活中，人们工作、生活、学习越来越离不开移动互联网。从早期的窗口排队办事，到台式电脑时代的网上在线办事，再到移动互联网时代的个性化推送移动办事，政府逐步将公共服务从桌面端转到移动终端、从线下移到线上、从被动访问转为主动推送，从公众需求出发，提高服务的实用性和全流程无缝隙服务，提升用户体验，从而从"本人以为"迈向"以人为本"。

数据显示，我国网民规模超过 8 亿人，手机上网网民规模超过 6 亿人，60％的国民实际生活在移动互联网中。在微应用时代的政府治理模式下，政务微博、微信等社会化媒体成为政府发布信息、塑造形象、了解民意的新平台，也是公众获取政府信息、交流互动、享受服务的新渠道。政务微博微信的三个阶段是宣传、问政、施政行政。宣传发布是基础功能，以响应民意，主动回应民生问题；最高阶段是通过政务微博微信等实施治理，厘清市场与政府能提供的服务之间的关系。浏览政务微博后，公众对于政府的服务途径、与其他部门的协同能力的评价有所提升；对于政府信息公开范围、信息公开及时性的评价也有一定改善；也在一定程度上改善了公众对政府工作人员的工作态度和廉洁自律程度的评价。由此，保质保量、高效快捷的城市政府服务得以实现，市民生活日益舒适、满意，城市管理日益精细、完善，这些都得益于社区移动互联网，以及社区移动互联网背后的网格化、网络信息系统、组织变革和流程重构，成就了城市政府服务的高质量和迅速回应。

基于公众需求，实现移动信息服务与互动交流，我国多地进行了科技改善民生的项目。广东省"平安肇庆"公安微信从内容上适应民众的实际需求，在后台打造"问政树"，运用自定义回复功能解决准确性和时效性瓶颈，已有超过3 000 个问题实现自动回复，实现了多种形式的实践。"武汉交警"微信号不仅限于信息发布，还开发了实用的服务功能。其微信号可提供违法信息推送，驾驶员还可通过输入车牌尾号或点击菜单查询详细的限行信息，实现人性化服务。上海市环境监测中心在为公众提供空气质量信息服务时，以公众需求为出发点来设计产品。通过公众座谈、专家咨询和问卷调查等方法，发现公众与空气质量相关需求并设计了"上海空气质量"App，向公众提供个性化、精细化的公共服务。

专栏 4-5　"一带一路"实现大数据

　　2016 年 2 月 26 日，由国家信息中心主办，国家信息中心"一带一路"大数据中心承办，亿赞普集团、克拉玛依市人民政府协办的"一带一路"大数据综合服务门户暨系列战略合作签约仪式在京举行。来自海南、福建、新疆、贵阳等地，以及有关合作单位、媒体代表约 90 人出席会议。国家信息中心是为国家发展改革委决策服务的重要支撑机构，自"一带一路"重大倡议提出以来，充分发挥信息技术和信息汇聚优势，按照"一带一路"建设领导小组办公室的工作部署，积极主动工作，对"一带一路"建设相关数据进行分析，形成了若干专题报告，体现了国家信息中心服务"一带一路"建设的大局意识。

　　"一带一路"大数据综合服务门户上线是国家信息中心服务国家"一带一路"建设大局，加快发展大数据开发能力的又一重要举措，是采取市场化手段开展"一带一路"信息化传播和服务的有益探索。国家信息中心常务副主任介绍了国家信息中心支撑"一带一路"办相关工作进展情况，表示力争将"一带一路"综合数据库打造成为涵盖沿线国家和地区政治、经济、文化等多领域的综合性数据库，为国家有关部门统筹协调工作提供数据支持和决策支撑，为沿线国家和地区提供信息资源服务，为参与"一带一路"建设的相关企业、组织或个人提供大数据应用服务。海南、福建、贵阳、克拉玛依等省市政府领导分别在会上致辞，亿赞普集团领导介绍了"一带一路"大数据中心在海外的发展及布局。

　　网站开通仪式之后，国家信息中心分别与新疆、福建、海南、贵阳等地方政府部门，以及北京大学海洋研究院、社会科学文献出版社、亿赞普集团、一带一路（克拉玛依）大数据技术有限公司等签署了 11 项战略合作协议。根据协议，国家信息中心"一带一路"大数据中心将联合相关地方和有关机构进行分中心建设以及资源、数据、基础设施等多个领域建立多样化合作模式和合作机制，为政府主管部门进行"一带一路"决策及信息化管理工作提供大数据服务。同时，围绕市场需求特别是企业需求，采取市场化合作机制，加快研发并且制作标准化、多样化、定制化的各类大数据分析产品和精准服务。

　　"一带一路"大数据综合服务门户（www.bigdataobor.com）是由国家信息中

心牵头，联合社会优质品牌机构(企业)共同建设、面向政府和社会的"一带一路"综合信息服务平台及相关"互联网＋"信息服务体系，作为"一带一路"大数据中心的对外信息传播、服务、合作的窗口，包含信息、服务、合作三大核心板块。作为综合服务门户配套、采取市场化机制建设的"一带一路"综合数据库一期工程也于同日建成并发布。

资料来源：《"一带一路"大数据综合服务门户上线暨系列战略合作签约仪式在京举行》，载《电子政务》，2016(4)。

人工智能推动民生发展

习近平总书记在十九大报告中提出：加快建设制造强国，加快发展先进制造业，推动互联网、大数据、人工智能和实体经济深度融合，形成新动能。人工智能已成为全球新一轮科技革命和产业变革的着力点，发展人工智能对于推动我国实现经济结构转型升级、提升国际竞争力、保障国计民生至关重要。继在 2017 年政府工作报告中首次出现"人工智能"后，2018 年政府工作报告又强调"加强新一代人工智能研发应用""发展智能产业"。"人工智能"技术帮助人们大大提高工作效率。随着人工智能机器学习能力的不断提升，传统人工记载的民调舆情传播方式已经无法跟上时代的步伐，高效运用数据挖掘的核心软件技术——流数据，可以实现智库型舆情传播。另外，在日常生活方面，如电影、动画片、音乐制作等，都会有"人工智能"参与。国家提出"互联网＋"战略，之后提出"人工智能"，核心是最终需要有更多的数据、服务与互联网相连接，互联网和国民经济需要联动起来。

人工智能将给政务工作提出哪些影响？人工智能在改变人们生活的同时，也对政务工作带来新的挑战，未来政务工作将从传统服务型向智库型发展。"互联网大数据分析平台"就以大数据人工智能完美地抓取民意，提交民生调查的答卷，大数据在社情民意调查中的应用越来越广泛。大数据技术逐渐在各专业、各地域，从不同的方向进行多层次的应用。随着与大数据技术的结合，社情民意调查由服务型向智库型发展；服务的质量和频次也紧跟技术的应用脚步。人工智能技术将使社情民意调查更加高效便捷，不仅能够充分抓取民众最为关心关注的重大自然灾害、重大事故、社会问题、领导班子等问题，也能出具统计体系最为关注的正负面统计、趋势分析实时报告；同时对意见领袖分析、对重点事件、突发事件进行预警及跟踪也设定了合理预警规则，做了重点预警报告，深入探讨民生需求，提升信息采集、处理、传播、利用、安全能力，为更好惠及民生、服务民众提供了有力的决策参考。

人工智能自 1956 年诞生以来，截至目前已经历了四个阶段，并于近几年再次进入爆发期。中国人工智能学会撰写的中国人工智能系列白皮书表明，人工智能产业在巩固理论成果、大力发展产业、专注开拓未知、扩散智能影响的基础上，有着微妙的变化。其中一个趋势与变化就是人工智能不再是闭起门来的研究，而是拉近与人们的距离，实实在在在影响着我们的认识观念与生活方式。自 2017 年起，政府将更关注人工智能与民生的关系，涵盖智能驾驶、智能交通、智慧医疗健康、机器博弈四大人工智能落地实践中的话题。智能交通提升社会运作效率、智慧医疗惠及千家万户，在人工智能的帮助下，未来社会生活将会有全新的变革。诸多人工智能服务都为政务民生的创新提供了更快捷高效的方式，利用技术的力量促进政务民生转型升级，提升各界工作、服务机能，为民众带来更便捷的服务，让民众享受到智慧生活所带来的便捷。

专栏 4-6　人工智能将成改善民生新途径

《新一代人工智能发展规划》提出了面向 2030 年我国新一代人工智能发展的指导思想、战略目标、重点任务和保障措施，部署构筑我国人工智能发展的先发优势，加快建设创新型国家和世界科技强国。

我国新一代人工智能发展的战略目标：到 2020 年，人工智能总体技术和应用与世界先进水平同步，人工智能产业成为新的重要经济增长点，人工智能技术应用成为改善民生的新途径；到 2025 年，人工智能基础理论实现重大突破，部分技术与应用达到世界领先水平，人工智能成为我国产业升级和经济转型的主要动力，智能社会建设取得积极进展；到 2030 年，人工智能理论、技术与应用总体达到世界领先水平，成为世界主要人工智能创新中心。

我国新一代人工智能发展六个方面重点任务：一是构建开放协同的人工智能科技创新体系。二是培育高端高效的智能经济，发展人工智能新兴产业，推进产业智能化升级，打造人工智能创新高地。三是建设安全便捷的智能社会，发展高效智能服务，提高社会治理智能化水平，利用人工智能提升公共安全保障能力，促进社会交往的共享互信。四是加强人工智能领域军民融合，促进人工智能技术军民双向转化、军民创新资源共建共享。五是构建泛在安全高效的智能化基础设施体系，加强网络、大数据、高效能计算等基础设施的建设升级。六是前瞻布局重大科技项目，针对新一代人工智能特有的重大基础理论和共性关键技术瓶颈，加强整体统筹，形成以新一代人工智能重大科技项目为核心、统筹当前和未来研发任务布局的人工智能项目群。

资料来源：《人工智能将成改善民生新途径》，载《惠州日报》，2017-07-21。

4.4.2 技术进步改善民生实践

民生问题是和人民生活息息相关的问题，它关系到人民的生活质量和生活状态，进而影响人们的消费水平和消费结构，从而对经济、政治、文化、社会发展和生态环境都产生重要影响。我国现阶段提出重点民生科技建设是社会发展的重要转变，对民生的提升和改善具有良好的引导作用，为未来民生向高品质的物质需求和精神需求发展提供了支撑和铺垫。因而，关注民生、重视民生、保障民生、改善民生是全社会共同的事业，科技创新特别是民生科技创新，不仅对经济发展、社会进步有着极其重要的作用，更是解决或改善民生问题的重要手段。

首先，科学技术进步能够带来效率的提高，带来消费水平和消费结构的变化，能够使人们购买更加安全、可靠的商品，能够使孩子接受更好的教育，也能使人们享受到更有效的医疗服务和更高水平的养老保险金；能够提高资源的利用效率，降低物耗比例，为消费者在同一价格下增加更多的选择性。不仅如此，技术进步在满足广大民众生活需求的同时，也为企业创造了更多的机会。例如，推广太阳能技术的应用，在边远地区和海岛应用独立型太阳能发电设备，在建筑物表面集成太阳能电池；推广利用先进的物流管理技术，加快各地货物流通；利用通信技术解决环境监测及安全生产的监督管理。

其次，科学技术进步能够带来更加舒适和便利的生活，使广大民众从饮食、居住、出行等最基本的生活需求，到对健康养生、娱乐休闲、优美环境等高品质的生活追求都得到了很大程度的满足。不用再日行千里，在家就能购物、观天下，吃遍天下美食等都不再是梦想，科学技术的进步使人们的衣、食、住、行、玩等基本的生理需求都能得到较大的满足，人们的生活在科技的作用下更加舒适、便利。例如，在"住"的方面，利用消音材料生产降噪节能建筑产品，让百姓在喧闹繁华的都市生活中体验宁静；推广应用新型建材，使民居更加保温节能；使用 ATO 纳米粉体涂膜玻璃在门窗上安装，让百姓省电省钱。在"用"的方面，研发和生产太阳能热水器、太阳能光电产品，让百姓享用安全、经济、清洁无污染的热水器；推广民用数码电子产品、网络通信设备、汽车电子技术，极大改善了民众生活；研发各种安防监控报警系统、智能指纹锁、人脸识别门禁系统等，维护民众安全。在教育医疗方面，利用互联网技术，大力开展远程教育、培训及医疗诊断；开展卫生保健研究，制定个性化食谱指南，应用重大慢性疾病与传染病防治技术。

最后，科学技术进步也为能源节约、环境保护提供了较大的技术支撑，建立能量自给型"城市生活垃圾综合处理系统"，解决城市垃圾污染环境问题；培植具有较强净化作用的树种来净化空气，以及应用航天技术监测地质水文灾害、预报气象等，为改善人民生活、推动社会发展提供了强有力的保障。寻找可再生资源，发展新能源，如何减少对环境的污染和破坏程度，实现经济、社会与自然的和谐发展已成为世界共同应对的话题，通过发展能源科技和环境科技建设资源节约、环境友好型社会。

事实证明，正是依靠科技进步的支撑，我国的国际竞争力逐渐增强，国内经济和社会建设日新月异，人民的生活质量才得到了不断提高，科技进步在世界各国的民生建设中都具有重要地位，它正在逐步成为我国民生发展的主要动力。因此，我们不仅要让科技进步促进当前民生社会发展，更重要的是要不断改善人民的生活条件，进一步增加人民的科学素养，运用科技进步引领民生建设的可持续发展。

专栏 4-7　惠民生也要靠科技进步

　　科技以人为本。放眼全球，可以发现各国积累了很多科技惠民生的经验：护理机器人大大提升老年人生活品质；清洁取暖基本解决了冬季采暖带来的空气污染问题；电子标签技术则让民众在食品安全上更放心地选择……

　　新产品提升生活品质。提高养老服务质量是民生工程之一。老龄化较严重而机器人技术又较发达的日本已将目光投向了护理机器人。日本许多大企业积极参与研发护理机器人，比如松下公司推出了一款独特的机器人床，它由可拼接的两部分组成，一部分是固定的床，一部分是轮椅形状的机器人，可以帮助腿脚不灵便的老年人和残疾人移动，已在多家养老院得到应用。护理机器人多种多样，如东京理科大学教授小林宏领导的"小林工作室"开发的护理机器人有可穿戴助力机器人、人工步行辅助装置和人工排泄辅助装置等。养老院用上这些新型机器人产品后，可以改善老人的生活状况，提高服务质量。普通民众也可用一些新型机器人来提升生活品质。比如现在许多家庭已用上了扫地机器人，它能自动在房间内完成地面清扫、吸尘、擦地等工作，被称作"懒人福利"。目前有的扫地机器人价格已经低到了千元以下，可进入寻常百姓家。

　　新技术提供了绿色民生。在民生工程中，除了推进北方地区冬季清洁取暖外，在普遍推行垃圾分类制度、加快推进畜禽养殖废弃物处理和资源化这两方面，新技术也有用武之地。"垃圾围城"是很多城市居民的生活之痛，而一些新技术可以让垃圾回收利用变得有利可图。

　　新信息指引生活选择。民生工程中还有房地产和食品安全。信息对这两个产业至关重要，而信息技术的进一步提升，可以帮人们做出更好的生活选择。比如在房地产领域，长期以来消费者需要到现场看房，且往往会在多个房源间来回奔波，费时费力。而近来虚拟现实和增强现实等技术的发展，已经使许多房地产商建立了自己的数字化展示系统，消费者只要在一处门店戴上头盔，就能同时"看到"多处房源状况，从而更方便地获取信息以帮助做出买房决策。在食品安全领域，电子标签等技术的发展使得食品"从农场到餐桌"的产业链都可追溯。比如，美国农业部在牛羊养殖等行业中推广了无线射频电子标签，用它来监控牛羊的生长过程，避免有病牲畜流入食品市场。消费者在市场上只要一扫电子标签，就能知道眼前的牛羊肉来自哪里，放心地购买。自从北京奥运会和上海世博会用电子标签保障食品安全以来，中国也逐步推广电子标签体系。

日新月异的科技成果在各个方面惠及民生，只要应用得当，未来的生活会更加美好。

资料来源：《综述：惠民生也要靠科技进步》，http://www.sohu.com/a/127335180_119038，2017-02-27。

参考文献

[1]单孝虹. 中国共产党民生观的发展与实践[J]. 中共中央党校学报，2013(3).

[2]中央档案馆. 中共中央文件选集(第1册)[M]. 北京：中共中央党校出版社，1982.

[3]毛泽东选集(第1卷)[M]. 北京：人民出版社，1991.

[4]江泽民文选(第1卷)[M]. 北京：人民出版社，2006.

[5]江泽民文选(第2卷)[M]. 北京：人民出版社，2006.

[6]十八大以来重要文献选编(中)[M]. 北京：中央文献出版社，2016.

[7]毛泽东选集(第3卷)[M]. 北京：人民出版社，1991.

[8]邓小平文选(第2卷)[M]. 北京：人民出版社，1994.

[9]国家部委60年：历数机构改革中被撤销和新组建的部委[EB/OL]. [2009-08-20]. http://politics.people.com.cn/GB/1025/9893075.html.

[10]新中国成立以来的历次政府机构改革[EB/OL]. [2008-02-26]. http://politics.people.com.cn/GB/1026/6923277.html.

[11]俞可平. 中国的治理改革(1978—2018)[J]. 武汉大学学报(哲学社会科学版)，2018(3).

[12]俞可平. 推进国家治理体系和治理能力现代化[J]. 前线，2014(1).

[13]关信平. 改革开放30年中国社会政策的改革与发展[J]. 甘肃社会科学，2008(5).

[14]郑杭生，邵占鹏. 中国社会治理体制改革的视野、举措与意涵——三中全会社会治理体制改革的启示[J]. 江苏社会科学，2014(2).

[15]李培林. 社会治理与社会体制改革[J]. 国家行政学院学报，2014(4).

[16]关爽，郁建兴. 国家主导的社会治理：当代中国社会治理的发展模式[J]. 上海行政学院学报，2016(2).

[17]姜晓萍. 国家治理现代化进程中的社会治理体制创新[J]. 中国行政管理，2014(2).

[18]王滢淇，翁鸣. 协商治理：当前中国社会治理创新的方向与路径[J]. 社会主义研究，2016(1).

[19]2018 福布斯中国慈善榜[EB/OL]. [2018-11-01]. http://3g. forbeschina. com/review/list/002450. shtml.

[20]付宗亮. 精准扶贫中的社会组织参与[J]. 山西农业科学，2017(2).

[21]冯华. 科技创新有力支撑了民生改善[N]. 人民日报，2018-02-27.

[22]林琳. 科技投入向民生倾斜是时代呼唤[N]. 科技日报，2018-03-10.

[23]中国政府网部长之声[EB/OL]. [2018-03-13]. http://www. xinhuanet. com/talking/2018qglhft/bzzs03. htm.

[24]温新民. 社区移动互联提升服务型政府建设质量研究[J]. 电子政务，2016(4).

[25]宋建武，陈璐颖. 学习十九大报告：全面建设和运用互联网[EB/OL]. [2017-10-20]. http://media. people. com. cn/n1/2017/1020/c14677-29599620. html.

[26]人工智能机器人服务民生，政务工作更接地气[EB/OL]. [2017-10-20]. http://www. sohu. com/a/199137972_421558.

[27]腾讯云资深 AI 架构师：人工智能助力政务民生创新[EB/OL]. [2018-04-21]. https://baijiahao. baidu. com/s? id=1597530701498072671&wfr=spider&for=pc.

[28]郭冬梅. 科技进步促进农村民生发展研究[D]. 安徽农业大学，2012.

[29]廖维. 民生科技产业对民生改善影响的效益研究[D]. 福州大学，2014.

[30]重大科技专项如何改善民生？科技部部长举了这些例子[EB/OL]. [2018-03-13]. http://www. xinhuanet. com/politics/2018lh/2018-03/13/c_129828230. htm.

[31]鲁敏. 我国民生科技发展问题研究[D]. 吉林大学，2013.

第5章 改革做大民生发展蛋糕

改革开放 40 年来，在不断地探索与改进中，我国的经济建设和社会发展取得了举世瞩目的成就，涉及教育、医疗、养老等多领域改革成果显著，人民生活水平稳步提高，不断做大的民生蛋糕使全民共享改革成果的诉求得以实现。目前，中国改革已经进入攻坚期和深水区，日益复杂的民生问题越来越影响着全面深化改革的进程和目标的实现。这要求我们应坚持改革以人民为中心、发展以人民为导向的重要价值取向，以壮士断腕的勇气、凤凰涅槃的决心解决当前发展中的主要矛盾，将改革进行到底，不断做大和分好民生发展蛋糕，努力实现全民共同富裕的目标。

>> 5.1 改革应满足人民美好生活需要 <<

5.1.1 理论基础：改革以民生为根本导向

马克思主义理论体系为改革提供哲学依据

一场改革的成功与否，往往与它指导思想的科学性密切相关。作为无产阶级重要的思想武器，马克思主义至今仍然显现出其强大的生命力，它不仅为我们带来符合国情、惠及全民的社会主义制度，在改革与发展的过程中也不断发挥其重要的战略引领作用。

辩证唯物论的观点认为：在认识和改造世界的过程中，应坚持从客观出发，发现、分析并解决问题，才能探知到事物发展的最基本的规律。我国的基本国情决定了全面深化改革必须从实际出发，实事求是，这与马克思主义唯物论的核心观点是一致的。全面深化改革是一次重要的实践，要完成这一实践依然要从实际出发，按照客观规律去认识世界和改造世界。党的十九大报告指出：中国特色社会主义进入了新时代，我国社会主要矛盾已经转化为人民日益增长的美好生活需要和不平衡不充分的发展之间的矛盾。改革应从这一实际认知出发，在总结民生建设取得成就的同时，正确认识现阶段的矛盾与不足，从民众关心的问题入手，不断推进改革进程的扩展和深化。

唯物辩证法的观点认为：矛盾是普遍存在的，任何事物在其发展过程中都或多或少存在着矛盾。矛盾的两个方面既互相斗争，又共同存在，它们一起决定着事物的属性。在社会这个有机体中，生产力与生产关系、经济基础与上层建筑的矛盾运动不断推动着社会前进。社会主义制度并非既成的、固定的，在发展运行的过程中也包含各种各样的矛盾。马克思曾就"未来社会"的改革提出期许，指出"一切依次更替的历史状态都只是人类社会由低级向高级的无穷发展进程中的暂时阶段"，恩格斯也认为社会主义社会"不是一种一成不变的东西，而应当和任何其他社会制度一样，把它看成是经常变化和改革的社会"。社会主义制度的历史性和矛盾性，强调了社会的发展需要通过变革实现。

历史唯物主义的观点认为：人民群众是历史的创造者，不仅是物质财富和精神财富的创造者，而且是变革社会制度、推动历史发展的决定性力量。在阶级社会中，生产关系的根本变革、社会形态的更替都是通过人民群众的革命来实现的。无产阶级领导的社会主义革命和建设事业，更是依靠大多数人民群众实现的。应该认识到当前我国社会主义改革之所以取得举世瞩目的成就，与依靠人民群众、不断调动人民群众的积极性密不可分。再好的改革如果失去人民群众的拥护和支持也终会走向失败。当前，在深化改革的过程中，应积极将马克思主义群众观落实到实践中，改革目标的设计必须以最广大人民的根本利益为归宿、改革方案的制定要充分征求不同社会阶层的广大人民群众的意见、改革方略的实施要认真汲取来自群众的新做法和新经验，确保改革做大民生发展蛋糕，发展成果由全民共享。

中国共产党领导下的民生发展谋划为改革夯实理论基础

在中国共产党的领导下，我们实现了半殖民地半封建社会到独立国家的身份转变，引进和发展中国特色社会主义制度以推动国家建设和社会发展。在党执政历程中，不同领导集体从社会实际出发，对民生建设展开积极谋划，在发展经济、改善民生方面取得了辉煌成就。

以邓小平同志为核心的党的第二代中央领导集体，以解放思想为突破口，在对国内外形势进行综合考量后，及时提出了实行改革开放的重大决策。邓小平同志认为，要从解决人民群众的实际问题出发，以经济建设为中心，允许一部分地区、一部分人民生活先好起来，先富带后富。在此基础上，邓小平同志提出了建设小康社会和建设有中国特色社会主义的时代命题，并于党的十三大提出国民经济"三步走"战略，对国民生产计划做出阶段性部署。这一阶段，从政策上提出了改善民生的一系列举措，初步建立起效率优先、兼顾公平的民生发展模式，提出了以改革开放为动力、以共同富裕为目标、以"三个有利于"为评价标准等一系列有关民生建设的重大战略思想。

江泽民同志在改革发展的进程之中，把全面建设小康社会作为民生发展的战略目标，把全面创新作为民生发展的动力，指明了民生发展的新"三步走"战略途径，着力解决收入差距过大和分配不公等群众反映强烈的问题；提出了"三个代表"重要思想，注重满足人民群众更高层次的生活需求，从执政党的角度强调民生问题的重要性和紧迫性。党的十六大以来，以胡锦涛同志为总书记的党中央继续大力推进民生建设，并把它与社会主义和谐社会的构建有机统一起来，深刻阐述了"立党为公，执政为民"的民本思想，要求各级领导干部做到"权为民所用，情为民所系，利为民所谋"，并在党的十六届三中全会上提出"以人为本"的科学发展观，系统描绘了和谐社会的发展蓝图。这一阶段，改善民生被确定为社会建设的重点，公平正义被确定为社会建设的目标。

党的十八大以来，习近平总书记在不同场合多次强调发展民生事业的重要性，民生连着民心，民心关系国运，要把不断满足人民日益增长的美好生活需要贯穿于实现"两个一百年"奋斗目标和实现中华民族伟大复兴的中国梦之中。正如习近平总书记在党的十九大报告中强调的，全党同志一定要永远与人民同呼吸、共命运、心连心，永远把人民对美好生活的向往作为奋斗目标。在中国特色社会主义新时代，应通过统筹推进"五位一体"总体布局和协调推进"四个全面"战略布局，通过创新发展、协调发展、绿色发展、开放发展和共享发展，大力提升发展质量，不断消除地区差距、收入差距、城乡差距，更好地满足广大人民群众在经济、政治、文化、社会、生态等方面日益增长的需要，逐步实现共同富裕。

5.1.2 历史依据：民生建设关乎改革成败

国外经验：民生建设状况关乎改革的效果和成败

苏联僵化的计划经济制度和贫富悬殊的"拉美困境"为我们提供了前车之鉴，我们在全面深化改革的过程中，应注重吸取其经验教训，坚持改革的民生导向。苏联经济在无产阶级取得政权后有过一段时间的稳步发展，列宁认识到当时社会发展的历史任务，提出要大力发展生产力，实行新经济政策，不断改善民众贫困的生活状况。但在后来的改革进程中，"片面发展重工业，不重视提高和改善人民的物质文化生活"。僵化的计划经济使国家和社会遭受重创，整个国民经济发展比例严重失调，民众难以得到无产阶级政权承诺给民众的"和平""土地"和"面包"，反而在束缚社会生产力的高压政治下饱受困苦。"人民的福祉，销匿在个人政治奢望的围栏下。"身负执政重任的苏共，把民众的衣、食、住、行都忽略了，人民的根本利益得不到满足，生活得不到改善。苏共的失败很大程度上是因为改革没有从满足人民需求出发，无法给百姓带来真正的实惠，没有解决好民生问题。可以说，人民日益增长的物质文化生活的需要长期得不到满足，没有调动人民群众的积极性，是苏共改革失败和苏联剧变的深层次原因之一。同样，由新自由主义指导的拉美改革，只关心"程序正义"和"行为正义"，不承认"分配公正"和"社会公正"，过于注重"效率"而牺牲"公平"，不注重保障和改善民生，导致贫富悬殊的"拉美困境""拉美陷阱"，同样是因忽视民生而使改革进入艰难困境的案例。

西方资本主义国家的民生改革实践也为我们理解民生问题的重要性提供了参考。当前，欧美一些福利国家，为了维护资产阶级的统治，保持社会稳定，实行了诸多保障民生措施的改革，内容涉及失业保险、养老保险、贫困救助等，以改善工人阶级和弱势群体的生活状况。虽然这些改革只是在资本主义生产关系所许可的范围内对资本主义制度采取局部调整和改良，是围绕着为"资本"服务的社会调节手段，归根结底是为了资产阶级的利益，丝毫没有改变剥削和压榨的本质，但也反映出正是由于他们对民生的重视和保障，才能不断地促进社会变革和发展。总之，不管在哪种社会制度下的国家，在改革中政府对民生的态度以及所采取的政策和措施，都在一定程度上决定着改革的效果和成败。只有大力保障和改善民生，将它作为改革的核心步骤和关键环节，才能促进改革的顺利进行。

国内实践：民生建设状况影响改革的进程和发展

从我国的改革实践来看，对民生问题的把握在一定程度上影响着改革实施的最终成果。纵观我国改革历程，改革从一开始就立足于解决当时的主要民生矛盾，对影响经济发展的"大锅饭""平均主义"进行变革，要求改变民众贫困的生活状况，以保障民众的生存底线。初期的改革大大促进了生产力的发展，普遍性受益的"增量改革"得到了民众的积极支持和拥护。邓小平同志对此成就发出"我们现在的路子走对了，人民高兴，我们也有信心"的感言，改革的成功可以说归功于党和政府对民生的重视，从"贫穷不是社会主义"到"共同富裕"，从"以人为本"到"全面建成小康社会"。20 世纪 70 年代末开始的由中国共产党所领导的社会主义改革事业，具有鲜明的民生指向，其出发点与归宿皆在于改善和提高人民的生活水平，以期达至共同富裕、民生幸福。

同时我们也应看到，在改革取得巨大成就并不断发展的进程之中，由于社会矛盾的动态演变，又产生了诸多新的民生问题，如贫富差距过大、社会分配不公、利益固化、公平与效率失衡。在某些领域过度重视经济发展和效率，忽视民众生活需要和社会公平，导致两极严重，使改革进入"停滞"甚至"倒退"状态。改革的复杂性增大，不确定性增加，动力减弱，甚至出现了"改革疲劳症"。改革中出现矛盾和问题虽然具有一定的历史必然性，但并不能因此就忽视或抹杀矛盾和问题。改革是民众利益关系的调整，关键要看大多数人民群众是否从改革中得到了实惠。

40 年的改革中有许多成功的举措，如家庭联产承包责任制等，也有不甚成功的改革，如教育制度、分配制度等至今仍在不断调试运行，将民生问题放置的高度和对现实矛盾的界定把握都会影响改革的最终成果。全面深化改革应旨在实现高水平、共享式的民生，真正使改革成为"人民的改革"。从以上的改革实践我们可以看出民生在改革中的重要地位和作用，"民生"是"改革"的"重心"

和"目的"，只有以"改善民生"为"根本目的"的改革才能成功。这些对我国当前以改善民生为旨归的全面深化改革具有重要的指导和借鉴意义。

5.1.3 现实动因：民生问题日趋复杂

民生诉求的变化发展倒逼改革产生

随着经济发展和人民生活水平的不断提高，民众对于民生问题的理解及诉求也发生了诸多变化。改革应从实际出发，把握民生诉求的动态演变过程，立足于民众关注的焦点问题及现实需要。当前，民生诉求的变化发展也呈现出新特点。

首先，诉求内容持续增多。近年来民生诉求领域越来越广泛，在数量上也呈现出持续增加的趋势。民众的利益诉求不再停留在"吃饱""穿暖"等单一的生存需求上，而是迅速扩展至社会生活的各个领域，如物价、房价、教育、就业、养老、医疗卫生、社会保障、基础设施建设、治安、交通、文化、生态环境保护等。从横向上讲，依据马斯洛的需求层次理论，民众在取得经济利益满足自身生存需要的基础上，会制定更高的奋斗目标，反映在民生诉求上即为对参与公共生活、实现个人权利等方面的需要。只有不断保障和改善民生，不断满足人民群众日益增长的物质文化需要，才能真正依靠和调动人民群众的积极性，促使改革顺利进行。从纵向上看，当前我国不同地区、不同行业、不同阶层之间的民生出现不平衡性问题，一部分人通过政策、身份、地位先富起来的同时，另一部分人在相对意义上变得更加贫困，不可避免地造成民众的心理失衡。

其次，诉求层次明显提升，民生诉求的层次变化主要体现在五个方面：一是从"增收入"到"求幸福"，群众的温饱问题目前已得到基本解决，能够获取一定收入并维持正常生活，但由于种种原因，群众幸福感不强，对幸福的追求已成为民众心之所向；二是从"求重视"到"享尊严"，随着群众公民意识的逐步提高，自主意识逐步增强，他们更加重视自身的人格尊严，越来越强调平等和民主；三是对公平正义的呼求，社会公平正义缺失是当今社会的一个严重问题，分配不公、司法不公等社会不公现象严重影响群众的切身利益，因此近年来群众对实现公平正义的呼声不断高涨，已成为群众对党和政府的重要诉求；四是更加关注公共服务领域，公众诉求越来越突出地体现在社会保障、医疗卫生、教育、文化、食品安全保障、环境保护、治安、权利保障、社会救助等非公共服务领域；五是从关注自我逐步延伸到关注整体，改革开放以来，群众绝大部分诉求集中于直接利益相关领域，即围绕自身或自身所属团体利益进行诉求，而随着群众综合素质和公益意识的提高，与群众自身利益无直接联系的各种诉求呈明显增加之势，公益诉求的增多就是典型代表。

民生供给的方式转变促进改革深化

改革开放之前，我国在计划经济体制下形成了相应的民生资源分配方式，当时的民生资源完全是政府性的公共供给，具有一定的普利性和公平性。随着党和政府对社会矛盾和社会主义制度认识的不断深化，我国确立以经济建设为中心，逐步建立了社会主义市场经济体制，实行"效率优先、兼顾公平"的原则，极大地解放了生产力，同时，政府重视市场主体在民生供给中的作用，市场逐渐成为民生资源的重要供给主体。民生改革的实际成效不仅与改革内容和目标息息相关，一定程度上也与主体的认知和实践存在联系。因此，改革也应关注民生供给主体，确保改革成果有效实现。

改革对经济建设的强调以及社会主义市场经济体制的建立和发展，一定程度上导致了资本逻辑的蔓延，民生领域的改革进入一个怪圈，即改革涉及哪个领域，这个领域的民生问题就会更为凸显，例如住房领域的改革并未切实解决住房难、住房贵的问题，教育领域仍然存在教育资源不平衡的问题，这些都与市场经济发展中过分重视效率而忽视公平性密切相关。与资本逻辑相对应的现代性，按照韦伯所指出的主要表现为工具理性与价值理性。如果改革过分强调工具理性，忽视价值理性，即忽视价值主体的根本利益，不仅不利于个人的生存权和发展权的实现，更不利于社会的稳定及其公平正义，会逐渐成为阻碍改革的重大因素。因此，改革必须要转变思路，从资本逻辑转向生活逻辑，以大多数民众的生活需要和利益为出发点和归宿。

>> 5.2　做大民生发展蛋糕的改革实践 <<

民生是历届党代会的重要议题，党的十七大报告提出："努力使全体人民学有所教、劳有所得、病有所医、老有所养、住有所居"，从多个领域出发绘制民生建设蓝图。党的十八大、十九大延续并发展了这一论述。十九大报告将"幼有所育"和"弱有所扶"加入其中，更加精准地聚焦民生发展领域，强调补齐民生短板，基本覆盖了每个人生命全周期的重要方面。

5.2.1　劳有所得：收入分配改革做大国民收入蛋糕

"劳有所得"，"劳"就是劳动、就业，"得"就是收入、分配。"劳有所得"从保障人民收入和分配公平出发，不断做大民生收入蛋糕。相关改革一方面是规范和协调劳动关系，完善和落实国家收入分配政策，依法维护劳动者的权益；另一方面，强调劳动的价值，有劳才有得，这就要求改革也应关注就业问题，从扩大就业入手，不断提升国民收入。

收入分配改革确保劳有所得得以实现

收入分配改革在促进民生事业发展的进程中具有重要作用，直接关系到人民群众的切身利益以及群众生产积极性的调动，是影响经济社会可持续发展的根本问题之一。由于新问题新情况的不断出现，收入分配制度的改革是一个与时俱进、不断完善的过程。

新中国成立以来，我国收入分配制度改革主要经历了五个发展阶段：1949—1978 年单一的按劳分配制度，是一种高度集中的计划分配制度，这与改革开放前公有制的所有制结构相对应，按劳分配只有工资和工分两种形式，全民所有制企业、机关事业单位以及城镇集体企业均实行工资制，农村集体经济实行工分制；1978—1992 年逐步确立以按劳分配为主体、其他分配形式为补充的分配制度，这一时期的改革要求旨在解决平均主义下的全民贫困问题，在农村出现了家庭联产承包责任制的模式探索；1992—2002 年明确提出把按劳分配和按生产要素分配结合起来，实行以按劳分配为主体、多种分配方式并存的分配制度，首次使用并明确了"按生产要素分配"的地位，创造性地解决了生产要素在社会主义市场经济条件下能不能参与收入分配的问题；2002—2012 年在原先收入分配制度的基础之上，明确了生产要素参与分配的原则，更加强调重视收入分配差距问题，国民收入在逐步提高的基础上差距逐渐扩大；2012 年至今，收入分配制度改革将公平问题放在更突出的位置上，强调人民共享发展成果。

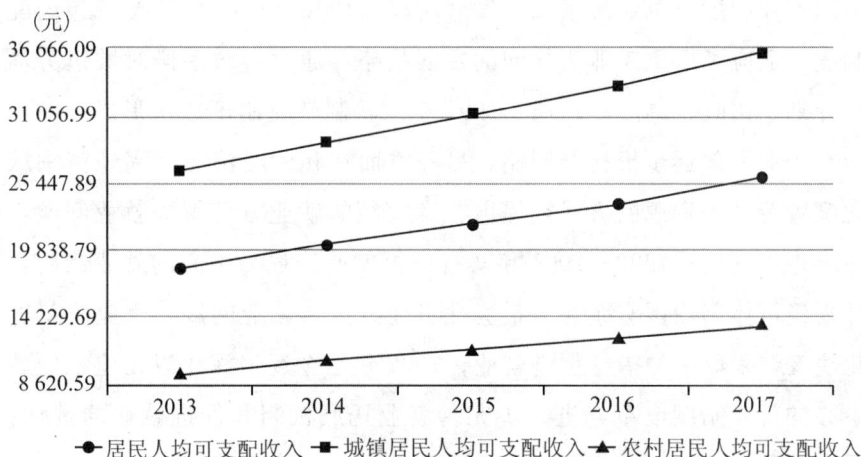

图 5-1　2013—2017 年居民人均可支配收入对比

资料来源：国家统计局，http://data.stats.gov.cn/easyquery.htm? cn=C01。

2018 年 4 月，国家发展和改革委员会印发了《2018 年深化收入分配制度改革重点工作安排》，指出改革应继续在完善初次分配制度、履行好政府再分配调节职能、促进社会公平、夯实收入分配体系建设基础四个方面着力，进一步深化城乡居民增收试点、完善技术工人激励政策，不断推进税收制度改革，建立并完善收入分配政策评估体系，在促进低收入群体扩收、刺激知识经济发展方面发挥重要作用。在收入分配制度改革的发展和实践过程中，我们应该认识到改革应始终围绕按劳分配分配原则这一主线展开，并将处理公平和效率的关系放在改革的核心地位。当前，我国收入分配制度改革取得较好成果，但仍然存在初次分配和再分配机制不健全、秩序混乱、公平难以实现等问题，应遵循循序渐进的改革路线，在保持制度稳定的基础上做出突破。

就业体制改革推动劳有所得逐步扩展

就业是最大的民生，就业问题的解决和推进关乎民生事业发展高度。党的十八大以来，我国就业工作取得历史性成就，就业总量持续增长，就业结构不断优化，就业政策与就业服务体系日趋丰富完善，实现了劳动就业制度由"统包统配"向市场化导向转变，走出了一条中国特色就业发展道路。

中国就业制度改革经历了四个发展阶段：1948—1977 年运行统包统配制的就业制度，适应了以重工业为导向的发展战略，通过行政手段对城镇劳动力进行统一计划、招收、调配；1978—1991 年双轨制就业制度逐步形成，一方面在传统国有企业内部逐步推行合同制，另一方面在私营经济等新兴经济领域实施市场化配置劳动力资源的方式，提出"三结合"的就业方针解决就业问题，确保改革在求稳中创新；1992—2001 年实行以再就业工程为中心的就业制度，主要解决计划经济体制内国有企业大量隐性事业人员再就业问题，就业改革逐步向市场化演变，采取多种措施促进就业；2002 年至今逐步深化以构建积极就业政策为中心的就业制度改革，进一步完善就业托底机制和促进就业的责任体系，积极促进就业。

经过长期努力，我国基本实现了比较充分的就业。2017 年年末全国就业人员达 7.76 亿人，比 1978 年增加 3.75 亿人。城镇新增就业年均达到 1 178 万人左右。党的十八大以来，城镇新增就业连续 5 年保持在 1 300 万人以上；累计帮扶 800 多万建档立卡贫困劳动力实现就业增收；110 万去产能职工得到妥善安置；高校毕业生人数年均突破 750 万人，年底总体就业率一直保持在 90％以上的较高水平。大量农村劳动力转移就业，2017 年年末全国农民工总量达 2.87 亿人。城乡就业格局发生历史性转折，2014 年城镇就业人数首次超过乡村。从三次产业结构看，第三产业成为吸纳就业的主体，就业人数由 1978 年的 0.49 亿人增至 2017 年的 3.49 亿人，占全部就业人员的比重由 12.2％上升至 44.9％，第三产业占主导的"倒金字塔形"就业结构进一步形成。

就业改革取得巨大成就的同时，我们也应认识到当前仍然存在就业供需不匹配、就业歧视等问题，应进一步加大财政资金投入力度，建立公共就业创业服务体系，建立并实施就业援助制度，努力破除劳动力流动障碍，创造公平的就业环境。此外，在强调政府责任的同时，也要激励人们通过自身努力积极寻找就业机会，鼓励企业、民众、社会组织等多元主体通过多种途径扩大和促进就业。

5.2.2 幼有所育、学有所教：教育体制改革做大优质教育蛋糕

学有所教强调发展教育事业，促进教育公平，党的十九大报告中，在学有所教的基础之上增添了幼有所育的相关论述，其主要强调学前教育的重要性。2014 年 5 月 4 日，习近平总书记在北京大学师生座谈会上指出，"人生的扣子从一开始就要扣好"，学前教育关系着每个孩子教育的开端，其监管、引导和规范尤为重要。

发展完善学前教育，补齐教育事业的短板

党的十九大报告提出必须取得"新进展"的七项民生要求中，"幼有所育"排在首位，足以看出其重要战略地位。对学有所育的重视主要基于两大现实因素：一是随着我国义务教育的普及，0～6 岁的幼托教育面临的供需矛盾愈加突出；二是全面"二孩"的政策推动，生活水平和育儿理念的普遍提高，都在不断拉升人民群众对幼托数量和质量的双重期待。"幼有所育"的提出，很好地回应了广大人民群众的普遍关切。

托育服务体系建构是一个复杂的系统工程，改革开放 40 年来，学前教育在探索中不断发展，目前解决幼有所育需求以新建和扩建园区是主要手段，致力于解决入园难的问题，供给侧的发力，一定程度上缓解了幼儿无园可上的困境，确保幼儿及时接受学前教育。2017 年学前教育经费总投入 3 255 亿元，全国幼儿园数量达至 25.5 万所，比上年增加 1.51 万所，增长 6.31%，学前三年毛入园率达到 79.6%，不仅超过了中高收入国家的平均水平，而且提前完成了《国家中长期教育改革和发展规划纲要（2010—2020 年）》提出的 2020 年达到 70%的目标任务；教职工数量 419.29 万人，比 1978 年增长了 794%。在取得巨大成就的同时，我们也应清楚认识到当前"幼有所育"实践中，满足"好入园"需求仍在路上狂奔，家长们"入好园"的期待又策马赶到，公办缺位、民办缺路、标准缺失的现状依然无法完全满足社会入托需求，家长们入好园、接受优

质教育的现实需求难以实现，与此同时，部分托幼机构虐童事件等在一定程度上又引致民众恐慌。

加强学前教育，实现"幼有所育"的目标，应明确并做好"四个服务"，即托幼机构的建立和托幼事业的发展为谁服务、谁来服务、服务什么、怎么服务，统筹整合管理机制，完善相关政策支持，构建主体多元、性质多样、服务灵活的市场体系；通过财政补贴等方式鼓励发展普惠性托育服务事业，在现有公办幼儿园增设托管班，明确将幼儿入园年龄向下延伸；出台婴幼儿托育服务相关的法律法规以及标准规范，推动行业发展有章可循。

专栏5-1　虐童事件再现，"幼有所育"的底线不容击穿

近些年发生的幼儿园虐童事件，虽属极端个案，但都击中了孩子这根家长绷得最紧的神经。孩子们的身心伤害、事件引发的负面舆情，哪怕是百分之一、千分之一的概率，都不仅需要引起足够的重视，更应该在源头上予以整改。

要让法律有"牙齿"。从《中华人民共和国未成年人保护法》到《中华人民共和国刑法修正案（九）》扩大虐待主体范围，我国在立法上并不缺位。可是，再完备的法律，如果量刑不够、惩治无据、执法不严，也难以达到立法初衷。从这个意义上说，必须通过梳理和总结案例，在举证查证、快速反馈等方面探讨可行性措施并广而告之，拿出更权威的法律解释、更有效的执法示范。保护儿童的法律，只有真正带有"牙齿"并严惩不法行为，才能让定罪和处罚更具针对性、更有威慑力。

要让课堂有"阳光"。虐童事件舆情短期集中爆发，当务之急应该组织起来，让防虐待、防性侵等儿童课程进入托幼机构，给孩子、家长、教师都上一课，讲清楚如何对虐待性侵说不，如何发现和处理问题，以及触碰红线的严重后果。此外，也应加强投入，通过技防监控，确保监控探头全覆盖，实现园内无死角。

要让监管有"力量"。因为需求与供给矛盾突出，民办幼儿园和民办培训机构的数量迅猛增长，是商业机构还是教育机构，并不清晰。办学与管理、监管与保障之间的巨大缝隙，不能光靠给管理者打棒子压担子，还应该加力量派人手，提高治理水平，从根源上解决问题。

要让幼师有"素质"。这些虐童事件无不表明，严惩虐童幼师，与关心幼师待遇和培养，是一个硬币的两面。从问题出发，针对现实情况，有必要设定幼师收入补偿制度，有必要弥补幼师心理落差以增强职业认同感，有必要通过职称评定等方式将幼师纳入统一管理，有必要对幼师上岗进行资格审查、定期考核、不定期淘汰。

"许多需要的东西我们可以等，但是孩子们不能等"，孩子们是属于未来、属于明天的，但保护孩子需要从今天开始，吹散虐童阴影，守住"幼有所育"的底线，才能让"全体人民共建共享发展"的温暖目标得以实现。

资料来源：《人民日报：虐童事件再现，"幼有所育"的底线不容击穿》，http://opinion.people.cn/n1/2017/1220/c1003-29719109.html，2017-11-23。

丰富深化教育内涵，扩展教育改革的成效

改革开放以来，中国在从模仿移植到自我探索与创新的过程中不仅完成了一场教育现代化的转变，更积极地实践教育兴国，从教育大国向教育强国迈进。

纵观教育领域的改革进程，我国教育发展的鲜明特点之一，就是建立起一套中国特色社会主义教育法律体系，从根本上扭转了教育发展"无法可依"的局面。新中国成立时，旧教育法统被彻底摧毁，但在之后至改革开放前 30 年里，由于历史原因，新的教育法律体系并没有建立，教育发展严重缺乏法治保障，这种局面直到改革开放后才得以逐渐改变。教育改革始于思想解放，源于理论创新，兴于制度变革。党的十一届三中全会之后，围绕"教育本质"的大讨论，极大地促进了思想解放，从 1985 年《中共中央关于教育体制改革的决定》到 2017 年中央发布的《关于深化教育体制机制改革的意见》，历次国家教育政策的出台都充分依靠和吸收了理论创新的智慧，在实践中基本形成了以政府办学为主体、全社会积极参与、公办民办学校共同发展的办学体制，分级管理的教育管理体制和保障教育优先发展的现代教育财政制度、多元参与的现代学校制度逐步形成，教育公平问题日益得到重视。截至 2017 年，90％以上的残疾儿童享有受教育机会；80％以上的农民工随迁子女在流入地公办学校就学。全国 2 379 个县（市、区）通过义务教育发展基本均衡督导评估，约占全国总数的 81％，11 个省份整体通过。高考录取率最低省份与全国平均水平的差距从 2010

年的 15.3 个百分点缩小到 2017 年的 4 个百分点内。我国教育发展的公平性得到了很大提升。

（万人）

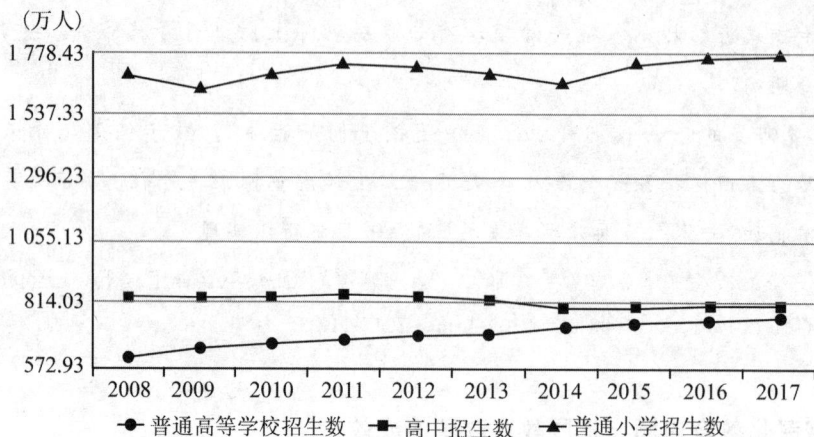

图 5-2 2008—2017 年普通高校、高中、小学招生人数

资料来源：国家统计局，http://data.stats.gov.cn/easyquery.htm? cn=C01。

（万元）

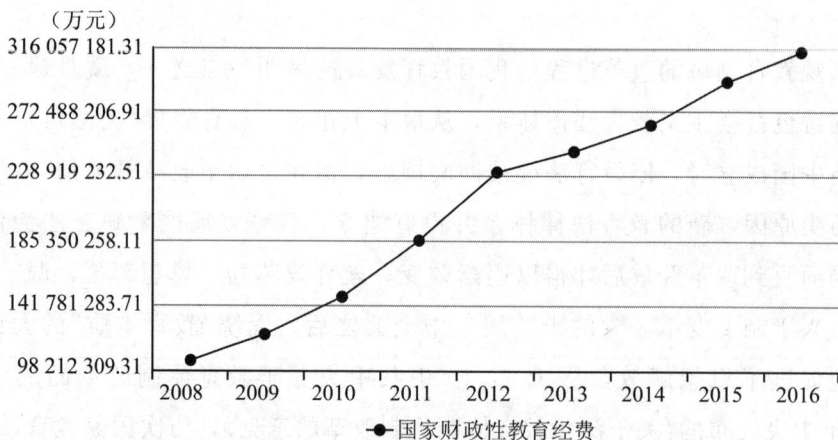

图 5-3 2008—2016 年国家财政性教育经费拨款情况

资料来源：国家统计局，http://data.stats.gov.cn/easyquery.htm? cn=C01。

中国教育面临的最大挑战就是如何满足人民群众日益增长的对于美好教育生活的需要与教育发展的不充分不均衡之间的矛盾。因此，我们应尊重教育规律和人才成长规律，坚决破除一切不合时宜的思想观念和体制机制弊端，在教育结构和教育布局优化上做出更大努力，在教育公平和教育质量提升上迈出更大步伐，在激发教育活力上采取更有力的措施，积极发挥互联网技术对教育事业的推动作用，办人民满意的教育。

5.2.3　病有所医：医疗卫生改革做大全民健康蛋糕

一个文明的社会应该是一个病有所医的社会，《中共中央关于构建社会主义和谐社会若干重大问题的决定》提出，"坚持公共医疗卫生的公益性质，深化医疗卫生体制改革，强化政府责任，严格监督管理，建设覆盖城乡居民的基本卫生保健制度，为群众提供安全、有效、方便、价廉的公共卫生和基本医疗服务"，指明了深化医疗卫生体制改革的原则和方向。党的十九大报告也将"实施健康中国"战略作为国家发展基本方略中的重要内容，多措并行实现"病有所医"势在必行。

医疗卫生服务变革不断满足民众健康诉求

公共卫生服务与一个国家居民健康水平息息相关。2003 年的非典之役，凸显出我国公共卫生体系和应急系统的脆弱性，尽管非典引起了大规模的社会恐慌，导致社会财富的巨大损失，但客观上也成为我国公共卫生体系重构的重要推动力量。国家基本公共卫生服务项目自 2009 年启动以来，在城乡基层医疗卫生机构普遍开展，承担内容由原来的 12 项增加至现在的 14 项，包括建立居民健康档案、健康教育、预防接种、儿童健康管理、孕产妇健康管理、老年人健康管理、慢性病患者健康管理、严重精神障碍患者管理、结核病患者健康管理、中医药健康管理、传染病及突发公共卫生事件报告和处理、卫生计生监督协管、免费提供避孕药具、健康素养促进。

我国公共卫生相较于发达国家而言，起步较晚，存在发展理念有待逐步探索、制度框架较为薄弱等诸多问题。因此，我们应以科学发展观为指导，构建科学的公共卫生服务理念；加强公共卫生服务机构体系建设，从整体着眼，调动各个部门进行分工协作，形成整体性的运作机制；合理界定公共卫生服务开展过程中的政府、社会、市场关系。对于建立居民健康档案、健康教育、卫生监管协管等纯公共物品来说，没有市场盈利的空间，所以不存在市场介入的可能，由政府统一把控；对于预防接种、孕产妇健康管理等公共卫生服务项目，在保障最低服务水平的基础上鼓励市场参与。

医疗服务体系也是医疗卫生服务变革的重要内容。新中国成立以来，医疗服务体系经历了三个发展阶段：1949—1978 年城乡基本医疗卫生服务低水平均等供给时期，医疗卫生事业发展呈现一种以国家为主导的低水平福利型模式；1979—2003 年城乡基本医疗卫生服务差异化供给时期，家庭联产承包责任制取代人民公社制度，农村合作医疗丧失经济基础逐步崩溃；2003 年至今城乡基本医疗卫生服务均等化理念提出并实行时期，引入政府、市场相互合作的模式，依据均等化理念适当向农村倾斜。

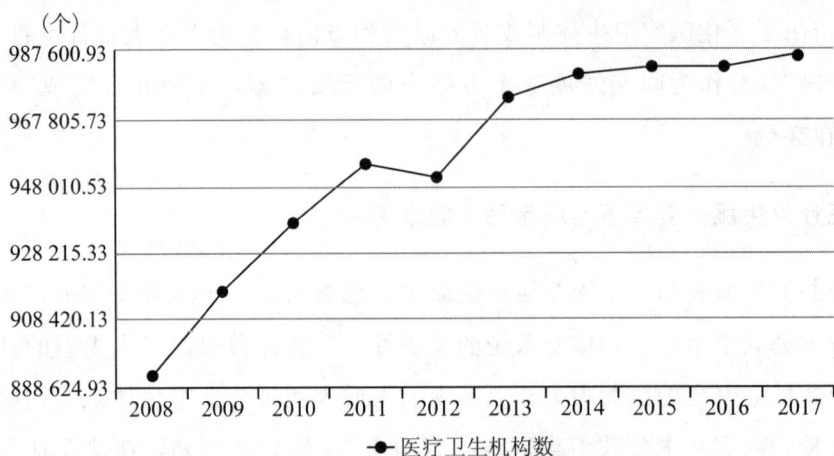

图 5-4　2008—2017 年医疗卫生机构数量增长情况

资料来源：国家统计局，http://data.stats.gov.cn/easyquery.htm? cn=C01。

深化医改是一项复杂的系统工程，"十三五"期间我们应站在时代和全局的高度，把卫生与健康事业改革发展的渐进性、阶段性和跨越性统一起来，以推进健康中国建设为主线，在构建以人为本的卫生服务体系上久久为功，推进医疗服务供给侧结构性改革，努力解决医疗卫生领域发展不平衡、不充分问题，努力为人民群众提供全方位、全周期的健康服务。实践中应从调结构、补短板、降成本、转机制出发，落实医疗卫生资源的可及性和便利性，推动薄弱领域实现量的增加和质的提升，不断提升医疗服务体系运行效率和活力，谋求患者、医院、医保和财政的最大"公约数"。

医疗保障制度变革更好增进人民健康福祉

20 世纪 90 年代中期是我国医疗保险改革的开端。在此之后，我国用了 20 余年的时间建立起了社会化的"全民医保"体系，并在制度与政策层面初步实现了"病有所医"的目标。改革开放以来，我国医疗保险制度改革与发展的主线就是从劳保医疗、公费医疗向社会化医疗保险的转型，通过不断探索和试点建立，在制度层面实现参保人员的全覆盖，城镇职工基本医疗保险、城镇居民基本医疗保险、新型农村合作医疗保险基本实现"应保尽保"。在此基础上，2012 年颁布的《关于开展城乡居民大病保险工作的指导意见》明确提出参保人大病负担重的情况，提出建立大病保险制度，与医疗救助制度相衔接助推"精准扶贫"。随着互联网技术的不断发展，我国医保信息管理系统不断完善，目前已基本实现国家、省、市、县、乡、村六级网络覆盖，能够有效收集和实时监控医保信息，也有助于推动"互联网＋健康医疗"服务的兴起和发展。与此同时，医疗保险体系改革公平问题、医疗保险管理体制改革滞后、制度理念落后等问题，也需要改革不断升级换代以适应民生需求的变化。

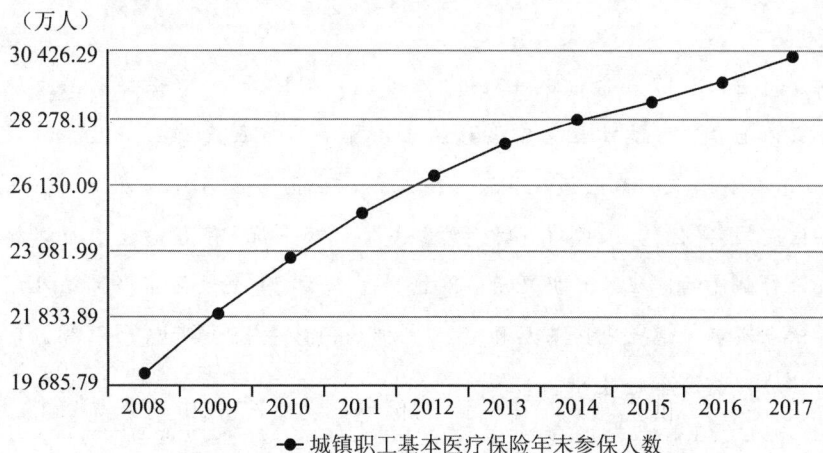

图 5-5　2008—2017 年城镇职工基本医疗保险参保人数增长情况

资料来源：国家统计局，http://data.stats.gov.cn/easyquery.htm? cn＝C01。

药品也与人民的健康休戚相关，医药供应保障制度对于医疗保障制度的建设也具有重要意义。自 2007 年至今，用药需求的增加促使我国的医药制造业规模不断扩大，2011 年新版《药品生产质量管理规范》在医药行业进行大洗牌，对于促进企业进行技术改造和设备升级、提高药品安全性具有重要意义。我国医药供应保障制度在改革中不断发展，药品研发投入呈现逐年增加的趋势，在药品创新和新药研发中取得了一定成绩；基本药物政策已实现基本药物的全覆盖，使得民众用药的基本需求得到保障，价格也得到较好控制；药品不良反应检测覆盖范围越来越广，有利于及时发展用药风险，保障患者的用药安全，对药品不良反应进行及时控制。药品供应保障制度关系到国家医药产业的发展、健康中国目标的实现和人民健康水平的提高。我们应该认识到当前药品供应保障制度仍然具有缺陷，研发投入强度较弱，基本药物政策的贯彻落实还有待完善。因此，应继续实施和加强药品生产、流通、使用全流程改革，创新发展分级诊疗的模式，加强疾病防控。

专栏 5-2　从"病有所医"到"病有良医"

近年来，浙江朝着习近平总书记在浙江工作期间确立的"卫生强省"发展战略，秉持政府主导、公平享有的医改理念，以"双下沉、两提升"为主线，深化医疗、医药、医保"三医"联动改革，一系列惠民政策给百姓看病就医带来更多获得感。

浙江提出，2017 年通过深入推进"双下沉、两提升"，确保每家三甲综合医院与 2 家以上县级医院建立紧密合作关系，每个县市每天有三甲医院派驻的不少于 10 名副高以上职称医师在县级医院工作，把优质医疗资源真正沉下去。只有基层医院"接得住"，人民群众才"愿意去"。"双下沉"有力推进了浙江加快建立分级诊疗制度的进程。数据显示，2016 年，浙江 11 个设区市全部纳入国家分级诊疗试点城市，试点地区基层医疗卫生机构门诊量较同期增长 6.34%，87% 的县市县域内就诊率超过 80%。

资料来源：袁卫，《从"病有所医"到"病有良医"》，http://cpc.people.com.cn/n1/2017/0713/c162854-29403510.html，2017-07-13。

5.2.4　老有所养：养老服务改革做大老龄产业蛋糕

养老是世界性难题。联合国对老龄化的定义是：65 岁以上老人占总人口的 7%，则将该地区视为进入老龄化社会。据此标准，中国于 2000 年就已进入老龄化社会。党的十九大报告提出："积极应对人口老龄化，构建养老、孝老、敬老政策体系和社会环境，推进医养结合，加快老龄事业和产业发展。""老有所养"早已成为社会关注的焦点。一般来说，老有所养，就是要满足老年人的物质及精神需要，为老年人的幸福晚年提供保障。

改革养老保险制度，落实发展要求

人口老龄化是 21 世纪一个重大的社会问题，也是 21 世纪人类发展的主要特征。目前我国正处于人口老龄化加速，人口红利逐步消失的关键转折期，我国的人口老龄化属于"未富先老"，具有老龄化速度更快、间隔更短、发展水平更低的特点。建立和完善统一的城乡居民基本养老保险制度具有重要意义，能够为推动养老事业建设和发展提供保障。

我国养老保险制度经历了三个发展阶段，1951—1991 年的养老保险制度创立探索期，1951 年，我国历史上第一步全国性社会保障法规《中华人民共和国劳动保险条例》颁布，养老保险制度从无到有并不断发展；1991—2013 年的养老保险制度转轨构建期，这一时期，为了解决经济改革过程所导致的养老保险制度出现的一系列问题，国家根据实施范围的标准分别对城镇企业职工养老保险制度、国家机关事业单位人员养老保险制度以及农村社会养老保险制度进行了进一步的改革和探索，并取得一定成效；2013 年至今，养老保险制度的统筹发展期，更加注重"公平性"和"可持续发展"。

2014 年 12 月，《机关事业单位养老保险制度改革方案》经国务院常务会议和中央政治局常委会审议通过，2015 年《国务院关于机关事业单位工作人员养老保险制度改革的决定》颁布，标志着养老金并轨正式进入实质性启动阶段，主要目标是进一步扩大制度的覆盖性，增强制度的公平性和可持续性。中国目前虽然已初步形成了以基本养老保险、企业补充养老保险和个人商业养老保险为主的三支柱养老保障体系，但也存在各支柱发展不均、养老金缺口扩大、市

（万人）

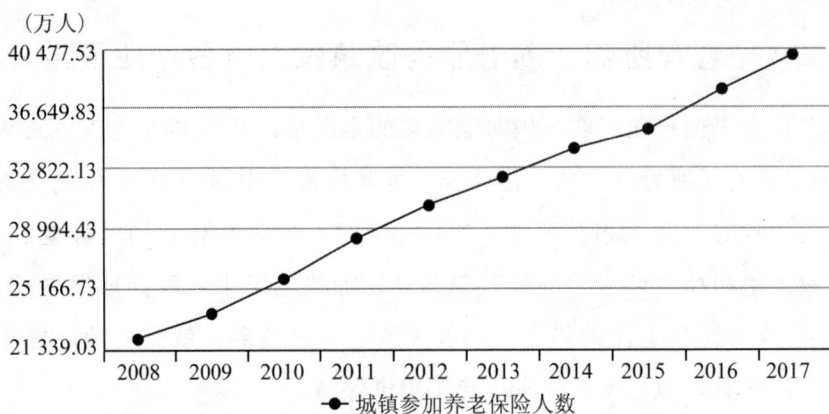

图 5-6　2008—2017 年城镇参加养老保险人数增长情况

资料来源：国家统计局，http://data.stats.gov.cn/easyquery.htm? cn＝C01。

场化程度不高等问题，需要充分发挥市场机制的作用，提供多样化的养老保障产品和服务，中国养老保险制度改革需要在降低公共养老金费率的同时，增加体制的灵活性，需要以养老金融的思路而不仅仅是养老保险的思路来推进养老保险制度的健全。

探索养老方式方法，丰富实践成果

在养老事业不断发展的过程中，对于养老模式的创新实践也使养老服务改革迸发出新的活力。当前，医养结合模式和以房养老的保险制度是行之有效的创新实践，具有一定的推广价值。

2013 年 3 月北京"双井恭和苑"作为首个医养结合养老机构开始试行，医养结合的新型养老模式进入公众视野。2015 年 11 月 11 日，李克强总理在国务院常务会议上指出，要推进医疗卫生与养老服务结合，同年出台《关于推进医疗卫生与养老服务相结合的指导意见》，明确医养结合的五大重点工作方向。此后，全国各地相继涌现出了集医疗与养老于一体的特色新型机构，逐渐形成了医养协作、外包委托、养内设医、医养一体四种具有较强普适性的医养结合模式，充实和提高了养老服务，将老年人健康医疗服务和疾病预防放在了更加重要的位置。在实践发展的过程中，医保结算困难、养老机构内设医疗服务难度大、护理专用人才短缺等问题也日益显现，政府充分发挥作用，动员社会力量参与，不断扩充医养结合的服务内容，鼓励医养结合模式的发展和创新。

以房养老的保险制度是指老年人将自己的住房作为抵押担保物，向银行贷款从而获得养老费用，投保人过世后，保险机构能够获得处理抵押房产的权利。以房养老保险试点的开展已有四年，截至 2018 年 7 月 31 日，累计签约 2 014 单，共有 141 户老人参与，累计承保 139 单，共 99 户，业务主要集中在"北上广"，承保人领取养老金最高达至 3 万余元，最低约 2 000 元，可以说，以房养老的实践取得了一定成效。与此同时，承保户的数量有限、承保地区受限也反映出以房养老的现实困境。究其原因，以房养老发展进度缓慢主要是由于民众传统的住房观念和对房价演变的顾虑，此外，70 年产权限制加之国内承接倒按揭业务尚不成熟，金融机构无法合理预测续期费用，房屋价格、人均寿命的动态变化也增加了未知风险，束缚了相关行动的开展。当前以房养老保险制度的推广和发展尚处困境，但不能因此否定以房养老保险的创新价值和实践意义，养老模式的创新实践能够扩大养老服务供给方式，满足老年人差异化、多样化的需求。

专栏 5-3　推广"以房养老"保险说易行难

在当前人口老龄化加剧、生活成本不断攀升的背景下，养老问题无法回避。人力资源和社会保障部公布的《2017 年人力资源和社会保障事业发展统计公报》显示，我国养老金缺口仍在扩大，对于财政补助资金的依赖程度在不断提高。值得注意的是，在迈向老龄化社会的同时，我国还在向"超级城市化"迈进。因此，我们需要为多种复杂的前景做好准备。而从我国现有国情来看，将老年人住房反向抵押养老保险扩大到全国范围的确是一种解决养老问题的办法。

不过在当前的中国，推广"以房养老"并非易事。第一，"以房养老"背后所需要的公平市场制度与条件是其良性发展的基础，否则，养老问题没解决好，反而可能引来一些"强者的掠夺"，并造成不必要的社会负面影响。"以房养老"不能等于政府"甩包袱"。中国的养老问题必须从健全国家养老保障体系，并让国有资产充实社会保险账户做起，同时健全社会养老保险和投资体系。第二，商业银行面临的风险问题，"以房养老"如果做到一定规模，提供养老贷款的银行将会手握一大批房产，需要参与一个资产交易市场。此外，如何评估房子的价值、如何控制风险，都是银行将会面临的问题。银行还会面临的一个风险是，日渐严峻的老龄化必然造成住房周期的转变，房地产的供求关系极有可能发生重大转变。

资料来源：周子勋，《扩广"以房养老"保险说易行难》，载《中国经济时报》，2018-08-14。

5.2.5 住有所居：住房体制改革做大居住保障蛋糕

党的十九大报告提出："坚持房子是用来住的、不是用来炒的定位，加快建立多主体供给、多渠道保障、租购并举的住房制度，让全体人民住有所居。"住房是体现居住权的核心产品，将住房保障制度写入报告中，体现了对民生的关注和对民意的尊重。

住房体制改革的演变历程

住房制度改革是经济改革的重要内容，是提高社会福利水平的重要途径。改革开放以来，中国住房制度经历几次重大转变，取得显著成效，也遗留诸多难题。回顾住房制度改革的历程，总结经验并反思教训，对未来深化改革有着重要的借鉴意义。我国住房制度改革主要经历了四个阶段：1978—1993 年探索以"出售公房"为主要内容的住房商品化。20 世纪 80 年代初我国开始了以"公房出售"为主要内容的住房制度改革，其目的是以售房代替租房，给企业甩包袱。通过在部分城市搞试点的方式，由企业、个人和政府各承担房价的 1/3（即"三三制"），鼓励职工自主购房。由于没有同步提高租金，职工工资收入较少，居民没有购房的意愿，各地低价贱价出售公房的现象严重，住房改革被迫中止。1994—2000 年全面推行以权力下放为特征的住房商品化，将公房实物分配改为货币工资分配，建立面对中低收入群体的保障性住房和面对高收入家庭的商品房，建立住房公积金制度。住房全面市场化的改革，将住房投资、建设和销售的职能从政府和企业中逐步剥离，理顺了政府、专业房地产企业、金融机构和个人的关系，实现了住房商品化、分配货币化。2000—2015 年着力建设以价格调控为主要内容的住房市场。这一时期民众对住房的需求不断加大，房地产市场价格明显上涨。为保障房地产市场的正常运营，价格调控成为房地产市场建设的重要内容。2005 年 3 月颁布《关于切实稳定住房价格的通知》，首次提出对房价过快上涨的地区实行行政问责，将稳定房价上升至政治高度。2006 年 5 月，国务院办公厅转发建设部等九部委《关于调整住房供应结构稳定住房价格的意见》。此后，相关部门不断出台各类价格调控政策，主要通过需求控制与加快保障性房建设试行调控；2016 年至今回归建设住房基本功能的房地产市场，稳定房地产秩序。

住房体制改革的发展方向

实践过程中，针对住房体制改革的认知也在不断深化，注意力指向经历了住房制度改革、房地产市场调控、住房保障与房地产市场并重的变化历程，实现了工作重心的动态演变。至"十二五"末期，各地符合保障条件的本地户籍居民已基本实现了应保尽保，基本建立了以政府为主提供基本保障、以市场为主满足多层次需求的住房供应体系。现阶段，住房政策公共性缺失、社会收益下滑、中低收入家庭住房短缺等问题呼吁改革全面深入开展，住房制度改革应把握三个重点：一是在供求两端发力解决住房问题，在供给侧，加大住房供给，加大保障性住房建设，使公租房、廉租房、经济适用房成为我国住房建设的新起点和解决民生问题的新标杆；在需求侧，加快落实公积金和住房补贴政策，对高校毕业的专业技术人才给予优惠政策。二是加快发展住房租赁市场，通过多种方式增加高品质、长期性租赁住房数量，提高租赁住房户型、租期、服务手段等的匹配度，提升租房品质，通过明确租赁当事人的权利义务、保障合法权益、提高人口净流入城市的基本公共服务供给等方式，促进培育规模化租赁企业，引导住房租赁市场规范发展。三是强化房地产金融宏观审慎管理，拓展融资渠道。合理引导市场预期，同时实施差别化住房信贷政策，通过鼓励发展房地产信托投资基金、住房抵押贷款和保障房收益权等资产证券化产品以及通过金融机构专项贷款、中央补助城市棚户区改造专项资金、住房公积金增值净收益、土地出让净收益等途径，丰富融资工具和产品，筹集长期、低成本资金进行住房的生产、交换和消费。

专栏 5-4 深圳"房改"政策落地,新增住房中商品房只占四成

《深圳市人民政府关于深化住房制度改革加快建立多主体供给多渠道保障租购并举的住房供应与保障体系的意见》发布,意味着深圳版"房改"方案正式落地。

租售结合,新增住房中商品房占四成。未来深圳市商品住房将只占住房供应总量的40%左右,以普通商品住房为主,面向符合条件的各类居民供应,租售结合。其余60%将由三部分组成,分别是人才住房、安居型商品房和公共租赁住房。其中,人才住房重点面向符合条件的企事业经营管理、专业技术、高技能等方面人才供应,建筑面积以小于90平方米为主,租金、售价分别为届时同地段市场商品住房租金、售价的60%左右。安居型商品房重点面向符合收入财产限额标准等条件的户籍居民供应,建筑面积以小于70平方米为主,租金、售价分别为届时同地段市场商品住房租金、售价的50%左右。公共租赁住房面向符合条件的户籍中低收入居民、先进制造业职工等群体供应,只租不售,租金为届时同地段市场商品住房租金的30%左右,特困人员、低保及低保边缘家庭租金为公共租赁住房租金的10%。

"夹心层"将成为最大受益者。深圳市保障和人才住房将覆盖绝大部分人才和中等偏下收入居民,确保户籍特困人员、低保及低保边缘家庭应保尽保。深圳市住房研究会会长陈蔼贫分析,"夹心层"将成为这次深圳房改的最大受益者。他说:"在低收入家庭和商品房之间的'夹心层',也就是现在我们所说的人才群体和户籍住房困难家庭,都将是这个政策的受惠者。这个文件是整个房地产调控的组成部分,也是住房制度改革的一部分。"

住房供应结构调整,落实"房住不炒"。1998年住房制度改革之后,我国城镇住房供应结构大约90%是商品住房,10%是保障性住房,商品住房占绝对主导地位。深圳出台的新文件,将住房供应结构进行重大调整,是落实"房子是用来住,不是用来炒"的有力措施,增加保障性住房在住房供给中的比重是政府关于住房制度的一个目标,以避免因房价上涨过快而产生的对高科技产业的挤出效应。

资料来源:丁华艳、王建帆,《深圳"房改"政策落地 新增住房中商品房只占四成》,http://www.cnr.cn/chanjing/gundong/20180806/t20180806_524324116.shtml,2018-08-06。

5.2.6　弱有所扶：社会保障改革做大福利共享蛋糕

弱有所扶，意味着全社会将投入更大力量帮助弱势群体，让改革发展成果更多更公平惠及全体人民。弱有所扶涉及扶贫、救灾、社会救助等多个方面，聚焦弱势群体和落后地区，即在弥补民生事业的短板上下功夫，是全面建成小康社会、建设社会主义现代化强国的现实要求。

弱有所扶，聚焦弱势群体

弱有所扶中的"弱"，广义上涵盖了社会中各类处于生活窘迫和发展困境的群体。长期以来，我们主要关注弱势群体中的绝对贫困群体。30 多年来，经济的快速增长和强有力的反贫困措施，已经使几亿人脱贫，成绩举世瞩目。而在帮助绝对贫困人口的同时，也应该把社会中各类处于生活窘境和发展困境的群体纳入保障和改善民生的对象范围。5 年来，超过 500 万农村贫困残疾人实现脱贫，每年有 800 多万城乡贫困残疾人享受最低生活保障，弱势群体的社会保障状况得到明显改善。

针对弱势群体，我国社会救助体系经过 20 多年的建设与发展，开始走向定型和完善的新阶段。2014 年 5 月，国务院颁布《社会救助暂行办法》，将最低生活保障、特困人员供养、受灾人员救助、医疗救助、临时救助等 8 项救助整合在一起，形成较为完整系统的制度体系，同时，还首次明确了社会力量参与社会救助。社会救助在多层次的社会保障体系中扮演了兜底的角色。我国以《社会救助暂行办法》为依据，初步搭建起了基本完整的社会救助制度框架，覆盖群体包括低收入城乡家庭成员、生活困难的老年人与残疾人、受灾人员等，救助内容包括生活、医疗、儿童教育、住房、就业与临时救助多个方面，一定程度上满足了上述弱势群体在面临困难时维持基本生活的需求。

在实现"弱有所扶"的建设之中，对弱势群体帮扶的内容和目标应不断扩充和深化。长期以来，我国社会救助采取的主要方式是提供现金或实物援助，无法满足救助对象的差异性和多样化所带来的多样救助需求。因此，我们应促进"弱有所扶"由传统的物质救助转向生活照料、精神慰藉、心理疏导、能力提升和社会融入相结合的综合援助，实现社会救助方式的多样化、组合化、专业化和多样化，最大限度地发挥社会救助的综合作用，重点关注发展型贫困及贫困代际传递问题。

（万人）

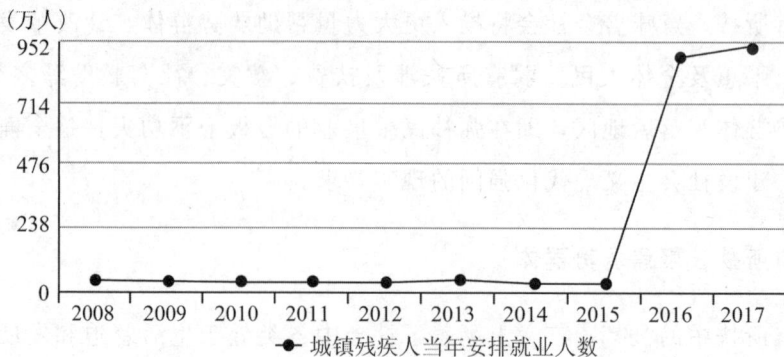

图 5-7 2008—2017 年城镇残疾人安排就业情况

资料来源：国家统计局，http://data.stats.gov.cn/easyquery.htm? cn＝C01。

为了让弱势群体有更多的获得感、幸福感、安全感，可以从三个方面进行推进：一是全面完善救助保障制度，稳步提升救助保障水平，不断规范救助保障管理工作，提高救助对象识别的准确性，做到精准救助以及贯彻专款专用原则，应保尽保；二要扩大社会救助面，引导、扶持社会组织自发关爱弱势群体，充分调动社会各界的慈善热情，架构它们与弱势群体的定向帮扶关系，促使慈善公益成为常态；三要进一步完善法制建设，针对弱势群体出台的相关政策应体现更多的人文关怀，从制度上保护弱势群体。

专栏 5-5 从江县"三举措"扎实开展弱势群体帮扶工作

一是及时开展城乡困难群众救助工作。认真做好困难群众的临时救助工作。将城乡低保户、五保户、重点优抚对象作为救助的重点，确保困难群众的基本生活得到保障。截至 2018 年 6 月累计发放农村低保资金 7 370.5 万元，城镇低保资金 312.36 万元。目前共有农村五保对象 1 421 户 1 634 人，共发放五保供养资金 211.617 万元。

二是切实抓好留守儿童、困境儿童关爱救助保护工作。截至2018年6月底共发放孤儿保障金34.32万元492人次。

三是积极开展流浪乞讨救助工作。健全生活无着落流浪乞讨人员管理协同机制，推进救助管理机构规范化建设，实现街头救助经常化，对流浪乞讨进行网络管理，来一个，登记一个，劝导一个，救助一个。同时，根据该县实际情况，制定《从江县流浪乞讨人员救助管理工作实施办法》，规范流浪乞讨救助工作。

资料来源：《从江县"三举措"扎实开展弱势群体帮扶工作》，http://www.congjiang.gov.cn/xwpd/cjyw/201807/t20180731_3066148.html，2018-07-31。

弱有所扶，关注落后地区

"弱有所扶"不仅强调对弱势群体的帮扶，也强调落后地区的转型和发展，旨在带动落后地区摘掉贫穷的帽子，在经济、文化等多个领域持续迸发活力，深化改革成效。

我国贫困问题具有区域性特征，深度贫困地区是经过几轮扶贫剩下的"硬骨头"，是贫中之贫，难中之难。攻克深度贫困堡垒，是脱贫攻坚这场硬仗中的硬仗。因此，我们要贯彻落实好习近平总书记在深度贫困地区脱贫攻坚座谈会上的重要讲话精神，找准导致深度贫困的主要原因，制定特殊政策，拿出超常举措，以解决突出制约问题为重点，以重大扶贫工程和到村到户帮扶措施为抓手，以补短板为突破口，坚决攻下"坚中之坚"。2017年，各级财政专项扶贫资金规模超过1 400亿元，全国28个贫困县脱帽，脱贫人口超过1 000万人，贫困县首次实现数量净减少。

推进深度贫困地区脱贫攻坚，必须整合各方资源，加大政策倾斜力度。要加强中央统筹，落实部门责任，强化省负总责。中央统筹重点是支持"三区三州"（"三区"指西藏、四省藏区、南疆四地州三个连片特困地区；"三州"指四川凉山州、云南怒江州、甘肃临夏州三个自治州）。各省按照"省负总责"的原则，对本省范围内需要着力攻坚的深度贫困县、深度贫困村，统筹协调政策资源和工作力量，打好攻坚战。加大对集中连片特困地区、革命老区、民族地区、边疆地区的政策支持和财政投入，高度重视非贫困县非贫困村的脱贫攻坚，着力解决建设基础设施、健全公共服务、发展产业等问题，防止出现贫困"死角"。此外，"美丽乡村"战略方针的提出，习近平总书记"绿水青山就是金山银山"的论断，都在一定程度上阐述了经济与民生发展进程中的绿色理念，探讨了如何解决经济发展与环境保护兼顾的问题，在落后地区脱贫的实践中，应加强和完善顶层设计，有效防止经济建设以牺牲环境为代价，明确划定生态红线，不断推进可持续发展。

>> 5.3　保障和改善民生没有终点 <<

"治国有常，而利民为本"，为促进民生事业的发展，我国已在多个领域进行了改革实践并取得一定成效。保障和改善民生没有终点，只有连续不断的新起点，我们要采取针对性更强、覆盖面更大、作用更直接、效果更明显的举措，实实在在地帮群众解难题、为群众增福祉、让群众享公平。

5.3.1　发展要求：准确理解改革的全面和深化

党的十八届三中全会审议通过了《中共中央关于全面深化改革若干重大问题的决定》，提出了全面深化改革的指导思想、目标任务、重大原则，描绘了全面深化改革的新蓝图、新愿景、新目标，是我们党在新的历史起点上全面深化改革的科学指南和行动纲领。2017年10月18日，习近平总书记在十九大报告中提出继续坚持全面深化改革，不断推进国家治理体系和治理能力现代化，突破利益固化樊篱，构建系统完备、科学规范、运行有效的制度体系。

习近平总书记指出："全面深化改革，全面者，就是要统筹推进各领域改革，就需要有管总的目标，也要回答推进各领域改革最终是为了什么、要取得什么样的整体结果这个问题。"全面改革的提出由来已久，过去所讲的改革也强调全面，表现在具体实践中鼓励多领域同时进行改革，这一阶段的"全面"存在两方面问题：一是对改革的整体性及其内在规律，对各领域各环节改革的关联性及关联机制重视不够，认识不足；二是各领域各环节改革相互配套不够、协调不够，存在相互牵制甚至相互抵触现象，改革的总体效应发挥得不够。出现这样的问题，主要是受限于改革进程本身的深度和经济社会发展的水平。过去，改革在单一领域甚至单一环节实现突破就可以取得显著效果，人们容易形成不同领域改革是相互独立的认知，改革缺乏统筹规划，在实践中表现为不同领域的改革分头推进，改革实践虽然在不同领域同时展开，但改革独立分散，不相统一，时间一长，相互牵制的问题就会逐渐出现，改革的总体效果就会大打折扣。

事实上，无论是经济体制，还是政治体制、文化体制、社会体制、生态文明体制、党的建设制度等，都不可能孤立存在，都是整个国家体制的不同侧面或不同组成部分，都是党领导下的国家治理体系的一个局部。国家治理现代化理论特别是国家治理体系概念的提出，实现了中国改革在哲学层面、方法论层面的一次飞跃，提高到了系统论的境界。总之，过去讲全面改革，其"全面"强调各领域都进行改革，重点在"都"；而全面深化改革之"全面"，强调各领域改革是一个整体，重点在"整体"。我们现在推动全面深化改革，一方面要加强社会科学研究，更深刻、更精准地把握作为一个整体的国家治理体系的内在结构、内在规律；另一方面要在改革实践中加强各领域改革的联动和集成，实现改革的系统性、整体性、协同性。

中国的改革在理论和实践中都是一个不断深化的过程。改革之初，深化改革主要强调不同领域改革的延续和发展，推动改革目标不断得以实现，对改革深化与否的评价主要以前期改革成果为参照标准。与过去所讲的"深化"不同，现阶段深化改革主要有两方面的时代内涵，一方面，"深化"是针对改革遇到的"硬骨头"和"险滩"也就是现实困难来讲的，强调的是新阶段改革呈现出新特征。推进改革就必须敢于啃硬骨头、敢于涉险滩。习近平总书记指出中国改革已进入深水区。过去的改革，面对的是"好吃的肉"和"难啃的硬骨头"并存的局面，但随着改革进入深水区，当前我们面临的改革任务基本都是"难啃的硬骨头"，必须下大力气把它"啃"下来，才能不断推进改革成效，这在侧面上也反映了现阶段深化改革的难度不断增大。另一方面，"深化"以全面深化改革的总目标为标尺，摆脱了原先简单对照前期发展成果的认定模式，关键要看是否有利于完善和发展中国特色社会主义制度，是否有利于推进国家治理体系和治理能力现代化。比如，经济体制改革要看是否有利于使市场在资源配置中起决定性作用，这样才能正确判断改革的进度，正确评估改革的效果。

5.3.2 发展策略：精准扶贫攻克民生难题

"小康路上不能让一个人掉队。"随着经济和社会的发展，贫困地区和贫困人口作为全面建成小康社会最大的短板，已成为不容忽视的社会问题。木桶的容量取决于最短板，民生建设的成就亦是如此，民生领域的改革应该从补齐短板入手，最大限度地实现改革功效。过去，贫困人口在空间上相对集中，进行扶贫时可以通过确定重点贫困县，将有关资源向这些贫困县集中，通过促进贫困地区的发展，让更多的贫困人口脱贫致富。但随着扶贫工作的开展，贫困地区也有富裕的农户，而发达地区也有贫困农户。此时，以县和乡镇为瞄准机制进行的扶贫已经不能满足 2020 年全国消除贫困的要求。只有精准识别出贫困农户，精准帮扶，才能完成全面建成小康社会的宏伟目标。

在习近平总书记明确提出精准扶贫的理念后，中共中央办公厅、国务院办公厅在《关于创新机制扎实推进农村扶贫开发工作的意见》中，将建立精准扶贫工作机制作为六项扶贫机制创新之一，国务院扶贫办随后制定了《建立精准扶贫工作机制实施方案》，在全国推行精准扶贫工作。"精准扶贫"重在"精准"，核心是"以民为本"。做好精准扶贫工作，精准摸底是基础。要真正走进群众家中，进一步了解贫困户致贫的原因，分类做好登记，认真摸清贫困群众"身体状况"，找准贫困"病因"。做好精准扶贫工作，精准帮扶是根本。精准扶贫仅仅靠"输血"式的帮扶是无法解决根本问题的，要让贫困户真正脱贫致富，就要进一步加强水、电、交通等基础设施建设，改善群众生产生活条件，结合地理和环境优化调整产业结构，结合贫困户致贫原因和自身实际，分类科学制订脱贫计划和措施，充分采取远程教育平台集中学习，邀请专家、致富能手开展技术培训等形式，增强贫困群众思想认识，改变传统"等靠要"的思维，让贫困群众掌握技能，增强自身"造血"能力，才能真正实现脱贫致富。

在中央政府的大力推动和地方政府的持续努力之下，精准扶贫取得了显著成效。过去 5 年，我国贫困人口减少了 6 800 多万人，易地扶贫搬迁 830 万人，贫困发生率从 10.2％下降到 3.1％。国家全面推开贫困县财政涉农资金整合试点，提高扶贫资金使用效益。中央财政在教育、医疗等领域加大了对贫困地区的投入力度。各地鼓励探索资产收益扶贫，支持实施易地扶贫搬迁，然而贫困人口还有 3 000 多万人，我国扶贫开发已进入啃硬骨头、攻坚拔寨的冲刺期，必须创新扶贫开发思路，坚持精准扶贫、精准脱贫，坚决打赢这场脱贫攻坚战，确保贫困人口到 2020 年如期脱贫。应强调精准扶贫的"可持续"，精准扶贫脱贫只是初级目标，核心要让群众致富。因此，精准扶贫工作要认真总结前期的经验，结合本地实际，从政策、资金、人员等方面制定"可持续"的帮扶机制，让群众吃下"定心丸"，增强致富信心。

专栏 5-6　精准扶贫的株洲经验

贫困问题是影响国计民生的重大问题，也是实现全面小康社会的关键。改革开放以来我国扶贫工作在历经开发式扶贫（1986—1993 年）、八七攻坚式扶贫（1994—2000 年）、整村推进扶贫（2001—2010 年）等阶段后取得了重大成效，中国超 7 亿人实现累计减贫。然而，随着扶贫工作的深入，绝对贫困人口大幅减少，相对贫困人口增多，贫困原因和人口环境发生巨大变化，扶贫工作日益复杂，难度逐渐加大，面临新的严峻考验。面对扶贫工作的新任务、新挑战，习近平总书记 2013 年在湖南湘西考察时，首次提出了"精准扶贫"理念，为我国扶贫工作继续深入提供了方向，也为各地扶贫工作的落实提供了理论指导。

湖南省株洲市有炎陵、茶陵两个罗霄山片区国家扶贫开发重点县，攸县、醴陵市、株洲县三个扶贫开发面上县，2017 年建档立卡贫困人口 18.4 万，贫困村 166 个。株洲市以习近平总书记关于精准扶贫的重要论述为指引，在实施脱贫攻坚过程中取得了决定性的胜利，炎陵县、茶陵县成功摘帽，166 个贫困村全部退出，13.75 万贫困人口实现脱贫，基本实现整体脱贫，并被评为"全国 2017 精准扶贫十佳典型"，为我国精准扶贫、精准脱贫提供了丰富的经验。

一、以习近平总书记关于精准扶贫的重要论述为指导，构建脱贫攻坚顶层设计

习近平总书记关于精准扶贫的重要论述是全面建成小康社会阶段治理贫困的指导思想，也是中国特色社会主义扶贫开发理论在扶贫攻坚阶段的发展延续。习近平总书记 2013 年 11 月在湖南湘西考察时首次提出了"精准扶贫"的新理念：扶贫要实事求是，因地制宜。要精准扶贫，切忌喊口号，也不要定好高骛远的

目标。习近平总书记将精准扶贫概括为"扶贫对象精准、项目安排精准、资金使用精准、措施到户精准、因村派人精准、脱贫成效精准"。习近平总书记关于精准扶贫的重要论述以共同富裕为根本原则，以全面建成小康社会为宏伟目标，以精准性为核心要义，以分批分类为工具特征，以精神扶贫、内源扶贫和科学扶贫为主要内容，以精准的流程设计、完善的政策体系以及科学行动为主要实现路径，构建了精准扶贫理论体系，从实际出发，找准扶贫对象，摸清致贫原因，回答了"扶持谁、谁来扶、怎么扶、如何退"的四个问题，充分实现了以"大水灌溉"为"喷灌"、定点"滴灌"。关于精准扶贫的重要论述的形成以习近平总书记基层工作和生活为实践基础，以中国传统文化、马克思主义理论、西方福利经济学观点等为理论养分，既符合中国特色社会主义的长远目标，也适应当前经济社会发展的现实国情。

株洲市的扶贫实践紧扣精准要义，因地制宜，大胆创新探索，在精准扶贫实践中注重抓好顶层设计，构建了"1＋7＋6"精准扶贫政策体系。"1"指市委、市政府《关于坚决打赢脱贫攻坚战的实施意见》，明确了株洲市脱贫攻坚总目标、基本原则、具体实施和组织保障；"7"为加快推进贫困人口"七个一批"精准脱贫；"6"指加速实施贫困地区基础设施"六大贫困"，主要关注面上和区域、重点解决贫困地区基础设施和公共服务建设问题。扶贫政策体系的建构为株洲脱贫攻坚的系统性和精准性提供了保障与支撑。

二、以创新实践模式为框架，科学设计扶贫工作机制

脱贫攻坚是一项系统工程，为保证脱贫攻坚工作有序、有力、有效推进，株洲市在社会扶贫、健康扶贫、住房保障、产业扶贫四个方面探索出了可推广可复制的四个模式，打造了株洲精准扶贫基本框架。株洲市以试点上线"中国社会扶贫网"为契机，奋力探索了"一张网、一个联盟、一支基金""三个一"社会扶贫模式，其中一张网就是"中国社会扶贫网"，"一个联盟"是指株洲社会扶贫联盟，"一支基金"是指株洲产业扶贫投资基金。在全面落实现有医疗保险和救助政策的基础上，按照患病贫困对象病情分为可一次性治愈、不可逆转和需长期健康管理三类进行救治，构建了"分类救治"健康模式。在充分利用好国家易地扶贫搬迁和危房改造政策基础之上，以炎陵县为重点，针对农村危旧土坯房多的问题开展"土坯房改造工程"，以茶陵县为重点，针对农村特困贫困无能力建房户多的问题，开展实施"幸福安居"工程，并探索出了"精准识别定对象、精准

施策定模式、精准分类定标准"的住房保障"三定"模式。以明确"四有"目标、坚持"四走"路子、开展"四百"行动、实行"四级"联动为准则，构建了产业扶贫"四个四"模式。

在创新精准扶贫实践模式基础上，株洲市坚持全市"一盘棋"，统筹协调、上下联动，科学设计了精准识别，精准帮扶、动态管理、精准考核的流程工作机制。通过"三方比对＋两层筛选"、全面调查摸底等途径确保扶贫对象精准性，通过人口患病分类评估、中国社会扶贫网等工具确保帮扶实施的精准性，通过及时跟进、建立农村贫困人口健康信息卡等方式保持动态管理，通过"主题月""现场会""暗访督查""强化问责"等工作确保考核精准性。

三、以分类分批理念为工具，实现"分类救治"健康扶贫

健康扶贫是脱贫攻坚的重要环节，是有效防止因病致贫、因病返贫的重要防线。株洲市以分类分批为原则，构建了"精准分类、精准施策、精准保障"的"分类救治"健康扶贫模式。通过"三方比对＋两层筛选"确保精准分类，通过省、市、县三级建档立卡贫困人员综合信息、新农合报销信息系统、建档立卡贫困人群疾病人员信息的三方对比筛选出患病人口，再经由县、乡、村三级医疗卫生机构通过住院信息和健康体检情况以及市卫计委专家进行两轮筛选，选出因病致贫、因病返贫人员，精准分为"病情不可逆转""能够一次性治愈"和"需长期健康管理"三类；通过"三个一批＋三个覆盖"实现精准施策，对三类人员分别采取"兜底保障一批、集中救治一批、签约服务一批"以及"公共服务全覆盖、家庭医生全覆盖、个性管理全覆盖"，确保政策精准实施；构筑"四道防线＋三条底线＋三个机制"实现精准保障。为了让贫困人口"看得起"病，株洲市建立医疗保障、大病保险、医疗救助、商业保险补充，在"四道防线"基础上，追加"三条底线"：医疗机构减免一部分、政府财政解决一部分、社会资金解决一部分。

四、以因地制宜为基本原则，打造特色产业扶贫基地

产业扶贫是以市场为导向，以经济效益为中心，以产业发展为杠杆的扶贫开发过程，是最根本最长效的扶贫机制。株洲市研究出台了《株洲市开展产业扶贫的指导意见》，五县（市）均出台了《产业扶贫实施方案》和系统的产业扶持政策，开创了县有特色产业、乡有产业园区、村有企业带动、户有增收项目的"四有"产业扶贫新局面。株洲市根据自身特征，发展县域支柱产业，壮大扶贫特色

产业，并加大招商引资力度。罗霄山片区发展与扶贫开发重点县炎陵县和茶陵县加大投资壮大县域支柱产业，建材、林业、耗能工业、劳动密集型企业、农产品深加工业不断进驻园区。各县（市）按照"特、大、强、熟、小"五个原则科学选择扶贫特色产业，其中，"特"指产品有特色，"大"指规模大，已形成规模优势，"熟"指技术、管理、销售、配套政策比较成熟，"强"指第一、第二、第三产业融合发展，集群效应强，"小"指市场风险相对较小。例如，炎陵县将高山水果、茶油、茶叶、白鹅、旅游等确定为扶贫产业；茶陵县将烟叶、茶油、黄牛、食用菌、花卉苗木、生猪等确定为扶贫产业；攸县将豆腐、麻鸭、中药材、莲蓬等确定为扶贫产业；醴陵将陶瓷、烟花、松脂、瓜蒌确定为扶贫产业；株洲县将蔬菜、苗木、生猪等确定为扶贫产业。引进产业扶贫项目，为贫困农户依靠产业实现脱贫增加新动能。

同时，株洲充分利用当地特色资源优势，打造四大产业示范基地。在芦淞区白关服饰产业园建立"光伏扶贫产业园"，针对该区贫困户多在山区，各村分散建设光伏电站成本高、后续管理难、征地矛盾多、光照时间不足等问题，率先利用厂房房顶建设了3兆瓦光伏产业园，并按照"统建分售、资产收益"方式，让贫困村、贫困户购买股票获取收益。在职教城建立"就业培训脱贫示范基地"，利用株洲城市教育培训优势资源组织职业培训学校，为有意愿的贫困户提供热门专业中短期强化培训，坚持"授人以鱼不如授人以渔"。在高科园建设"转移就业脱贫示范基地"，组织服饰、机械加工等企业为贫困户提供就业岗位。借助网络平台建设"电商扶贫基地"，助力贫困地区网上线下销售优质农产品，缓解贫困地区农产品难卖的问题。

五、以"互联网+"为重要载体，充分释放社会扶贫潜力

株洲建立了"三个一"模式的社会扶贫机制，以"中国社会扶贫网"为契机，搭建起各类社会扶贫平台，通过"互联网+"架起了爱心人士与贫困户的对接桥梁，培育了多元社会扶贫主体。通过社会扶贫网，株洲建立了贫困户需求信息发布、管理员职责等一系列规章制度，提升平台公信力，实现了帮扶资源与帮扶需求的有效对接；通过株洲社会扶贫联盟，形成了联盟先动与上下联动的良好局面，通过注册成立的"株洲社会扶贫联盟"，组织动员429家慈善机构、行业协会、商会、爱心企业组成株洲社会扶贫联盟、捐款捐物8 126万元。通过株

洲产业扶贫基金，开辟了社会化产业扶贫的新途径，支持全市农民农投企业新增土地流转8万多亩，新增贫困劳动力就业2 600名，新增贫困户特色产业发展基地2.3万亩。

六、以内源扶贫为内生动力，保持精准扶贫持续发力

为保证贫困户参与的积极性，变"输血式"扶贫为"造血式"扶贫，株洲市从三个方面不断激发贫困户参与的内生动力：一是用好用活帮扶资金，将产业扶贫资金量化到户到人，对有发展产业意愿的贫困农户按照每人2 000元的标准安排财政扶贫资金，禁止帮扶干部、驻村帮扶工作队以简单发钱给物代替扶贫，根除贫困农户的"等靠要"思想。二是以县为单位设立风险抵押金，当贷款总额高于风险抵押金时及时予以补足，在所有贫困村、大部分行政村建立"金融扶贫工作站"，对贫困户贷款发展产业免抵押、免担保，及时办理相关手续；在放贷银行对应建立利益补贴账户，采取"先缴代扣"、季度结转利息、年终核对综合的方式为贷款的贫困户足额贴补利息，为发展产业的贫困户购买保险，降低农户风险。三是开展"脱贫之星评选活动"，市财政安排500万元财政资金给予荣誉上的表彰和资金奖励，激发贫困户内生动力。

大力实施"就业扶贫"使贫困农民变为"产业工人"。采取"定员、定点、定向、定岗、定责"为就业导向的"五定培训"模式，为有需求的贫困劳动力开展免费就业技能培训。依托就业服务机构、"就业直通车"和基层平台，为贫困劳动力免费提供政策咨询、岗位信息、职业指导等服务，实现贫困人口和单位无缝对接。鼓励企业招聘优先选用贫困劳动力，对吸纳当地贫困劳动力就业、签订劳动合同且实际在岗12个月以上的用人单位提供岗位补贴。

（肖彦博编写）

5.3.3 发展方向：蛋糕做大更要分好

2014年，习近平总书记在《人民日报》上发表署名文章《切实把思想统一到党的十八届三中全会精神上来》，指出"蛋糕"不断做大，同时也要把"蛋糕"分好，我国社会历来有"不患寡而患不均"的观念，我们要在不断发展的基础上尽量把促进社会公平正义的事情做好，既尽力而为又量力而行。

做大蛋糕是前提，分好蛋糕是关键

习近平总书记用"蛋糕"打比喻，一方面强调要千方百计把"蛋糕"做大，以利于全国人民都能分得一份较大的"蛋糕"；另一方面强调要将已有的"蛋糕"公平合理地分配给每个社会成员，让他们有更多的获得感，收入水平和生活水平逐步提高，以更大的积极性去做大"蛋糕"。

做大"蛋糕"是分好"蛋糕"的前提，分好"蛋糕"是做大"蛋糕"的有效措施，做大"蛋糕"和分好"蛋糕"是辩证统一的，是互为条件、相互促进的。古人说"民为邦本，本固邦宁"，又说"凡治国之道，必先富民"。这里，做大"蛋糕"和分好"蛋糕"不仅是手段，也是目标。习近平总书记曾在《求是》杂志撰文指出，"实现社会公平正义是由多种因素决定的，最主要的还是经济发展水平"，"我们必须紧紧抓住经济建设这个中心，推动经济持续健康发展，进一步把'蛋糕'做大"；但是，"并不是说等着经济发展起来了再解决社会公平正义问题"，"'蛋糕'不断做大的同时还要把'蛋糕'分好"。

社会各界对于"做大蛋糕""分好蛋糕"重要性的讨论愈演愈烈，但尚未达成共识。我们应该认识到，"做大蛋糕"和"分好蛋糕"是一个硬币的两面，在改革实践中都应得到充分重视。做大蛋糕意味着重视经济总量的增加和经济效率的提高，尊重按要素贡献分配的原则，承认因个人的要素禀赋差异导致的社会收入差距；分好蛋糕旨在解决贫富分化差距拉大的问题，强调发展成果由全民共享，重视分配过程中的公平公正。

在社会进步的过程中，有时做蛋糕的问题突出，有时分蛋糕的矛盾尖锐，这是在前进途中难以回避的正常现象，既不意味着"做"与"分"二者对立，也不意味着"做"与"分"孰重孰轻。没有合理分配，增长会失去动力和环境，结果蛋糕无法做大，最终还是全民贫困。没有经济的持续增长，分配就没有可靠的物质基础，结果是没有蛋糕可分或者只能分小小的蛋糕，同样会激发社会矛盾。注重效率，努力把蛋糕做大，社会才能进步；强调公平，认真分好蛋糕，社会才能和谐。分蛋糕和做蛋糕是辩证关系——既要分好蛋糕，也要做大蛋糕；在做大蛋糕的同时分好蛋糕，在分好蛋糕的同时把蛋糕做得更大。

不断做大和分好民生蛋糕是改革的现实要求

习近平总书记强调，"改革既要往有利于增添发展新动力方向前进，也要往有利于维护社会公平正义方向前进"，G20 杭州峰会上向全世界宣告："我们将更加注重公平公正，在做大发展蛋糕的同时分好蛋糕，从人民最关心最直接最现实的利益问题出发，让老百姓有更多成就感和获得感。"用"蛋糕"做比喻，习近平总书记回答了改革"为了谁"的问题，当前我国的民生蛋糕虽然不断增大，但与世界一些发达国家和经济体相比，我国做大和分好民生蛋糕的能力存在较大差距，弥合差距的方式只能是紧紧抓住经济建设的中心，敢于动固化利益的"奶酪"，这样才能将全面深化改革向前推进，维护人民的根本利益。

首先，应继续坚持做大民生蛋糕，在涉及民生问题的多个领域共同发力。应认识到，经济增长的最终目的是改善民生，而民生工作又是促进经济增长的动力所在，我们必须长期坚持以经济建设为中心不动摇，以全面深化改革和创新为手段，坚持发展是第一要务，进一步促进经济发展，提高经济发展质量，夯实民生建设的经济基础，不断加大财政在民生领域的投入力度，推动教育、医疗、城乡基础设施建设等取得重要进展。同时，要清醒地认识到改革是一个循序渐进的过程，现阶段矛盾仍然广泛存在于不同领域的改革之中，应从人民的真实需求出发，重点解决人民群众关心和呼吁的热点问题，确保民生领域的改革成效得以实现，推动民生建设取得实质性的进展，不断做大民生发展蛋糕。

其次，应在深化认知和创新实践的基础上探讨如何分好"民生蛋糕"。建设中国特色的社会主义的目标是实现国家富强和人民富裕，在实现人民富裕的过程中，尽管十个指头不能一样齐，但实现共同富裕始终是我们坚定不移的目标。近些年来，随着经济建设的不断发展，贫富差距日益严重，城乡收入、地区收入、行业收入等差距持续扩大，广大人民不能充分共享发展成果，社会主义的优越性未能充分体现。尽管这是发展和前进中出现的问题，但必须引起高度重视，并努力去克服。实现社会的公平正义，是建设中国特色社会主义的题中应有之义。要"让改革发展成果更多更公平惠及全体人民"，就需要建立健全各项制度，完善社会政策，努力分好蛋糕。要坚持既尽力而为，又量力而行，一件事情接着一件事情办，一年接着一年干，不断落实分好蛋糕的各项实践，坚持人人尽责、人人享有，坚持底线、突出重点、完善制度、引导预期的民生工作基本方针，不断完善公共服务体系，提高人民生活水平。在完善初次分配和再分配制度的基础之上，关注并督促第三次分配，鼓励和支持慈善事业发展，从而发挥其回馈社会、扶贫济困的第三次分配功能。

参考文献

[1]马克思恩格斯选集(第4卷)[M]. 北京：人民出版社，1995.

[2]马克思恩格斯文集(第1卷)[M]. 北京：人民出版社，2009.

[3]黄锦翔. 浅析全面深化改革的马克思主义哲学依据[J]. 现代交际，2016(14).

[4]侯为民. 改革思维、改革方向、改革推进与深化改革——特定时期党的领导人重要论述及其启示[J]. 改革，2013(10).

[5]刘振杰. 改革开放三十年民生建设的成就、问题及展望[EB/OL]. [2014-05-26]. http://www.cssn.cn/shx/shx_bjtj/201405/t20140526_1185726.shtml.

[6]周尚文，叶书宗，王斯德. 苏联兴亡史[M]. 上海：上海人民出版社，2002.

[7][俄]叶·库·利加乔夫. 警示[M]. 钱乃成，译. 北京：当代世界出版社，2000.

[8]闫莉. 保障和改善民生：全面深化改革的根本导向[J]. 理论导刊，2017(3).

[9]韩剑锋. 裕民、齐民、新民：孙中山民生主义思想研究[M]. 上海：上海三联书店，2013.

[10]于晓媛，赵晋泰. 关于民生诉求的几点新把握[J]. 理论探索，2012(6).

[11]杨渊浩. 民生建设的市场化改革探析——以政府与市场关系为研究视角[J]. 行政论坛，2014(1).

[12]张亮. 我国收入分配制度改革的历程回顾及其经验总结[J]. 发展研究，2016(11).

[13]刘社建. 就业制度改革三十年的回顾与反思[J]. 社会科学，2008(3).

[14]丁雅诵. 幼有所育，从"能入园"到"入好园"[N]. 人民日报，2018-08-02.

[15]改革开放40年：教育现代化的中国之路[N]. 光明日报，2018-08-04.

[16]刘小鲁. 我国公共卫生体系建设：成就与不足[N]. 中国社会科学报，2013-06-28.

[17]杜亚男. 我国公共卫生服务体系改革与优化思路[J]. 青年时代，2017(12).

[18]马丽平，陈晔，杨婷婷. 我国医疗服务体系发展历程及思考[J]. 中国医院，2013(5).

[19]丁晓群. 以供给侧结构性改革　加快建构优质高效的医疗卫生服务体系[EB/OL]. [2018-03-15]. http://www.xinhuanet.com/health/2018/03/15/c_1122539960.htm.

[20]申曙光. 新时期我国社会医疗保险体系的改革与发展[J]. 社会保障评论，2017(2).

[21]张新平，蔡菲，赵圣文，等. 我国药品供应保障制度的现状、问题及对策[J]. 中国医

院管理，2016(11).

　　[22]徐瑶瑶. 我国养老保险制度的变革之路与未来走向探析(1951—2017 年)[J]. 乡村科技，2016(33).

　　[23]王振霞. 中国住房制度改革 40 年：回顾与反思[J]. 财经智库，2018(2).

　　[24]吴宾，杨彩宁. 住房制度、住有所居与历年调控：自 1978～2017 年中央政府工作报告观察[J]. 改革，2018(1).

　　[25]秦虹. 进一步深化住房制度改革[N]. 学习时报，2017-12-27.

　　[26]中央纪委监察部网站. "弱有所扶"如何实现？[EB/OL]. [2018-01-03]. http://www.ccdi. gov. cn/special/zmsjd/zm19da_zm19da/201801/t20180102_160578. html.

　　[27]林闽钢. 如何解决"弱有所扶"时代课题[N]. 新华日报，2018-05-08.

　　[28]十九大精神重点：重点攻克深度贫困地区脱贫任务[N]. 经济日报，2017-11-23.

　　[29]郭强. 深入准确理解全面深化改革[EB/OL]. [2017-05-16]. http://theory. people. com. cn/n1/2017/0516/c40531-29278927. html.

　　[30]宋福. 精准扶贫重在"民生"关键在"可持续"[EB/OL]. [2016-03-18]. http://dangjian. people. com. cn/n1/2016/0318/c402073-28210537. html.

　　[31]蔡昉. 让改革发展成果更多更公平惠及全体人民[EB/OL]. [2017-12-10]. http://theory. gmw. cn/2017-12/10/content_27059493. htm.

第6章 改革提升民生获得感、幸福感、安全感

习近平总书记在十九大报告中,首次提出要使人民获得感、幸福感、安全感更加充实、更有保障、更可持续,并将其提高到对改革目的和发展归宿认识的高度,作为衡量改革发展成败得失的基本指标,体现了中国共产党在领导新时代中国特色社会主义建设伟大实践中,对人民群众民生保障、改善和发展认识的深化。

>> 6.1 新时代改革目标再升华,"民生三感"衡量改革成效 <<

党的十八大以来,全面深化改革从群众最期盼的教育、医疗、就业、住房、养老、安全、环境等民生领域改起,以回应人民的期待。人民群众的收入水平提高,物质文化需求得到更大满足,公平正义感增强,改革成果更多地转化为人民群众的民生需求,全方位提升人民群众的获得感、幸福感、安全感,中国特色社会主义制度的优越性进一步彰显。

6.1.1 新时代改革目标升华为"获得感、幸福感、安全感"

获得感、幸福感、安全感是民生领域在新时代的最重要的三个关键概念,简称"民生三感"。"民生三感"的提出始终是与新时代改革这一主题紧密相连的,它经历了从"获得感"这一单个概念到"获得感、幸福感、安全感"并列提出

的过程，这种民生感受的概念提出的演进和扩展过程，体现了以习近平同志为核心的党中央对人民群众的现实需要做出了更加全面和精准的回应，对新时代改革的目的和归宿有了更深刻和明确的认识，是新时代改革目的的进一步升华。

获得感凸显改革成果的普惠性和切实性

2015 年 2 月 27 日，习近平总书记在中央全面深化改革领导小组第十次会议上指出，要科学统筹各项改革任务，"突出重点、对准焦距，找准穴位，击中要害，推出一批能叫得响、立得住、群众认可的硬招实招，处理好改革'最先一公里'和'最后一公里'的关系，突破'中梗阻'，防止不作为，把改革方案的含金量充分展示出来，让人民群众有更多获得感"。这是总书记首次提出"获得感"这一民生领域的关键词。2016 年 2 月在中央全面深化改革领导小组第二十一次会议上进一步指出，把是否促进经济社会发展，是否给人民群众带来实实在在的获得感，作为改革成效的评价标准；2016 年 4 月在第二十三次会议上再次强调："把以人民为中心的发展思想体现在经济社会发展各个环节，做到老百姓关心什么、期盼什么，改革就要抓住什么、推进什么，通过改革给人民带来更多获得感。"

就字面含义来讲，"获得感"是对"获得"的主观感受，它是建立在"客观获得"基础之上的，对"客观获得"的主观感觉，是人们对所期许的有价值的东西（包括物质层面和精神层面的）成功获得后的一种心理满足感、愉悦感。

获得感的提出，凸显了改革成果的普惠性和切实性。首先，改革的成果是普惠的，其所带来的丰厚成果的受益者是广大人民，而不是政府官员、个别特权阶层或小集团，即要以人民为中心，为人民服务；人民是具体的，是你，是我，是每一个普通的公民，可以共同平等地无差别地享受改革的成果。其次，改革成果的获得是真切的、实在的，主要强调改革要取得丰厚的物质成果或财富，改革要为民生的改善提供坚实的物质基础。这一方面体现在改革方案要有高度的含金量，改革方案在设计和制定时要充分考虑在成本一定的情况下其所能产生的物质成果是否丰厚，是否是响当当的、为群众所支持的、可实现的；光有含金量高的方案还不够，一定保证其能够被强有力地执行下去，不能只是口头嚷嚷，不作为，还要一级一级地推行下去，一路披荆斩棘，排除万难，最终取得丰硕的物质成果。另一方面体现在获得感是让人民群众实实在在地感受到个人的物质财富在不断增加，享有的实惠多了，钱袋子鼓起来了，购买力提高了，不该花的冤枉钱不用花了。

改革实现获得感，既要物质增量，又要精神提质

获得感来源于物质和精神两个层面的成功获得。物质层面的获得主要表现为赚取金钱、购买商品和享有服务的数量。在民生领域，物质层面的获得感主要体现为收入的增长，拥有住房数量和面积的增加，教育教学条件和硬件设施的完善，医院数量、医生数量、所提供的病人床位数量、先进的医疗器械和可以免费或低价提供安全有效的药品的数量的增长，养老金数量、养老设施等的增长，等等。民生领域物质层面的获得感易于量化，可被较为准确地测量，是能够看得见摸得着的获得感。获得感可以具体化为可衡量的一系列和人民群众生产生活息息相关的指标，如基尼系数、恩格尔系数、财产和收入的多少、教育支出比例、医疗费用报销比例、养老金数额、就业率等。精神层面的获得主要表现为享有服务的态度和质量、所置身的社会制度的优越性、所传承和尊崇的文化与价值、社会的道德风尚、所能实现的政治权利，等等。人们不仅要过得富裕，还要有更高层次的精神追求。有时候，人们受到尊重、生活得更有尊严，更体面，更平等，更有道德，更有地位和权利，比拥有更多金钱更重要。例如，有学者认为，获得感以人民政治权利的实现为保障。政治地位显著提高，知情权、参与权、表达权、监督权等民主权利得到实现和保障，实现参政议政、管理国家事务是人民群众获得感的重要内容。

物质层面的获得感是直接的、现实的、短暂的；精神层面的获得感则相对间接、深刻而长远。因此，从这个角度讲，改革的重点并不在于短期内给老百姓分钱，更艰难更重要的改革是改变服务态度和质量，完善制度，弘扬优秀的传统文化，提升全社会的道德风尚，进一步提升人民的政治地位，实现民主权利，等等。

获得感是绝对的，也是相对的。获得感不仅是对于"绝对获得"的感觉，还由"相对获得感"所决定：发展不均衡、改革红利分配不公、弱势群体不断被边缘化所导致的"失去感""失落感"以及"相对剥夺感"，会极大地降低甚至消解掉人民群众的获得感。

获得感的强度与个人的付出是相关的，一个人不能不付出，却指望从他人和社会无偿地获得回报，或获得与自己付出明显不相称的巨大回报。当然，具体到当下的民生领域，之所以要通过改革来提升人民获得感，主要是针对大多数人付出太多而获得太少的状况，强调要通过改革使人民得到更多的回报和实惠，共享改革的成果。

从"获得感"到"民生三感"，改革目标再升华

党的十九大报告进一步强调"使人民获得感、幸福感、安全感更加充实、更有保障、更可持续"，在"获得感"的基础上，将民生感受加上了"幸福感、安全感"，构成"民生三感"，这扩展和深化了"获得感"的物质和精神意涵。

幸福感是人们对自我生存质量的一种情感体验、心理认知和综合评价，可以是满意、放松、喜悦、惬意、自信等积极情绪和态度的混合。当人们的需求得到满足后就会产生幸福感，工作轻松、生活体面、人际关系温暖和谐、享有尊严与自豪等都会增强人们的幸福感。

幸福感是政府进行改革、处理社会问题的风向标。幸福感越高，群众对政府的认可度和支持度就越高；幸福感降低，人们就会逐渐对政府失去信任和信心，获得感也会降低。

影响幸福感的因素很多，主要有三个方面：个人的经济收入、身心健康和社会关系状况。当经济发展水平较低，社会仍然处于"以物的依赖性为基础的人的独立性"阶段时，收入作为能够满足人们基本生活需求（衣食住）的第一要件，是幸福感产生的重要源泉，这是毋庸置疑的基本事实。身心健康状况良好的个体拥有较强的幸福感。社会学的社会关系决定论认为社会关系的建立有助于人们减轻生活压力，主张人们的幸福感产生于丰富的社会关系。这里所说的社会关系，是指不同个体与其他社会成员（个体、群体、组织）的社会结合，具体分为人际关系、社团参与两个层面。在现实生活中，人际关系丰富、社团参与广泛的个体，与社会的结合越紧密。稳定和谐的人际关系是提升幸福感的重要因素。

当然，这三个因素并不是分别独立地影响人们的幸福感的，有些时候，三个因素是交互影响的，并且共同影响着人们的幸福感。为了提升民生领域的幸福感，一定要注意改革方案间的关联性和逻辑上的一致性，采取配套的改革举措。

安全感是渴望稳定、希望能够有效应对外界风险和变化的心理需求。安全感意味着人们对自己和他人的未来行为具有稳定的较为准确的判断，对未来状况和社会发展形势具有稳定的良好的预期，人们不必担心未来自己的利益会受损，状况会变糟，社会局势会变得动荡。安全感主要体现为人们的生命和健康拥有基本的质量保障，生活和工作没有后顾之忧，财产能够受到有效保护，社会秩序井然，社会公平正义得到有力维护，国家不受外敌入侵，人民免受战乱之苦。安全感主要表现为确定感和可控感。安全感以获得感为基础，只有在上述这些方面切实让人民群众具有了获得感，才会放心、踏实地享受生活，安全感增强，进而转化为推动社会改革进步的强大动力。

"民生三感"之间有着内在的逻辑关系。获得感更注重物质上的满足，是幸福感和安全感的基础；幸福感和安全感增强，又会成为改革的动力，进而促进获得感的提升。"民生三感"的提出，使改革的目的和标准不再停留在物质层次的温饱与小康，而更加注重真切回应人民群众在精神层面的强烈诉求，是新时代民生目标的升华。

6.1.2 "获得感、幸福感、安全感"检验改革成效

"获得感、幸福感、安全感"的提出使改革成效评价的标准更加具体，有了更加本质性的规定。改革是否成功，成效如何，要以群众的"获得感、幸福感、安全感"为评价标准，这个标准是首要的，优于任何其他标准，因为它就是改革的目的和归宿，也是改革的突破口。

党的十八大以来，中国共产党深入贯彻以人民为中心的发展思想，一大批惠民措施落地实施，人民获得感、幸福感、安全感显著增强。党的十九大报告中列出了改革所取得的成绩单：脱贫攻坚战取得决定性进展，6 000多万贫困人口稳定脱贫，贫困发生率从10.2%下降到4%以下。教育事业全面发展，中西部和农村教育明显加强。就业状况持续改善，城镇新增就业年均1 300万人以上。城乡居民收入增速超过经济增速，中等收入群体持续扩大。覆盖城乡居民的社会保障体制基本建立，人民健康和医疗水平大幅提高，保障性住房建设稳步推进。社会治理体制更加完善，社会大局保持稳定，国家安全全面加强。这个成绩单是就国家总体而言的，它涵盖了民生的方方面面，涉及千家万户。

多数人真真切切地感受到钱袋子鼓起来了，购物支付更方便了；有了高铁，外出旅游不再为难了；出门几步有绿地（公园），环境更优美了；医疗保险统筹报销的比例高了，个人的负担减轻了；养老金连年增加，居家养老更有保障了……但也有人觉得变化不是那么大，依然面临着较为严峻的现实，一系列新老民生问题仍在许多领域困扰着老百姓，阻碍"民生三感"的提升。

就业是最大的民生，就业不充分、不稳定，劳动权益缺少保障，就会有后顾之忧，即使有钱也不敢花；辛辛苦苦赚了钱，而收入的增长速度却可能跟不上物价上涨、房价上涨、抚养成本上涨的速度；看病难、看病贵、因病致贫依然存在；未富而先老，孤独终老，老人得病而不得治，失能而不被养，子欲养而力不能及，仍存在于我们的社会之中；部分地区学生被大量作业、各种补习班夺去了放松和玩乐的时间，束缚了充满好奇和批判的思维，压抑了活跃而多样的个性，教师被只认教学量、文章发表数量、主持课题的数量和金额、所带学生斩获各类奖项的数量等绩效和职称评定体系所捆绑；孩子们可能还会受到劣质奶粉、不合格疫苗及各种添加剂和有害物质超标的食品、衣物、玩具的伤害……长此以往，获得感何在？幸福感何在？安全感何在？

新时代，我们的改革依然任重而道远，获得感、幸福感、安全感的提升是检验改革成败的终极标准，要消除上述有损"民生三感"的不良现象，不能依靠"头痛医头，脚痛医脚""运动式""风暴式"的短期形式主义和机会主义的改革措施，而是要从导致这些问题的物质、制度、精神根源入手，做长远的、务实的、彻底的改革，通过改革，夯实物质基础、筑牢制度堡垒、赋予精神内涵。

专栏 6-1 浙江金华金东区：审批效能提升老百姓的获得感、幸福感

为落实"放管服"，浙江省推出了"最多跑一次"改革，先后出台了"承诺制"和"标准地"制度。金华市金东区积极行动，实行"标准地＋承诺制"，围绕企业投资项目审批提速这一重点，探索出新路。在不突破现行法律的情况下"高速审批"，仅需13个工作日，只要跑一次，实现了企业项目从发改立项到下发施工许可证。

大幅缩短时间。浙江好易点智能科技有限公司年产100万套智能家居产品建设项目,实现了当年拿地,当年建设,当年投产。而同样的项目,以前从拿地到最后开工建设至少要三四个月,且手续烦琐,项目负责人跑得精疲力竭。

重构流程、全面容缺与全程代办。对企业投资者而言,投资项目审批是一个煎熬的过程。传统投资项目审批模式,按照原有的审批流程,企业项目招商准入通过后,要进行土地招拍挂、企业摘牌,摘牌公示、缴清土地出让金,开展总平图、施工图设计等;然后经发改部门立项(备案)后,开始总平图审查、施工图审查、环评审查等审批手续,中介环节需要53天,政府部门审批需要30天。也就是说,从发改立项备案到施工许可,即使一路顺利,也要83天。实际时间往往更长,平均达到200天左右。而金东进行"审""批"分离流程再造后,以部门提前介入服务指导代替审查,在项目未正式进入审批流程前,部门服务指导总平图、施工图、环评报告书编制,使之与土地招拍挂、企业摘牌等程序同步进行,企业拿地后,项目正式进入审批流程,就能在最短时间内办结各类审批手续。金东区在推进"标准地+承诺制"改革过程中,提出了"重构流程、全面容缺、全程代办"的基本思路,通过"标准地"让部门审批服务"提前跑",通过"承诺制"变部门审批"接力跑"为"同时跑",通过全程"代办制"实现"企业最多跑一次"甚至"零跑",从根本上实现"一窗受理、集成服务",且无须企业再跑。

从管理到服务。推行"标准地+承诺制"改革,有效推动了政府部门从"衙门"思维向"店小二"思维转变。这项工作始终坚持"审批做减法,服务做加法"的理念,从原先"企业跑""部门多张脸"到现在真正"政府跑""部门一张脸",从原先的重审批到现在重服务、重监管,从原先的重事中服务到现在往事前事后延伸,实际上是强化了政府的服务职能,突出其"公共"角色,向服务型政府转变。过去,企业投资项目从立项到竣工原来需要跑39次窗口,现在可减少到跑1次甚至不用跑,并且减少重复提交资料40余项。金东区的"标准地+承诺制"改革始终未突破《中华人民共和国城乡规划法》《中华人民共和国环境保护法》《建筑工程施工许可管理办法》等相关法律法规的界限,而是在"常规"与"惯例"中探索创新优化,在事中事后加强跟踪监管,大大减轻了政府的违法风险,降低了改革的成本。

浙江省金华市金东区推行"标准地＋承诺制"改革，探索政府购买中介服务，财政投入增加甚微，而企业制度性交易成本大大降低，在企业项目落地"最后一公里"上发力，走出了一条企业省事、政府可操作、面上可推广的高速审批新路，突出了政府的"公共"和"服务"角色，大大提升了老百姓的获得感和幸福感。

资料来源：《浙江金华金东区：审批效能提升这样实现》，http://socieiv-people.com/GB/2018/0613/4239.html? from＝singlemessage，2018-06-13。

>> 6.2　促进就业公平，凸显劳动价值，使"民生三感"切实可触 <<

6.2.1　打破"隐性世袭"，保障劳动权益，缩小贫富差距

打破待遇优厚的公共职位和国企职位的"隐性世袭"

"隐性世袭"不同于子承父业的传统世袭，而是指在现代社会将公共权力资源在亲友间进行互利的共同分配，是一种亲缘曲线换位世袭，由此形成特权阶层的体内权力共继模式。

一段时期，某些政府机关部门、事业单位、国有企业的很多岗位都只向职工子女开放，或者在公开招聘岗位时优先录取职工子女或亲友。改革开放以前，父亲的干部身份都是影响子女获得干部地位的最主要因素。父亲具有权力资本的子女比一般人更易于成为干部。同时，这种权力上的荫庇，不仅发生在父母与子女之间，还发生在兄弟姐妹之间、同学之间、姻亲之间以及其他亲友之间。有的官位"世袭"，或是几代人，或是亲属连续稳坐同一官位；有的裙带提拔，凡是副处级及以上领导干部的子女，至少拥有一个副科级以上职务；干部子弟们的工作会随着单位盛衰而流动。

这种"隐性世袭"使得待遇优厚且稳定的职业只向各自系统内的人群开放，将更多更优秀的人才拒之门外，严重损害了社会公正，剥夺了大部分人的平等就业机会；使得人们的被剥夺感加重，获得感消失。"隐性世袭"使得少数人把持着社会中最优厚的职业，支配着大量的公共资源和财富；而一些寒门子弟不

管怎么努力都难改其贫困的命运，幸福感和安全感大大降低。这种职业世袭使整个社会呈现出利益板结，趋于分裂的态势。如若公共职位和国企岗位被能力水平不高的官员或后代霸占，那么整个社会的管理水平、专业技术水平就会下降，真正的人才和精英们就会被边缘化。

改革开放以来，特别是党的十八大以来，我国出台了一系列促进就业公平的政策和法规，国企除涉密岗位外，都实行公开招聘，并且招聘人员提前公示，以促进公平。只有通过不断深化改革，打破利益怪圈，才能拆除各种阻碍经济社会发展的樊篱，促进公平就业，提高企业竞争力。不改革这种靠权力和身份获得好职位的公共生活环境，不彻底革除这种选才用人上的任人唯亲、裙带关系，不打破"隐性世袭"的不公平状况，人民的获得感、幸福感、安全感就会在很大程度上失去依托，成为一句空话。只有通过制度改革，才能让每个公民都有公平竞争、实现自身价值的宽阔舞台，才能实现人尽其才、才尽其用，形成选贤任能、公平竞争的良性机制。

消除"编内编外，同工不同酬"现象，保障劳动者权益

很多大学毕业生，包括硕士生、博士生在找工作时，都将成为公务员、拥有事业编制作为重要的理想的目标。但事实上，由于编制有限，所以长期以来，在庞大的政府机关和事业单位工作人员中，形成了一个特殊的群体，这就是具有合同临时工身份的编外人员。

编内编外制度造成的同工不同酬现象，是对劳动者权益的严重侵害，加剧了社会不公，使编外人员的获得感、幸福感、安全感受到威胁。

因此，我们要改革政府部门和事业单位的用人制度，加快推行聘用制、岗位管理制，彻底打破"铁饭碗"，转换用人机制，实现由身份管理向岗位管理转变，由行政依附关系向平等人事主体转变，由国家用人向单位用人转变，建立一个岗位能上能下、单位能进能出、充满生机与活力的人事制度，最终为社会提供优质高效的基本公共服务，促进社会和谐，实现社会公平正义。

在经济增长的同时缩小贫富差距

中央电视台、国家统计局、中国邮政集团公司、北京大学国家发展研究院

联合发起的《中国经济生活大调查》将"获得感、幸福感、安全感"三个一级指标构成美好生活指数体系，并下设收入水平、住房条件、养老质量、社会环境等38个二级指标。2018年3月全国两会期间发布的2017—2018年度"中国美好生活指数"为102.44，表明目前中国人的整体生活，略高于"适宜"(指数为100)这个区间，正在向着更加美好的方向提升(见图6-1)。大调查发现，住房条件、收入水平、家庭和谐、人际交往、健康状况、心态情绪、物价水平、教育培训、法制观念、生态环境、孩子成长、养老质量、社会保障，是影响中国人"美好生活"感受的核心指标，提升这13项指标的满意度，就能整体提升"中国美好生活指数"。

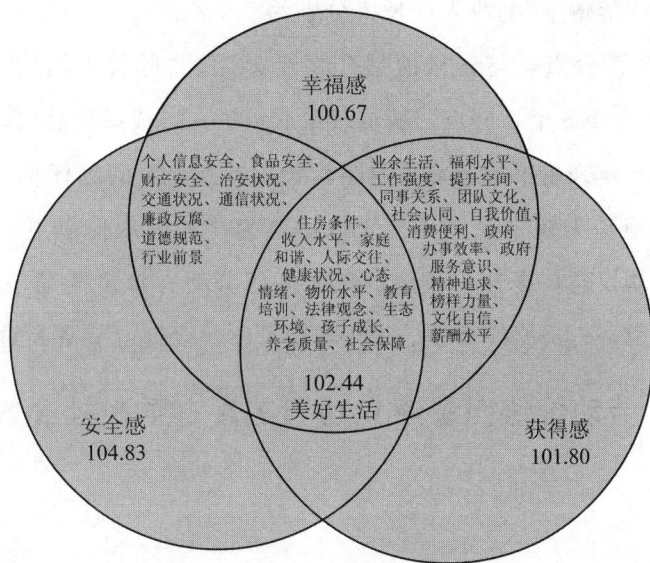

幸福感
100.67

个人信息安全、食品安全、财产安全、治安状况、交通状况、通信状况、廉政反腐、道德规范、行业前景

业余生活、福利水平、工作强度、提升空间、同事关系、团队文化、社会认同、自我价值、消费便利、政府办事效率、政府服务意识、精神追求、榜样力量、文化自信、薪酬水平

住房条件、收入水平、家庭和谐、人际交往、健康状况、心态情绪、物价水平、教育培训、法律观念、生态环境、孩子成长、养老质量、社会保障

102.44
美好生活

安全感
104.83

获得感
101.80

图 6-1 2017—2018 年度"中国美好生活指数"

就收入方面而言，2017 年，中国经济稳中向好，各项民生指标持续攀升，全国居民人均可支配收入 25 974 元，实际增速达到了 7.3%，居民收入增速再次跑赢了 GDP。然而调查结果显示，在 38 项二级指标中，"收入水平"满意度相对较低。收入水平、晋升空间、薪酬水平、福利水平，成为影响中国人"美好生活"的四大短板，满意度排名相对靠后。

为什么总体 GDP 和可支配收入增长了，人们对收入水平的满意度却很低呢？其中很重要的一个原因是，我们只看到了可支配收入的平均数，忽视了贫富差距扩大的事实。根据国家统计局的统计，中国 2017 年基尼系数为 0.467。较 2016 年上涨 0.002(2016 年中国的基尼系数是 0.465)，较最近触底的 2015 年上涨了 0.005(2015 年中国基尼系数为 0.462)。基尼系数上涨表明我国的贫富差距在扩大。中国经济数据库数据显示，2014—2016 年，中国人均实际可支配收入增速持续下降。与此形成反差的是，2017 年胡润发布的全球富豪榜上，中国亿万富翁人数连续两年排在全球第一。国家统计局将全国居民人均可支配收入进行 5 等份分组，2017 年最富裕的"高收入组"收入增长幅度为 9.1%，较 2016 年扩大 0.8 个百分点，在 5 个阶层中增幅最大。而属于中间层的"中等偏上""中等"和"中等偏下"的收入增长率分别为 7.7%、7.2%、7.1%，增长率减少了 0.6～1 个百分点，与富裕阶层产生了差距。"低收入组"人群收入增长 7.5%，增幅扩大 1.8 个百分点，扶贫政策取得了一定成果。总之，财富增长速度的不同造成了越来越严重的贫富差距。解决贫富差距问题任重而道远。其中较为有效的措施是大幅提升劳动工资收入，为普通民众提供更公平的就业环境，保障其劳动权益，提升个税起征点，促进劳动力自由流动，等等；同时，通过征收财产税、打击恶性竞争、优化金融秩序等合理调节富人的财富。

6.2.2　劳动价值衡量避免功利主义，重视社会效益和人文内涵

提高工资是最直接最现实的提升获得感、幸福感和安全感的举措

据 2018 年联合国发布的最新世界幸福国家排行榜，156 个国家中芬兰位居第一，成为全世界最幸福的国家。《世界幸福报告》用盖洛普(Gallup)的全球投票数据来衡量人民对他们的生活的满意度。研究人员试图使用人均 GDP、社会支持、健康的预期寿命、生活选择自由、慷慨和远离腐败等变量来解释差异。芬兰的人均 GDP 为 37 500 欧元，在欧盟成员国里排名前三，并且国内贫富差距极小，本科毕业的税后工资可达 20 万元人民币左右。中国 2018 年排名第 86 位，比 2017 年下降了 7 个名次，刷新了历年排名新低。其中一个重要的原因是

伴随 GDP 的飞速增长，社会竞争愈发激烈和残酷。2017 年上海市教育局的毕业生调查表明，80% 以上的上海毕业生将薪资选作了找工作的第一要因。在大多数人眼里，上名校就意味着好工作、高薪水和高地位，而好工作、高薪水和高地位，就意味着成功和幸福。

提高最低工资和重点人群的工资水平，真正体现劳动价值

继续调整和提高最低工资标准，使基层劳动者增收。我国有很多基层劳动者，包括清洁工、推销员、服务员、钟点工等，最低工资标准的调整直接影响他们的切身利益。此外，最低工资也将影响试用期工资、医疗期内的病假工资、社会保险、住房公积金等多个方面。人力资源和社会保障部表示将继续加大评估和调整最低工资标准，促进这些劳动者的收入增长。

提升重点职业人群的工资待遇，真正体现劳动价值。2018 年年初我国连续发布了与提升工资相关的三部文件，1 月 20 日中共中央、国务院印发了《关于全面深化新时代教师队伍建设改革的意见》，1 月 24 日国务院办公厅发布了《关于改革完善全科医生培养与使用激励机制的意见》，3 月 22 日中共中央办公厅、国务院办公厅联合印发《关于提高技术工人待遇的意见》。总体上，这三个文件强调要大幅提高大中小学教师、全科医生和技术工人的工资，以增强职业吸引力，体现其劳动中所含的技术价值、知识价值和道德价值，并逐步完善上述三类人才的职称评定、人才评价制度，提高补助和住房、养老等福利。此外，我国将进一步开展城乡居民增收和专项激励计划试点，包括新型职业农民、科研人员等在内的其他重点群体增收专项计划"正在路上"，新型职业农民增收文件也有望加快出炉。

工资衡量要避免市场逻辑的功利主义，重视社会效益和人文内涵

工资应该充分体现人们劳动的稀缺性和价值。劳动的稀缺性主要通过市场供求关系来体现，当社会中从事某类职业的人出现大量的缺口，不能满足人们在商品、服务或者精神上的需求时，那么政府就要通过提升这类人群的工资来激励现有人群更努力地工作，增强他们的积极性，并使未来有更多的人愿意从

事这类职业。另外，工资水平不能仅以市场经济的思维视供求关系而定，另外一个决定性因素是劳动的价值大小。劳动价值的衡量当然也不能仅仅以一段时期内此类劳动所带来的经济效益作为唯一标准，还要考虑其所创造的社会效益和文化道德效益。从近些年被大家广泛关注的《中国大学毕业生薪酬排行榜》可以看出，在众多高校类别中，财经、语言、理工类（包括软件工程、材料物理、汽车类综合、应用化学、生物科学、电子信息工程、建筑学、高分子材料与工程、石油工程等）院校毕业生一直占据薪酬榜前列，相比之下，农学、法学和管理学专业薪酬水平普遍较低，这些专业包括植物保护、思想政治教育、公共事业管理、公共关系学、国际政治、信息管理、心理学等。以市场逻辑来进行管理的结果是，大学教师也因所授专业的不同，在工资及课题经费上呈现出巨大差异：从事财经、语言、理工类教学工作的人的工资高、课题多且经费多；而从事农学、法学和管理学教学的则工资低、课题少、难申报、经费少。这种功利主义的对教育以及教师劳动价值的衡量与教育的本质是背道而驰的。教育的本质是什么？并不在于传授或接纳多少外在的、具体的知识、技能；而是要从内心深处唤醒孩子沉睡的自我意识、生命意识，促使孩子价值观和创造力的觉醒，以实现自我生命意义的自由自觉的建构。《易经·象传》中指出，"蒙以养正，圣功也"，意思是教育要培养纯正的品质，能够分善恶，辨是非，引导善心、善言、善行，扎好德行的根基，这是世间最伟大的功业。这恰恰是诸如法学、公共管理学等人文社会科学所重点传授的，而且其社会效益和文化道德等方面的效益并非可以在短期内显现或以所赚薪酬的数量来体现。鉴于此，不管是理工类还是人文类教师都应当给予优厚的工资，可以使他们不为养家糊口而奔波，不必为买房而背上沉重的债务，不必为治病而变赤贫，让他们将全部精力和智慧用在育人和科研上。这是对知识分子和高级人才最起码的尊重。

>> 6.3 构筑制度堡垒，使"民生三感"普遍持久 <<

6.3.1 完善税收制度，缓解购房压力

个人所得税改革

个人所得税，事关千万老百姓的钱袋子，个税改革一直是政府和老百姓关注的热点。个人所得税改革中最常见的措施是提高起征点，比如个税起征点在1980年为每月800元，2011年提高至每月3 500元。2018年提请全国人大常委会初次审议的《中华人民共和国个人所得税法修正案（草案）》将个税起征点提高至5 000元，将"工资、薪金所得，劳务报酬所得，稿酬所得，特许权使用费所得"4项所得合并为"综合所得"，适用的超额累进税率，在原来工资薪金所得税率的基础上，扩大3%、10%、20%三档低税率的级距，相应缩小25%税率的级距，30%、35%、45%三档较高税率的级距保持不变，即减轻了中低收入人群的税负。将"个体工商户的生产、经营所得""对企事业单位的承包经营、承租经营所得"调整为"经营所得"，经营所得税率，在原来个体工商户生产经营所得税率的基础上，扩大了每档税率的级距，其中最高档税率级距下限从10万元提高至50万元，即减轻了个体工商户的税负。税率降低、税基扩大，意味着个税的累进程度降低了，整体表现为税负的降低，将改革的好处让渡给更多的低收入群体，朝着税制公平向前迈出一大步。

值得一提的是，在扣除的项目上，草案在提高综合所得基本减除费用标准，明确现行的个人基本养老保险、基本医疗保险、失业保险、住房公积金等专项扣除项目以及依法确定的其他扣除项目继续执行的同时，增加了子女教育、继续教育、大病医疗、住房贷款利息和住房租金等与人民群众生活密切相关的专项附加扣除项目。此次税法草案调整综合考量纳税人的真实家庭状况进行了分类施策，可以降低公民特别是困难家庭的税收负担，让政策更具针对性与合理性地惠及民生，缓解中低收入阶层的负担。

2018 年个人所得税改革，虽然标准扣除额（即起征点）仍低于许多人的预期，但提高的幅度超过 40%，而且适应范围扩大到包括劳务报酬、稿酬所得、特许权使用在内的综合所得，力度之大前所未有，可谓较为充分地体现了基本的税收公平观：税收不应侵蚀个人的基本生存。以目前城镇人口的个人基本生存所需底线费用测量，5 000 元大致接近，普适性的标准扣除额提至 5 000 元是适当的。

个税改革是一个长期的逐渐完善的过程，个税起征点应该会在将来有更大幅度的提高，这是一个大趋势。但是使人民的钱袋子鼓起来，不是单纯依靠提高个税起征点所能做到的事情，还要综合考虑其他税收改革，同时还要在经济和社会大环境中综合考量影响老百姓民生的其他因素，如通货膨胀等，完善当下的各项制度，切实减轻民生负担，使"民生三感"更稳定持久。

降低或取消不合理税收

2018 年上映的一部片名为《我不是药神》的电影牵动了亿万中国人的神经，引起社会广泛讨论。李克强总理对其引发舆论热议做出重要批示。一部影片之所以引起巨大的轰动，是因为它反映了由于我国进口抗癌药品昂贵并且不在医保报销范围内或者报销比例低，而致使不少家庭因病返贫，家庭生活质量不断下降的事实。进口抗癌药品昂贵的原因之一就是高额的税收，包括进口关税、销售环节的增值税等。总理批示要求有关部门加快落实抗癌药降价保供等相关措施。"癌症等重病患者关于进口'救命药'买不起、拖不起、买不到等诉求，突出反映了推进解决药品降价保供问题的紧迫性。""国务院常务会确定的相关措施要抓紧落实，能加快的要尽可能加快。"

如今，抗癌药品降价进程加快，在关税和增值税改革上，我国政府采取了有力措施。自 2018 年 5 月 1 日起对进口抗癌药品实施零关税。同时在增值税方面，对进口抗癌药品，减按 3% 征收进口环节增值税。增值税一般纳税人生产销售和批发、零售抗癌药品，可选择按照简易办法依照 3% 征收率计算缴纳增值税。选择简易办法计算缴纳增值税的纳税人应单独核算抗癌药品的销售额，同时选择简易办法后 36 个月内不得变更。

有关人士指出："药品是特殊商品，不能像普通物品直接进口销售，所以针对抗癌药降价问题，仅仅靠零关税远远不够，需要组合拳，从开放药品审批绿色通道、缩短审批时限、减少流通环节、医保谈判、不设药占比，以及引入商业保险等多个方面多个手段共同施行，同时还要兼顾通过一致性评价的国产仿制药企业的利益，对国内抗癌药增值税进行减免，鼓励慈善捐赠，鼓励挑战专利，在极特殊情况下以生命优先为原则可以尝试强制许可，但是前提是尊重和保护知识产权，充分协商。上下联动才能使得百姓真正获益，否则降低的那一点关税无法撼动高企的抗癌药价格。"

当然除此之外，还需要其他相关的举措，比如采取政府集中采购、将进口创新药特别是急需的抗癌药及时纳入医保报销目录等方式，用切切实实的行动减轻患者的家庭负担。

公民有义务为保护环境和资源纳税

使人民生活在绿水青山中，生活在蓝天白云下，呼吸沁人心脾的新鲜空气，处于美丽的世界，是提升"民生三感"的重要内容。破坏环境，使用自然资源，公民有义务向政府纳税。

近几年来，我国实行了一系列环保节能方面的税收改革。例如，自2018年1月1日起正式施行《中华人民共和国环境保护税法》，我国迎来了一个新的税种——环境保护税，代替了原有的征收排污费。环保税法明确了环境保护税的纳税人是直接向环境排放应税污染物的企业事业单位和其他生产经营者。根据污染物排放浓度实行差别化征税，即多排放多缴税。

环境保护税全部作为地方收入，将用于地方政府治理污染。自2018年1月1日起，对购置1.6升及以下排量的乘用车，由2017年按7.5％的税率征收车辆购置税恢复至按10％的法定税率征收。自2018年1月1日至2020年12月31日，国家对购置的新能源汽车继续免征车辆购置税。自2017年12月1日起，在北京、天津、山西、内蒙古、河南、山东、四川、宁夏、陕西等9省区市开征水资源税，水资源税改革扩大范围，但遵循税费平移原则，总体不增加企业和居民正常生产生活用水负担。其增加税收的意义并不大，但生态意义、绿色意义很大，助推了最严格的水资源管理制度的实施。

专栏 6-2　北京生态环境持续向好，百姓民生获得感、满足感持续提高

从闹市区精美的口袋公园，到郊区大尺度森林公园，片片新绿，成为首都最美的景色；漫步各大公园，清水碧波，白鹭栖居，57 条污染水体已完成治理；蓝天增加，重霾远去，PM2.5 浓度较 2017 年同期下降 22.4%……北京朝"天蓝、水清、森林环绕的生态城市"目标又迈进了一步。

北京攻坚克难完成"大气十条"收官之年考验。新一轮细颗粒物（PM2.5）来源解析表明，燃煤已不再是北京大气污染主要来源，这标志着压减燃煤、实施能源清洁化战略取得重要成效。随着移动排放成为主角，北京围绕高排放重型柴油车治理、扬尘污染管控、挥发性有机物减排等重点展开工作，尤其是针对重型柴油车，疏堵结合，加速老旧车更新淘汰；再退出 500 家一般制造业企业、动态清零"散乱污"企业，"无煤化"向浅山区延伸。倡导绿色出行，轨道交通建设持续推进，城市路网加快完善；加大环境执法力度，市级环保督察实现各区全覆盖，严格落实问责机制。到 2020 年，北京 PM2.5 年均浓度要降至 56 微克/立方米左右，空气质量优良天数占比超 56%。

打赢碧水攻坚战，北京迈向更高质量的"量水发展"。地面水质在全国一度垫底的北京，对全市 141 条黑臭水体进行了全面排查，治理工程于 2017 年全部开工。到 2017 年年底，全市地表水监测表明，高锰酸盐指数和氨氮的年均浓度值同比分别下降 19.0% 和 51.5%；市内 57 条段黑臭水体完成治理。同时，实施最严格水资源管理制度考核，着力提高精细化管理水平。2017 年万元地区生产总值水耗下降到 14.1 立方米，为全国各省（区、市）最低；污水处理率提高到 92%，再生水年利用量达到 10.5 亿立方米，居全国第一。

经过持续植树造林，北京平原地区已新增万亩以上绿色板块 23 处、千亩以上大片森林 210 处，建成 18 个大尺度森林公园。截至 2017 年年底，北京平原地区森林覆盖率达到 27.81%。2018 年，北京启动新一轮百万亩造林工程，植树的同时重视山水林田湖草系统治理，让林地互连互通，有利于生物多样性保护，食源、景观等各类树种科学配置，构建更高质量的城市森林生态体系。未来 5 年，北京将在浅山区、平原地区、城区、核心区重点绿化，使全市森林覆盖率达到 45% 以上，人均公园绿地面积增加到 16.6 平方米，满足人民群众日益增长的优美生态环境需要，百姓民生的获得感、满足感和幸福感日益增强。

资料来源：朱竞若、贺勇，《北京生态环境持续向好》，载《人民日报》，2018-06-04。

缓解购房压力

十几年来，中国房价持续上涨，虽然国家采取了各种办法来抑制房价上涨，但其效果都不理想。买房已经成为多数老百姓肩上最沉重的负担。

表 6-1　　　　　　　　　　2017 年中国主要城市房价工资比

排名	城市	房价（元/m²）	平均工资（元/月）	房价工资比
1	厦门	47 212	7 335	6.44
2	深圳	54 539	8 666	6.29
3	上海	57 123	9 365	6.10
4	北京	68 027	9 900	5.86
5	广州	31 818	7 776	4.09
6	天津	27 124	6 760	4.01
7	福州	26 567	7 015	3.79
8	南京	27 124	7 441	3.65
9	杭州	29 964	8 301	3.61
10	青岛	21 949	6 665	3.29
11	苏州	22 564	7 346	3.07
12	石家庄	17 614	6 423	2.74
13	武汉	18 264	6 992	2.61
14	济南	16 915	6 783	2.49
15	郑州	15 751	6 578	2.39
16	宁波	17 960	7 843	2.29
17	合肥	14 970	6 762	2.21
18	成都	13 948	6 910	2.02
19	东莞	14 822	7 692	1.93
20	无锡	13 420	7 003	1.92
21	大连	12 329	6 578	1.87
22	佛山	13 956	7 596	1.84
23	烟台	11 267	6 437	1.75
24	南昌	11 789	6 829	1.73
25	海口	13 409	7 772	1.73
26	西安	10 652	6 201	1.72
27	太原	9 992	6 284	1.59

排名	城市	房价（元/m²）	平均工资（元/月）	房价工资比
28	哈尔滨	9 410	6 004	1.57
29	沈阳	9 072	6 028	1.50
30	长沙	10 197	6 822	1.49
31	重庆	10 712	7 183	1.49
32	兰州	10 453	7 159	1.46
33	昆明	10 210	7 196	1.42
34	南宁	9 412	7 469	1.26
35	长春	7 583	6 086	1.25
36	贵阳	7 904	7 324	1.08
37	乌鲁木齐	7 050	7 595	0.93

资料来源：每日财经网数字榜，http://www.mrcjcn.com/n/268682.html，2018-04-28。

表 6-1 显示，2017 年中国主要城市房价工资比普遍较高，城市越发达，房价与工资比越高，也就意味着人们的买房压力越大，负担越重。一般来讲，普通工薪阶层往往会为向银行还购房款背上 20 年或更长时间的债务。很多人甚至倾其一生也不可能买得起房。高房价关乎绝大多数中国人的生活质量。房地产的繁荣确实在一定程度上在短期内助推了中国经济提速，但房价几倍十几倍的上涨速度，也使购房者们背上了巨大负担。

房地产繁荣异象是人们极度心理恐慌的写真。然而奇怪的现象是，在如此高的房价工资比之下，中国的房地产并没有显现出萧条的迹象。买房的人依旧很多，甚至很多楼盘一开盘就被购房者抢购一空。这究竟是为什么呢？显然不是中国经济繁荣、老百姓富裕殷实的反映，而恰恰是由于中国人普遍缺乏社会保障，加之对通货膨胀和货币贬值的恐慌所形成的心理共振。于是，无房的人急着买房，有房的人急着投资保值，炒房现象加剧。

在房价高的地方，有房者的财富以难以想象的速度猛增，而没房者买房的希望则变得越来越渺茫。有些头脑灵活、胆子大或者提前获得房价上涨消息的内部人，则抓住了机会，在房地产买卖中赚足了财富。正是这种房地产交易导致的财富分配上的冰火两重天现象，助长了一些人的投机主义，人们在财富的追求上犹如置身赌场，存在太大的风险和不确定性。不论对于有房者还是无房者而言，获得感、幸福感、安全感似乎都不高。

"房子是用来住的，不是用来炒的。"新时代，怎样实现"安得广厦千万间，大庇天下寒士俱欢颜"这一古老而淳朴的美好梦想呢？首先，最根本的是要通过改革来使人民对社会保障和财富增长具有稳定的心理预期，消除人们的后顾之忧和对财富贬值的恐慌。这就依赖于更加完善的社会保障制度，公平合理的就业制度、税收制度、收入分配制度、投融资制度等各项事关民生的制度，形成现代化的治理体系。其次，以渐进的方式消除房地产泡沫。减少货币供应，抑制通货膨胀。通过提高实际收入，尤其是工资水平来降低房价工资比。再次，培养规范住房租赁市场，以切实保护租房者的权益，降低年轻人的购房压力，促进有序的社会流动。最后，完善保障性住房制度，科学规划，供应充足，实行租购并举，使住房公积金真正发挥缓解购房压力的作用。

6.3.2　创新体制，食品药品更放心

监管机构要实现高效监管，确保食品药品安全，必须要拥有独立且充分的权威，支配足够丰富的行政资源，拥有强大的执行力，这就要依托于一套设置科学、分工明确、上下一体、左右联动、反应灵活、专业性强、严密高效的监管体制。而无论从理论上监管活动的特殊性，还是从实践中监管改革的经验来讲，构建独立的中央垂直一体化的食品药品安全监管体制无疑是最佳的选择。

监管机构要独立于一般行政机构

监管活动集立法、执法和仲裁于一体。监管活动不同于一般的综合性的行政管理活动，不是单纯的法律及日常管理。实践中，监管机构不仅要制定监管法规，而且要监督这些法规的执行并依此进行仲裁。也就是说，监管机构所拥有的监管权不是一般的行政管理权，而是行政权、准立法权和准司法权的混合体，是一种更能凸显强制性、权威性的特殊权力。正是由于监管权的这种特殊性和监管所具有的立法、司法、仲裁的多重职能，监管机构更宜于设置成独立的体制。因为只有这样，监管机构才能对企业的生产和销售行为进行强有力的控制，确保食品药品安全。

独立的监管机构比法院和立法机构更具效率和灵活性。虽然立法机构也制

定监管法规，法院也进行相关的仲裁，但较之法院和立法机构而言，独立的监管机构在管理方面具有不可比拟的优势。第一，监管机构比法院处理诉讼更具效率。为了获得侵权的证据，监管机构较之于法官而言，可能有更强烈的动机去进行高代价的违法调查。法官往往按照"谁主张谁举证"的原则要求出具侵权的证据，其立场是中立的。第二，监管机构可以直接进行裁决，从而及时地维护被损害方或者被侵权方的利益，而法院则是不诉不理的被动式执法。第三，监管活动可以对侵害行为进行有效的事前预防，不同于法院诉讼的事后补救。监管机构在处理安全问题或事故时比立法机构更加灵活有效。立法过程相对漫长，并且法律具有较强的刚性，难以适应日趋复杂且日新月异的经济社会生活。

监管活动更具专业性。对食品药品安全的监管是专业性很强的监管活动，这就需要设置由具备专业知识的人员组成的专门机构。独立的监管机构有助于发挥专业上的优势，不断积累行业管理知识和信息，更有针对性地解决专业领域内的问题。

实践证明，监管机构缺乏独立性，会严重影响监管绩效。首先，我国很多食品药品监管机构在承担监管职能之外还兼具宏观调控或微观管理职能，甚至对有些机构来讲，监管成了副业，只是稍带进行，这导致大量监管空白。其次，多个机构的存在，使得监管权力在食品生产、流通、消费等环节上被硬性分割和交叉重叠，造成有些监管领域和事项监管过度。有些企业被重复罚款和被要求重复提交各种材料，或受到不同部门的重复检查。最后，监管机构缺乏独立性，就会受制于部门利益，难以做到监管执法上的公正，或导致资源利用的低效率和不作为现象，易于产生腐败和机会主义行为。

食品药品监管宜实行中央一级垂直管理

实行中央一级垂直管理是发达经济体的明显特征。美国、加拿大等发达国家的食品药品安全监管的高绩效一直是被世界所公认的，它们大多建立的是由中央监管机构控制的垂直一体化的监管体制。中央政府部门拥有很大的食品安全监管权限，同时承担着主要的食品安全监管责任，地方政府监管权限和责任较小，大多对规模较小的餐饮企业和零售业实行监管。

1998 年美国政府成立了总统食品安全监管委员会，负责制订国家食品安全计划和战略、指导政府部门优先投资重要食品安全领域和食品安全研究所的工作，并协调全国食品安全检查措施。该委员会的成员由农业部、商业部、卫生部、管理与预算办公室、环境保护局、科学与技术政策办公室等有关职能部门的负责人组成。委员会主席由农业部部长、卫生部部长、科学与技术政策办公室主任共同担任，形成监督食品安全的"三驾马车"。美国在总统食品安全监管委员会的统一协调下，实现对食品安全工作的一体化管理。联邦一级的主要监管机构还有食品药物管理局（属卫生与人类服务部管辖）、食品安全检验署和动植物卫生检验署（属美国农业部管辖）、美国环境保护署。食品药物管理局在食品安全监管方面主要负责美国国内生产及进口食品、膳食补充剂等监督管理，同时控制食品中的致病风险源等。食品安全检验署主要负责肉、禽、蛋制品的安全、卫生和正确标识。动植物卫生检验署主要防止植物和动物的有害生物和疾病。美国环境保护署主要保护消费者免受农药带来的危害。食品药物管理局或美国环境保护署所禁止的或超出其规定的食品添加剂或兽药残留等的任何食品或饲料都不允许流向市场。另外，财政部的海关署和酒精、烟草与枪支局等部门也有一些食品安全监管职能。海关署可以依法对进口货物进行检验或扣押，协助食品安全管理部门的工作。酒精、烟草与枪支局管理含酒精的饮料和烟草的标识。另外，美国食品药物管理局还与联邦贸易委员会、交通部、消费品安全委员会等其他联邦机构保持密切联系。总体上，美国中央一级的食品药品监管机构几乎涵盖了对所有食品药品的监管，并且各监管机构之间横向分工明确、科学，不切断食品的自然生产链条，一个机构做到对某种食品或药品的全程监管。各机构之间还能够有效制衡：或者某些人员只监管某一种食品，或者他们只在某一特定区域内拥有权力，或者他们的监管对象局限于某一类食品机构。

美国联邦政府不依赖各州政府的食品安全监管机构，很多中央一级的监管机构在全美各地拥有大量的派出机构，使得他们的监管触角得到广泛延伸。他们派驻的调查员遍布全国主要地区和工厂，检验中心和实验室也很多，并且这些机构吸纳了大量的各个领域的专家，包括食品工艺学家、毒物学家、药理学家、化学家、微生物学家、营养学家、分子生物学家、病理学家、数学家等。这使得联邦机构在全国范围内都发挥着巨大的影响力，有着很高的权威。在一些不具备检测的技术条件或财力不足的州，联邦政府会通过与他们签订协议的方式，使当地的一些检验机构得到联邦的授权，在检验食品时按照联邦政府的方法进行，而检验费用或其他相关费用则由联邦政府承担。

加拿大政府于 1997 年在中央一级将农产食品部、卫生部、工业部、渔业与海洋部中与食品检验工作相关的部门合并，成立加拿大食品检验局，直属农业部管辖，负责该国所有食品的检验工作。总部设在渥太华，在全加拿大有 4 个大区办公室，18 个地区办公室，185 个田间办公室和数百个工厂办公室，21 个实验室和研究室，4 800 多名训练有素的雇员。加拿大中央与地方食品安全监管机构的职能划分也相当科学和明确。

在对地方的食品安全监管方面，我国一直在省以下垂直管理和属地管理之间徘徊。但改革的实践结果表明，这两种管理制度问题重重，优势难以有效发挥，无法实现有效监管。

1999 年起，我国工商、质监、药监（药品食品监管部）部门开始实行省以下垂直管理，即省以下机构人事、财务、预算、资产业务等归属省级机构直接管理，不再对当地政府负责。此时中央与省级监管机构之间是业务指导关系。但由于农业、卫生等部门和 15 个副省级城市仍然按照属地管理的原则由当地政府进行管辖，所以严格来讲，省级以下垂直管理并未得到完全实行，只能称为半垂直管理，其优势并没有得到有效发挥。实行省级以下垂直管理在提高人员素质和业务能力、保障监管经费、抵制地方保护主义、增强监管执法的权威和震慑力方面起到了积极作用。省级以下垂直管理在执行中暴露了突出问题：第一，遭遇地方政府的不配合。地方政府不愿为监管机构提供办公场所，地方法院和公安部门不愿协助进行食品安全监管执法活动。第二，一刀切和收支两条线的财政管理导致监管不力，严重削弱政府公信力。省级财政忽视各个地方经济发展的不平衡性向不同地区统一支付等额的职工工资和福利待遇、工作经费，使得经济发达的市、县人员待遇下降，经费常常入不敷出，打击了监管人员的工作积极性，阻碍了监管活动的范围和力度。财政上收支两条线的管理制度要求市县级先要将其罚没费用上缴省级财政部门，省级财政部门再根据上缴金额按照一定比例返还。也就是说，基层监管机构得到经费的多少与其罚没数额直接挂钩。基层监管机构为了获得足够的经费就得多罚款多收费，于是就频繁地检查经济效益好的企业，不仅使企业的正常生产秩序受到干扰，而且也导致监管资源的浪费。而对于确实违法的企业，监管部门因担心其由于过高的罚款而无力生产经营，则会适当降低罚款额度，而对那些小作坊、小企业、小摊点，则常常疏于监管。执法重复、执法不公、惩罚不力、监管疏漏，导致食品安全事故时有发生，政府权威和公信力被严重削弱。

2008 年，国务院决定取消"省以下垂直管理"制度，要求省级以下质监、工商系统实施属地化管理，即其人员编制、组织任免等纳入同级政府管辖，上级部门只对其进行业务上的指导。此举的结果是地方保护主义再次抬头，并且由于监管队伍入口把关不严，监管部门的专业化水平从 70％降至 50％左右，个别地方甚至更低。2015 年的《中华人民共和国食品安全法》仍然维持了属地管理的模式，只是在先前基础上更加强化了地方政府的管理责任，规定：县级以上地方人民政府应当将食品安全工作纳入当地国民经济和社会发展规划；加强食品安全监督管理能力建设，为食品安全监督管理工作提供保障（第 6 条）。应当将食品安全监督检查、抽样检验、风险监测、宣传教育、能力建设等经费纳入同级政府财政预算（第 93 条）。县级以上地方人民政府在食品安全监督管理中未按照规定履行职责，造成不良后果的，依法对直接负责的主管人员和其他直接责任人员给予行政处分（第 125 条）。地方人民政府未履行食品安全职责，未及时消除区域性重大食品安全隐患的，上级人民政府可以对其主要负责人进行责任约谈（第 99 条）。虽然上述条款在增强食品安全监管意识、提供工作条件、保障经费投入、加强地方政府责任方面起到一定的作用，但从这两年的实践来看，这样的规定缺乏现实的可操作性，在预防风险和事故发生、提高监管绩效方面作用甚微。

2013 年 3 月，第十二届全国人民代表大会第一次会议审议通过的《国务院机构改革和职能转变方案》，决定组建国家食品药品监督管理总局，对食品药品实行统一监督管理。4 月，《国务院关于地方改革完善食品药品监督管理体制的指导意见》指出，省、市、县级政府原则上参照国务院整合食品药品监督管理职能和机构的模式，结合本地实际，将原食品安全办、原食品药品监管部门、工商行政管理部门、质量技术监督部门的食品安全监管和药品管理职能进行整合，组建食品药品监督管理机构，对食品药品实行集中统一监管，同时承担本级政府食品安全委员会的具体工作。地方的食品药品监管实行省以下分级监管。新一轮食品药品监管机构改革在全国各省开始启动。2013 年 11 月，《中共中央关于全面深化改革若干问题的决定》提出多重改革目标：(1)完善统一权威的食品药品安全监管机构；(2)实行统一的市场监管；(3)整合执法主体，推进综合执法；(4)积极稳妥实施大部门制，减少机构数量和领导职数。2014 年 6 月，《国务院关于促进市场公平竞争维护市场正常秩序的若干意见》提出，要加强食品药品等重点领域基层执法力量，探索综合设置市场监管机构，原则上不另设执法队伍。

2015 年修订的《中华人民共和国食品安全法》规定，国务院食品药品监督管理部门，对食品生产经营活动实施从生产、流通、销售到餐饮服务等最严格的全过程监管。国务院卫生行政部门组织开展食品安全风险监测和风险评估，会同国务院食品药品监督管理部门制定并公布食品安全国家标准。国务院农业行政部门负责食用农产品从种、养殖环节到进入批发、零售市场或生产加工企业前的质量安全监督管理，同时负责牲畜屠宰环节和生鲜乳收购环节的质量安全的监督管理，负责与国务院卫生行政部门会同国务院食品药品监督管理部门制定食品中农药残留、兽药残留的限量规定及其检验方法与规程；会同国务院卫生行政部门制定屠宰畜、禽的检验规程。国务院质量监督管理部门负责食品相关产品生产加工管理的管理，同时负责食品进出口安全质量的监督管理。

2017 年 1 月，国务院出台《"十三五"市场监管规划》，要求尽快完成市、县市场监管综合执法改革。2018 年 3 月党的十九届三中全会通过了《中共中央关于深化党和国家机构改革的决定》和《深化党和国家机构改革方案》，决定将国家工商行政管理总局的职责，国家质量监督检验检疫总局的职责，国家食品药品监督管理总局的职责，国家发展和改革委员会的价格监督检查与反垄断执法职责，商务部的经营者集中反垄断执法以及国务院反垄断委员会办公室等职责整合，组建国家市场监督管理总局，作为国务院直属机构。其主要职责是，负责市场综合监督管理，统一登记市场主体并建立信息公示和共享机制，组织市场监管综合执法工作，承担反垄断统一执法，规范和维护市场秩序，组织实施质量强国战略，负责工业产品质量安全、食品安全、特种设备安全监管，统一管理计量标准、检验检测、认证认可工作等。单独组建国家药品监督管理局，由国家市场监督管理总局管理。市场监管实行分级管理，药品监管机构只设到省一级，药品经营销售等行为的监管，由市县市场监管部门统一承担。将国家质量监督检验检疫总局的出入境检验检疫管理职责和队伍划入海关总署。保留国务院食品安全委员会、国务院反垄断委员会，具体工作由国家市场监督管理总局承担。国家认证认可监督管理委员会、国家标准化管理委员会职责划入国家市场监督管理总局，对外保留牌子。不再保留国家工商行政管理总局、国家质量监督检验检疫总局、国家食品药品监督管理总局。按照中央部署，2019 年 3 月前各级地方政府的市场监管机构改革将基本完成。

纵观我国五年来食品药品监管体制的改革，从 2013 年建立食品药品监督管理局统一对食品安全实行全过程监管，到 2018 年建立国家市场监督管理总局，一个明显的变化是监管职能不断地整合，建立统一的权威的市场监管体制已成为改革共识和主流趋势。

顶层设计在不断变更中渐趋完善，地方改革的实践在历经波折后显现了成效，但也出现了混乱，使这一段时间的食品药品监管状况并不理想，尤其是一些地方机构改革进展缓慢、力量配备不足，个别地方监管工作出现断档脱节，食品药品安全风险加大，问题时有发生，考验着国家的监管能力，食品药品监管体制改革的步伐一刻也不能停，任务异常艰巨。

截至 2017 年 8 月，全国 1 个直辖市、1/3 的副省级市、24.1％的地市、70.4％的区县设立了市场监管局，其中区县工商、质监、食品药品监管三合一占 66％，二合一占 24％。然而在机构合并过程中，食品安全监管职能"边缘化"、条块关系复杂化、专业人才被"稀释"、财政投入不足、一线人员严重不足或工作超负荷、机构名称标识不统一、执法依据和程序不统一、法律文书不统一等，严重影响了监管的执行效果。

建立中央垂直一体化监管体制，有利于克服监管不均衡和弥补监管空白，直抵偏远乡村。属地化管理下，不同地区之间财政投入存在很大的不平衡，东部发达地区与西部偏远落后地区之间、城市与农村之间，财政上的投入存在巨大差距，导致偏远地区和农村监管执法能力不足。"硬件"方面，多数乡镇监管站缺少最基本的监管执法条件，办公设施落后，无执法车辆和食品快检设备，缺少工作经费。"软件"方面，监管部门人员结构相对老化，专业人才非常匮乏，监管人员能力和水平亟待提高。财政投入的不足导致偏远地区、农村地区往往成为食品安全的重灾区。

只有实行独立的中央垂直一体化的监管体制，才能确保食品药品监管的独立性、权威性和系统性，彻底解决省以下垂直管理和属地管理存在的问题，纠正各地的改革乱象，克服监管不均衡，扫除监管盲区，真正提高监管绩效。这是因为，食品药品安全涉及社会公共安全，本就具有属于中央事权的特性，应该纳入国家统一监管。在市场化、信息化发展迅猛的今天，食品药品市场的开放性很强，且业态多元，一旦发生安全事故，就会波及全省、全国甚至全球，后果严重。食品药品监管地方分级难，若仍坚持属地化管理，地方政府就会有很大的责任和压力。而由于食品药品监管在短期内难以显现促进经济增长的效果，反之还需要地方加大财政投入，所以地方政府承接的积极性不高。这也是地方政府一拖再拖、改革混乱、不见起色的根本原因。

实行中央一级垂直管理，中央各监管机构可以依赖中央高度的指挥权威在全国各地直接派出机构和人员，派出机构可以部分地由各省（市、区）的工商、质监、食品药品等监管机构整合而成，要切实根据实现监管职能本身的需要，该合并的合并，该撤销的撤销，科学调动和配置专业人员。改革后这些派出机构直接对中央负责，在人事、财政预算和支出及等方面受中央一级统一管理。改革要统一各省（市、区）改革的步骤和方式方法，确定改革完成的期限表。可以将机构和人员设置直抵偏远地区及乡村，真正实现监管无死角，安全无盲区。

中央要加大财政投入，保障监管机构有相对充足的经费来源。经费不足，会导致食品安全监管机构的人员收入水平低、检验设备落后和不足、监管的活动范围小和频率低、监管活动偏离其应有目的等问题。当然加大投入并不意味着必然会带来监管效率的提高，除此之外，还要确保投入用到实处，这就要依赖于对食品安全监管机构实现有效的财政问责，建立健全相关的审计制度。

只有不懈努力地啃下这块硬骨头，才能确保以"最严谨的标准、最严格的监管、最严厉的处罚、最严肃的问责"实施最有效的监管。

>> 6.4　改革赋予民生精神内涵，使"民生三感"深刻崇高 <<

6.4.1　教育回归人本，拒绝"剧场效应"

教育唤醒，使人拥有获得幸福的能力

哲学家雅尔贝斯说，"一棵树摇动另一棵树，一朵云推动另一朵云，一个灵魂唤醒另一个灵魂"，这是教育的本质。美国小说家大卫·福斯特·华莱士指出，教育的目的，不是让人学会知识，而是习得一种思维方式，即在烦琐无聊的生活中，时刻保持清醒的自我意识，不是"我"被杂乱、无意识的生活拖着走，而是生活由"我"掌控。哈佛大学风靡全球的《幸福课》的教授泰勒·本·沙哈尔认为，有意识的思维方式决定人们的幸福感。综合起来讲，教育的本质是让人学会有意识的思维，唤醒沉睡的灵魂，拥有获得幸福的能力。

然而现在，我们的教育却在一定程度上与此背道而驰，给了功利主义、利己主义、机会主义可乘之机，学生学习大多只是为了快速地掌握某方面的知识和技能，将来能找个挣钱多的工作，过上衣食无忧的日子。很多教师也将教育和科研作为谋生的手段，失去了对真理的追求和对现实问题的批判，为了评职称想尽一切办法写文章、发文章。

"剧场效应"下教育变疯狂

学者卢梭最早提出了"剧场效应"，认为当时的巴黎成了一个大剧场，市民既观剧，亦被动演剧，在不自觉状态中被彻底异化，抛弃了自我，生活于别处。

我们可以这样描述"剧场效应"：在确定的社会环境中，一开始是一个人从违规行为中获得利益，迫于竞争压力，越来越多的人在私利驱使下相继违规，大家都这么做，很可能导致违规现象不断升级，最终结果是谁也没得到好处，反而为此付出了越来越大的代价，整个社会陷入了失序状态。

当下，中国的教育中也存在"剧场效应"：在上课时间方面，一开始个别学校违反国家规定增加课时，由此取得了较好的办学成绩，赢得了家长的好评和追捧。接着，其他学校也被迫跟进，某些学校不断加码，其他学校又一次被迫跟进。违规现象不断升级，最后，一些先发学校的优势逐渐丧失，各个学校与原来五天学习、八小时上课的情况下比较，办学成绩和排序并没有本质变化。不同的是，所有学校、学生、教师都更累了，但谁也不敢再退回去了。同样的，补课愈演愈烈、作业越来越多、超级中学不断涌现、以学生成绩论英雄的教师评价大行其道，如此种种无不是"剧场效应"的投射。

回归人本，维护秩序

学者周国平指出，当今教育的种种问题，实际上就是人文精神的失落。人文精神就是"以人为本"。要把人放在最重要的位置上，要尊重人的价值。人身上有三样东西是最宝贵的：生命、头脑和灵魂。对此应有相应的教育项目。生命教育不仅限于体育，应该扩大，要让人们懂得热爱生命，尊重生命，享受生命。针对头脑的智力教育，不应只是把宝贵的头脑当成一个容器、一个工具，不应仅仅被理解为向其灌输知识，甚至只是让其取得考试分数、掌握职业技能。而是要实现头脑的真正价值，它的真正价值是好奇心、纯粹的兴趣和非功利的探索精神。智育的目标应该是培养独立思考、自主学习和享受智性快乐的能力。灵魂教育亦不可只限于道德教育，应该加上审美教育。德育的目标是灵魂的高贵，美育的目标是灵魂的丰富。使灵魂丰富可以通过欣赏艺术、欣赏大自然、自省、读书来实现。灵魂的高贵就是有做人的尊严，有做人的原则，在任何情况下都不做亵渎人性的事。

教育应该远离功利和实用，贯彻人文精神，教育的目标应该是培养健康、善良的生命，活泼、智慧的头脑，丰富、高贵的灵魂，如果这样，我们的教育就真正成功了。

"剧场效应"之所以使违规行为发生和逐步升级，其中政府的监管责任的缺失是一个决定性的因素。如果在最开始那个破坏秩序的人，被监管者有效制止，那么后来的情况也就不会发生了。当然由于监管成本和监管能力的原因，监管者可能并不会在第一时间发现那个最初破坏秩序的人，但一部人相继破坏秩序，就能引起监管者的注意了。这时如果监管者拿出强有力的措施，违规升级就不可能发生。所以归根结底，监管者要真正负起监管责任，构建和维护"剧场秩序"。具体到教育领域，教育部门及其管理者应当制定良性的秩序，并进行有效维护。

当然仅仅依赖政府还不行，还要有教育者、媒体和家长的共同抵制。教育者应该坚守职业道德和良心，不为功名利禄所俘获，不被恶性竞争所压垮，不因家长误解而放弃教育的使命；媒体要发挥有效的监督作用，而不是混淆视听、为恶性竞争推波助澜；家长要沉住气，不随波逐流，理性对待孩子的教育问题。

6.4.2 公共文化服务，丰富和提升精神生活

美好生活要丰富精神，陶冶情操

央视《中国经济生活大调查》除了发布"中国美好生活指数"，还发布了新时代关于"美好生活"的 10 大发现——通过面向 10 万中国家庭的入户问卷调查，用国民大数据全景展示了中国人对于"美好生活"的追求和期待。10 大发现中，"美好生活"发现 1 是旅途中的"美好生活"，2017 年全国旅游人次突破 50 亿大关，相当于每人一年旅游 3.7 次，亲子游、毕业游、定制游最受欢迎。旅游已经连续四年排在百姓消费意愿第一位。"美好生活"发现 9 是休闲中的"美好生活"，2017 年中国人的平均休闲时间为 2.25 小时，休闲质量不断提高，健身、阅读、业余培训越来越火爆。"美好生活"发现 10 是阅读中的"美好生活"："50后"更关注时政新闻和养生健康；"60后"更关注社科哲学和国学历史；"70后"更关注经济管理和文学生活；"80后"更关注投资理财和孕产育儿；"90后"更关注心理励志和科幻悬疑；而"00后"则更喜欢教材教辅和科普动漫。从地域分布来看，北方人更关注历史语言类，南方人更关注经济管理类，东部读者更关注时尚流行类，西部读者更关注人文社科类。由此可以看出，在对美好生活的理解中，物质财富追求从来都不是唯一重要的因素，旅游、读书、健身、培训等这些丰富人们精神、陶冶情操的项目同样使人身心愉悦，给人带来更高级、更深刻的享受，使人的灵魂变得更高贵、更丰富。

提升公共文化服务质量，打造近距离生活圈

旅游可以给人们带来美妙的体验，缓解身心疲惫，释放长时间积聚的各种压力，放飞思绪和梦想。但如果花费过高，享受不到温暖贴心的服务，消费意愿被绑架，权益甚至人身安全得不到保障，那么美妙的旅途就会成为噩梦。

的确，中国的旅游市场仍然存在种种乱象，迫切需要政府相关部门加大力度进行监管和整顿。例如，虽然近年来《中华人民共和国旅游法》、新修订的《旅行社条例》等法律法规的出台均对不合理"低价游"、强制购物等问题做出相关规定，但在庞大的市场需求和回扣利益链条的驱动下，"低价游"仍是国内旅游市场难以根治的痛点。

因此，对旅游市场乱象的整治要彻底有力，应加强公、检、法、司等部门的沟通协作，对涉旅违法犯罪活动快侦、快破、快捕、快诉、快判，防止漏网之鱼；要设立便捷快速的游客投诉快接快处和及时反馈工作机制，在重点旅游景区、旅客聚集场所公示报警电话，及时处置警情，跳出"整治—反弹—再整治—再反弹"的怪圈。

近年来，广东省中山市火炬开发区不断完善公共文化设施网络，逐步提高公共文化服务水平，"5分钟文化生活圈"全面建成。火炬开发区政府充分利用郑氏宗祠等现有资源，建成了占地面积约2 800平方米的联富社区濠头综合文化服务中心（又称"濠头文化大院"），内设活动排练室、书报刊和电子阅览室、老年人活动室、修身学堂、文化展示厅、龙狮活动室等。宗族文化、祠堂文化、社区文化有机结合，浑然一体，让老百姓不出社区，就可以到达健身场所、文化娱乐场所，享受免费且优质的文化休闲服务。

在工作压力加大、生活节奏加快的今天，有闲暇时光似乎成了人们的一种奢望。加班加点、早出晚归成了人们工作的常态。生活忙忙碌碌，日子索然无味，没有时间回乡探亲，没有时间陪孩子和爱人旅行、逛街、看电影甚至在家一起吃晚饭，更别说读书了。整天忙碌没有闲暇是人类追求的理想生活吗？显然不是。

著名散文家梁实秋先生曾说，人在有闲的时候才最像是一个人。手脚相当闲，头脑才能相当地忙起来。我们并不向往六朝人那样萧然若神仙的样子，我们却企盼人人都能有闲去发展他的智慧与才能。人类最高理想应该是人人能有

闲暇，于必需的工作之余还能有闲暇去做人，有闲暇去做人的工作，去享受人的生活。2013 年 1 月 22 日习近平总书记在第十八届中央纪律检查委员会第二次全体会议上指出，对领导干部来说，除了工作需要以外，少出去应酬，多回家吃饭。省下点时间，多读点书，多思考点问题，油腻的食物少吃一点对身体还有好处。2014 年 2 月 7 日习近平总书记在俄罗斯索契接受俄罗斯电视台专访时表示："今年春节期间，中国有一首歌，叫《时间都去哪儿了》。对我来说，问题在于我个人的时间都去哪儿了？当然是都被工作占去了。现在，我经常能做到的是读书，读书已成了我的一种生活方式。读书可以让人保持思想活力，让人得到智慧启发，让人滋养浩然之气。"

在清晨或午后，沏上一杯香茗，手捧圣贤书，在茶香四溢中阅读充满智慧的文字，让思维被激发、心灵被洗涤、情操被陶冶，该是多么惬意！

当然，这种闲暇中的惬意要依赖完善的工作制度、有效的劳动权益保障制度、较为富足的经济条件、安全的社会环境，依赖政府治理能力和水平的提高。

6.4.3 砥砺德行，幸福源于奋斗

砥砺德行，正己爱人

一个人若没有正直的品行，就不会有正确而真实的获得感、幸福感和安全感，也不会选择正确的方式和途径而追求之。他如果是一个极端的个人主义者或精致的利己主义者，那么就会想尽一切办法满足私欲，甚至不惜损害他人的利益，置公共利益和个人廉耻于不顾。他会将自己的幸福寄托在国家的施舍或不择手段地剥夺他人、践踏他人的权益之上。他会经常宣扬，只有实现高福利政策，才能有获得感和幸福感。而国家给予再多，他都不会满足。这就像"巨婴"一样，总是需要家长给予他一切。葡萄牙、意大利、希腊、西班牙之所以深陷债务危机而不能自拔，就是因为他们的高福利远远超出了国家财政的承受能力。这些国家的政府除了要应对头疼的债务危机，还要应对那些被娇惯坏了的国民。原来他们可以不需要勤奋工作，可以不用吃苦，可以不精打细算，可以不承受竞争的压力，就能过上十分富裕舒服的日子，而现在不行了，于是就

全都归咎于政府。所以，高福利的实行要与经济发展水平相适应，同时也要通过完善教育制度、信用制度、税收制度等防止助长个人主义和利己主义。

相反，若一个人品德高尚，行为正直，就会通过自身努力和关爱他人来实现获得感、幸福感和安全感。这种感觉才是真实的、崇高的。人应该志存高远，有理想信念，将付出大于获得、奉献大于索取视为人生最大的价值，视让大多数人幸福为最大的幸福。政府要通过制度设计给予这样的人足够的尊重和敬仰，鼓励善行，惩治邪恶，使整个社会充满正能量。

幸福都是奋斗出来的，奋斗本身就是一种幸福

历史只会眷顾坚定者、奋进者、搏击者，而不会等待犹豫者、懈怠者、畏难者。没有付出，哪来获得？幸福不会从天降，只能来自奋斗，奋斗就是幸福！

当下，我们还要继续完善就业制度，公平开放所有就业机会，进一步完善人才选拔制度，促进劳动力、人才合理流动，真正做到选贤任能，做到"不拘一格降人才"；为人们搭建更广阔的施展才华的舞台，使人人都有通过辛勤劳动实现自身发展的机会，"海阔凭鱼跃，天高任鸟飞"。

新的伟大时代，呼唤砥砺奋进、一往无前的勇士，呼唤敢于搏击、勇立潮头的英雄，呼唤坚持不懈、排除万难的仁人志士。"千淘万漉虽辛苦，吹尽狂沙始到金。"让我们共同在不懈奋斗中书写人生华章。

参考文献

[1]曹现强，李烁. 获得感的时代内涵与国外经验借鉴[J]. 人民论坛·学术前沿，2017(2).

[2]张云武. 不同职业阶层的幸福感、获得路径及演变趋势——基于浙江省五个地区的实证分析[J]. 浙江社会科学，2015(8).

[3]2018 世界幸福指数排行榜发布！但真实确实如此吗？[EB/OL]. [2018-04-10]. https://www.sohu.com/a/227858932_526642.

[4]余晖. 论行政体制改革中的政府监管[J]. 江海学刊，2004(1).

[5]中国基尼系数 2017 真实数据 中国贫富差距现状分析[EB/OL]. [2018-06-11]. http://www.mrcjcn.com/n/274887.html.

[6]薛澜，李希盛. 深化监管机构改革 推进市场监管现代化——以杭州市为例[J]. 中国行政管理，2018(8).

第 7 章　2018 中国民生发展指数报告

>> 7.1　编制中国民生发展指数的背景及意义 <<

党的十八大以来，党中央坚持以民为本、以人为本的执政理念，将民生工作和社会治理工作作为社会建设的两大根本任务，高度重视、大力推进，改革发展成果更多更公平惠及全体人民。随着十九大后中国特色社会主义进入新时代，我国社会主要矛盾已经转化为人民日益增长的美好生活需要和不平衡不充分的发展之间的矛盾，必须坚持以人民为中心的发展思想，不断促进人的全面发展、全体人民共同富裕。这也是党中央重视民生工作的具体体现。

改革实践作为社会民生发展的重要推动力，其效率直接影响民生发展的速度与质量。从国内情况来看，随着改革不断向纵深推进，容易的、皆大欢喜的改革已经基本完成，中国的改革走到了一个新的历史关头，进入"深水区""攻坚期"，改革越往前走，面临的问题越多，困难越大，顽瘴痼疾越复杂。而相对于民生建设的任务和目标，通过深化改革努力补齐民生建设存在的短板，在幼有所育、学有所教、劳有所得、病有所医、老有所养、住有所居、弱有所扶等民生重要问题上不断取得新进展，解决民生事业发展不均等不充分问题，积极回应人民群众对美好生活需要的呼吁，是当前社会发展亟待解决的关键性问题。从国际形势上看，无论是发达国家还是发展中国家，由技术进步所引起的社会变革创新日益明显，现已成为推动国际社会向前发展的根本动力，而不同国家居民对所在国政府所提出多样化的民生诉求对政府的施政水平提出了更高的要求。在经济全球化的背景下,各个国家都将民生保障视为人民安全的重要基础,亦是增强国家凝聚力及国家向心力的有效手段,民生得不到保障与改善就不可能实现国家的长治久安。因此,必须要"坚持人人尽责、人人享有,坚守底线、突出重点、完善制度、引导预期"。只有当改善民生既是党和政府的工作方向又是广大人民群众的奋斗目标时,整个社会才能够真正实现长期持续稳定发展,广大人民群众的获得感、幸福感和安全感才能得到持续的提升。

北京师范大学"中国民生发展研究"课题组从 2011 年开始依托北京师范大学相关专业的专家团队,在国家"985"基金的支持下,充分研究与总结国内外民生、幸福度等相关理论与实践成果,结合中国经济、社会发展现实,构建了民生发展的监测指标体系和指数测算体系,即"中国民生发展指数",以测度中国民生发展状况、监测中国民生发展进程。

2011 年构建的民生发展指数测算体系连续三年对我国各省(区、市)民生发展状态进行科学测评,在省域民生发展上起到战略导向作用。2014 年构建的"中国民生发展指数 2.0 版"将民生发展程度测评深入包括直辖市、计划单列市与省会城市的 35 个城市(拉萨除外),并保留对 30 个省(区、市)进行测算。2015 年,民生课题组去除了省域的民生测评,将重点放在城市这一级别,并将地级市囊括在测评范围内,构建了"中国民生发展指数 3.0 版",并在 2016 年沿用。2018 民生发展指数报告,以习近平新时代中国特色社会主义思想为指导,基于前期研究成果,经过多次专家论证与实地调研,着力探索中国民生问题区域发展的基本规律,深入研究民生区域差异的深层理论与实践问题。

>> 7.2 中国民生发展指数的指标设计原则、思路及结构 <<

7.2.1 指标设计原则

设计一套较为系统、科学,同时又能充分反映各个地区民生发展水平及存在问题的评价体系是一个复杂的过程,涉及指标体系构建、指标数据处理、评价指数计算等各个方面。中国民生发展指数的指标设计原则是指构建该评价指标体系时必须遵守的原则，主要包括科学性、系统性、可操作性、可比性及可量化性五个方面。

1. 科学性

一项评价活动是否科学在很大程度上依赖于其评价指标体系是否科学。民生发展指数评价指标体系必须从民生本质出发，具备充分理论依据，以内涵、理论和实践研究为基础，体现区域民生发展普遍规律与特征。体系中各指标内涵准确、内容完备、体系层次、结构合理以及指标间协调统一。

2. 系统性

民生发展水平是相关要素系统发展的集成结果，其评价体系必须具有广泛的覆盖面，对相关各重要方面都有很强的反映功能。一个科学的中国民生发展指数评价指标体系并不是方方面面指标简单的集合体，指标之间必须相辅相成，从各个不同角度、层面来度量和评价各地区民生发展水平。

3. 可操作性

民生发展指数评价指标体系的建立必须考虑其可操作性。这就要求每个指标具有可采集性，对于无法采集的指标须充分考察其是否可用类似指标代替。指标内容要容易理解，不能产生歧义，使构建的指标体系在实践中能准确、便捷地应用。

4. 可比性

各地民生发展水平评价结果必须有利于进行区域间横向比较。因此，必须尽量采用国际通用或者相对成熟的指标，把握指标内涵和外延，考虑到其差别对评价结果合理性的影响。

5. 可量化性

即采取量化方法，使用具有一定信息量宽度和广度的指标，侧重对各地民生发展水平各个方面的数量特点进行评价。对于一些在理论上有较好解释力但实际统计中无法或暂时尚未统计的指标，如无替代指标则暂不纳入评价体系。

7.2.2 指标设计思路

1. 强调从总体上测量民生发展

从总体上测量民生发展，有助于反映一段时间内民生发展的整体面貌，从深层次上更利于形成关于民生发展成因的假设，并对这些假设进行验证，使得政府或社会各界在保障与不断改善民生的决策和行动中，找到正确的、合适的、可量化的目标。

2. 强调民生发展质量与政府服务、管理相结合，即突出水平与进度的比较

民生发展质量主要是衡量现阶段各地的民生发展水平，反映当地一定条件下的民生状态；政府在推进民生发展中的作用则体现在其提供公共服务、实施社会管理的实践之中，反映民生状态的改善进度。两者结合，从横向和纵向、从静态和动态两个层面对民生发展进行测度。

3. 强调数据来源的公开性与权威性

本报告采用的基础数据全部来源于公开出版的年鉴、统计公报或者相关部门公布的权威指标数据。原始数据主要来源于 2017 年各省会城市、副省级城市以及地级市国民经济和社会发展统计公报。

7.2.3 指标结构及各指标权重设置

民生课题组在前期研究成果——"中国民生发展指数""中国民生发展指数2.0""中国民生发展指数 3.0"——的基础上，多次举行专家研讨以及实地调研，走访浙江湖州、金华，湖南益阳，河南郑州，江苏苏州，收集第一手资料，经过归类、梳理和反复论证，对我国地级以上城市民生状况进行测评，同时，为了方便对中国城市民生保障与改善进行横向比较、纵向考察，课题组对直辖市、计划单列市、省会城市以及地级市的民生发展指数测评统一采用"中国民生发展指数"进行民生发展测度。

"中国民生发展指数"包括 5 个二级指标，即民生基础、收入消费、居住出

行、文化教育、安全健康；三级指标 25 个，并依据德尔菲法，确定了二级、三级指标的权重，如表 7-1 所示。

表 7-1 　　2018 中国地级以上城市民生发展指数二级、三级指标及权重

一级指标	二级指标	权重	三级指标	单位	权重
中国民生发展指数	民生基础	20％	城镇化率	％	4％
			人均地区生产总值	元	4％
			地方财政总收入	亿元	4％
			固定资产投资额	亿元	4％
			进出口贸易额	亿元	4％
	收入消费	20％	城镇登记失业率	％	4％
			CPI 增长水平	％	4％
			城乡收入比	1	4％
			恩格尔系数	％	4％
			居民最低生活保障标准	元/人·月	4％
	居住出行	20％	房地产开发投资额	亿元	4％
			人均绿地面积	平方米/人	4％
			旅游总收入	亿元	4％
			每万人拥有民用汽车数	辆/万人	4％
			每万人享有公路里程	里/万人	4％
	文化教育	20％	专利申请总量	个	4％
			义务教育巩固率	％	4％
			每万人在校大学生数	人/万人	4％
			每万人在校高中生数	人/万人	4％
			每十万人拥有图书馆、博物馆数	个/十万人	4％
	安全健康	20％	每十万人拥有卫生机构床位数	张/十万人	4％
			二级以上空气质量天数	天	4％
			城乡基本养老保险、基本医疗保险参保率	％	4％
			安全事故发生数	个	4％
			污水处理率	％	4％

>> **7.3 数据处理及测算方法** <<

7.3.1 数据处理

1. 样本选取

省会城市与计划单列市报告部分选取的样本是包括省会城市、计划单列市、直辖市在内的 36 个城市，以市为单位进行区域民生发展指数的测算与比较。由于历史原因，中国台湾、香港、澳门等地区的统计数据与中国其他城市的数据具有不同程度的差异，未被列入本报告研究范围。地级城市报告部分选取的样本是 27 个省（区）的 260 个地级市，以市为单位进行区域民生发展指数的测算与比较。[①]

2. 数据收集

为保障数据科学、准确，本报告采用的基础数据全部来源于公开出版的年鉴或者相关部门公布的权威指标数据，主要有 2017 年各省会城市、副省级城市、计划单列市、地级市国民经济和社会发展统计公报。

3. 缺失数据处理

对于缺失的数据主要有两种处理方法：（1）报告中，有些城市的统计指标各个年度出现变化，一些指标在 2017 年统计公报中找不到数据，使用了 2016 年公报中的数据。（2）在使用第一种数据处理方法后仍未能够对数据进行补全的，取所在省（区）该指标平均值的方法进行补全，第二种方法主要体现在地级市民生发展报告中。

---

① 因各省会城市的民生发展指数在"省会城市与计划单列市报告"部分已做测算与分析，所以在地级市报告部分中，测算范围为除省会城市与计划单列市以外的 260 个地级市。海南省三沙市，西藏自治区日喀则、昌都、山南、林芝，新疆哈密因数据缺失未被列入评价体系。

4. 逆向指标处理

在本报告的中国民生发展指数 4.0 指标体系中，共有 25 个三级指标，其中正向指标 20 个，逆向指标 5 个。在对指标数据进行无量纲化之前，必须对逆向指标数据进行处理，将其转变为正向指标，以方便统一测算。依据各逆向指标的实际含义和表征内容，对于比值类的指标数据，本报告采取了取其倒数的方法将其转化为正向指标；对于百分率类的指标，则主要通过公式"100－指标值"即求补法来将其正向化，基本原则是保证正向化后的指标仍有明确、具体的实际含义和表征内容，不影响用其进行测算和分析。各逆向指标具体的正向化操作方法可参见表 7-2。

表 7-2　　　　　　　　　　　　　　逆向指标处理

序号	三级指标	指标正向化方法
1	城镇登记失业率	100－指标值
2	CPI 增长水平	100－指标值
3	城乡收入比	指标值取倒数
4	恩格尔系数	100－指标值
5	安全事故发生数	指标值取倒数

5. 数据无量纲化

本报告中，数据处理主要是指数据无量纲化处理。由于各项指标数据的量纲不同，因此，要对这些指标进行综合集成，所有指标数据都必须进行无量纲化处理，再进行统一计算。对于客观指标原始数据无量纲处理，本报告主要采取阈值法对数据进行无量纲化处理。阈值法的计算公式：$X_i = \dfrac{x_i - x_{min}}{x_{max} - x_{min}}$，$X_i$ 为转换后的值，x_{max} 为最大样本值，x_{min} 为最小样本值，x_i 为原始值。

7.3.2　测算方法

本报告结合国内外通用规则以及报告的具体目标，拟采用综合评价指数法对我国区域民生发展水平进行评价。综合指数法分为线性加权模型、乘法评价模型、加乘混合评价模型等几种形式。本报告的指标体系中各指标的重要程度较大，指标值的差异不大，且各个指标间基本相互独立，各指标只影响综合评价值而指标之间不相互影响，因此采用线性加权模型进行计算。为了保证测度结果的客观公正，所有指标口径概念均与国家统计局相关统计制度保持一致。各指标的权重由德尔菲法确定，并将在测算结果的具体分析中加以具体说明。

>> 7.4 2018 中国省会城市与计划单列市民生发展指数 <<

7.4.1 总体测算结果

表 7-3　　　　　　　　2018 中国省会城市与计划单列市民生发展指数排名

指标	中国民生发展指数				
地区	指数值	排名	地区	指数值	排名
深圳	0.530 59	1	兰州	0.352 67	19
北京	0.481 10	2	青岛	0.352 59	20
杭州	0.478 98	3	福州	0.341 35	21
上海	0.451 54	4	昆明	0.337 86	22
广州	0.419 33	5	贵阳	0.337 15	23
南京	0.414 21	6	大连	0.334 82	24
武汉	0.393 59	7	济南	0.328 00	25
宁波	0.390 38	8	呼和浩特	0.319 37	26
天津	0.384 37	9	沈阳	0.311 26	27
长沙	0.383 75	10	海口	0.302 04	28
成都	0.372 96	11	南昌	0.300 43	29
厦门	0.372 16	12	银川	0.294 83	30
重庆	0.367 49	13	哈尔滨	0.288 06	31
郑州	0.364 19	14	西宁	0.279 18	32
西安	0.363 88	15	石家庄	0.275 93	33
乌鲁木齐	0.361 04	16	长春	0.271 47	34
太原	0.360 69	17	南宁	0.266 02	35
合肥	0.357 44	18	拉萨	0.247 49	36

根据 2017 年的相关数据测度，一级指标得分前五位的城市分别为深圳、

北京、杭州、上海、广州，得分后五位的城市分别为西宁、石家庄、长春、南宁、拉萨。改革是民生发展的动力之源，是激活民生发展活力、触发民生发展动能、做大民生发展蛋糕、提升人们民生发展的获得感、满足感和幸福感的不竭力量源泉。同时，党的十八届五中全会提出的"创新、协调、绿色、开放、共享"五大发展理念，是以民生价值为目的追寻，以人民利益至上作为社会发展的出发点和落脚点，针对中国未来发展目标和发展中遇到的主要矛盾而提出的。以五大发展理念为指针，必将促进社会和谐稳定、公平正义目标的实现。而"民生基础、收入消费、居住出行、文化教育、安全健康"五大指标是改革成效的最直接的反映，涵盖并系统反映了"创新、协调、绿色、开放、共享"五大发展理念在民生领域的发展成就。深圳、北京、杭州、上海、广州大力推进"以人民为中心"的改革，在创新、协调、绿色、开放、共享发展上狠下功夫，并将改革发展的成果直接转化为老百姓的获得感、满足感、安全感，显示出较其他城市明显的优势。

7.4.2 2018 中国省会城市与计划单列市五大民生指标排名及分析

1. 民生基础排名及分析

二级指标"民生基础"主要考察各地区发展民生事业的经济基础，下设五个三级指标，即城市化率、人均地区生产总值、地方财政总收入、固定资产投资、进出口贸易额。

表 7-4   2018 中国省会城市与计划单列市民生基础排名

指标	民生基础	
地区	指数值	排名
上海	0.678 8	1
深圳	0.671 2	2
北京	0.603 8	3
天津	0.449 7	4
广州	0.438 6	5

续表

指标	民生基础	
地区	指数值	排名
宁波	0.427 1	6
杭州	0.411 2	7
青岛	0.401 5	8
南京	0.397 1	9
武汉	0.396 7	10
长沙	0.370 0	11
重庆	0.358 0	12
厦门	0.354 7	13
乌鲁木齐	0.333 1	14
成都	0.329 8	15
郑州	0.322 0	16
合肥	0.309 4	17
西安	0.301 9	18
大连	0.297 6	19
福州	0.292 3	20
济南	0.275 3	21
太原	0.261 5	22
贵阳	0.255 4	23
长春	0.253 2	24
沈阳	0.252 0	25
兰州	0.245 6	26
银川	0.244 2	27
昆明	0.242 6	28
呼和浩特	0.228 2	29
西宁	0.194 9	30
哈尔滨	0.187 2	31
石家庄	0.186 1	32
海口	0.175 9	33
南宁	0.174 5	34
南昌	0.131 7	35
拉萨	0.078 5	36

民生基础排在前五位的省会城市与计划单列市是上海、深圳、北京、天津、广州，排在后五位的是石家庄、海口、南宁、南昌、拉萨。改善民生与巩固、发展经济基础是紧密相关的。一方面，经济发展是前提，是一切发展的物质基础，改善民生必须建立在稳固的经济基础和现实的国家、地方财力之上；另一方面，民生又是经济发展的"指南针"和重要衡量标尺。上海、深圳、北京、天津、广州以较强的民生经济基础，为民生发展提供坚实的基础和保障。

2. 收入消费排名及分析

二级指标"收入消费"重点考察各地区城镇和农村居民收入、消费、保障水平，下设五个三级指标，即城镇登记失业率、CPI 增长水平、城乡收入比、恩格尔系数、居民最低生活保障标准。

表 7-5 　　　　　　　　　　2018 中国省会城市与计划单列市收入消费排名

指标	收入消费	
地区	指数值	排名
杭州	0.746 0	1
深圳	0.715 5	2
北京	0.640 5	3
宁波	0.605 6	4
南京	0.593 2	5
上海	0.548 8	6
郑州	0.539 1	7
长沙	0.533 1	8
天津	0.525 9	9
广州	0.525 5	10
福州	0.512 8	11
武汉	0.492 9	12
合肥	0.489 9	13
乌鲁木齐	0.487 1	14
大连	0.476 6	15
太原	0.452 8	16

指标	收入消费	
地区	指数值	排名
厦门	0.450 7	17
济南	0.448 6	18
石家庄	0.448 4	19
沈阳	0.447 8	20
西安	0.443 6	21
贵阳	0.436 9	22
昆明	0.433 7	23
青岛	0.429 1	24
重庆	0.421 4	25
西宁	0.412 7	26
呼和浩特	0.410 7	27
成都	0.409 3	28
海口	0.408 4	29
长春	0.406 0	30
兰州	0.398 0	31
银川	0.395 9	32
哈尔滨	0.394 4	33
南昌	0.380 1	34
拉萨	0.369 2	35
南宁	0.312 6	36

收入消费排名前五位的省会城市与计划单列市是杭州、深圳、北京、宁波、南京，排名后五位的是银川、哈尔滨、南昌、拉萨、南宁。持续不断发展、改善民生，能有效解决群众后顾之忧，调动人们发展生产的积极性，又能释放居民消费潜力、拉动内需，催生新的经济增长点，为经济发展、转型升级提供强大内生动力。因此，民生发展与收入消费水平息息相关。而收入消费水平也受到地方经济发展水平等因素的影响，目前我国东部沿海城市收入消费指数排名普遍高于东北部、中西部地区城市。

3. 居住出行排名及分析

二级指标"居住出行"重点考察了各地区的房地产开发情况、交通设施、生活便利程度等方面的内容，下设五个三级指标，即房地产开发投资额、人均绿地面积、旅游总收入、每万人拥有民用汽车数、每万人享有公路里程。

表 7-6　　　　2018 中国省会城市与计划单列市居住出行排名

指标	居住出行	
地区	指数值	排名
北京	0.431 6	1
重庆	0.359 8	2
杭州	0.337 2	3
上海	0.335 6	4
武汉	0.334 0	5
成都	0.330 7	6
长沙	0.305 5	7
广州	0.302 0	8
西安	0.287 4	9
贵阳	0.286 4	10
天津	0.285 4	11
南京	0.284 1	12
青岛	0.244 4	13
合肥	0.238 7	14
宁波	0.232 7	15
厦门	0.230 5	16
济南	0.228 6	17
郑州	0.211 5	18
深圳	0.210 6	19
兰州	0.209 3	20
呼和浩特	0.208 8	21
太原	0.206 0	22
长春	0.205 7	23
银川	0.202 4	24

续表

指标	居住出行	
地区	指数值	排名
海口	0.200 4	25
石家庄	0.192 6	26
乌鲁木齐	0.191 9	27
昆明	0.190 9	28
大连	0.188 8	29
沈阳	0.180 9	30
南昌	0.178 8	31
福州	0.173 2	32
哈尔滨	0.173 1	33
南宁	0.152 3	34
拉萨	0.137 4	35
西宁	0.134 4	36

居住出行排名前五位的省会城市与计划单列市是北京、重庆、杭州、上海、武汉，排名后五位的城市为福州、哈尔滨、南宁、拉萨、西宁。居住出行指标更为系统地考量城市的"绿色发展""协调发展"的能力和水平。在我国城镇化进程不断推进的过程中，高房价、交通拥堵等"城市病"不断凸显，而环境污染更是成为威胁人们健康安全的紧迫问题。只有有效缓解环境污染，妥善、切实解决好住房、交通等民生问题，才是真正的改善民生和推进民生发展水平。从测算结果来看，北京、重庆、杭州、上海、武汉等城市在"绿色发展""协调发展"方面取得的成果更加显著，也必将为其他城市提供合理发展的范例和借鉴。

4. 文化教育排名及分析

二级指标"文化教育"重点考察各地区居民的文化素质、人均占有公共教育资源等因素，下设五个三级指标，即专利申请总量、义务教育巩固率、每万人在校大学生数、每万人在校高中生数、每十万人拥有图书馆和博物馆数。

表 7-7　　　　　2018 中国省会城市与计划单列市文化教育排名

指标	文化教育	
地区	指数值	排名
太原	0.581 2	1
深圳	0.569 4	2
兰州	0.551 4	3
杭州	0.527 5	4
西安	0.488 2	5
广州	0.464 0	6
成都	0.462 9	7
北京	0.458 1	8
合肥	0.450 9	9
南京	0.449 0	10
郑州	0.444 1	11
南昌	0.442 1	12
昆明	0.436 0	13
武汉	0.426 9	14
呼和浩特	0.410 9	15
乌鲁木齐	0.395 4	16
长沙	0.392 4	17
上海	0.379 9	18
济南	0.375 6	19
天津	0.359 2	20
哈尔滨	0.357 7	21
厦门	0.356 8	22
福州	0.337 5	23
宁波	0.333 5	24
重庆	0.333 5	25
银川	0.332 2	26
沈阳	0.322 2	27
贵阳	0.316 5	28
海口	0.311 6	29
大连	0.311 4	30
石家庄	0.295 3	31
西宁	0.287 1	32

指标	文化教育	
地区	指数值	排名
青岛	0.278 6	33
南宁	0.266 8	34
长春	0.242 9	35
拉萨	0.242 1	36

　　文化教育排名前五位的省会城市与计划单列市是太原、深圳、兰州、杭州、西安，排名后五位的是西宁、青岛、南宁、长春、拉萨。只有推动文化教育事业全面发展，才能更好地满足人民群众日益增长的美好生活需要，为经济社会发展和民生改善提供有力保障。由于文化教育指标并非只反映总量，而是更多地从人均角度考量，因此一些城市虽然在文化教育方面整体实力雄厚，但存在人均教育资源不足的问题。

5. 安全健康排名及分析

　　二级指标"安全健康"问题与每个人息息相关，是保障个人生存和发展的重要前提条件，下设五个三级指标，即每十万人拥有卫生机构床位数、二级以上空气质量天数、城乡基本养老保险及基本医疗保险参保率、安全事故发生数、污水处理率。

表 7-8　　　　　　　2018 中国省会城市与计划单列市安全健康排名

指标	安全健康	
地区	指数值	排名
深圳	0.486 4	1
厦门	0.468 0	2
南宁	0.424 0	3
海口	0.413 9	4
拉萨	0.410 2	5
青岛	0.409 4	6
大连	0.399 7	7
乌鲁木齐	0.397 6	8
福州	0.390 9	9

指标	安全健康	
地区	指数值	排名
贵阳	0.390 5	10
昆明	0.386 2	11
杭州	0.372 9	12
南昌	0.369 5	13
西宁	0.366 9	14
广州	0.366 6	15
重庆	0.364 8	16
兰州	0.359 0	17
沈阳	0.353 4	18
宁波	0.353 0	19
南京	0.347 5	20
呼和浩特	0.338 2	21
成都	0.332 2	22
哈尔滨	0.327 9	23
长沙	0.317 8	24
武汉	0.317 4	25
上海	0.314 7	26
济南	0.311 9	27
郑州	0.304 2	28
太原	0.302 0	29
天津	0.301 6	30
银川	0.299 4	31
西安	0.298 3	32
合肥	0.298 3	33
北京	0.271 5	34
石家庄	0.257 3	35
长春	0.249 6	36

　　安全健康指标排名前五位的省会城市与计划单列市是深圳、厦门、南宁、海口、拉萨，排名后五位的是西安、合肥、北京、石家庄、长春。该指标集中

考量和反映医疗卫生、社会保障和环境治理等涉及人民群众安全健康方面的民生发展情况。可以看出，个别大城市、特大城市虽然经济实力雄厚，但经济快速发展以及庞大的流动人口带来的环境问题也格外突出，并且在医疗卫生资源和社会保障等方面尚未形成健全体系，因此排名靠后。

6. 省会城市及计划单列市排名前五位关键因素分析

2018 中国省会城市与计划单列市民生发展指数采用的基本数据是 2017 年的统计数据，因此，2018 民生发展指数反映的是 2017 年的水平。

2018 民生发展指数省会城市及计划单列市排名前五位的是深圳、北京、杭州、上海、广州，而 2017 年（2016 年数据）排名前五位的城市是北京、深圳、广州、上海、杭州。尽管前五位的城市相同，但排序次序发生了很大的变化。测度表明，这五个城市代表了中国经济社会最发达的地区，它们充分利用并发挥了有利于民生发展的经济和社会优势，在民生建设与发展过程中处于并保持领先地位。

根据 2018 年统计和指标测算结果，这五个城市的排名位次变化较大，深圳赶超北京，夺取了 2018 中国省会城市与计划单列市民生发展之冠。北京、上海、广州的排名总体变化不大，仍在原有民生发展成就基础上继续围绕民生之需、民生之盼，稳步推进民生领域建设，努力使人民幸福指数稳步提升，让改革发展成果更多更公平惠及全体人民。

在全面建成小康社会的进程中，深圳的经济社会发展速度领先于全国，率先进入中等发达水平阶段，为民生发展奠定了坚实的基础。从 2018 年五个二级指标测算来看，深圳在各个指标的排名上均处于领先位次，其中安全健康领域排名第一，民生基础、收入消费、文化教育领域均排名第二，可见深圳着力补齐民生短板，促进各领域民生均衡发展取得了优异成绩，也因此在民生发展指数总体排名中位列全国第一。2018 年深圳市社会保障制度不断完善，覆盖人群不断扩大，参加养老、医疗、失业、工伤和生育保险人数均突破 1 000 万大关，总参保人次突破 5 000 万大关，全国领先；在医疗卫生方面，补齐医疗短板，持续加强区域医疗中心、基层医疗集团的基础建设，全面实施"医疗卫生三名工程"；在文化教育领域，增加优质教育资源，基本实现义务教育均衡发展，实行全市统一的开办费、生均拨款、设备设施配置标准；在居住出行方面，实现了百姓住有所居，新开工及筹集人才住房和保障性住房 10.2 万套、竣工(含基本建成)4.1 万套、供应 4.6 万套；此外，在环境治理方面也取得显著成效，全面推行河长制以实现治水提质，市委、市政府主要领导担任具体河长。

2018 年杭州的民生建设事业也快速发展，并超过上海和广州，与深圳、北京共同成为省会城市及计划单列市排名前三强。党的十八大以来，杭州经历了发展最快的五年。硬件上，城市基础设施建设全面提速；软件上，屡开全国风气之先河，让百姓在日常生活中享受到实惠和便利。杭州作为全国第十个"万亿元 GDP"城市，五年年均增长 9.0%；城乡居民人均可支配收入年均分别增长9.1%、10.3%，2017 年分别达到 56 276 元、30 397 元，在民生发展的收入消费指标测算排名中位列全国第一。同时，杭州连续十年上榜"中国最具幸福感城市"，这与杭州以人为本的民生发展理念和宗旨是分不开的。除收入消费指标外，2017 年杭州在居住出行、文化教育、民生基础、安全健康四个二级指标测算排名中分别位列第三、第四、第七和第十二位。可见，收入消费、居住出行和文化教育方面的出色成绩是带动杭州民生发展并位于全国领先地位的关键因素。在居住出行方面，杭州围绕"让居者有其居，居者优其居"的目标，在不断完善住房保障政策的同时，持续创新体制机制，有效保障居民的合理住房需求。截至 2017 年年底，杭州保障性安居工程累计竣工 60.99 万套，其中公共租赁住房 6.36 万套、经济适用住房 11.36 万套、拆迁安置房 43.27 万套，住房保障对象也从城镇低收入住房困难家庭扩大到中低收入住房困难家庭，同时打破"户籍限制"，将新就业大学生、创业人员以及部分外来务工人员纳入住房保障体系，持续扩大惠及人群。在文化教育和医疗健康方面，问题逐步破解，并取得长足发展，义务教育基本均衡实现全覆盖，基本实现教育现代化区县(市)达到 9 个，幼儿教育普惠发展，高中教育普及发展，高等教育和职业教育提升发展。健康杭州建设继续深化，公立医院改革、医疗改革、医养护签约服务工作走在全国前列。

>> 7.5 2018 中国地级市民生发展指数 <<

7.5.1 总体测算结果

表 7-9   2018 中国地级市民生发展指数排名

指标	中国民生发展指数				
地区	指数值	排名	地区	指数值	排名
金华	0.500 0	1	东营	0.318 3	24
苏州	0.423 7	2	秦皇岛	0.316 5	25
东莞	0.413 5	3	吐鲁番	0.315 5	26
珠海	0.395 8	4	湘潭	0.315 5	27
中山	0.382 1	5	淄博	0.314 4	28
无锡	0.376 7	6	酒泉	0.313 9	29
阿拉善	0.356 3	7	台州	0.313 7	30
威海	0.353 3	8	宜昌	0.313 4	31
佛山	0.352 9	9	烟台	0.313 2	32
绍兴	0.351 5	10	温州	0.312 8	33
常州	0.349 7	11	呼伦贝尔	0.311 7	34
鄂尔多斯	0.340 2	12	三亚	0.309 9	35
舟山	0.335 1	13	芜湖	0.309 7	36
嘉峪关	0.331 4	14	潍坊	0.307 1	37
惠州	0.329 2	15	江门	0.306 1	38
镇江	0.325 8	16	包头	0.305 7	39
泉州	0.324 8	17	三明	0.305 6	40
嘉兴	0.322 7	18	大兴安岭	0.303 8	41
黄山	0.322 7	19	鄂州	0.297 9	42
湖州	0.322 7	20	衢州	0.297 1	43
乌海	0.322 1	21	滨州	0.296 1	44
南通	0.321 5	22	泰州	0.295 9	45
龙岩	0.318 8	23	扬州	0.295 2	46

续表

指标	中国民生发展指数				
地区	指数值	排名	地区	指数值	排名
克拉玛依	0.295 0	47	新余	0.275 8	77
日照	0.293 2	48	鹰潭	0.274 8	78
汕头	0.292 0	49	巴中	0.274 7	79
遵义	0.291 3	50	株洲	0.274 3	80
随州	0.289 1	51	益阳	0.274 1	81
攀枝花	0.288 9	52	廊坊	0.273 5	82
襄阳	0.287 5	53	连云港	0.273 4	83
唐山	0.287 0	54	宁德	0.273 4	84
临沧	0.286 6	55	聊城	0.273 3	85
莱芜	0.286 6	56	阳江	0.273 2	86
徐州	0.285 6	57	南平	0.272 9	87
榆林	0.284 8	58	桂林	0.272 9	88
鹤壁	0.284 7	59	黑河	0.272 6	89
本溪	0.284 1	60	临沂	0.271 5	90
鸡西	0.283 7	61	黄石	0.271 5	91
盐城	0.283 7	62	荆门	0.271 0	92
锡林郭勒	0.282 7	63	巴彦淖尔	0.270 0	93
鹤岗	0.280 8	64	铜陵	0.269 8	94
马鞍山	0.280 7	65	晋城	0.269 8	95
咸宁	0.280 6	66	伊春	0.269 6	96
济宁	0.280 4	67	抚顺	0.269 4	97
丽水	0.279 8	68	朔州	0.269 4	98
贵港	0.279 5	69	衡阳	0.269 3	99
盘锦	0.279 3	70	铜仁	0.269 3	100
肇庆	0.279 1	71	鞍山	0.269 1	101
孝感	0.278 8	72	信阳	0.268 4	102
池州	0.277 3	73	七台河	0.268 3	103
茂名	0.277 1	74	通辽	0.267 9	104
淮安	0.276 9	75	宣城	0.267 9	105
开封	0.276 6	76	张掖	0.267 8	106

续表

指标	中国民生发展指数				
地区	指数值	排名	地区	指数值	排名
安顺	0.267 4	107	白山	0.257 7	137
曲靖	0.266 8	108	双鸭山	0.257 4	138
延安	0.266 6	109	许昌	0.257 0	139
金昌	0.266 2	110	武威	0.256 5	140
三门峡	0.266 0	111	铜川	0.256 4	141
岳阳	0.265 6	112	玉溪	0.256 4	142
常德	0.265 3	113	宿迁	0.256 2	143
石嘴山	0.265 0	114	张家界	0.256 2	144
遂宁	0.264 8	115	云浮	0.255 9	145
韶关	0.264 6	116	六安	0.255 7	146
荆州	0.264 5	117	滁州	0.255 3	147
大庆	0.263 9	118	吴忠	0.255 1	148
泰安	0.263 5	119	宜春	0.254 8	149
大同	0.263 4	120	抚州	0.254 7	150
儋州	0.263 1	121	河源	0.254 6	151
蚌埠	0.263 0	122	牡丹江	0.254 4	152
梅州	0.263 0	123	潮州	0.254 2	153
晋中	0.262 2	124	长治	0.254 0	154
柳州	0.262 1	125	安阳	0.253 9	155
阳泉	0.261 8	126	郴州	0.253 8	156
湛江	0.261 7	127	防城港	0.253 8	157
十堰	0.261 7	128	菏泽	0.253 8	158
吉林	0.261 6	129	吕梁	0.253 1	159
枣庄	0.261 5	130	承德	0.253 0	160
汕尾	0.261 1	131	中卫	0.251 7	161
焦作	0.261 0	132	辽阳	0.251 3	162
德州	0.260 8	133	安庆	0.251 2	163
张家口	0.260 0	134	运城	0.250 2	164
丹东	0.258 3	135	吉安	0.250 0	165
莆田	0.258 2	136	商洛	0.249 9	166

续表

指标	中国民生发展指数				
地区	指数值	排名	地区	指数值	排名
佳木斯	0.249 8	167	淮南	0.239 7	197
白银	0.249 5	168	南阳	0.239 4	198
漳州	0.249 5	169	固原	0.239 3	199
洛阳	0.248 8	170	白城	0.239 2	200
毕节	0.248 8	171	驻马店	0.238 9	201
漯河	0.247 7	172	景德镇	0.238 5	202
九江	0.247 6	173	丽江	0.238 1	203
邯郸	0.247 4	174	沧州	0.237 9	204
乌兰察布	0.247 4	175	崇左	0.237 8	205
阜新	0.247 4	176	庆阳	0.237 3	206
平顶山	0.247 1	177	娄底	0.237 2	207
新乡	0.246 8	178	临汾	0.237 2	208
营口	0.246 6	179	乐山	0.237 1	209
赤峰	0.246 3	180	葫芦岛	0.236 9	210
宝鸡	0.246 2	181	松原	0.236 0	211
宜宾	0.246 2	182	德阳	0.235 4	212
河池	0.246 2	183	清远	0.235 3	213
海东	0.244 7	184	保山	0.235 3	214
汉中	0.243 9	185	兴安	0.235 0	215
来宾	0.243 8	186	平凉	0.235 0	216
安康	0.243 6	187	黄冈	0.234 6	217
锦州	0.243 6	188	永州	0.234 5	218
普洱	0.243 6	189	邵阳	0.233 1	219
朝阳	0.243 3	190	泸州	0.233 0	220
辽源	0.243 2	191	定西	0.232 1	221
广元	0.243 1	192	上饶	0.231 4	222
延边	0.241 8	193	淮北	0.231 4	223
濮阳	0.240 2	194	绵阳	0.231 3	224
资阳	0.240 0	195	萍乡	0.229 7	225
保定	0.239 8	196	铁岭	0.229 7	226

指标	中国民生发展指数				
地区	指数值	排名	地区	指数值	排名
广安	0.228 8	227	内江	0.221 4	244
怀化	0.228 7	228	自贡	0.221 1	245
忻州	0.228 6	229	钦州	0.220 8	246
周口	0.228 0	230	通化	0.220 3	247
揭阳	0.227 5	231	眉山	0.219 7	248
贺州	0.226 8	232	南充	0.219 0	249
六盘水	0.226 7	233	宿州	0.218 9	250
赣州	0.226 2	234	衡水	0.217 7	251
四平	0.225 8	235	天水	0.217 2	252
商丘	0.225 4	236	北海	0.216 6	253
雅安	0.225 1	237	绥化	0.215 7	254
昭通	0.225 0	238	齐齐哈尔	0.215 6	255
亳州	0.223 4	239	邢台	0.213 1	256
陇南	0.222 6	240	达州	0.212 6	257
百色	0.222 5	241	玉林	0.211 7	258
渭南	0.222 5	242	梧州	0.210 1	259
咸阳	0.222 0	243	阜阳	0.208 9	260

排名前五的城市为金华、苏州、东莞、珠海、中山。这些东部沿海城市在地理区位上享有得天独厚的基础优势，同时，自改革开放以来，这些城市顺应并走在开放发展的前列，经济发展水平始终位于全国地级城市前列，扎实的经济基础为民生发展奠定了稳固根基。近年来中国经济发展进入新常态，这些城市努力转方式、调结构，坚持以人为本，保增长、促民生，力求经济发展速度、质量、效益的同步提升，并让改革发展成果惠及全体人民，以更大力度提高人民群众的幸福度和安全感，从而取得民生发展的优异成绩。

7.5.2　2018 中国地级市民生发展 100 强

表 7-10　　　　　　　　　　　2018 中国地级市民生发展 100 强

地区	指数值	排名
金华	0.500 0	1
苏州	0.423 7	2
东莞	0.413 5	3
珠海	0.395 8	4
中山	0.382 1	5
无锡	0.376 7	6
阿拉善	0.356 3	7
威海	0.353 3	8
佛山	0.352 9	9
绍兴	0.351 5	10
常州	0.349 7	11
鄂尔多斯	0.340 2	12
舟山	0.335 1	13
嘉峪关	0.331 4	14
惠州	0.329 2	15
镇江	0.325 8	16
泉州	0.324 8	17
嘉兴	0.322 7	18
黄山	0.322 7	19
湖州	0.322 7	20
乌海	0.322 1	21
南通	0.321 5	22
龙岩	0.318 8	23
东营	0.318 3	24
秦皇岛	0.316 5	25
吐鲁番	0.315 5	26
湘潭	0.315 5	27
淄博	0.314 4	28

地区	指数值	排名
酒泉	0.313 9	29
台州	0.313 7	30
宜昌	0.313 4	31
烟台	0.313 2	32
温州	0.312 8	33
呼伦贝尔	0.311 7	34
三亚	0.309 9	35
芜湖	0.309 7	36
潍坊	0.307 1	37
江门	0.306 1	38
包头	0.305 7	39
三明	0.305 6	40
大兴安岭	0.303 8	41
鄂州	0.297 9	42
衢州	0.297 1	43
滨州	0.296 1	44
泰州	0.295 9	45
扬州	0.295 2	46
克拉玛依	0.295 0	47
日照	0.293 2	48
汕头	0.292 0	49
遵义	0.291 3	50
随州	0.289 1	51
攀枝花	0.288 9	52
襄阳	0.287 5	53
唐山	0.287 0	54
临沧	0.286 6	55
莱芜	0.286 6	56
徐州	0.285 6	57
榆林	0.284 8	58
鹤壁	0.284 7	59

续表

地区	指数值	排名
本溪	0.284 1	60
鸡西	0.283 7	61
盐城	0.283 7	62
锡林郭勒	0.282 7	63
鹤岗	0.280 8	64
马鞍山	0.280 7	65
咸宁	0.280 6	66
济宁	0.280 4	67
丽水	0.279 8	68
贵港	0.279 5	69
盘锦	0.279 3	70
肇庆	0.279 1	71
孝感	0.278 8	72
池州	0.277 3	73
茂名	0.277 1	74
淮安	0.276 9	75
开封	0.276 6	76
新余	0.275 8	77
鹰潭	0.274 8	78
巴中	0.274 7	79
株洲	0.274 3	80
益阳	0.274 1	81
廊坊	0.273 5	82
连云港	0.273 4	83
宁德	0.273 4	84
聊城	0.273 3	85
阳江	0.273 2	86
南平	0.272 9	87
桂林	0.272 9	88
黑河	0.272 6	89
临沂	0.271 5	90

地区	指数值	排名
黄石	0.271 5	91
荆门	0.271 0	92
巴彦淖尔	0.270 0	93
铜陵	0.269 8	94
晋城	0.269 8	95
伊春	0.269 6	96
抚顺	0.269 4	97
朔州	0.269 4	98
衡阳	0.269 3	99
铜仁	0.269 3	100

地级市民生发展 100 强中，有东部城市 53 个，中部城市 28 个，西部城市 19 个（见图 7-1），民生发展水平从整体上呈现出"东部—中部—西部"依次递减的状态。我国东、中、西部发展不平衡的问题是一个综合性问题，与我国改革开放以来的政策导向有关，也是中国特色社会主义初级阶段的产物。但是，在国家东中西部平衡发展的战略部署以及"一带一路"倡议的推进下，我国中西部地区也日益释放出巨大的发展潜力，经济社会发展取得了很大的成就，在民生领域逐步追赶和缩小与东部地区的发展差距。

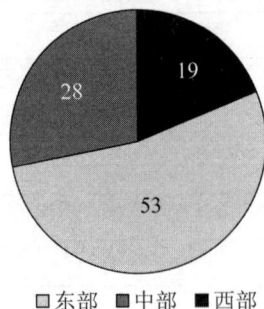

□东部 ■中部 ■西部

图 7-1　地级市民生发展 100 强区位分布情况

7.5.3　地级市排名前 10 位城市的关键因素分析

2018 年地级市民生发展采用的是 2017 年的统计数据，因此，2018 中国地级市民生发展指数排名反映的是 2017 年的水平。

2018 民生发展指数地级市排名前 10 位的城市是金华、苏州、东莞、珠海、中山、无锡、阿拉善、威海、佛山、绍兴。与 2017 年（2016 年数据）地级市排名前 10 位相比，此前排名第 29 位的金华一路高歌猛进，取代苏州一跃成为 2018 年地级市民生排名第 1 位。同时，2017 年排名第 16 位的威海于 2018 年晋升至第 8 位，其余 8 个入围城市皆是前 10 位名单中的常青树，鄂尔多斯和乌海虽然跌出前 10 但其所取得的成绩仍旧不俗。

金华 2018 年的民生发展领跑全国 260 个地级市。通过五个重要二级指标测算可得，金华在民生基础和居住出行两个领域有重大突破，其中民生基础从 2017 年的第 79 位跃升为 2018 年的第 1 位，居住出行从 2017 年的第 22 位升至 2018 年的第 1 位，安全健康领域稳中有进，收入消费和文化教育领域则有所倒退。由此看来，金华加大发展民生基础建设，进出口贸易和城市基础建设的投入是前所未有的，在 2018 民生发展指数总体排名中摘得桂冠也是实至名归。在民生基础方面，2017 年金华实现地区生产总值 3 870 亿元，增长 6.5%；一般公共预算收入 357.7 亿元，增长 8.3%；固定资产投资为 31 126 亿元，增长 6.7%，都市区建设迈出坚实步伐。全年进出口贸易额为 25 604 亿元，增长 12.68%，取得了重大突破，实际利用外资增幅居全省第 3 位，新批外资企业数、合同利用外资、实际利用外资同比分别增长 93.3%、4.8 倍、146.6%，其中合同外资、实到外资增幅分别位列全省第 2 位、第 3 位，境外中方投资增速居全省第 1 位，境外中方投资总量及增速分别居浙江省第 2 位和第 1 位，其中制造业大项目带动作用明显。在收入消费方面的表现也可圈可点，城乡居民人均可支配收入分别达到 50 653 元和 23 922 元，增长 8.8% 和 9.3%，城乡收入比逐步缩减。在居住出行方面，金华全面推进廊道项目，推进"群城聚市"，加快综合交通廊道建设，突出轨道交通、高速公路、快速干线"三个闭合圈"，完成投资 282 亿元。得益于对外开放平台通道的进一步强化，辐射带动更趋明显，融入"一带一路"步伐加快。金华对"一带一路"沿线国家的出口居浙江省首位。旅游收入突破千亿元，迈入全省第一方阵，获评全国"厕所革命"综合推进先进市，新增浦江仙华山、磐安大盘山两个国家级风景名胜区。

2018 年苏州的排名相较 2017 年下降了一位，为第 2 位。从二级指标的测算中可以看到，苏州的民生发展各项指标已经进入一个平稳发展阶段，民生基础、收入消费、居住出行、文化教育都保持在前 6 位，与上一年度相比变化极小，导致苏州今年无缘第 1 名的关键因素在于其安全健康领域排名大幅下滑。威海 2018 民生发展指数总体排名跃升至第 8 位，从 2017 年的第 16 位跻身前 10位，其每前进一步都要付出更多的努力。在民生基础方面，威海稳扎稳打，经济运行稳中向好、质量提高，2017 年全市生产总值达 3 480.10 亿元，增长8.1％，比 2016 年加快 0.2 个百分点，主要经济指标增幅保持全省第一方阵。收入消费和居住出行领域表现平平，但是在文化教育和安全健康领域取得了长足的进步。在社会保障方面，威海居民基础养老金标准、居民医保财政补助标准、失业保险金标准、城乡低保标准、特困人员供养标准都有新提高，用实际行动支持城市的救助保障制度。公共服务供给更加到位，完成了 28 件民生实事。新建、改扩建中小学校 18 所，新建、改扩建公办幼儿园 17 所；设立医养结合机构 16 处，新增护理型养老床位 1 638 张。安全生产的工作依旧细致入微，排查治理隐患 4.9 万项，清理取缔海洋涉渔"三无"船舶 1 258 艘。生态环保方面成效显著，深入排查整治环境保护突出问题，全面取缔整治 1 234 家"散乱污"企业，并对 504 条河流全部推行河长制，保卫蓝天攻坚战取得了优异的成绩，2017 年威海二级以上空气质量天数达到 322 天，比 2016 年增加 43％，切实地为威海民众改善了生活环境。

7.5.4　2018 地级市五大民生指标排名及分析

1. 民生基础排名及分析

二级指标民生基础下设五个三级指标，即城镇化率、人均地区生产总值、地方财政总收入、固定资产投资额、进出口贸易额。

表 7-11　　　　　2018 中国地级市民生基础排名（前 50 名）

指标	民生基础	
地区	指数值	排名
金华	0.774 8	1
苏州	0.518 2	2
无锡	0.393 2	3

续表

指标	民生基础	
地区	指数值	排名
东莞	0.391 4	4
珠海	0.369 6	5
鄂尔多斯	0.347 0	6
东营	0.337 3	7
包头	0.333 3	8
常州	0.326 8	9
中山	0.314 7	10
乌海	0.304 5	11
阿拉善	0.301 0	12
佛山	0.297 2	13
镇江	0.289 5	14
烟台	0.283 5	15
南通	0.283 4	16
威海	0.279 6	17
嘉峪关	0.276 8	18
绍兴	0.266 1	19
淄博	0.263 5	20
嘉兴	0.258 0	21
唐山	0.249 7	22
惠州	0.248 4	23
吐鲁番	0.247 7	24
舟山	0.247 0	25
温州	0.234 3	26
徐州	0.233 3	27
芜湖	0.233 1	28
新余	0.232 7	29
扬州	0.226 6	30
宜昌	0.220 7	31
榆林	0.219 2	32
台州	0.218 0	33

指标	民生基础	
地区	指数值	排名
盘锦	0.217 4	34
攀枝花	0.216 9	35
潍坊	0.216 7	36
三亚	0.216 4	37
泉州	0.213 9	38
石嘴山	0.211 2	39
大兴安岭	0.209 5	40
鄂州	0.208 4	41
盐城	0.206 5	42
襄阳	0.205 4	43
江门	0.203 0	44
三明	0.202 2	45
白山	0.201 7	46
湘潭	0.197 2	47
大庆	0.197 1	48
漳州	0.195 9	49
淮安	0.195 6	50

表 7-12　　　　　　2018 中国地级市民生基础排名(后 50 名)

指标	民生基础	
地区	指数值	排名
广安	0.092 1	211
周口	0.091 2	212
咸阳	0.090 9	213
丽水	0.089 9	214
四平	0.088 8	215
汉中	0.088 2	216
毕节	0.088 0	217
广元	0.087 8	218
中卫	0.087 5	219

指标	民生基础	
地区	指数值	排名
桂林	0.087 3	220
贵港	0.086 8	221
阜新	0.086 7	222
临汾	0.086 6	223
宿州	0.086 6	224
邢台	0.084 9	225
阳江	0.083 9	226
阜阳	0.083 2	227
天水	0.082 2	228
云浮	0.080 7	229
安顺	0.080 6	230
普洱	0.079 1	231
临沧	0.078 1	232
衡水	0.077 9	233
巴中	0.077 7	234
齐齐哈尔	0.076 1	235
亳州	0.076 1	236
克拉玛依	0.074 4	237
铁岭	0.073 0	238
玉林	0.070 5	239
武威	0.069 6	240
吴忠	0.069 3	241
庆阳	0.068 1	242
来宾	0.067 5	243
驻马店	0.064 8	244
崇左	0.064 7	245
赤峰	0.064 6	246
平凉	0.064 2	247
丽江	0.064 1	248
贺州	0.061 4	249

指标	民生基础	
地区	指数值	排名
葫芦岛	0.058 0	250
儋州	0.057 6	251
百色	0.055 2	252
昭通	0.048 7	253
海东	0.047 1	254
朝阳	0.046 1	255
河池	0.042 8	256
陇南	0.038 3	257
保山	0.037 5	258
绥化	0.037 1	259
固原	0.026 4	260

地级市民生基础前 50 名中，有东部城市 32 个，中部城市 11 个，西部城市 7 个，地级市民生基础后 50 名中，有西部城市 29 个，中部城市 11 个，东部城市 10 个，如图 7-2 所示。

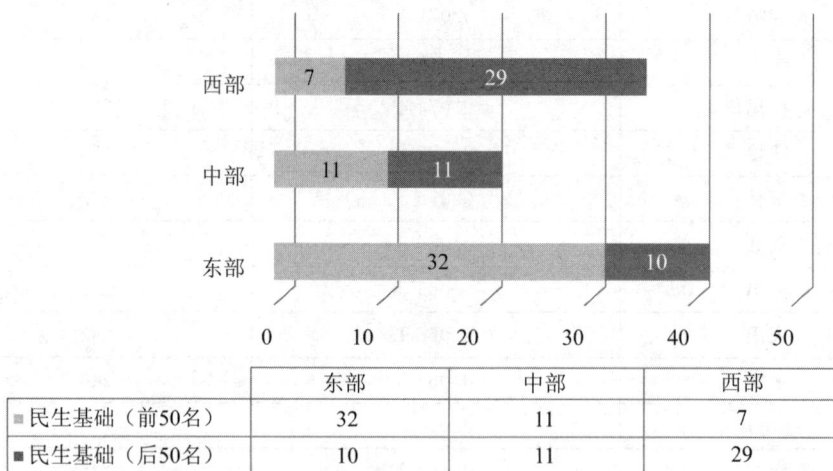

	东部	中部	西部
■民生基础（前50名）	32	11	7
■民生基础（后50名）	10	11	29

图 7-2 地级市民生基础前 50 名与后 50 名区位分布情况

2. 收入消费排名及分析

二级指标收入消费下设五个三级指标，即城镇登记失业率、CPI 增长水平、城乡收入比、恩格尔系数、居民最低生活保障标准。

表 7-13　　　　　　　　**2018 中国地级市收入消费排名（前 50 名）**

指标	收入消费	
地区	指数值	排名
克拉玛依	0.656 3	1
珠海	0.655 0	2
苏州	0.651 0	3
东莞	0.648 1	4
中山	0.633 2	5
无锡	0.625 0	6
佛山	0.605 6	7
常州	0.604 7	8
湖州	0.590 3	9
鄂州	0.580 2	10
绍兴	0.576 5	11
扬州	0.569 0	12
镇江	0.568 4	13
南通	0.562 3	14
宜昌	0.559 4	15
开封	0.557 7	16
徐州	0.556 5	17
云浮	0.554 3	18
舟山	0.553 7	19
鹤壁	0.552 4	20
滨州	0.547 0	21
盐城	0.545 3	22
泰州	0.544 5	23
泉州	0.544 2	24
随州	0.541 2	25

指标	收入消费	
地区	指数值	排名
咸宁	0.540 0	26
威海	0.539 3	27
莆田	0.535 4	28
茂名	0.532 7	29
湘潭	0.527 6	30
肇庆	0.527 1	31
三门峡	0.522 7	32
江门	0.520 3	33
三明	0.519 9	34
淮安	0.519 8	35
宁德	0.519 5	36
嘉峪关	0.519 1	37
廊坊	0.518 8	38
宿迁	0.518 4	39
汕尾	0.518 2	40
惠州	0.517 5	41
连云港	0.516 7	42
漯河	0.516 4	43
衢州	0.514 2	44
金华	0.512 9	45
鞍山	0.512 5	46
枣庄	0.510 3	47
温州	0.508 4	48
汕头	0.508 2	49
河源	0.507 7	50

表 7-14 　　　　　2018 中国地级市收入消费排名(后 50 名)

指标	收入消费	
地区	指数值	排名
攀枝花	0.365 8	211
大庆	0.364 6	212
保山	0.364 0	213

续表

指标	收入消费	
地区	指数值	排名
通化	0.363 8	214
宝鸡	0.363 4	215
贺州	0.360 3	216
赤峰	0.359 5	217
景德镇	0.358 1	218
防城港	0.355 6	219
资阳	0.354 4	220
上饶	0.354 3	221
钦州	0.352 9	222
保定	0.350 3	223
内江	0.350 2	224
大同	0.348 7	225
毕节	0.345 8	226
泸州	0.345 1	227
达州	0.343 6	228
永州	0.342 6	229
兴安	0.342 6	230
乐山	0.341 4	231
雅安	0.341 3	232
渭南	0.341 1	233
商洛	0.341 0	234
广安	0.340 3	235
白银	0.339 6	236
玉溪	0.338 3	237
九江	0.337 7	238
百色	0.336 2	239
忻州	0.335 3	240
平凉	0.335 0	241
张家界	0.332 5	242
广元	0.329 0	243
咸阳	0.326 9	244
固原	0.323 2	245

续表

指标	收入消费	
地区	指数值	排名
眉山	0.316 9	246
赣州	0.316 2	247
南阳	0.311 1	248
丽江	0.310 5	249
乌兰察布	0.310 3	250
天水	0.300 4	251
安康	0.299 8	252
南充	0.294 9	253
怀化	0.294 2	254
梧州	0.293 6	255
娄底	0.286 6	256
定西	0.279 7	257
六盘水	0.261 3	258
绵阳	0.242 6	259
北海	0.231 7	260

地级市收入消费前 50 名中，有东部城市 39 个，中部城市 9 个，西部城市 2 个；地级市收入消费后 50 名中，有东部城市 1 个，中部城市 15 个，西部城市 34 个。地级市收入消费前 50 名中，中东部城市较为集中，而后 50 名则集中为中西部城市，显示出收入消费水平的地区差距仍然悬殊，如图 7-3 所示。

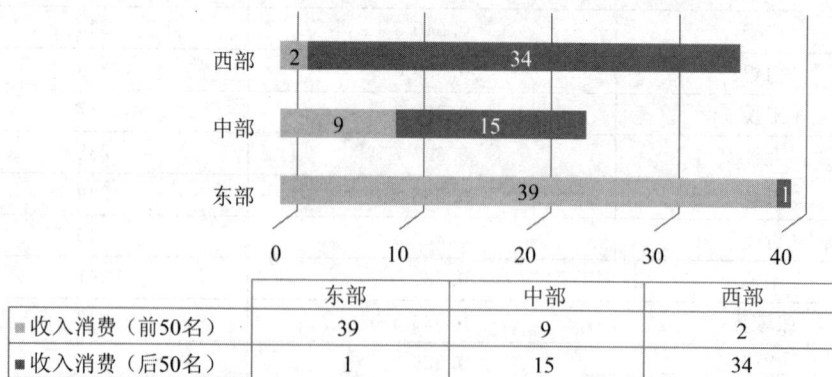

	东部	中部	西部
■收入消费（前50名）	39	9	2
■收入消费（后50名）	1	15	34

图 7-3　地级市收入消费前 50 名与后 50 名区位分布情况

3. 居住出行排名及分析

二级指标居住出行下设五个三级指标，即房地产开发投资额、人均绿地面积、旅游总收入、每万人拥有民用汽车数、每万人享有公路里程。

表 7-15　　　　　　　**2018 中国地级市居住出行排名（前 50 名）**

指标	居住出行	
地区	指数值	排名
金华	0.568 2	1
黄山	0.313 6	2
苏州	0.288 7	3
江门	0.281 7	4
东莞	0.264 1	5
大兴安岭	0.257 7	6
鄂尔多斯	0.251 4	7
阿拉善	0.243 4	8
呼伦贝尔	0.239 3	9
嘉兴	0.229 0	10
酒泉	0.224 8	11
龙岩	0.220 4	12
无锡	0.219 2	13
乌海	0.219 2	14
包头	0.216 9	15
丽水	0.215 0	16
珠海	0.212 9	17
锡林郭勒	0.211 5	18
绍兴	0.211 0	19
临沧	0.209 9	20
烟台	0.205 3	21
温州	0.204 0	22
佛山	0.203 7	23
乌兰察布	0.200 4	24
南平	0.199 1	25
湖州	0.197 1	26
惠州	0.196 8	27

指标	居住出行	
地区	指数值	排名
淄博	0.195 4	28
常州	0.191 1	29
吴忠	0.190 6	30
赤峰	0.189 3	31
遂宁	0.188 8	32
通辽	0.188 3	33
榆林	0.184 1	34
固原	0.182 4	35
阳江	0.181 8	36
清远	0.180 9	37
宜昌	0.180 2	38
茂名	0.179 1	39
台州	0.178 9	40
威海	0.178 9	41
随州	0.176 3	42
铜仁	0.172 4	43
嘉峪关	0.171 6	44
唐山	0.170 2	45
七台河	0.170 2	46
中山	0.168 1	47
湘潭	0.167 2	48
安顺	0.166 8	49
滨州	0.165 8	50

表 7-16　　　　　　　　2018 中国地级市居住出行排名(后 50 名)

指标	居住出行	
地区	指数值	排名
新乡	0.100 6	211
淮南	0.100 4	212
萍乡	0.099 9	213
淮安	0.099 8	214
保山	0.099 1	215

指标	居住出行	
地区	指数值	排名
防城港	0.098 9	216
娄底	0.098 7	217
湛江	0.098 6	218
汕头	0.097 8	219
辽阳	0.097 8	220
平顶山	0.097 4	221
信阳	0.097 1	222
抚州	0.096 9	223
周口	0.095 6	224
铜陵	0.095 6	225
淮北	0.095 6	226
黄石	0.095 3	227
德州	0.095 2	228
忻州	0.094 8	229
漯河	0.094 8	230
佳木斯	0.094 5	231
牡丹江	0.094 0	232
宿迁	0.093 9	233
商丘	0.093 7	234
大庆	0.093 6	235
南阳	0.093 1	236
铁岭	0.092 7	237
玉林	0.091 7	238
孝感	0.090 4	239
阜阳	0.089 9	240
许昌	0.089 8	241
齐齐哈尔	0.089 2	242
本溪	0.088 8	243
鄂州	0.088 8	244
北海	0.086 7	245

续表

指标	居住出行	
地区	指数值	排名
宿州	0.086 5	246
云浮	0.083 9	247
宜宾	0.082 2	248
亳州	0.081 7	249
自贡	0.081 4	250
崇左	0.080 1	251
百色	0.079 8	252
绥化	0.074 9	253
揭阳	0.074 9	254
贺州	0.072 6	255
梧州	0.069 0	256
汕尾	0.068 8	257
贵港	0.058 7	258
昭通	0.055 1	259
克拉玛依	0.036 3	260

地级市居住出行前 50 名中，有东部城市 26 个，中部城市 7 个，西部城市 17 个；地级市居住出行后 50 名中，有东部城市 10 个，中部城市 27 个，西部城市 13 个，如图 7-4 所示。

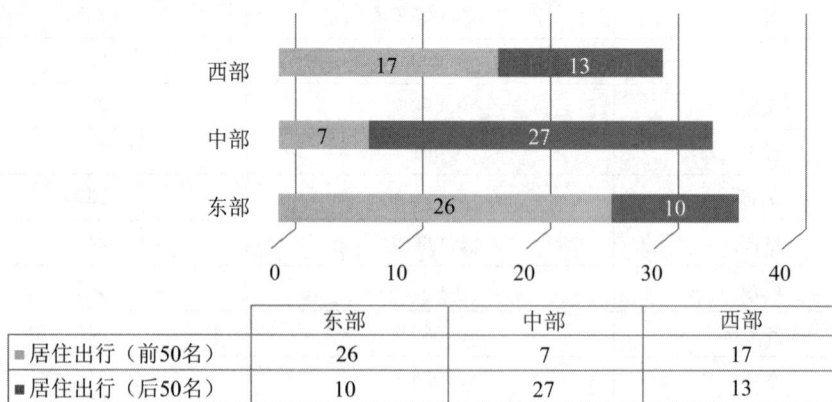

	东部	中部	西部
■居住出行（前50名）	26	7	17
■居住出行（后50名）	10	27	13

图 7-4 地级市居住出行前 50 名与后 50 名区位分布情况

4. 文化教育排名及分析

二级指标文化教育下设五个三级指标，即专利申请总量、义务教育巩固率、每万人在校大学生数、每万人在校高中生数、每十万人拥有图书馆和博物馆数。

表 7-17   **2018 中国地级市文化教育排名(前 50 名)**

指标	文化教育	
地区	指数值	排名
贵港	0.385 7	1
珠海	0.380 0	2
芜湖	0.372 1	3
黄山	0.362 9	4
苏州	0.358 6	5
攀枝花	0.344 7	6
三亚	0.343 0	7
阿拉善	0.341 3	8
百色	0.339 5	9
东莞	0.338 9	10
酒泉	0.329 7	11
湖州	0.327 7	12
黑河	0.326 3	13
湘潭	0.321 7	14
晋中	0.318 7	15
儋州	0.311 3	16
遂宁	0.309 7	17
达州	0.305 7	18
无锡	0.304 0	19
泉州	0.303 7	20
鸡西	0.300 9	21
池州	0.298 0	22
中山	0.298 0	23
四平	0.296 7	24

指标	文化教育	
地区	指数值	排名
秦皇岛	0.296 0	25
温州	0.294 9	26
桂林	0.293 8	27
常州	0.293 2	28
马鞍山	0.292 9	29
台州	0.292 3	30
宜昌	0.292 3	31
资阳	0.292 2	32
镇江	0.290 6	33
大同	0.289 1	34
新余	0.287 5	35
绍兴	0.286 8	36
黄冈	0.286 7	37
淄博	0.286 7	38
锡林郭勒	0.286 0	39
南通	0.285 5	40
聊城	0.283 6	41
葫芦岛	0.283 2	42
蚌埠	0.283 0	43
威海	0.282 0	44
吐鲁番	0.282 0	45
烟台	0.278 7	46
伊春	0.277 7	47
铜陵	0.275 4	48
崇左	0.275 3	49
滁州	0.275 2	50

表 7-18　　　　　　　　**2018 中国地级市文化教育排名(后 50 名)**

指标	文化教育	
地区	指数值	排名
鞍山	0.228 9	211
盘锦	0.228 8	212
双鸭山	0.228 7	213
衡阳	0.228 1	214
益阳	0.227 1	215
宿迁	0.226 4	216
云浮	0.226 3	217
济宁	0.226 1	218
固原	0.226 1	219
普洱	0.226 0	220
巴彦淖尔	0.225 9	221
兴安	0.225 5	222
保定	0.225 2	223
汕尾	0.225 1	224
辽阳	0.225 1	225
荆门	0.224 7	226
克拉玛依	0.224 6	227
阳江	0.224 1	228
铁岭	0.224 1	229
渭南	0.221 9	230
邢台	0.221 9	231
沧州	0.221 7	232
南平	0.221 2	233
邯郸	0.221 2	234
丽江	0.221 1	235
白城	0.221 1	236
通化	0.220 7	237
昭通	0.220 4	238
齐齐哈尔	0.220 0	239
通辽	0.219 0	240

指标	文化教育	
地区	指数值	排名
定西	0.218 4	241
随州	0.216 1	242
揭阳	0.214 7	243
张家口	0.214 1	244
临沧	0.203 1	245
濮阳	0.200 9	246
茂名	0.199 5	247
菏泽	0.199 4	248
柳州	0.199 1	249
宿州	0.187 9	250
潮州	0.184 7	251
陇南	0.174 8	252
江门	0.172 3	253
淮北	0.172 1	254
阜阳	0.152 0	255
梅州	0.149 8	256
钦州	0.146 3	257
玉林	0.124 8	258
泰安	0.121 8	259
清远	0.091 0	260

地级市文化教育前 50 名中，有东部城市 21 个，中部城市 16 个，西部城市 13 个；地级市文化教育后 50 名中，有东部城市 23 个，中部城市 13 个，西部城市 14 个，如图 7-5 所示。通过一系列优化教育资源分配，促进教育公平发展的努力，中西部地区提高文化教育水平已取得显著成效，并且在不断缩小与东部地区城市的教育差距。

5. 安全健康排名及分析

二级指标安全健康下设五个三级指标，即每十万人拥有卫生机构床位数、二级以上空气质量天数、城乡基本养老保险及基本医疗保险参保率、安全事故发生数、污水处理率。

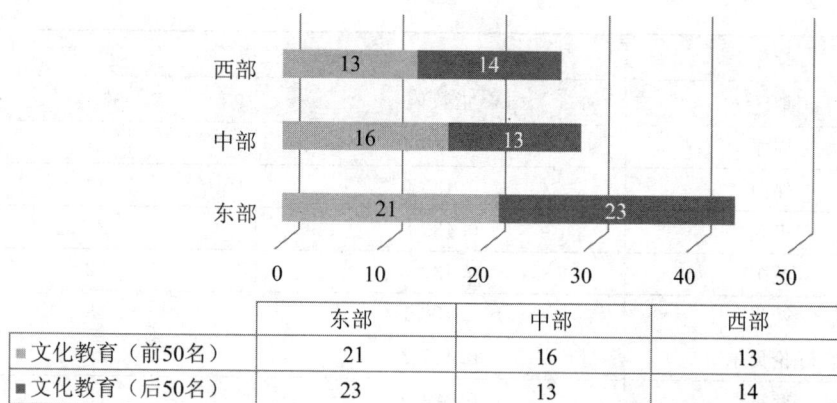

	东部	中部	西部
■文化教育（前50名）	21	16	13
■文化教育（后50名）	23	13	14

图 7-5　地级市文化教育前 50 名与后 50 名区位分布情况

表 7-19　　　　　　　　2018 中国地级市安全健康排名（前 50 名）

指标	安全健康	
地区	指数值	排名
秦皇岛	0.553 4	1
吐鲁番	0.513 2	2
中山	0.496 5	3
临沧	0.492 2	4
威海	0.486 9	5
克拉玛依	0.483 4	6
舟山	0.476 9	7
孝感	0.474 2	8
丽江	0.461 5	9
白银	0.457 2	10
嘉峪关	0.453 3	11
曲靖	0.450 7	12
南阳	0.445 6	13
娄底	0.445 3	14
张家界	0.444 3	15
本溪	0.441 1	16
梅州	0.441 0	17
惠州	0.441 0	18

续表

指标	安全健康	
地区	指数值	排名
固原	0.438 4	19
保山	0.435 6	20
玉溪	0.433 8	21
益阳	0.432 7	22
衢州	0.428 1	23
呼伦贝尔	0.427 2	24
商洛	0.424 9	25
东莞	0.424 7	26
安顺	0.424 1	27
广元	0.422 8	28
龙岩	0.422 7	29
普洱	0.419 9	30
防城港	0.417 3	31
绍兴	0.416 9	32
海东	0.416 4	33
昭通	0.415 8	34
平凉	0.415 7	35
朔州	0.414 3	36
武威	0.414 2	37
定西	0.413 9	38
泉州	0.413 6	39
遵义	0.412 6	40
三明	0.412 2	41
鸡西	0.411 3	42
丹东	0.410 6	43
大庆	0.410 2	44
常德	0.407 8	45
盘锦	0.406 3	46
金华	0.406 2	47
河池	0.403 4	48
潍坊	0.403 0	49
朝阳	0.402 6	50

表 7-20　　　　　　　　　　2018 中国地级市安全健康排名(后 50 名)

指标	安全健康	
地区	指数值	排名
内江	0.312 8	211
盐城	0.312 3	212
绥化	0.308 5	213
宿州	0.307 7	214
泸州	0.307 7	215
淮南	0.305 6	216
德州	0.304 9	217
唐山	0.303 6	218
苏州	0.302 1	219
宜宾	0.302 1	220
百色	0.302 0	221
景德镇	0.299 4	222
三门峡	0.298 6	223
晋城	0.298 4	224
晋中	0.298 0	225
松原	0.297 4	226
白山	0.296 3	227
德阳	0.295 3	228
安阳	0.293 6	229
渭南	0.292 5	230
白城	0.288 7	231
运城	0.287 6	232
商丘	0.287 5	233
廊坊	0.286 3	234
营口	0.285 3	235
通化	0.285 1	236
邯郸	0.282 9	237
淮北	0.281 1	238
焦作	0.278 7	239
萍乡	0.277 5	240
咸阳	0.276 5	241
宿迁	0.275 3	242
扬州	0.275 2	243
延边	0.275 0	244

续表

指标	安全健康	
地区	指数值	排名
枣庄	0.269 1	245
沧州	0.268 1	246
漯河	0.265 5	247
阜阳	0.264 0	248
漳州	0.258 4	249
辽源	0.257 6	250
徐州	0.251 5	251
莆田	0.250 5	252
自贡	0.247 2	253
临汾	0.247 1	254
四平	0.239 7	255
揭阳	0.235 1	256
衡水	0.234 1	257
邢台	0.232 5	258
达州	0.215 5	259
黄冈	0.202 2	260

　　地级市安全健康前 50 名中，有东部城市 18 个，中部城市 10 个，西部城市 22 个；地级市安全健康后 50 名中，有东部城市 16 个，中部城市 27 个，西部城市 7 个，如图 7-6 所示。

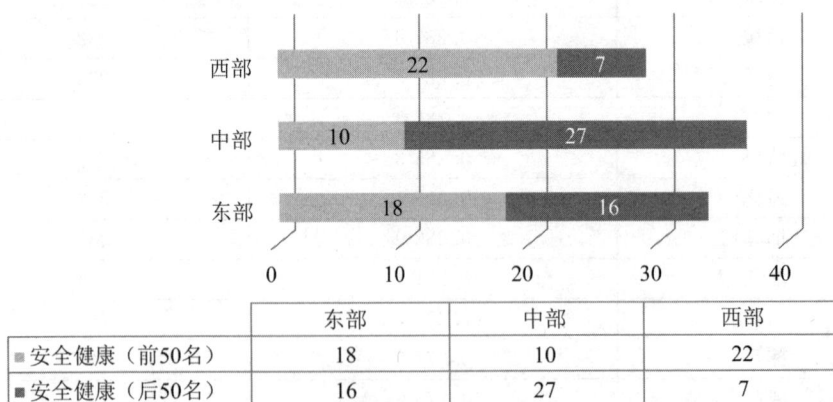

	东部	中部	西部
■安全健康（前50名）	18	10	22
■安全健康（后50名）	16	27	7

图 7-6　地级市安全健康前 50 名与后 50 名区位分布情况

7.5.5 地级市民生发展指数省(区)内排名

1. 河北省

表 7-21　　　　　　　　　　河北省地级市民生发展指数排名

城市	指数值	2018 年排名	2016 年排名
秦皇岛	0.316 5	1	4
唐山	0.287 0	2	3
石家庄	0.275 9	3	1
廊坊	0.273 5	4	2
张家口	0.260 0	5	9
承德	0.253 0	6	5
邯郸	0.247 4	7	7
保定	0.239 8	8	6
沧州	0.237 9	9	8
衡水	0.217 7	10	11
邢台	0.213 1	11	10

河北省的民生发展指数排名前三位的城市为秦皇岛、唐山、石家庄,排名后三位的城市为沧州、衡水、邢台,张家口的排名上升较为明显。

2. 山西省

表 7-22　　　　　　　　　　山西省地级市民生发展指数排名

城市	指数值	2018 年排名	2017 年排名
太原	0.360 7	1	1
晋城	0.269 8	2	2
朔州	0.269 4	3	5
大同	0.263 4	4	3
晋中	0.262 2	5	6
阳泉	0.261 8	6	4
长治	0.254 0	7	7

城市	指数值	2018 年排名	2017 年排名
吕梁	0.253 1	8	10
运城	0.250 2	9	9
临汾	0.237 2	10	8
忻州	0.228 6	11	11

山西省的民生发展指数排名前三位的城市为太原、晋城、朔州，排名后三位的城市为运城、临汾、忻州，朔州、吕梁的排名改善情况较为明显。

3. 内蒙古自治区

表 7-23   内蒙古自治区地级市民生发展指数排名

城市	指数值	2018 年排名	2017 年排名
阿拉善	0.356 3	1	1
鄂尔多斯	0.340 2	2	2
乌海	0.322 1	3	3
呼和浩特	0.319 4	4	5
呼伦贝尔	0.311 7	5	6
包头	0.305 7	6	4
锡林郭勒	0.282 7	7	7
巴彦淖尔	0.270 0	8	8
通辽	0.267 9	9	9
乌兰察布	0.247 4	10	11
赤峰	0.246 3	11	10
兴安	0.235 0	12	12

内蒙古自治区的民生发展指数前三位的城市排名没有变化，仍为阿拉善、鄂尔多斯、乌海，排名后三位的城市为乌兰察布、赤峰、兴安，呼和浩特、呼伦贝尔、乌兰察布的排名情况略有改善。

4. 辽宁省

表 7-24　　　　　　　辽宁省地级市民生发展指数排名

城市	指数值	2018 年排名	2017 年排名
大连	0.334 8	1	1
沈阳	0.311 3	2	2
本溪	0.284 1	3	3
盘锦	0.279 3	4	4
抚顺	0.269 4	5	10
鞍山	0.269 1	6	7
丹东	0.258 3	7	9
辽阳	0.251 3	8	5
阜新	0.247 4	9	11
营口	0.246 6	10	6
锦州	0.243 6	11	12
朝阳	0.243 3	12	14
葫芦岛	0.236 9	13	8
铁岭	0.229 7	14	13

　　辽宁省的民生发展指数排名前三位的城市为大连、沈阳、本溪，排名后三位的城市为朝阳、葫芦岛、铁岭，排名上升较明显的是抚顺。

5. 吉林省

表 7-25　　　　　　　吉林省地级市民生发展指数排名

城市	指数值	2018 年排名	2017 年排名
长春	0.271 5	1	1
吉林	0.261 6	2	3
白山	0.257 7	3	2
辽源	0.243 2	4	9
延边	0.241 8	5	4
白城	0.239 2	6	7
松原	0.236 0	7	5
四平	0.225 8	8	8
通化	0.220 3	9	6

吉林省的民生发展指数排名前三位的城市为长春、吉林、白山，排名后三位的城市为松原、四平、通化，辽源的排名上升较明显。

6. 黑龙江

表 7-26   黑龙江省地级市民生发展指数排名

城市	指数值	2018 年排名	2017 年排名
大兴安岭	0.303 8	1	1
哈尔滨	0.288 1	2	2
鸡西	0.283 7	3	7
鹤岗	0.280 8	4	3
黑河	0.272 6	5	10
伊春	0.269 6	6	4
七台河	0.268 3	7	8
大庆	0.263 9	8	5
双鸭山	0.257 4	9	9
牡丹江	0.254 4	10	6
佳木斯	0.249 8	11	11
绥化	0.215 7	12	12
齐齐哈尔	0.215 6	13	13

黑龙江省的民生发展指数排名前三位的城市为大兴安岭、哈尔滨、鸡西，排名后三位的城市为佳木斯、绥化、齐齐哈尔，排名改善较为明显的是鸡西、黑河。

7. 江苏省

表 7-27   江苏省地级市民生发展指数排名

城市	指数值	2018 年排名	2017 年排名
苏州	0.423 7	1	1
南京	0.414 2	2	2
无锡	0.376 7	3	3
常州	0.349 7	4	4

续表

城市	指数值	2018 年排名	2017 年排名
镇江	0.325 8	5	5
南通	0.321 5	6	6
泰州	0.295 9	7	9
扬州	0.295 2	8	7
徐州	0.285 6	9	8
盐城	0.283 7	10	11
淮安	0.276 9	11	10
连云港	0.273 4	12	12
宿迁	0.256 2	13	13

　　江苏省的民生发展指数排名前三位的城市为苏州、南京、无锡，排名后三位的城市为淮安、连云港、宿迁，排名改善较明显的为泰州。

8. 浙江省

表 7-28　　　　　　　　　　　浙江省地级市民生发展指数排名

城市	指数值	2018 年排名	2017 年排名
金华	0.500 0	1	7
杭州	0.479 0	2	1
宁波	0.390 4	3	2
绍兴	0.351 5	4	3
舟山	0.335 1	5	4
嘉兴	0.322 7	6	5
湖州	0.322 7	7	8
台州	0.313 7	8	9
温州	0.312 8	9	6
衢州	0.297 1	10	10
丽水	0.279 8	11	11

　　浙江省的民生发展指数排名前三位的城市为金华、杭州、宁波，排名后三位的城市为温州、衢州、丽水，排名改善较为明显的为金华。

9. 安徽省

表 7-29 安徽省地级市民生发展指数排名

城市	指数值	2018 年排名	2017 年排名
合肥	0.357 4	1	1
黄山	0.322 7	2	4
芜湖	0.309 7	3	2
马鞍山	0.280 7	4	3
池州	0.277 3	5	7
铜陵	0.269 8	6	6
宣城	0.267 9	7	8
蚌埠	0.263 0	8	5
六安	0.255 7	9	16
滁州	0.255 3	10	10
安庆	0.251 2	11	12
淮南	0.239 7	12	13
淮北	0.231 4	13	9
亳州	0.223 4	14	15
宿州	0.218 9	15	11
阜阳	0.208 9	16	14

安徽省的民生发展指数排名情况变化较大，其中排名前三位的城市为合肥、黄山、芜湖，排名后三位的城市为亳州、宿州、阜阳，上升较明显的为六安。

10. 福建省

表 7-30 福建省地级市民生发展指数排名

城市	指数值	2018 年排名	2017 年排名
厦门	0.372 2	1	1
福州	0.341 3	2	2
泉州	0.324 8	3	4

续表

城市	指数值	2018 年排名	2017 年排名
龙岩	0.318 8	4	3
三明	0.305 6	5	6
宁德	0.273 4	6	9
南平	0.272 9	7	5
莆田	0.258 2	8	8
漳州	0.249 5	9	7

　　福建省的民生发展指数排名前三位的城市为厦门、福州、泉州，排名后三位的城市为南平、莆田、漳州，排名改善较明显的为宁德。

11. 江西省

表 7-31　　　　　　　　　　　江西省地级市民生发展指数排名

城市	指数值	2018 年排名	2017 年排名
南昌	0.300 4	1	1
新余	0.275 8	2	2
鹰潭	0.274 8	3	3
宜春	0.254 8	4	11
抚州	0.254 7	5	6
吉安	0.250 0	6	4
九江	0.247 6	7	9
景德镇	0.238 5	8	7
上饶	0.231 4	9	8
萍乡	0.229 7	10	5
赣州	0.226 2	11	10

　　江西省的民生发展指数排名前三位的城市为南昌、新余、鹰潭，排名后三位的城市为上饶、萍乡、赣州，排名改善较明显的为宜春。

12. 山东省

表 7-32   山东省地级市民生发展指数排名

城市	指数值	2018 年排名	2017 年排名
威海	0.353 3	1	5
青岛	0.352 6	2	1
济南	0.328 0	3	3
东营	0.318 3	4	2
淄博	0.314 4	5	7
烟台	0.313 2	6	4
潍坊	0.307 1	7	8
滨州	0.296 1	8	12
日照	0.293 2	9	9
莱芜	0.286 6	10	13
济宁	0.280 4	11	14
聊城	0.273 3	12	10
临沂	0.271 5	13	11
泰安	0.263 5	14	6
枣庄	0.261 5	15	15
德州	0.260 8	16	16
菏泽	0.253 8	17	17

　　山东省的民生发展指数排名前三位的城市为威海、青岛、济南，排名后三位的城市为枣庄、德州、菏泽，排名改善较明显的为威海、滨州。

13. 河南省

表 7-33   河南省地级市民生发展指数排名

城市	指数值	2018 年排名	2017 年排名
郑州	0.364 2	1	1
鹤壁	0.284 7	2	4
开封	0.276 6	3	14
信阳	0.268 4	4	11

城市	指数值	2018 年排名	2017 年排名
三门峡	0.266 0	5	2
焦作	0.261 0	6	9
许昌	0.257 0	7	5
安阳	0.253 9	8	8
洛阳	0.248 8	9	3
漯河	0.247 7	10	10
平顶山	0.247 1	11	16
新乡	0.246 8	12	6
濮阳	0.240 2	13	12
南阳	0.239 4	14	13
驻马店	0.238 9	15	7
周口	0.228 0	16	15
商丘	0.225 4	17	17

河南省的民生发展指数排名情况变化较大，排名前三位的城市为郑州、鹤壁、开封，排名后三位的城市为驻马店、周口、商丘，排名改善较为明显的是开封、信阳、平顶山。

14. 湖北省

表 7-34　　　　　　　　湖北省地级市民生发展指数排名

城市	指数值	2018 年排名	2017 年排名
武汉	0.393 6	1	1
宜昌	0.313 4	2	3
鄂州	0.297 9	3	6
随州	0.289 1	4	10
襄阳	0.287 5	5	2
咸宁	0.280 6	6	7
孝感	0.278 8	7	11
黄石	0.271 5	8	5
荆门	0.271 0	9	8

续表

城市	指数值	2018 年排名	2017 年排名
荆州	0.264 5	10	9
十堰	0.261 7	11	4
黄冈	0.234 6	12	12

湖北省的民生发展指数排名情况变化较大，排名前三位的城市为武汉、宜昌、鄂州，排名后三位的城市为荆州、十堰、黄冈，排名改善较为明显的是随州、孝感、鄂州。

15. 湖南省

表 7-35   湖南省地级市民生指数排名

城市	指数值	2018 年排名	2017 年排名
长沙	0.383 8	1	1
湘潭	0.315 5	2	3
株洲	0.274 3	3	2
益阳	0.274 1	4	7
衡阳	0.269 3	5	8
岳阳	0.265 6	6	6
常德	0.265 3	7	4
张家界	0.256 2	8	9
郴州	0.253 8	9	5
娄底	0.237 2	10	11
永州	0.234 5	11	10
邵阳	0.233 1	12	12
怀化	0.228 7	13	13

湖南省的民生发展指数排名情况变化较大，排名前三位的城市为长沙、湘潭、株洲，排名后三位的城市为永州、邵阳、怀化，排名改善较为明显的是益阳、衡阳。

16. 广东省

表 7-36　　　　　　　　广东省地级市民生发展指数排名

城市	指数值	2018 年排名	2017 年排名
深圳	0.530 6	1	1
广州	0.419 3	2	2
东莞	0.413 5	3	3
珠海	0.395 8	4	4
中山	0.382 1	5	6
佛山	0.352 9	6	5
惠州	0.329 2	7	7
江门	0.306 1	8	9
汕头	0.292 0	9	11
肇庆	0.279 1	10	8
茂名	0.277 1	11	12
阳江	0.273 2	12	16
韶关	0.264 6	13	14
梅州	0.263 0	14	15
湛江	0.261 7	15	18
汕尾	0.261 1	16	21
云浮	0.255 9	17	13
河源	0.254 6	18	17
潮州	0.254 2	19	19
清远	0.235 3	20	10
揭阳	0.227 5	21	20

　　广东省的民生发展指数排名情况变化较大，排名前三位的城市为深圳、广州、东莞，排名后三位的城市为潮州、清远、揭阳，排名上升较明显的为汕尾、阳江、湛江。

17. 广西壮族自治区

表 7-37　　　　　　　　广西壮族自治区地级市民生发展指数排名

城市	指数值	2018 年排名	2017 年排名
贵港	0.279 5	1	4
桂林	0.272 9	2	7
南宁	0.266 0	3	2
柳州	0.262 1	4	3
防城港	0.253 8	5	8
河池	0.246 2	6	6
来宾	0.243 8	7	10
崇左	0.237 8	8	9
贺州	0.226 8	9	13
百色	0.222 5	10	1
钦州	0.220 8	11	5
北海	0.216 6	12	11
玉林	0.211 7	13	14
梧州	0.210 1	14	12

广西壮族自治区的民生发展指数排名情况变化较大,排名前三位的城市为贵港、桂林、南宁,排名后三位的城市为北海、玉林、梧州,排名上升较明显的为贵港、桂林、贺州、防城港、来宾。

18. 海南省

表 7-38　　　　　　　　海南省地级市民生发展指数排名

城市	指数值	2018 年排名	2017 年排名
三亚	0.309 9	1	2
海口	0.302 0	2	1
儋州	0.263 1	3	3

海南省的民生发展指数排名中三亚的排名上升一位。

19. 四川省

表 7-39　　　　　　　　　　　四川省地级市民生发展指数排名

城市	指数值	2018 年排名	2017 年排名
成都	0.373 0	1	1
攀枝花	0.288 9	2	2
巴中	0.274 7	3	15
遂宁	0.264 8	4	14
宜宾	0.246 2	5	3
广元	0.243 1	6	5
资阳	0.240 0	7	8
乐山	0.237 1	8	9
德阳	0.235 4	9	10
泸州	0.233 0	10	6
绵阳	0.231 3	11	4
广安	0.228 8	12	13
雅安	0.225 1	13	11
内江	0.221 4	14	12
自贡	0.221 1	15	16
眉山	0.219 7	16	7
南充	0.219 0	17	17
达州	0.212 6	18	18

　　四川省的民生发展指数排名情况变化很大，排名前三位的城市为成都、攀枝花、巴中，排名后三位的城市为眉山、南充、达州，排名上升最明显的为巴中、遂宁。

20. 贵州省

表 7-40 贵州省地级市民生发展指数排名

城市	指数值	2018 年排名	2017 年排名
贵阳	0.337 2	1	1
遵义	0.291 3	2	3
铜仁	0.269 3	3	5
安顺	0.267 4	4	4
毕节	0.248 8	5	6
六盘水	0.226 7	6	2

贵州省的民生发展指数排名前三位的城市为贵阳、遵义、铜仁，排名后三位的城市为安顺、毕节、六盘水，排名变化最大的是六盘水。

21. 云南省

表 7-41 云南省地级市民生发展指数排名

城市	指数值	2018 年排名	2017 年排名
昆明	0.337 9	1	1
临沧	0.286 6	2	5
曲靖	0.266 8	3	7
玉溪	0.256 4	4	3
普洱	0.243 6	5	4
丽江	0.238 1	6	2
保山	0.235 3	7	6
昭通	0.225 0	8	8

云南省的民生发展指数排名前三位的城市为昆明、临沧、曲靖，排名后三位的城市为丽江、保山、昭通，排名改善最明显的为临沧、曲靖。

22. 西藏自治区

表 7-42 西藏自治区地级市民生发展指数排名

城市	指数值	2018 年排名	2017 年排名
拉萨	0.247 5	1	1

西藏自治区因数据缺失较多，所以只对拉萨进行了民生发展测评。

23. 陕西省

表 7-43 陕西省地级市民生发展指数排名

城市	指数值	2018 年排名	2017 年排名
西安	0.363 9	1	1
榆林	0.284 8	2	2
延安	0.266 6	3	3
铜川	0.256 4	4	6
商洛	0.249 9	5	8
宝鸡	0.246 2	6	7
汉中	0.243 9	7	9
安康	0.243 6	8	4
渭南	0.222 5	9	10
咸阳	0.222 0	10	5

陕西省的民生发展指数排名前三位的城市为西安、榆林、延安，排名后三位的城市为安康、渭南、咸阳，排名上升较明显的是商洛、铜川、汉中。

24. 甘肃省

表 7-44 甘肃省地级市民生发展指数排名

城市	指数值	2018 年排名	2017 年排名
兰州	0.352 7	1	1
嘉峪关	0.331 4	2	2
酒泉	0.313 9	3	4
张掖	0.267 8	4	5

城市	指数值	2018年排名	2017年排名
金昌	0.266 2	5	3
武威	0.256 5	6	7
白银	0.249 5	7	8
庆阳	0.237 3	8	6
平凉	0.235 0	9	9
定西	0.232 1	10	10
陇南	0.222 6	11	12
天水	0.217 2	12	11

甘肃省的民生发展指数排名前三位的城市为兰州、嘉峪关、酒泉，排名后三位的城市为定西、陇南、天水。

25. 青海省

表7-45　　　　　　青海省地级市民生发展指数排名

城市	指数值	2018年排名	2017年排名
西宁	0.279 2	1	1
海东	0.244 7	2	2

青海省两地级市民生发展指数排名保持不变。

26. 宁夏回族自治区

表7-46　　　　　宁夏回族自治区地级市民生发展指数排名

城市	指数值	2018年排名	2017年排名
银川	0.294 8	1	1
石嘴山	0.265 0	2	2
吴忠	0.255 1	3	3
中卫	0.251 7	4	5
固原	0.239 3	5	4

宁夏回族自治区的民生发展指数排名前三位的城市为银川、石嘴山、吴忠，中卫的排名上升了一位。

27. 新疆维吾尔自治区

表 7-47　　　　　　　　　　新疆维吾尔自治区地级市民生发展指数排名

城市	指数值	2018 年排名	2017 年排名
乌鲁木齐	0.361 0	1	2
吐鲁番	0.315 5	2	3
克拉玛依	0.295 0	3	1

新疆维吾尔自治区的民生发展指数排名次序为乌鲁木齐、吐鲁番、克拉玛依，排名变化最大的是克拉玛依。

>> 7.6　指标定义与数据来源 <<

1. 城镇化率：指城市户籍人口占户籍总人口的比例。

数据来源：2017 年各城市国民经济和社会发展统计公报。

2. 人均地区生产总值：指一定时期内按平均常住人口计算的地区生产总值。

数据来源：2017 年各城市国民经济和社会发展统计公报。

3. 地方财政总收入：即公共财政预算收入与上划中央收入之和，反映本地区当年组织的财政收入总规模，是计算当年地方可用财力的主要依据。与国内生产总值比较，可反映财政的集中程度。

数据来源：2017 年各城市国民经济和社会发展统计公报。

4. 固定资产投资额：指以货币形式表现的在一定时期内全社会建造和购置固定资产的工作量以及与此有关的费用的总称。

数据来源：2017 年各城市国民经济和社会发展统计公报。

5. 进出口贸易额：进口贸易总额与出口贸易总额之和。

数据来源：2017 年各城市国民经济和社会发展统计公报。

6. 城镇登记失业率：指在报告期末城镇登记失业人数占期末城镇从业人员总数与期末实有城镇登记失业人数之和的比重。

数据来源：2017 年各城市国民经济和社会发展统计公报。

7. **CPI 增长水平**：指全年居民消费价格总水平较上年上涨的比例。

数据来源：2017 年各城市国民经济和社会发展统计公报。

8. **城乡收入比**：城镇居民可支配收入与农村居民可支配收入之比。

数据来源：2017 年各城市国民经济和社会发展统计公报。

9. **恩格尔系数**：指食品支出总额占个人消费支出总额的比重。城市居民恩格尔系数与农村居民恩格尔系数取均值。

数据来源：2017 年各城市国民经济和社会发展统计公报。

10. **居民最低生活保障标准**：城乡居民享受最低生活保障的金额。

数据来源：2017 年各城市国民经济和社会发展统计公报。

11. **房地产开发投资额**：以货币形式表现的房地产开发企业（单位）在一定时期内进行房屋建设及土地开发所完成的工作量及有关费用的总称。

数据来源：2017 年各城市国民经济和社会发展统计公报。

12. **人均绿地面积**：城市非农业人口每人拥有的公共绿地面积。

数据来源：2017 年各城市国民经济和社会发展统计公报。

13. **旅游总收入**：包括国内游客旅游收入与国外游客旅游收入。

数据来源：2017 年各城市国民经济和社会发展统计公报。

14. **每万人拥有民用汽车数**：指报告期末城市区内每万人平均拥有的民用汽车标台数。计算公式：每万人拥有民用汽车数＝民用汽车标台数/城市人口总数。

数据来源：2017 年各城市国民经济和社会发展统计公报。

15. **每万人享有公路里程**：指报告期末城市每万非农业人口的人均公路里程。

数据来源：2017 年各城市国民经济和社会发展统计公报。

16. **专利申请总量**：指专利机构受理技术发明申请专利的数量，是发明专利申请量、实用新型专利申请量和外观设计专利申请量之和。

数据来源：2017 年各城市国民经济和社会发展统计公报。

17. **义务教育巩固率**：指九年义务教育在校生巩固率，即一个学校入学人数与毕业人数的百分比。

数据来源：2017 年各城市国民经济和社会发展统计公报。

18. **每万人在校大学生数**：在校大学生在每万人中所占的数量。计算公式：

在校大学生数/人口总数×10 000

　　数据来源：2017 年各城市国民经济和社会发展统计公报。

　　19. 每万人在校高中生数：在校高中生在每万人中所占的数量。计算公式：
在校高中生数/人口总数×10 000

　　数据来源：2017 年各城市国民经济和社会发展统计公报。

　　20. 每十万人拥有图书馆、博物馆数：指报告期末城市区内每十万人平均
拥有的公共图书馆数。

　　数据来源：2017 年各城市国民经济和社会发展统计公报。

　　21. 每十万人拥有卫生机构床位数：指每十万人中医院和卫生院的平均床
位数。计算方法：每十万人医院卫生院床位数＝（医院床位数＋卫生院床位
数）/人口数×100 000。人口数系公安部户籍人口数。

　　数据来源：2017 年各城市国民经济和社会发展统计公报。

　　22. 二级以上空气质量天数：指报告年内二级以上空气质量的总天数。

　　数据来源：2017 年各城市国民经济和社会发展统计公报。

　　23. 城乡基本养老保险、基本医疗保险参保率：指城乡居民基本养老保险、
基本医疗保险参保人数占户籍人数的比例。

　　数据来源：2017 年各城市国民经济和社会发展统计公报。

　　24. 安全事故发生数：指报告年内的安全事故数量。

　　数据来源：2017 年各城市国民经济和社会发展统计公报。

　　25. 污水处理率：指经过处理的生活污水、工业废水量占污水排放总量的
比重。

　　数据来源：2017 年各城市国民经济和社会发展统计公报。

附录　中国民生发展指数测算过程

1. 原始数据收集

附录表 1　　　　　　　　　　　民生基础原始数据

省(区)	指标	民生基础				
		城镇化率	人均地区生产总值	地方财政总收入	固定资产投资额	进出口贸易额
	正负	正	正	正	正	正
	单位	%	元	亿元	亿元	亿元
山西	大同	62.94	32 687.00	108.28	489.30	24.64
	晋城	59.04	49 487.00	216.00	430.70	46.80
	晋中	54.14	38 274.00	118.10	641.20	17.61
	临汾	42.90	29 534.00	97.10	578.90	16.67
	吕梁	47.80	33 886.00	138.80	426.70	16.80
	朔州	54.27	55 316.00	73.22	214.20	5.37
	太原	84.70	77 536.00	311.85	964.86	915.25
	忻州	49.45	27 665.00	73.30	449.90	2.06
	阳泉	67.56	47 790.00	50.00	245.70	1.23
	运城	48.94	25 112.00	129.60	616.10	90.80
	长治	53.00	42 887.00	132.30	614.20	5.24

省(区)	指标	民生基础				
		城镇化率	人均地区生产总值	地方财政总收入	固定资产投资额	进出口贸易额
	正负	正	正	正	正	正
	单位	%	元	亿元	亿元	亿元
陕西	安康	47.30	36 662.00	1 311.70	1 149.32	3.01
	宝鸡	52.12	57 697.00	209.49	3 856.60	57.52
	汉中	37.50	38 671.00	113.10	1 443.21	9.13
	商洛	45.61	33 695.00	40.67	580.00	21.69
	铜川	64.63	41 828.00	36.53	476.29	3.46
	渭南	46.32	30 808.00	73.54	2 731.22	11.57
	西安	72.00	78 346.00	1 364.71	7 556.47	2 545.41
	咸阳	50.26	53 546.00	77.28	2 382.67	38.64
	延安	60.79	56 086.00	140.42	1 283.65	1.78
	榆林	57.70	97 811.00	739.57	1 577.10	12.40
四川	巴中	40.54	18 148.00	344.89	1 370.63	2.69
	成都	71.90	86 911.00	1 275.50	9 404.20	3 935.25
	达州	43.92	28 066.00	90.73	1 727.65	4.66
	德阳	51.00	55 607.00	106.20	1 311.40	104.00
	广安	40.20	36 034.00	71.20	1 513.30	20.00
	广元	43.98	27 653.00	82.02	715.13	1.74
	乐山	50.17	46 130.00	174.74	1 273.79	69.53
	泸州	48.95	37 020.00	146.04	2 042.11	139.33
	眉山	44.77	39 605.00	207.87	1 110.84	18.56
	绵阳	51.01	43 015.00	110.59	1 436.54	114.63
	南充	46.50	28 516.00	103.26	1 820.08	19.59
	内江	47.90	35 521.00	56.10	860.18	9.58
	攀枝花	65.99	92 584.00	60.59	745.28	26.24
	遂宁	48.50	34 835.00	60.18	1 257.63	3.48
	雅安	45.35	39 172.00	34.84	461.24	3.00
	宜宾	48.12	40 868.00	235.61	1 685.10	57.60
	资阳	41.30	40 137.00	49.80	594.10	12.75
	自贡	50.92	46 182.00	178.43	832.24	30.63

续表

省（区）	指标	民生基础				
		城镇化率	人均地区生产总值	地方财政总收入	固定资产投资额	进出口贸易额
	正负	正	正	正	正	正
	单位	%	元	亿元	亿元	亿元
西藏	拉萨	30.90	39 259.00	259.11	2 051.04	58.85
新疆	克拉玛依	43.54	15 457.00	270.00	264.00	55.00
	吐鲁番	49.38	45 099.00	2 858.00	11 795.64	206.60
	乌鲁木齐	89.04	123 256.00	627.92	2 020.15	460.34
云南	保山	35.68	369.48	96.60	881.80	3.20
	昆明	72.05	71 906.00	560.86	4 217.94	78.18
	丽江	37.41	24 186.00	67.64	345.63	4.67
	临沧	40.75	23 942.00	61.82	1 170.14	52.75
	普洱	42.31	23 821.00	104.60	611.34	12.46
	曲靖	35.79	31 932.00	312.77	2 244.80	1 794.00
	玉溪	50.80	59 510.00	137.22	1 080.80	141.81
	昭通	33.38	15 119.00	149.33	897.36	0.34
浙江	杭州	76.80	134 607.00	2 921.30	5 857.00	5 085.00
	湖州	40.58	82 952.00	408.90	1 731.00	778.00
	嘉兴	64.50	93 964.00	769.31	3 011.45	2 469.71
	金华	68.00	92 057.00	10 300.00	31 126.00	25 604.00
	丽水	29.75	59 674.00	180.46	903.84	222.84
	宁波	72.40	124 017.00	2 415.80	5 009.60	13 839.50
	衢州	55.70	63 492.00	174.48	366.54	1 047.78
	绍兴	65.50	102 200.00	706.00	3 116.00	1 997.00
	台州	62.20	72 912.00	656.97	2 518.26	1 577.89
	温州	69.70	59 306.00	778.30	4 178.50	1 327.10
	舟山	67.90	104 811.00	187.20	1 450.30	783.00

续表

省（区）	指标	民生基础				
		城镇化率	人均地区生产总值	地方财政总收入	固定资产投资额	进出口贸易额
	正负	正	正	正	正	正
	单位	%	元	亿元	亿元	亿元
福建	厦门	85.22	109 740.00	1 187.29	2 381.46	5 816.04
	龙岩	55.70	82 101.89	274.24	2 519.13	257.30
	南平	55.80	60 903.00	129.84	1 990.15	14.80
	宁德	36.30	61 964.00	176.85	1 287.42	305.94
	莆田	43.80	70 646.00	205.20	2 274.65	367.32
	泉州	49.70	87 615.00	788.76	4 123.80	1 567.60
	三明	59.00	83 440.00	147.28	2 498.50	156.50
	漳州	57.70	70 216.00	318.08	3 328.10	634.30
	福州	69.50	93 290.00	1 005.73	5 823.39	2 336.03
广西	南宁	49.60	57 948.00	687.98	4 307.95	607.09
	百色	25.45	37 479.00	135.05	1 226.41	189.03
	北海	55.34	55 409.00	200.67	1 099.68	230.86
	崇左	30.73	37 161.00	58.20	831.41	185.74
	防城港	53.87	73 197.00	75.61	600.14	578.91
	贵港	46.52	20 240.00	72.75	778.61	21.29
	桂林	33.37	40 632.00	239.54	2 234.24	70.01
	河池	30.38	20 921.00	69.45	453.20	19.55
	贺州	36.01	23 178.00	53.10	720.00	6.41
	来宾	36.21	30 037.00	48.25	432.16	7.73
	柳州	49.53	69 249.00	403.82	2 697.20	172.24
	钦州	38.95	39 933.54	145.08	1 088.85	338.65
	梧州	46.89	44 193.00	121.10	1 330.20	60.24
	玉林	33.66	29 387.00	160.18	1 689.33	33.99
贵州	贵阳	74.80	74 493.00	782.85	3 850.60	201.96
	安顺	38.00	34 345.00	115.24	794.54	14.64
	毕节	41.20	27 690.00	123.84	1 730.00	13.84
	六盘水	49.50	50 136.00	138.62	1 652.50	22.34
	铜仁	48.00	30 801.00	120.15	1 073.58	18.63
	遵义	49.78	44 060.00	586.31	2 523.62	78.23

省(区)	指标	民生基础				
		城镇化率	人均地区生产总值	地方财政总收入	固定资产投资额	进出口贸易额
	正负	正	正	正	正	正
	单位	%	元	亿元	亿元	亿元
安徽	安庆	48.57	36 922.00	290.86	1 731.20	93.83
	蚌埠	55.31	46 233.00	274.51	1 912.55	119.54
	亳州	39.80	23 051.00	171.00	1 067.20	44.55
	池州	53.70	45 238.00	102.10	714.60	51.98
	滁州	51.90	39 599.00	289.30	1 929.10	187.30
	阜阳	41.75	19 536.00	277.10	1 632.50	74.93
	淮北	51.90	41 885.00	107.60	1 055.80	41.05
	淮南	63.46	32 017.00	162.3	1 021.80	20.20
	黄山	50.90	46 742.00	105.9	646.90	49.77
	六安	45.41	25 465.00	184.1	1 200.00	48.53
	马鞍山	48.46	75 503.48	245.29	2 255.72	256.84
	铜陵	55.79	72 539.00	167.8	1 341.30	374.63
	芜湖	65.05	83 234.00	558.41	3 342.24	430.45
	宿州	41.56	26 722.00	156.45	1 402.97	39.08
	合肥	73.75	91 113.00	1 468.31	6 351.43	1 684.73
	宣城	53.69	45 582.00	220.2	1 580.50	103.28
广东	深圳	100.00	183 127.00	3 332.13	5 147.32	28 011.46
	潮州	64.50	40 555.00	44.59	501.05	209.99
	东莞	89.86	91 329.00	1 647.18	1 712.83	12 264.37
	佛山	93.00	45 000.00	661.35	4 265.79	4 357.44
	河源	43.94	30 853.00	71.19	778.47	260.40
	惠州	69.05	80 205.00	389.07	2 234.88	3 415.99
	江门	65.81	59 089.00	482.00	1 774.83	1 385.20
	揭阳	51.08	35 327.00	72.81	1 667.31	425.20
	茂名	41.90	47 443.00	130.14	1 415.73	135.80
	梅州	49.49	25 777.00	108.55	806.77	132.70
	清远	50.70	38 954.00	361.50	666.30	329.80

续表

省(区)	指标	民生基础				
		城镇化率	人均地区生产总值	地方财政总收入	固定资产投资额	进出口贸易额
	正负	正	正	正	正	正
	单位	%	元	亿元	亿元	亿元
广东	汕头	70.22	42 025.00	150.06	2 006.40	594.68
	汕尾	48.88	29 645.00	36.77	669.33	198.90
	韶关	45.14	45 000.00	88.70	692.80	166.20
	阳江	31.15	55 553.00	60.66	540.21	142.50
	云浮	38.83	33 694.00	57.49	628.50	133.49
	湛江	42.09	38 744.00	135.00	1 641.53	345.64
	肇庆	46.78	53 674.00	94.85	1 497.55	357.91
	中山	88.28	106 327.00	312.73	1 248.48	2 581.50
	广州	79.69	150 678.00	1 533.06	5 919.83	9 714.36
	珠海	89.37	149 100.00	314.38	1 662.02	2 990.12
海南	海口	60.77	61 583.00	125.37	1 415.50	210.22
	三亚	74.91	69 255.43	92.96	868.09	49.94
	儋州	32.31	31 937.00	22.78	218.33	27.50
江苏	常州	71.80	140 517.00	518.80	3 896.30	2 117.60
	淮安	61.25	69 103.00	230.61	2 839.55	46.36
	连云港	41.80	58 577.00	214.85	2 603.63	554.45
	南京	82.29	141 103.00	1 271.91	6 215.20	4 130.12
	南通	66.03	105 903.00	590.60	4 959.20	2 360.20
	苏州	75.81	161 924.37	1 908.10	5 629.60	21 335.33
	泰州	32.45	102 058.00	343.97	3 623.33	873.99
	无锡	75.03	160 700.00	930.00	4 967.51	5 484.58
	宿迁	58.50	53 317.00	200.58	2 194.23	198.99
	徐州	63.76	75 611.00	501.64	5 277.03	527.15
	盐城	59.21	70 216.00	360.00	4 278.50	583.88
	扬州	50.65	112 559.00	320.18	3 690.09	729.00
	镇江	70.50	128 800.00	284.34	2 694.36	711.18

续表

省(区)	指标	民生基础				
		城镇化率	人均地区生产总值	地方财政总收入	固定资产投资额	进出口贸易额
	正负	正	正	正	正	正
	单位	%	元	亿元	亿元	亿元
江西	抚州	48.22	33 688.00	120.19	1 401.41	133.56
	赣州	48.60	29 308.00	245.36	2 510.48	319.61
	吉安	49.37	33 134.00	156.54	1 937.71	369.10
	景德镇	65.95	52 910.00	86.70	889.33	55.83
	九江	53.77	49 659.00	262.54	2 730.96	345.33
	南昌	55.23	5 003.19	417.08	5 116.87	669.20
	萍乡	48.13	55 767.00	102.73	1 311.90	102.98
	上饶	50.42	30 372.00	214.00	2 030.60	350.73
	新余	70.01	94 165.00	92.60	1 035.04	182.35
	宜春	48.11	36 475.00	225.27	2 060.40	194.32
	鹰潭	59.08	68 833.00	75.25	678.51	288.41
宁夏	固原	24.15	22 061.00	16.68	439.87	0.15
	石嘴山	75.20	66 951.00	23.06	548.31	36.64
	吴忠	33.47	36 392.50	32.70	798.80	7.50
	银川	77.09	81 656.00	177.46	1 719.05	271.00
	中卫	43.14	32 375.00	24.00	346.85	25.91
辽宁	鞍山	53.69	46 572.67	140.20	369.50	275.60
	本溪	71.00	46 662.60	64.60	210.40	128.70
	朝阳	29.96	26 279.00	57.90	250.80	36.90
	大连	75.00	105 387.00	657.60	1 652.80	4 132.20
	丹东	45.49	33 111.10	72.70	240.60	231.30
	抚顺	69.29	43 524.85	88.10	192.00	39.70
	阜新	46.89	23 815.00	38.20	110.10	19.20
	葫芦岛	34.40	25 916.97	72.80	223.00	101.60
	锦州	42.21	38 083.67	91.20	357.80	165.50
	辽阳	44.36	41 489.00	80.70	185.50	53.33
	盘锦	71.00	80 335.00	118.90	603.90	109.00

续表

省(区)	指标	民生基础				
		城镇化率	人均地区生产总值	地方财政总收入	固定资产投资额	进出口贸易额
	正负	正	正	正	正	正
	单位	%	元	亿元	亿元	亿元
辽宁	沈阳	80.20	70 722.00	656.20	1 484.00	867.60
	铁岭	42.30	22 178.00	46.40	105.00	25.65
	营口	52.67	52 821.00	235.40	459.90	373.40
内蒙古	呼和浩特	69.10	88 080.90	201.60	1 490.80	108.00
	阿拉善	77.69	143 415.52	40.33	460.18	6.42
	巴彦淖尔	54.20	43 949.00	57.20	650.20	28.10
	包头	83.30	142 277.97	137.60	2 958.80	135.00
	赤峰	30.87	32 641.00	100.70	1 507.00	60.90
	鄂尔多斯	74.05	173 046.00	356.80	3 065.70	53.00
	呼伦贝尔	72.13	46 901.00	160.68	751.17	30.50
	通辽	48.56	39 102.00	70.46	1 530.67	23.93
	乌海	94.70	107 383.10	37.79	178.91	0.61
	乌兰察布	49.01	47 010.80	43.12	533.50	16.06
	锡林郭勒	65.13	26 550.61	74.33	500.41	93.31
	兴安	48.36	26 074.00	28.90	539.55	0.61
青海	海东	28.13	29 737.00	16.83	713.88	6.11
	西宁	71.10	54 800.00	79.16	1 600.03	32.91
山东	滨州	58.63	66 970.00	226.28	2 187.91	671.50
	德州	55.57	54 197.00	299.24	2 641.01	246.76
	东营	67.75	177 376.00	232.88	2 557.45	1 312.03
	菏泽	49.05	32 282.28	186.55	1 323.56	399.65
	济南	70.53	98 967.00	677.20	4 363.60	708.10
	济宁	57.12	55 595.00	385.71	3 473.50	414.40
	莱芜	62.58	65 122.00	56.01	668.14	107.11
	聊城	48.50	51 620.87	186.51	2 470.14	456.79
	临沂	56.50	37 781.40	285.30	3 765.70	677.10
	青岛	72.57	119 357.00	3 233.00	7 777.10	5 033.50

续表

省(区)	指标	民生基础				
		城镇化率	人均地区生产总值	地方财政总收入	固定资产投资额	进出口贸易额
	正负	正	正	正	正	正
	单位	%	元	亿元	亿元	亿元
山东	日照	58.65	68 848.00	141.33	1 691.19	909.57
	泰安	60.63	63 555.00	207.10	2 992.50	154.40
	威海	66.46	123 163.22	273.08	3 129.85	1 404.91
	潍坊	60.00	64 521.32	539.10	5 112.50	1 463.80
	烟台	63.66	103 706.00	600.32	5 594.24	3 077.60
	枣庄	57.32	59 110.00	145.20	1 797.50	101.06
	淄博	70.26	101 781.00	361.60	3 135.10	680.00
甘肃	白银	49.32	26 113.00	58.75	308.00	13.58
	定西	65.67	12 360.06	46.51	358.68	1.86
	嘉峪关	93.45	85 126.00	40.40	147.51	17.94
	金昌	69.09	44 202.00	45.33	229.11	76.84
	酒泉	60.27	51 741.00	110.30	598.80	5.17
	兰州	81.02	67 882.00	671.65	1 315.35	125.11
	陇南	32.48	12 361.00	59.45	400.83	1.59
	平凉	39.72	18 450.00	57.61	424.44	2.76
	庆阳	34.99	26 734.00	137.32	1 313.38	2.99
	天水	45.20	18 413.08	148.44	667.35	37.84
	武威	39.72	24 119.00	51.34	323.67	1.21
	张掖	45.76	32 944.00	26.32	245.59	2.35
河北	保定	50.88	30 891.00	476.40	2 626.30	312.30
	沧州	54.50	49 071.13	240.30	3 710.25	247.22
	承德	52.60	42 572.33	177.10	1 732.50	29.01
	邯郸	55.31	38 547.59	367.70	4 029.10	148.50
	衡水	34.51	34 782.00	191.40	1 322.70	198.10
	廊坊	58.50	61 578.00	673.10	2 663.90	370.50
	秦皇岛	57.88	48 539.00	230.49	873.39	338.19
	石家庄	45.80	59 645.00	947.30	6 353.20	862.20

续表

省(区)	指标	民生基础				
		城镇化率	人均地区生产总值	地方财政总收入	固定资产投资额	进出口贸易额
	正负	正	正	正	正	正
	单位	%	元	亿元	亿元	亿元
河北	唐山	61.64	90 290.00	733.00	5 365.30	673.70
	邢台	36.79	30 486.00	232.40	2 133.30	143.60
	张家口	55.92	35 123.00	256.60	1 638.70	31.90
吉林	白城	44.21	36 924.00	65.20	791.60	6.29
	白山	74.64	58 503.00	51.11	678.10	17.29
	吉林	52.80	54 969.00	294.60	2 018.20	65.60
	辽源	50.54	64 952.00	36.29	640.68	17.67
	四平	39.40	38 161.00	103.50	879.30	2.91
	松原	44.80	59 533.00	78.40	1 434.38	11.17
	通化	51.88	41 883.00	107.90	696.90	41.24
	延边	69.31	43 943.00	141.39	727.86	143.68
	长春	60.61	86 931.00	1 208.90	5 194.80	952.50
黑龙江	大庆	52.90	98 150.86	375.80	593.60	584.50
	大兴安岭	89.60	34 070.28	12.79	40.28	1.24
	哈尔滨	48.60	66 301.00	770.20	5 395.50	227.00
	鹤岗	82.60	28 177.29	44.20	103.90	10.78
	黑河	57.82	31 414.33	32.10	290.00	40.60
	鸡西	64.68	29 800.00	46.20	252.60	15.54
	佳木斯	52.50	35 578.95	37.80	588.30	44.50
	牡丹江	60.16	51 407.00	131.20	1 318.40	333.00
	七台河	60.60	24 800.00	17.25	98.50	1.33
	齐齐哈尔	38.82	26 612.00	145.30	981.80	10.99
	双鸭山	59.24	29 572.43	18.60	130.00	6.40
	绥化	25.34	26 237.68	56.10	771.60	17.00
	伊春	81.20	22 819.00	16.19	89.89	4.80

续表

省（区）	指标	民生基础				
		城镇化率	人均地区生产总值	地方财政总收入	固定资产投资额	进出口贸易额
	正负	正	正	正	正	正
	单位	%	元	亿元	亿元	亿元
河南	安阳	50.20	44 201.00	129.55	2281.29	67.00
	鹤壁	58.76	50 472.24	55.60	901.71	15.60
	焦作	57.99	65 936.00	133.79	2 453.77	148.64
	开封	47.42	42 525.00	122.74	1 668.18	31.45
	洛阳	28.31	63 759.00	325.90	4 566.40	133.00
	漯河	50.91	44 089.00	82.70	1 185.30	52.80
	南阳	44.67	33 577.00	174.84	3 373.06	131.20
	平顶山	54.04	39 043.56	107.50	1 570.90	36.23
	濮阳	43.73	44 604.00	81.11	1 703.60	59.60
	三门峡	54.72	64 567.00	108.18	1 976.89	79.56
	商丘	41.71	30 423.00	128.85	2 233.14	19.77
	新乡	51.96	41 338.00	159.05	2 210.53	69.19
	信阳	46.05	34 528.00	100.45	2 415.04	33.46
	许昌	51.06	60 120.00	145.30	2 531.80	141.94
	郑州	72.23	93 143.00	1 056.70	7 573.40	4 025.70
	周口	41.22	28 630.00	111.83	2 047.29	61.62
	驻马店	42.57	3 256.00	115.20	1 735.42	21.80
湖南	邵阳	45.89	23 018.00	153.36	1 840.10	114.41
	常德	51.60	55 404.00	246.50	2 296.00	76.28
	郴州	53.80	49 514.00	203.40	2 628.10	262.58
	衡阳	52.46	43 233.00	252.01	2 615.85	302.73
	怀化	46.15	30 445.00	136.71	1 235.74	6.20
	娄底	47.31	39 555.00	115.62	1 376.32	81.78
	湘潭	62.00	72 256.00	201.50	2 204.90	184.70
	益阳	50.12	37 745.00	116.80	1 499.85	53.32
	永州	48.30	31 585.00	169.23	1 866.49	91.60
	岳阳	57.21	56 826.44	318.09	2 633.55	153.43

省(区)	指标	民生基础				
		城镇化率	人均地区生产总值	地方财政总收入	固定资产投资额	进出口贸易额
	正负	正	正	正	正	正
	单位	%	元	亿元	亿元	亿元
湖南	张家界	48.02	35 442.00	56.57	351.30	7.06
	长沙	77.59	135 388.00	1 403.29	7 567.77	938.02
	株洲	53.80	49 514.00	203.40	2 628.10	262.58
湖北	鄂州	65.41	84 452.00	81.40	983.82	37.60
	黄冈	45.92	30 356.00	203.43	2 172.16	54.41
	黄石	61.70	53 656.82	164.27	1 539.64	227.48
	荆门	57.91	57 355.51	101.25	1 790.28	26.48
	荆州	54.71	34 070.94	191.98	2 232.30	95.99
	十堰	55.10	47 756.00	169.50	1 543.40	39.80
	随州	50.80	42 330.69	79.31	1 133.50	88.02
	武汉	80.04	123 831.00	2 677.66	7 871.66	1 936.20
	咸宁	52.50	48 798.00	129.49	1 676.07	34.20
	襄阳	59.70	71 894.23	478.80	3 675.30	151.20
	孝感	56.37	35 447.20	201.20	2 041.09	74.39
	宜昌	59.86	93 331.00	387.69	2 582.05	184.20
直辖市	天津	82.93	119 440.80	2 310.11	11 274.69	7 646.85
	上海	87.70	124 600.00	6 642.26	7 246.60	32 237.82
	重庆	64.08	63 689.00	2 252.40	17 440.57	4 508.25
	北京	86.50	129 000.00	5 430.80	8 948.10	21 923.90

附录表 2　　　　　　　　　　　　　收入消费原始数据

省(区)	指标	收入消费				
		城镇登记失业率	CPI增长水平	城乡收入比	恩格尔系数	居民最低生活保障标准
	正负	逆	逆	逆	逆	正
	单位	%	%	1	%	元/人·月
山西	大同	3.20	1.30	3.15	30.30	304.52
	晋城	1.74	0.60	3.24	22.35	387.62
	晋中	2.36	1.70	2.51	27.65	191.61
	临汾	2.93	0.40	2.68	25.10	322.99
	吕梁	2.72	0.20	3.12	28.61	348.15
	朔州	3.35	1.10	2.52	28.45	271.16
	太原	3.46	1.80	2.02	25.30	438.00
	忻州	3.70	0.70	3.49	29.85	324.07
	阳泉	3.11	1.40	2.28	27.76	325.79
	运城	2.26	0.60	2.73	31.75	312.50
	长治	1.98	1.50	2.38	30.30	223.42
陕西	安康	3.20	2.40	2.99	32.55	332.10
	宝鸡	4.00	1.20	3.06	32.55	512.00
	汉中	3.20	1.60	2.89	32.55	471.00
	商洛	3.30	1.50	3.02	32.55	332.10
	铜川	3.23	1.10	2.89	32.55	399.00
	渭南	3.21	1.30	2.91	32.55	235.00
	西安	3.32	2.00	1.98	33.25	533.00
	咸阳	3.20	2.00	2.99	34.17	380.81
	延安	3.45	0.60	2.87	32.55	399.00
	榆林	3.30	1.10	2.78	30.23	424.58
四川	巴中	4.25	0.10	2.58	0.44	164.84
	成都	3.30	2.00	1.92	37.23	436.45
	达州	3.97	1.40	2.21	41.20	336.00
	德阳	3.90	0.80	2.07	38.60	336.00
	广安	3.60	1.40	2.24	38.60	215.10
	广元	3.85	1.60	2.06	38.60	205.38

省（区）	指标	收入消费				
		城镇登记失业率	CPI增长水平	城乡收入比	恩格尔系数	居民最低生活保障标准
	正负	逆	逆	逆	逆	正
	单位	%	%	1	%	元/人·月
四川	乐山	3.93	1.70	2.23	37.85	336.00
	泸州	3.51	1.80	2.30	39.44	336.00
	眉山	4.17	1.60	2.05	37.55	201.25
	绵阳	3.83	3.70	2.16	40.10	367.50
	南充	3.89	1.80	2.29	39.45	208.00
	内江	3.84	1.70	2.23	36.80	336.00
	攀枝花	4.00	1.20	2.32	35.85	336.00
	遂宁	4.00	1.40	2.16	36.55	340.00
	雅安	3.89	1.50	2.45	38.60	367.50
	宜宾	3.95	1.20	2.19	38.05	720.00
	资阳	4.00	1.80	2.11	34.80	336.00
	自贡	3.87	1.30	1.55	38.60	336.00
西藏	拉萨	2.68	1.60	2.96	37.30	400.00
新疆	克拉玛依	0.78	0.60	1.71	30.04	430.00
	吐鲁番	3.41	2.20	1.81	29.00	367.50
	乌鲁木齐	1.00	2.80	2.07	28.60	365.00
云南	保山	3.40	1.30	2.92	30.10	329.00
	昆明	3.00	0.50	2.98	27.36	329.00
	丽江	3.81	1.50	3.21	30.30	337.38
	临沧	3.67	1.00	2.55	30.10	544.15
	普洱	3.29	1.30	2.83	30.10	329.00
	曲靖	3.05	0.60	2.84	31.50	329.00
	玉溪	3.31	1.10	3.36	31.50	329.00
	昭通	4.30	0.30	2.94	30.10	385.50
浙江	杭州	1.70	0.25	1.85	28.22	917.00
	湖州	2.30	1.80	1.72	30.10	738.00
	嘉兴	2.82	2.20	2.62	28.58	796.00
	金华	2.73	2.10	2.05	33.10	734.50

续表

省(区)	指标	收入消费				
		城镇登记失业率	CPI增长水平	城乡收入比	恩格尔系数	居民最低生活保障标准
	正负	逆	逆	逆	逆	正
	单位	％	％	1	％	元/人·月
浙江	丽水	2.66	1.50	2.16	33.10	340.17
	宁波	2.00	1.80	1.81	32.32	804.00
	衢州	2.00	1.80	2.33	32.80	612.00
	绍兴	2.25	1.80	1.80	28.75	676.00
	台州	2.05	2.10	2.03	29.54	388.00
	温州	1.83	2.40	2.06	34.55	626.00
	舟山	2.62	1.70	1.71	32.15	664.00
福建	厦门	3.47	2.00	2.44	31.96	720.00
	龙岩	2.48	1.00	2.10	36.80	454.55
	南平	2.99	0.60	2.07	35.35	312.50
	宁德	2.73	0.70	2.07	36.90	525.00
	莆田	2.50	0.90	2.09	37.67	605.00
	泉州	1.28	1.10	2.29	37.30	495.00
	三明	2.35	0.70	2.12	36.55	460.00
	漳州	2.23	1.10	2.00	37.39	193.00
	福州	2.40	1.10	2.29	32.98	525.00
广西	南宁	4.05	2.30	2.65	32.20	418.47
	百色	2.80	1.40	2.86	49.74	418.47
	北海	3.68	2.90	2.79	49.74	480.00
	崇左	2.98	1.60	2.71	38.95	410.00
	防城港	2.70	1.10	2.46	45.95	220.00
	贵港	1.16	1.40	2.48	43.40	418.47
	桂林	2.40	1.60	2.44	30.10	402.50
	河池	2.57	1.30	3.10	33.15	350.00
	贺州	2.48	1.40	2.76	49.74	418.47
	来宾	2.60	1.40	2.91	35.35	375.00
	柳州	2.51	1.30	2.69	41.50	550.00

续表

省(区)	指标	收入消费				
		城镇登记失业率	CPI增长水平	城乡收入比	恩格尔系数	居民最低生活保障标准
	正负	逆	逆	逆	逆	正
	单位	%	%	1	%	元/人·月
广西	钦州	2.28	2.10	2.66	37.16	262.80
	梧州	2.39	2.30	2.65	49.74	292.00
	玉林	1.50	2.30	2.37	49.74	420.83
贵州	贵阳	3.10	1.00	2.26	29.30	270.00
	安顺	3.11	0.70	3.04	29.30	431.75
	毕节	3.40	1.50	3.22	31.60	420.71
	六盘水	3.83	1.60	3.08	41.20	301.00
	铜仁	3.48	1.00	3.20	18.08	420.71
	遵义	1.50	1.50	2.66	32.50	427.92
安徽	安庆	2.62	1.80	2.43	35.30	315.00
	蚌埠	3.10	1.00	2.26	36.00	423.08
	亳州	2.88	1.50	2.35	32.95	285.50
	池州	3.14	1.30	2.11	32.60	430.71
	滁州	3.00	1.20	2.39	35.35	337.50
	阜阳	1.90	1.40	2.58	32.95	351.50
	淮北	2.60	1.00	2.55	29.08	436.00
	淮南	3.10	1.00	2.57	34.65	335.00
	黄山	3.57	1.40	2.20	32.55	425.00
	六安	2.57	1.50	2.46	34.90	408.33
	马鞍山	2.98	1.20	2.14	33.70	599.71
	铜陵	2.86	0.90	2.53	33.60	434.00
	芜湖	3.05	1.30	1.87	35.65	481.50
	宿州	3.01	1.30	2.55	29.20	365.00
	合肥	2.86	1.40	2.04	33.95	526.38
	宣城	3.03	1.10	2.30	34.20	410.00

省(区)	指标	收入消费				
		城镇登记失业率	CPI增长水平	城乡收入比	恩格尔系数	居民最低生活保障标准
	正负	逆	逆	逆	逆	正
	单位	%	%	1	%	元/人·月
广东	深圳	2.20	1.40	1.00	30.00	900.00
	潮州	2.60	1.30	1.66	43.08	300.00
	东莞	2.24	1.40	1.61	32.80	880.00
	佛山	2.35	1.90	1.78	33.11	900.00
	河源	2.44	1.10	1.79	41.48	490.00
	惠州	2.36	1.80	1.90	35.90	610.00
	江门	2.38	1.60	1.97	38.71	650.00
	揭阳	2.31	1.50	1.82	44.28	532.00
	茂名	2.45	1.00	1.61	40.10	490.00
	梅州	2.45	1.50	1.82	38.40	490.00
	清远	2.37	1.90	1.97	41.50	490.00
	汕头	2.41	1.50	1.82	39.60	553.00
	汕尾	2.38	0.70	1.78	45.10	490.00
	韶关	2.43	1.60	2.01	37.00	490.00
	阳江	2.46	1.50	1.80	39.30	490.00
	云浮	2.47	1.10	1.66	32.20	490.00
	湛江	2.41	1.30	1.87	43.05	490.00
	肇庆	2.38	1.60	1.72	39.80	615.00
	中山	2.30	1.60	1.51	36.05	896.00
	广州	2.40	2.30	2.36	35.45	900.00
	珠海	2.26	0.80	1.99	32.26	896.00
海南	海口	1.30	3.30	2.42	38.30	490.00
	三亚	1.54	2.90	2.31	39.29	535.00
	儋州	3.17	0.70	2.16	41.20	350.00
江苏	常州	1.80	1.90	1.93	28.55	760.00
	淮安	1.82	1.90	2.11	30.05	505.00
	连云港	1.86	1.80	1.98	31.85	466.00

续表

省(区)	指标	收入消费				
		城镇登记失业率	CPI增长水平	城乡收入比	恩格尔系数	居民最低生活保障标准
	正负	逆	逆	逆	逆	正
	单位	%	%	1	%	元/人·月
江苏	南京	1.82	1.90	2.36	25.80	810.00
	南通	1.82	1.70	2.09	28.92	606.00
	苏州	1.82	1.70	1.96	26.05	875.00
	泰州	1.82	1.90	2.05	28.80	565.00
	无锡	1.82	1.90	1.86	28.50	820.00
	宿迁	1.82	1.90	1.71	34.40	440.00
	徐州	1.82	1.70	1.86	30.80	538.00
	盐城	1.82	1.70	1.77	31.70	480.00
	扬州	1.84	1.70	1.97	30.80	630.00
	镇江	1.82	2.00	2.00	28.24	655.00
江西	抚州	3.30	1.60	2.17	27.35	418.00
	赣州	3.35	2.10	3.04	34.85	418.00
	吉安	2.98	1.50	2.55	35.20	418.00
	景德镇	3.30	2.30	2.27	37.75	418.00
	九江	3.42	2.30	2.45	37.75	418.00
	南昌	3.38	2.10	2.30	33.40	418.00
	萍乡	3.30	1.90	2.00	37.75	418.00
	上饶	3.04	2.10	2.62	37.75	418.00
	新余	3.30	2.00	2.10	37.75	418.00
	宜春	2.98	1.80	2.17	37.75	418.00
	鹰潭	2.98	1.70	2.15	32.80	418.00
宁夏	固原	3.76	1.90	2.87	30.00	351.00
	石嘴山	3.79	1.70	2.19	31.50	351.00
	吴忠	3.42	1.30	2.32	30.00	351.00
	银川	3.56	1.70	2.52	29.80	443.00
	中卫	3.49	1.80	2.71	24.90	351.00

续表

省(区)	指标	收入消费				
		城镇登记失业率	CPI 增长水平	城乡收入比	恩格尔系数	居民最低生活保障标准
	正负	逆	逆	逆	逆	正
	单位	%	%	1	%	元/人·月
辽宁	鞍山	3.00	0.50	2.21	32.27	477.50
	本溪	3.83	0.90	2.13	32.27	443.50
	朝阳	3.92	1.10	2.01	32.27	403.50
	大连	2.43	2.10	2.41	27.97	560.00
	丹东	3.68	1.50	1.93	32.27	455.00
	抚顺	3.23	1.60	2.27	32.27	420.83
	阜新	4.39	0.90	2.05	32.27	407.58
	葫芦岛	4.75	0.80	2.39	32.27	407.08
	锦州	3.90	1.40	2.10	32.27	509.00
	辽阳	3.20	1.00	2.17	27.75	442.50
	盘锦	3.57	1.40	2.29	32.27	535.50
	沈阳	3.12	1.40	2.68	28.63	530.00
	铁岭	4.19	1.10	1.73	32.27	395.79
	营口	3.01	1.20	2.21	32.27	419.83
内蒙古	呼和浩特	3.65	1.40	2.77	29.21	526.67
	阿拉善	2.40	2.50	2.07	26.72	607.00
	巴彦淖尔	3.86	1.30	1.80	28.90	463.08
	包头	3.87	1.60	2.78	29.30	509.33
	赤峰	4.00	1.50	2.87	29.21	445.71
	鄂尔多斯	2.79	1.09	2.60	23.05	502.50
	呼伦贝尔	3.73	1.09	2.30	27.30	389.83
	通辽	3.54	1.20	2.36	27.50	376.00
	乌海	3.46	1.40	2.34	28.60	635.00
	乌兰察布	4.00	1.70	2.92	37.45	441.72
	锡林郭勒	3.08	1.90	2.49	33.20	487.50
	兴安	4.00	1.09	2.85	31.29	315.92

续表

省(区)	指标	收入消费				
		城镇登记失业率	CPI增长水平	城乡收入比	恩格尔系数	居民最低生活保障标准
	正负	逆	逆	逆	逆	正
	单位	%	%	1	%	元/人·月
青海	海东	3.10	2.00	2.85	22.16	357.33
	西宁	2.45	1.80	2.85	25.93	350.54
山东	滨州	2.12	0.90	2.21	26.92	437.50
	德州	2.51	1.20	1.84	29.56	315.00
	东营	2.50	1.40	2.75	23.38	455.67
	菏泽	3.05	1.10	2.05	26.92	409.70
	济南	2.08	2.00	2.81	27.50	476.21
	济宁	3.10	1.10	2.18	26.92	475.00
	莱芜	2.60	1.50	2.16	26.92	394.25
	聊城	3.04	1.50	2.03	26.92	360.00
	临沂	2.30	1.40	2.64	26.92	354.17
	青岛	3.12	2.00	2.44	29.70	525.00
	日照	2.16	1.10	2.12	26.92	279.50
	泰安	2.35	1.80	2.09	27.40	406.27
	威海	1.65	1.30	2.25	28.10	430.42
	潍坊	2.91	1.40	2.08	26.92	436.83
	烟台	3.26	1.60	2.32	26.92	326.43
	枣庄	2.39	1.00	2.11	29.84	381.88
	淄博	2.90	1.20	2.32	25.85	425.00
甘肃	白银	2.25	1.60	3.32	34.91	270.81
	定西	3.32	1.60	3.29	34.70	233.54
	嘉峪关	2.78	0.50	2.05	31.50	395.08
	金昌	3.03	1.30	2.61	33.02	395.08
	酒泉	2.70	0.80	2.06	30.70	216.41
	兰州	2.85	1.50	2.86	31.10	395.08
	陇南	2.85	0.00	3.47	33.02	276.00
	平凉	3.61	1.10	3.34	33.02	395.08

省（区）	指标	收入消费				
		城镇登记失业率	CPI增长水平	城乡收入比	恩格尔系数	居民最低生活保障标准
	正负	逆	逆	逆	逆	正
	单位	%	%	1	%	元/人·月
甘肃	庆阳	2.05	1.30	3.38	33.02	395.08
	天水	2.85	1.50	3.48	33.02	233.68
	武威	3.20	1.40	2.41	33.02	395.08
	张掖	2.60	1.10	1.85	32.17	267.49
河北	保定	3.97	2.90	2.18	26.39	438.00
	沧州	3.12	1.90	2.51	26.39	438.00
	承德	3.53	2.00	2.79	26.39	438.00
	邯郸	3.54	1.40	2.19	26.39	438.00
	衡水	3.38	1.60	2.34	26.39	438.00
	廊坊	1.90	2.10	2.42	26.39	600.00
	秦皇岛	2.88	1.70	2.61	25.35	438.00
	石家庄	3.33	1.40	2.47	24.40	438.00
	唐山	2.83	1.60	2.24	26.39	438.00
	邢台	3.45	2.00	2.38	26.39	438.00
	张家口	3.10	1.90	2.77	26.39	438.00
吉林	白城	3.58	0.60	2.49	26.50	329.19
	白山	3.85	1.50	2.17	26.50	399.17
	吉林	3.62	1.30	2.08	26.50	329.19
	辽源	3.00	0.80	2.01	26.50	203.98
	四平	4.50	1.60	1.97	26.50	329.19
	松原	4.00	1.80	2.32	26.50	402.83
	通化	3.48	2.60	2.18	26.50	329.19
	延边	2.30	2.30	2.38	26.50	329.19
	长春	3.51	1.30	2.47	26.50	316.13

省（区）	指标	收入消费				
		城镇登记失业率	CPI增长水平	城乡收入比	恩格尔系数	居民最低生活保障标准
	正负	逆	逆	逆	逆	正
	单位	%	%	1	%	元/人·月
黑龙江	大庆	4.22	1.00	2.62	31.59	360.00
	大兴安岭	3.97	1.05	1.92	31.59	360.00
	哈尔滨	3.68	1.60	2.28	35.05	447.50
	鹤岗	4.10	0.40	1.53	31.59	360.00
	黑河	3.60	0.80	1.87	31.59	360.00
	鸡西	4.02	1.30	1.41	31.59	360.00
	佳木斯	4.08	0.80	1.77	31.05	360.00
	牡丹江	3.52	1.70	1.81	31.59	360.00
	七台河	3.97	0.80	1.94	31.59	360.00
	齐齐哈尔	4.30	1.80	1.88	31.59	360.00
	双鸭山	4.30	0.80	1.70	29.20	360.00
	绥化	3.97	1.50	1.83	31.59	360.00
	伊春	4.15	0.80	1.73	32.80	256.21
河南	安阳	3.00	0.80	2.22	26.28	380.00
	鹤壁	1.82	0.70	1.86	27.15	246.00
	焦作	3.00	1.20	1.80	28.22	290.00
	开封	3.00	1.00	1.51	23.00	390.00
	洛阳	3.95	1.00	2.66	21.50	340.00
	漯河	2.10	0.90	2.04	33.00	355.00
	南阳	4.50	1.50	2.29	34.45	250.00
	平顶山	2.69	0.80	2.42	34.19	290.00
	濮阳	2.12	0.90	2.47	31.70	240.00
	三门峡	2.76	0.70	2.11	26.15	380.00
	商丘	3.56	0.60	2.62	30.40	290.00
	新乡	3.82	1.30	2.11	28.65	317.00
	信阳	2.56	0.80	2.23	35.90	430.00
	许昌	2.99	1.40	1.89	30.72	340.00

续表

省(区)	指标	收入消费				
		城镇登记失业率	CPI增长水平	城乡收入比	恩格尔系数	居民最低生活保障标准
	正负	逆	逆	逆	逆	正
	单位	%	%	1	%	元/人·月
河南	郑州	2.30	1.80	1.80	29.56	550.00
	周口	3.81	1.20	2.39	31.70	340.00
	驻马店	2.51	1.00	2.42	34.00	340.00
湖南	邵阳	3.63	1.10	2.33	33.60	336.00
	常德	3.10	1.70	2.08	35.72	336.08
	郴州	3.47	2.20	2.17	33.65	398.81
	衡阳	3.80	1.40	1.29	31.50	259.11
	怀化	4.23	1.60	2.77	33.20	285.31
	娄底	4.39	1.50	2.43	40.05	267.16
	湘潭	1.50	1.60	1.91	30.60	349.26
	益阳	3.56	1.50	1.85	29.80	398.81
	永州	4.50	1.80	2.06	32.60	336.50
	岳阳	3.48	1.30	2.10	32.78	398.81
	张家界	3.76	1.30	2.64	39.37	336.00
	长沙	2.67	1.30	1.72	23.25	360.55
	株洲	3.47	2.20	2.17	27.20	797.62
湖北	鄂州	2.03	1.10	1.82	26.91	470.00
	黄冈	1.91	0.90	2.22	37.05	271.51
	黄石	2.95	2.10	2.30	27.09	655.00
	荆门	3.00	1.60	1.82	33.70	456.25
	荆州	2.20	1.90	1.88	31.92	452.50
	十堰	2.82	1.80	3.04	33.21	435.00
	随州	2.64	1.50	1.77	33.78	618.89
	武汉	2.84	1.90	2.08	29.61	585.00
	咸宁	2.14	1.50	1.76	34.77	527.67
	襄阳	3.24	1.40	1.96	30.27	473.00
	孝感	3.76	1.40	2.05	32.56	525.00
	宜昌	2.06	1.10	2.12	29.40	530.00

续表

省(区)	指标	收入消费				
		城镇登记失业率	CPI增长水平	城乡收入比	恩格尔系数	居民最低生活保障标准
	正负	逆	逆	逆	逆	正
	单位	%	%	1	%	元/人·月
直辖市	天津	3.50	2.10	1.85	32.00	860.00
	上海	3.90	1.70	2.25	25.53	970.00
	重庆	3.40	1.00	2.55	33.20	425.00
	北京	1.43	1.90	2.57	20.20	900.00

附录表3　　　　　　　　　居住出行原始数据

省(区)	指标	居住出行				
		房地产开发投资额	人均绿地面积	旅游总收入	每万人拥有民用汽车数	每万人享有公路里程
	正负	正	正	正	正	正
	单位	亿元	平方米/人	亿元	辆/万人	里/万人
山西	大同	111.40	15.36	483.10	1 955.00	73.49
	晋城	70.90	13.62	444.56	1 727.38	78.72
	晋中	116.00	13.62	823.72	1 714.00	95.49
	临汾	103.10	9.85	484.49	1 320.00	83.18
	吕梁	38.80	13.62	389.20	910.06	90.18
	朔州	21.50	13.62	203.90	1 131.00	115.16
	太原	478.14	12.18	821.88	3 279.00	34.06
	忻州	33.20	9.20	408.30	1 045.00	55.29
	阳泉	30.30	13.62	283.93	1 540.00	80.62
	运城	116.30	12.97	556.50	2 022.00	60.64
	长治	72.30	12.80	461.20	1 415.00	66.66
陕西	安康	93.87	12.09	228.03	1 718.45	122.95
	宝鸡	165.60	12.32	579.60	851.60	86.51
	汉中	97.61	12.11	173.00	1 575.00	97.78
	商洛	21.07	12.11	260.52	1 718.45	97.78
	铜川	24.74	12.11	104.91	1 504.00	100.59

续表

省（区）	指标	居住出行				
		房地产开发投资额	人均绿地面积	旅游总收入	每万人拥有民用汽车数	每万人享有公路里程
	正负	正	正	正	正	正
	单位	亿元	平方米/人	亿元	辆/万人	里/万人
陕西	渭南	113.81	12.11	426.00	1 718.45	95.78
	西安	2 333.34	12.31	1 213.81	3 186.00	95.78
	咸阳	104.50	12.11	292.20	1 718.45	63.05
	延安	51.19	12.11	298.70	1 718.45	18.24
	榆林	63.25	12.11	190.84	2 011.00	183.35
四川	巴中	136.97	21.69	30.19	1 726.00	103.79
	成都	2 487.90	13.70	3 034.63	3 080.00	32.71
	达州	113.64	12.89	171.08	1 224.25	57.25
	德阳	105.00	12.89	285.10	1 183.00	46.38
	广安	183.00	12.89	245.60	1 124.00	73.56
	广元	83.58	12.89	334.56	716.74	150.68
	乐山	194.15	12.89	769.10	1 079.23	72.72
	泸州	258.62	12.89	441.88	1 570.00	63.77
	眉山	193.58	12.89	356.66	1 224.25	72.16
	绵阳	176.65	12.89	541.12	1 224.25	82.81
	南充	212.39	12.89	458.73	1 224.25	70.46
	内江	115.05	12.89	216.06	1 224.25	52.97
	攀枝花	59.96	12.89	279.31	2 099.00	59.48
	遂宁	173.48	10.03	10.02	3 504.00	72.16
	雅安	58.38	12.89	255.05	1 224.25	72.16
	宜宾	228.15	12.89	538.72	109.00	72.16
	资阳	127.90	12.89	162.20	1 224.25	96.73
	自贡	122.59	12.89	160.26	770.66	47.02
西藏	拉萨	40.36	13.43	13.37	1 000.00	176.73
新疆	克拉玛依	32.80	11.63	44.50	170.00	16.72
	吐鲁番	1 037.86	14.10	10.54	1 495.00	16.72
	乌鲁木齐	428.74	13.25	12.14	3 830.00	16.72

续表

省（区）	指标	居住出行				
		房地产开发投资额	人均绿地面积	旅游总收入	每万人拥有民用汽车数	每万人享有公路里程
	正负	正	正	正	正	正
	单位	亿元	平方米/人	亿元	辆/万人	里/万人
云南	保山	69.75	10.80	4.71	869.56	108.41
	昆明	1 683.33	23.63	1 608.66	28.58	108.41
	丽江	34.75	18.17	578.89	608.76	130.42
	临沧	28.02	15.16	177.41	3 321.06	108.41
	普洱	53.74	15.16	270.00	929.85	99.41
	曲靖	93.75	15.16	153.04	931.84	145.10
	玉溪	205.70	10.30	283.20	1 709.00	58.73
	昭通	81.02	15.16	213.31	147.06	28.57
浙江	杭州	2 734.00	14.30	3 041.34	2 588.93	77.47
	湖州	301.20	13.58	1 104.90	2 757.94	40.36
	嘉兴	723.80	14.19	1 010.84	3 353.53	41.38
	金华	8 227.00	13.20	3 913.00	4 790.00	32.15
	丽水	190.46	13.58	644.37	3 520.00	58.73
	宁波	1 374.50	13.58	1 715.90	2 151.35	67.06
	衢州	158.54	13.24	449.40	1 494.51	108.85
	绍兴	678.00	12.91	1 028.00	2 984.43	40.46
	台州	461.03	13.10	1 133.34	2 183.95	41.38
	温州	1 024.20	13.58	1 150.00	2 532.83	31.98
	舟山	209.40	13.80	806.70	1 720.89	33.36
福建	厦门	879.86	13.07	1 168.52	3 526.29	10.96
	龙岩	185.05	9.02	332.76	3 666.67	109.25
	南平	162.27	15.15	592.11	2 493.71	116.58
	宁德	169.64	15.68	254.29	730.69	81.42
	莆田	388.82	13.61	266.01	1 046.90	44.94
	泉州	700.66	14.40	843.81	1 472.72	40.83
	三明	109.21	14.35	246.03	947.08	117.86
	漳州	504.55	14.64	389.75	903.92	48.24
	福州	1 694.18	14.74	878.54	1 545.30	29.93

续表

省(区)	指标	居住出行				
		房地产开发投资额	人均绿地面积	旅游总收入	每万人拥有民用汽车数	每万人享有公路里程
	正负	正	正	正	正	正
	单位	亿元	平方米/人	亿元	辆/万人	里/万人
广西	南宁	958.09	13.00	1 112.40	1 128.39	50.56
	百色	107.92	12.16	334.46	609.69	47.44
	北海	168.28	13.00	219.73	778.68	50.56
	崇左	64.43	13.00	180.08	503.58	70.35
	防城港	87.79	13.56	125.37	1 109.80	58.98
	贵港	68.79	13.00	137.63	381.14	33.64
	桂林	300.40	13.00	971.76	1 110.23	53.72
	河池	60.06	9.95	297.22	2 374.06	75.77
	贺州	20.33	13.00	170.44	557.78	50.56
	来宾	49.90	13.00	180.97	2 128.37	65.07
	柳州	395.08	12.74	442.00	2 184.80	7.52
	钦州	80.01	12.45	254.55	1 937.80	43.24
	梧州	66.40	8.81	245.80	655.25	44.41
	玉林	184.35	10.43	419.62	847.39	50.56
贵州	贵阳	1 026.43	12.88	1 871.95	2 736.36	152.28
	安顺	100.48	10.06	764.67	1 446.13	152.28
	毕节	210.10	17.68	641.71	1 240.90	95.80
	六盘水	77.96	14.96	200.49	1 446.13	98.39
	铜仁	118.08	9.00	517.93	1 743.48	163.77
	遵义	343.39	15.00	1 151.80	1 002.67	105.45
安徽	安庆	162.50	13.96	610.77	942.06	78.51
	蚌埠	536.88	12.53	249.63	985.28	53.58
	亳州	321.60	8.50	171.60	826.08	52.06
	池州	84.10	11.50	120.00	1 932.37	121.26
	滁州	426.90	25.91	206.10	878.31	83.87
	阜阳	516.30	12.50	170.60	897.07	33.34
	淮北	112.20	16.71	96.43	1 086.18	38.10

续表

省（区）	指标	居住出行				
		房地产开发投资额	人均绿地面积	旅游总收入	每万人拥有民用汽车数	每万人享有公路里程
	正负	正	正	正	正	正
	单位	亿元	平方米/人	亿元	辆/万人	里/万人
安徽	淮南	193.50	19.21	164.10	848.87	48.95
	黄山	123.50	96.26	506.11	1 335.26	102.30
	六安	293.80	11.50	350.30	1 000.00	82.07
	马鞍山	259.02	15.14	262.60	1 317.66	61.75
	铜陵	124.40	13.89	157.36	1 361.94	20.01
	芜湖	457.37	13.42	606.12	1 290.04	60.92
	宿州	257.36	12.89	151.48	779.40	51.38
	合肥	1 557.41	22.20	1 490.65	2 131.07	48.82
	宣城	185.60	14.10	270.00	1 342.77	115.09
广东	深圳	2 135.86	16.50	717.15	2 565.71	2.61
	潮州	66.81	13.15	234.76	2 753.89	39.84
	东莞	702.15	49.63	488.90	3 156.49	12.62
	佛山	1 453.99	11.50	709.66	2 979.61	12.84
	河源	223.93	4.75	272.86	991.56	103.64
	惠州	884.19	25.75	439.28	2 178.98	57.87
	江门	450.56	17.78	492.53	5 121.56	44.58
	揭阳	109.29	13.50	292.18	696.19	24.06
	茂名	168.22	13.85	328.33	2 925.16	56.29
	梅州	218.04	17.00	445.18	973.64	84.51
	清远	276.30	15.40	314.50	2 077.72	128.58
	汕头	360.97	15.20	445.34	1 000.30	13.68
	汕尾	86.42	13.48	130.23	576.43	36.56
	韶关	189.70	12.50	390.10	1 045.92	111.63
	阳江	144.86	13.08	267.61	2 833.17	82.32
	云浮	85.63	12.70	257.61	625.23	61.32
	湛江	317.69	13.99	421.42	639.56	60.92
	肇庆	208.04	16.65	308.00	1 190.89	70.17

续表

省（区）	指标	居住出行				
		房地产开发投资额	人均绿地面积	旅游总收入	每万人拥有民用汽车数	每万人享有公路里程
	正负	正	正	正	正	正
	单位	亿元	平方米/人	亿元	辆/万人	里/万人
广东	中山	623.97	18.41	287.00	2 574.72	16.29
	广州	2 702.89	17.06	3 614.21	1 726.14	10.77
	珠海	666.12	19.80	367.70	3 538.01	16.49
海南	海口	603.25	12.10	256.99	3 399.94	52.15
	三亚	549.76	15.41	406.17	2 093.12	43.66
	儋州	103.07	15.35	14.48	1 762.64	41.23
江苏	常州	479.10	14.45	953.70	2 603.35	39.01
	淮安	303.06	13.80	357.33	823.25	53.72
	连云港	274.93	14.40	458.82	902.28	53.37
	南京	2 170.21	15.34	2 168.90	2 869.83	27.12
	南通	610.00	17.00	614.90	1 857.63	49.58
	苏州	2 306.00	14.52	2 328.00	2 832.27	23.70
	泰州	291.54	10.00	325.94	1 500.25	41.06
	无锡	1 201.89	14.91	1 743.00	2 272.55	23.65
	宿迁	243.00	15.10	255.60	848.67	43.04
	徐州	538.62	15.74	666.64	1 372.17	37.32
	盐城	426.70	12.40	320.00	875.60	54.35
	扬州	401.61	15.62	796.72	1 239.93	42.64
	镇江	343.52	18.90	822.37	1 555.41	38.90
江西	抚州	119.10	15.85	360.00	560.64	72.18
	赣州	309.16	10.37	794.94	819.71	64.44
	吉安	105.36	17.09	787.41	842.79	93.60
	景德镇	45.89	15.18	528.89	945.31	56.93
	九江	151.46	14.06	1 486.59	781.29	60.95
	南昌	790.63	11.80	1 204.60	1 775.42	60.95
	萍乡	52.39	14.06	476.18	781.29	60.95
	上饶	144.50	14.06	1 480.90	975.91	7.80

续表

省（区）	指标	居住出行				
		房地产开发投资额	人均绿地面积	旅游总收入	每万人拥有民用汽车数	每万人享有公路里程
	正负	正	正	正	正	正
	单位	亿元	平方米/人	亿元	辆/万人	里/万人
江西	新余	23.97	14.06	279.39	1 354.29	60.95
	宜春	205.02	14.06	611.27	781.29	60.95
	鹰潭	66.44	14.06	355.00	1 498.32	73.23
宁夏	固原	99.67	23.64	32.09	1 879.99	144.91
	石嘴山	18.59	20.26	23.89	1 336.24	133.58
	吴忠	73.50	20.10	33.26	2 137.21	159.74
	银川	402.82	16.52	166.95	3 409.72	53.48
	中卫	58.22	26.48	38.33	1 059.18	136.79
辽宁	鞍山	156.60	10.78	389.10	1 900.00	61.66
	本溪	40.30	15.41	293.00	1 090.96	14.51
	朝阳	58.60	11.89	165.00	995.54	95.26
	大连	566.60	11.30	1 280.10	2 306.75	43.60
	丹东	86.70	10.78	321.25	1 174.95	81.84
	抚顺	54.80	10.78	284.90	1 371.62	66.94
	阜新	23.50	12.10	90.00	1 380.77	80.68
	葫芦岛	83.80	10.78	187.80	1 180.51	69.22
	锦州	101.50	13.60	195.00	1 305.67	61.66
	辽阳	51.40	11.60	199.90	1 295.59	43.84
	盘锦	81.40	12.80	219.90	1 090.96	61.66
	沈阳	814.20	14.10	660.00	2 528.33	29.39
	铁岭	58.10	7.47	132.92	1 090.96	77.85
	营口	124.30	11.80	235.40	1 525.84	35.80
内蒙古	呼和浩特	283.40	18.53	204.39	2 295.25	169.26
	阿拉善	1.20	17.25	125.31	3 491.94	169.26
	巴彦淖尔	32.90	18.53	56.20	1 602.37	135.04
	包头	155.40	39.72	505.20	2 216.82	69.03
	赤峰	140.10	18.53	262.00	2 295.25	125.14

续表

省(区)	指标	居住出行				
		房地产开发投资额	人均绿地面积	旅游总收入	每万人拥有民用汽车数	每万人享有公路里程
	正负	正	正	正	正	正
	单位	亿元	平方米/人	亿元	辆/万人	里/万人
内蒙古	鄂尔多斯	236.10	18.53	378.30	2 641.95	227.28
	呼伦贝尔	116.33	18.53	607.40	2 295.25	217.50
	通辽	48.54	18.53	159.81	2 295.25	137.14
	乌海	20.48	19.90	64.71	2 780.25	169.26
	乌兰察布	20.90	18.53	150.00	2 295.25	169.26
	锡林郭勒	19.69	18.53	369.98	2 372.58	169.26
	兴安	15.57	18.53	86.78	1 375.59	160.43
青海	海东	30.55	12.00	44.69	1 111.72	125.50
	西宁	351.33	12.00	250.97	1 111.72	126.28
山东	滨州	111.70	10.12	152.86	2 685.86	84.80
	德州	238.52	0.76	186.66	2 018.50	13.84
	东营	199.71	10.67	168.14	2 018.50	85.47
	菏泽	295.96	10.67	155.84	2 018.50	55.58
	济南	1 232.60	11.80	970.80	3 208.41	39.95
	济宁	403.20	10.67	688.07	1 317.11	46.80
	莱芜	53.44	9.00	68.30	2 018.50	66.82
	聊城	281.91	10.67	186.97	2 018.50	65.14
	临沂	407.60	10.67	405.70	2 018.50	56.35
	青岛	1 330.50	10.67	1 640.10	2 814.17	56.35
	日照	183.18	23.51	313.87	1 923.41	57.14
	泰安	163.10	10.67	757.60	2 018.50	54.82
	威海	275.44	10.67	596.50	2 837.63	50.00
	潍坊	504.10	10.67	775.90	2 018.50	60.31
	烟台	546.21	10.67	961.45	2 903.00	59.53
	枣庄	168.17	10.67	199.71	2 018.50	41.02
	淄博	241.80	20.70	609.90	2 706.07	52.57

省(区)	指标	居住出行				
		房地产开发投资额	人均绿地面积	旅游总收入	每万人拥有民用汽车数	每万人享有公路里程
	正负	正	正	正	正	正
	单位	亿元	平方米/人	亿元	辆/万人	里/万人
甘肃	白银	29.17	15.32	64.20	1 576.31	76.23
	定西	33.28	15.32	29.60	1 576.31	76.23
	嘉峪关	41.99	15.32	57.21	2 777.78	76.23
	金昌	23.22	22.86	17.80	1 384.29	61.90
	酒泉	33.30	13.91	244.90	1 613.32	308.44
	兰州	432.16	15.32	456.50	3 123.94	76.23
	陇南	70.72	15.32	70.80	1 576.31	119.24
	平凉	64.03	15.32	109.57	1 110.85	76.23
	庆阳	47.97	15.32	109.93	1 576.31	76.23
	天水	64.18	7.23	212.00	1 576.31	64.08
	武威	57.99	15.32	63.30	1 576.31	143.67
	张掖	52.08	15.32	157.30	2 239.49	76.23
河北	保定	517.00	13.48	954.00	1 589.23	40.12
	沧州	253.44	13.48	162.38	1 589.23	42.17
	承德	152.90	13.48	683.50	1 589.23	62.71
	邯郸	475.20	13.48	637.10	1 395.84	22.66
	衡水	199.10	13.48	134.70	1 589.23	22.66
	廊坊	758.00	14.20	372.70	1 589.23	46.38
	秦皇岛	166.95	13.48	658.29	1 996.27	22.66
	石家庄	1 243.60	13.48	994.40	2 352.96	22.66
	唐山	357.70	15.91	587.30	2 342.66	45.59
	邢台	196.80	13.48	239.36	1 501.80	49.72
	张家口	390.80	9.59	696.50	1 589.23	91.82
吉林	白城	29.80	18.86	75.12	1 482.45	117.87
	白山	11.70	17.76	157.00	1 213.39	111.65
	吉林	64.20	17.76	801.00	1 793.67	39.51
	辽源	16.03	17.76	50.18	1 094.55	83.85

续表

省（区）	指标	居住出行				
		房地产开发投资额	人均绿地面积	旅游总收入	每万人拥有民用汽车数	每万人享有公路里程
	正负	正	正	正	正	正
	单位	亿元	平方米/人	亿元	辆/万人	里/万人
吉林	四平	50.00	17.76	63.20	1 724.74	39.51
	松原	27.09	17.76	141.10	1 451.65	94.22
	通化	59.90	17.76	194.50	980.89	65.67
	延边	66.11	11.58	404.99	1 223.72	39.51
	长春	573.80	24.35	1 618.30	2 127.12	4.69
黑龙江	大庆	50.00	8.40	142.50	1 034.17	80.15
	大兴安岭	0.50	8.40	65.00	1 034.17	490.03
	哈尔滨	494.30	15.49	1 177.50	1 735.08	51.99
	鹤岗	8.10	8.40	48.20	921.70	209.33
	黑河	10.60	8.40	82.10	1 034.17	135.78
	鸡西	21.30	8.40	66.90	1 085.71	122.33
	佳木斯	52.60	8.40	21.40	1 034.17	93.09
	牡丹江	50.00	8.40	153.40	1 034.17	80.35
	七台河	2.72	8.40	75.00	1 034.17	275.86
	齐齐哈尔	49.40	8.40	118.30	1 034.17	71.73
	双鸭山	16.40	8.40	13.50	1 034.17	124.81
	绥化	58.70	8.40	75.00	1 034.17	40.30
	伊春	8.12	8.40	112.97	618.32	188.00
河南	安阳	278.29	11.20	436.43	1 097.00	57.38
	鹤壁	84.40	11.20	98.70	2 111.31	57.38
	焦作	117.67	11.20	386.13	1 097.00	57.38
	开封	273.96	11.20	483.20	1 191.39	57.38
	洛阳	375.30	11.20	1 043.00	1 097.00	57.38
	漯河	87.40	13.71	41.60	1 090.44	57.38
	南阳	208.92	11.20	280.30	885.55	57.38
	平顶山	211.10	11.20	169.30	1 097.00	57.38
	濮阳	150.60	11.20	23.90	1 516.50	57.38

省(区)	指标	居住出行				
		房地产开发投资额	人均绿地面积	旅游总收入	每万人拥有民用汽车数	每万人享有公路里程
	正负	正	正	正	正	正
	单位	亿元	平方米/人	亿元	辆/万人	里/万人
河南	三门峡	125.53	15.53	301.00	1 097.00	57.38
	商丘	268.73	11.20	29.95	1 097.00	57.38
	新乡	380.74	11.20	263.52	1 097.00	46.73
	信阳	431.60	11.20	199.07	807.30	68.54
	许昌	194.70	11.20	107.10	1 097.00	45.17
	郑州	3 358.80	11.20	1 195.00	1 097.00	57.38
	周口	217.22	11.20	115.30	1 097.00	57.38
	驻马店	281.00	11.20	184.56	1 325.75	57.38
湖南	邵阳	169.30	12.27	332.17	1 234.24	61.01
	常德	195.50	13.65	362.20	848.59	78.44
	郴州	226.40	16.03	458.18	824.35	86.48
	衡阳	173.94	16.70	568.05	1 278.78	58.57
	怀化	139.92	15.09	392.27	644.56	83.48
	娄底	73.05	13.77	251.38	798.96	76.77
	湘潭	172.90	18.92	561.90	2 142.36	55.30
	益阳	119.03	15.00	235.80	1 749.54	79.44
	永州	112.55	14.61	406.70	657.70	83.95
	岳阳	154.01	17.63	427.77	910.99	92.60
	张家界	43.40	14.12	623.78	842.26	117.50
	长沙	1 489.69	24.42	1 770.06	2 734.34	121.76
	株洲	226.40	21.40	458.18	824.35	106.18
湖北	鄂州	29.23	20.20	54.72	468.87	71.47
	黄冈	284.33	14.53	200.74	545.75	96.20
	黄石	156.29	19.39	117.50	706.50	55.49
	荆门	94.36	17.85	165.00	906.68	101.32
	荆州	238.12	17.90	260.00	620.05	86.26
	十堰	66.50	17.48	434.00	835.81	163.73

续表

省(区)	指标	居住出行				
		房地产开发投资额	人均绿地面积	旅游总收入	每万人拥有民用汽车数	每万人享有公路里程
	正负	正	正	正	正	正
	单位	亿元	平方米/人	亿元	辆/万人	里/万人
湖北	随州	38.04	15.42	2 262.90	757.89	84.08
	武汉	2 686.34	17.64	2 812.81	2 396.06	94.28
	咸宁	62.74	16.78	292.50	831.92	85.04
	襄阳	336.50	18.12	340.50	971.52	105.84
	孝感	175.66	18.23	151.03	463.08	68.73
	宜昌	197.85	18.05	713.46	1 370.30	150.17
直辖市	天津	2 233.39	11.48	3 545.44	1 848.26	21.24
	上海	3 856.53	8.02	4 484.81	1 492.85	15.14
	重庆	3 980.08	16.33	3 308.04	1 845.43	95.60
	北京	3 745.90	16.20	5 468.80	2 597.32	20.49

附录表 4 　　　　　　　　　　文化教育原始数据

省(区)	指标	文化教育				
		专利申请总量	义务教育巩固率	每万人在校大学生数	每万人在校高中生数	每十万人拥有图书馆、博物馆数
	正负	正	正	正	正	正
	单位	个	%	人/万人	人/万人	个/十万人
山西	大同	1 521.00	100.00	65.64	448.89	0.78
	晋城	414.00	99.99	95.89	243.78	0.55
	晋中	1 832.00	99.00	551.22	169.35	0.68
	临汾	821.00	100.00	106.78	204.66	0.98
	吕梁	749.00	98.95	156.98	194.34	0.73
	朔州	401.00	99.00	123.31	289.89	0.78
	太原	3 743.00	100.00	1 065.97	1 024.79	0.86
	忻州	681.00	100.00	84.80	183.64	0.77
	阳泉	1 107.00	99.00	157.03	192.88	0.85
	运城	1 926.00	100.00	103.71	183.50	0.91
	长治	1 147.00	100.00	94.44	200.45	0.81

省(区)	指标	文化教育				
		专利申请总量	义务教育巩固率	每万人在校大学生数	每万人在校高中生数	每十万人拥有图书馆、博物馆数
	正负	正	正	正	正	正
	单位	个	%	人/万人	人/万人	个/十万人
陕西	安康	787.00	100.00	84.52	226.51	1.41
	宝鸡	1 267.00	99.98	101.80	194.00	0.71
	汉中	811.00	100.00	120.00	213.00	0.61
	商洛	1 583.00	99.00	118.00	198.00	0.75
	铜川	301.00	100.00	76.32	192.00	1.19
	渭南	1 378.00	99.00	30.00	215.45	0.22
	西安	81 110.00	99.99	802.00	250.00	1.53
	咸阳	3 166.00	99.00	75.09	223.26	0.28
	延安	1 092.00	100.00	75.06	278.98	1.23
	榆林	2 538.00	100.00	75.06	190.33	1.02
四川	巴中	1 248.00	99.00	108.00	259.13	0.51
	成都	113 956.00	99.67	509.19	363.97	0.36
	达州	2 219.00	100.00	93.41	559.27	0.37
	德阳	7 282.00	100.00	95.43	128.90	0.61
	广安	2 152.00	99.60	120.00	252.30	0.49
	广元	1 673.00	100.00	131.84	178.44	0.69
	乐山	2 498.00	100.00	156.24	125.44	0.98
	泸州	3 217.00	99.96	158.89	187.15	0.72
	眉山	664.00	100.00	92.44	162.36	0.67
	绵阳	10 889.00	100.00	43.43	293.44	0.60
	南充	2 791.00	100.00	86.36	199.44	0.58
	内江	2 343.00	99.60	151.66	135.80	0.27
	攀枝花	2 797.00	99.98	210.80	607.50	0.72
	遂宁	563.00	100.00	176.00	403.00	1.21
	雅安	1 678.00	100.00	78.00	141.00	1.30
	宜宾	3 146.00	99.96	89.41	275.00	0.63
	资阳	1 096.00	99.90	78.00	517.00	0.32
	自贡	2 469.00	97.70	156.00	141.00	0.34

续表

省（区）	指标	文化教育				
		专利申请总量	义务教育巩固率	每万人在校大学生数	每万人在校高中生数	每十万人拥有图书馆、博物馆数
	正负	正	正	正	正	正
	单位	个	%	人/万人	人/万人	个/十万人
西藏	拉萨	800.00	99.50	108.00	174.00	0.75
新疆	克拉玛依	722.00	100.00	71.38	100.00	0.80
	吐鲁番	14 260.00	99.91	150.10	236.06	0.95
	乌鲁木齐	6 080.00	100.00	837.00	296.00	0.40
云南	保山	518.00	99.98	52.11	198.84	0.84
	昆明	16 925.00	100.00	742.29	500.00	0.73
	丽江	491.00	96.10	32.93	178.98	0.93
	临沧	429.00	99.00	34.44	47.91	0.75
	普洱	494.00	99.90	42.96	148.29	0.72
	曲靖	955.00	99.80	44.71	248.24	0.30
	玉溪	1 585.00	99.96	23.54	224.85	0.83
	昭通	467.68	100.00	30.21	186.37	0.27
浙江	杭州	25 578.00	99.69	517.01	1 119.46	1.08
	湖州	28 808.00	100.00	99.19	422.71	1.12
	嘉兴	9 493.00	99.07	282.51	152.00	0.39
	金华	4 698.00	99.99	94.04	136.64	0.72
	丽水	10 900.00	100.00	108.81	125.52	1.04
	宁波	62 104.00	99.40	328.36	145.75	0.39
	衢州	8 241.00	100.00	52.65	151.27	0.51
	绍兴	11 228.00	100.00	194.21	287.03	0.54
	台州	28 071.00	100.00	110.55	262.00	0.84
	温州	46 000.00	99.94	96.26	211.72	0.65
	舟山	3 649.00	100.00	216.48	164.77	0.43
福建	厦门	14 678.00	100.00	349.88	494.76	0.52
	龙岩	6 601.00	100.00	65.58	256.59	0.80
	南平	2 238.00	93.50	96.14	182.49	0.75

省（区）	指标	文化教育				
		专利申请总量	义务教育巩固率	每万人在校大学生数	每万人在校高中生数	每十万人拥有图书馆、博物馆数
	正负	正	正	正	正	正
	单位	个	%	人/万人	人/万人	个/十万人
福建	宁德	3 333.00	98.63	38.64	246.21	0.72
	莆田	3 533.00	100.00	70.33	316.40	0.17
	泉州	47 179.00	100.00	145.78	251.68	0.27
	三明	4 294.00	98.60	98.31	300.00	1.01
	漳州	9 958.00	94.25	140.56	220.40	0.45
	福州	25 580.00	100.00	409.73	254.17	0.65
广西	南宁	3 150.60	99.53	174.76	260.93	0.49
	百色	1 819.00	99.53	142.33	637.05	0.90
	北海	3 150.60	99.53	135.91	209.64	0.18
	崇左	3 150.60	99.53	210.23	260.93	0.58
	防城港	1 823.00	99.53	38.97	173.07	0.75
	贵港	1 365.00	99.53	578.72	547.78	0.26
	桂林	9 750.00	99.53	380.03	151.66	0.63
	河池	1 988.00	99.53	54.95	260.93	0.62
	贺州	684.00	99.53	51.56	380.45	0.44
	来宾	908.00	99.53	61.21	307.76	0.32
	柳州	9 935.00	75.24	78.99	267.00	1.73
	钦州	1 758.00	74.39	57.93	270.43	0.15
	梧州	2 093.00	97.70	114.07	188.57	0.43
	玉林	3 767.00	70.55	30.12	238.01	0.21
贵州	贵阳	14 118.00	72.26	728.86	452.73	0.56
	安顺	2 129.00	69.23	73.23	817.29	0.26
	毕节	1 129.00	98.90	61.81	390.86	0.17
	六盘水	4 182.50	90.89	58.17	375.25	0.24
	铜仁	579.00	92.80	126.10	514.82	0.35
	遵义	6 506.00	95.73	143.47	284.89	0.51

续表

省(区)	指标	文化教育				
		专利申请总量	义务教育巩固率	每万人在校大学生数	每万人在校高中生数	每十万人拥有图书馆、博物馆数
	正负	正	正	正	正	正
	单位	个	%	人/万人	人/万人	个/十万人
安徽	安庆	8 163.00	100.02	85.33	291.62	0.56
	蚌埠	4 671.00	100.00	191.90	327.24	0.38
	亳州	3 750.00	100.00	21.28	301.80	0.19
	池州	4 286.00	103.90	176.87	317.60	0.62
	滁州	10 083.00	97.16	128.36	353.04	0.52
	阜阳	10 336.00	71.54	44.48	315.09	0.19
	淮北	3 181.00	75.30	148.00	257.72	0.45
	淮南	5 381.00	89.47	222.33	265.04	0.34
	黄山	1 303.00	100.00	165.89	257.20	4.62
	六安	10 768.00	97.01	88.18	321.05	0.33
	马鞍山	10 116.00	100.00	241.36	311.47	0.30
	铜陵	2 721.00	99.71	224.34	273.74	0.37
	芜湖	28 911.00	100.00	451.03	428.84	0.27
	宿州	3 061.00	86.93	50.03	253.85	0.11
	合肥	61 340.00	99.71	785.69	317.26	0.50
	宣城	4 857.00	99.83	39.20	386.38	0.73
广东	深圳	177 100.00	100.00	77.19	333.33	5.42
	潮州	5 688.00	85.75	64.89	195.79	0.38
	东莞	81 275.00	49.03	141.92	193.47	8.47
	佛山	25 899.00	99.31	159.34	152.68	0.31
	河源	3 693.00	99.68	41.41	268.19	0.49
	惠州	30 448.00	86.90	61.93	359.67	0.23
	江门	17 966.00	71.80	123.42	283.23	0.31
	揭阳	5 188.00	87.75	19.39	387.12	0.20
	茂名	6 629.00	83.13	63.02	358.31	0.10
	梅州	2 562.00	73.36	58.16	271.36	0.41

续表

省（区）	指标	文化教育				
		专利申请总量	义务教育巩固率	每万人在校大学生数	每万人在校高中生数	每十万人拥有图书馆、博物馆数
	正负	正	正	正	正	正
	单位	个	%	人/万人	人/万人	个/十万人
广东	清远	4 174.00	56.76	29.87	288.56	0.49
	汕头	14 463.00	99.90	19.20	378.91	0.27
	汕尾	2 407.00	99.70	19.98	204.70	0.36
	韶关	3 551.00	100.00	130.23	188.53	0.64
	阳江	3 265.00	100.00	38.97	176.18	0.31
	云浮	1 884.00	100.00	36.48	182.01	0.44
	湛江	6 861.00	100.00	181.93	209.99	0.26
	肇庆	5 341.00	100.00	168.39	182.97	0.46
	中山	42 168.00	100.00	164.42	144.82	0.95
	广州	118 332.00	100.00	736.15	125.52	0.31
	珠海	20 737.00	100.00	774.90	174.80	0.51
海南	海口	3 193.00	94.36	645.22	176.41	0.26
	三亚	275.00	98.27	646.05	200.56	0.92
	儋州	229.00	93.00	660.94	208.48	0.22
江苏	常州	33 973.00	100.00	260.76	105.77	0.70
	淮安	16 782.00	99.99	141.64	146.72	0.18
	连云港	9 134.00	99.90	148.28	162.89	0.66
	南京	75 405.00	100.00	865.63	91.90	0.90
	南通	54 742.00	100.00	136.21	101.98	0.41
	苏州	113 694.00	100.00	203.58	75.60	0.51
	泰州	31 352.00	100.00	132.63	133.06	0.56
	无锡	52 252.00	100.00	171.98	104.33	1.01
	宿迁	11 126.00	99.90	40.29	168.07	0.12
	徐州	18 548.00	99.90	147.54	128.37	0.33
	盐城	31 146.00	99.70	86.16	135.40	0.29
	扬州	32 638.00	100.00	183.57	139.22	0.16
	镇江	33 540.00	100.00	252.33	99.74	0.72

续表

省（区）	指标	文化教育				
		专利申请总量	义务教育巩固率	每万人在校大学生数	每万人在校高中生数	每十万人拥有图书馆、博物馆数
	正负	正	正	正	正	正
	单位	个	％	人/万人	人/万人	个/十万人
江西	抚州	5 614.00	95.10	130.19	232.82	0.55
	赣州	14 706.00	99.14	101.62	215.86	0.41
	吉安	4 858.00	99.00	61.13	192.32	0.65
	景德镇	2 492.00	98.62	207.87	190.48	0.30
	九江	6 200.00	99.94	190.22	214.02	0.68
	南昌	18 424.00	100.00	1 116.13	193.65	0.49
	萍乡	3 252.00	100.00	66.65	181.28	0.52
	上饶	5 251.00	98.80	46.44	212.87	0.29
	新余	2 210.00	100.00	320.15	214.28	0.59
	宜春	5 335.00	100.00	76.22	207.43	0.38
	鹰潭	2 899.00	100.00	77.94	186.97	0.77
宁夏	固原	154.00	92.30	57.28	290.45	0.68
	石嘴山	2 114.00	98.13	112.08	192.00	0.50
	吴忠	1 141.00	96.65	26.36	192.35	1.42
	银川	4 372.00	102.10	456.55	246.70	0.76
	中卫	403.00	100.00	156.23	200.81	0.60
辽宁	鞍山	3 104.00	100.00	94.01	141.01	0.38
	本溪	860.00	99.55	245.86	136.88	1.02
	朝阳	700.00	97.00	34.18	249.76	0.59
	大连	13 784.00	99.70	479.07	152.97	0.40
	丹东	348.00	100.00	109.72	161.82	0.33
	抚顺	1 342.00	100.00	198.46	298.78	0.33
	阜新	3 004.00	100.00	196.13	157.92	0.43
	葫芦岛	1 103.00	100.00	288.81	267.15	0.29
	锦州	1 751.00	100.00	283.40	145.07	0.47
	辽阳	1 006.00	100.00	87.10	125.20	0.49

省(区)	指标	文化教育				
		专利申请总量	义务教育巩固率	每万人在校大学生数	每万人在校高中生数	每十万人拥有图书馆、博物馆数
	正负	正	正	正	正	正
	单位	个	％	人/万人	人/万人	个/十万人
辽宁	盘锦	1 445.00	100.00	47.22	190.25	0.42
	沈阳	20 879.00	100.00	479.86	163.37	0.40
	铁岭	780.00	100.00	62.74	160.44	0.37
	营口	1 170.00	100.00	174.30	114.85	0.49
内蒙古	呼和浩特	3 653.00	100.00	764.04	449.44	0.51
	阿拉善	186.00	100.00	158.00	231.09	4.03
	巴彦淖尔	1 819.00	93.40	67.91	139.11	1.53
	包头	2 511.00	97.32	271.02	156.36	0.56
	赤峰	1 374.00	100.00	53.30	192.44	0.67
	鄂尔多斯	1 524.00	100.00	44.26	148.90	0.82
	呼伦贝尔	1 374.00	99.67	98.24	135.62	2.33
	通辽	1 374.00	93.03	102.08	217.25	0.45
	乌海	267.00	100.00	89.65	181.70	1.25
	乌兰察布	354.00	97.60	104.64	153.63	1.00
	锡林郭勒	321.00	100.00	87.47	201.65	2.47
	兴安	244.00	98.70	75.09	153.33	0.61
青海	海东	70.00	94.09	302.49	228.07	0.27
	西宁	70.00	100.00	315.08	201.69	0.81
山东	滨州	5 541.00	98.95	138.66	175.72	0.33
	德州	5 460.00	100.00	109.91	167.88	0.35
	东营	1 226.00	100.00	258.99	175.72	0.28
	菏泽	1 356.00	92.59	55.71	184.87	0.30
	济南	11 720.00	100.00	845.84	175.72	0.19
	济宁	2 676.00	98.00	134.31	157.00	0.16
	莱芜	465.00	99.80	78.46	216.12	1.30
	聊城	1 322.00	98.95	223.24	325.89	0.49

续表

省（区）	指标	文化教育				
		专利申请总量	义务教育巩固率	每万人在校大学生数	每万人在校高中生数	每十万人拥有图书馆、博物馆数
	正负	正	正	正	正	正
	单位	个	%	人/万人	人/万人	个/十万人
山东	临沂	1 896.00	98.00	258.99	175.72	0.49
	青岛	6 561.00	98.95	371.42	125.94	0.49
	日照	608.00	98.95	229.69	175.72	0.26
	泰安	1 837.00	57.02	224.97	232.38	0.81
	威海	8 326.00	98.95	358.48	109.59	0.78
	潍坊	19 086.00	98.95	182.75	186.12	0.21
	烟台	4 375.00	100.00	323.28	135.43	0.72
	枣庄	5 126.00	99.00	86.89	176.20	0.52
	淄博	5 750.00	98.95	242.36	175.72	1.45
甘肃	白银	1 052.00	94.17	63.44	265.15	0.64
	定西	877.00	94.89	21.79	243.07	0.57
	嘉峪关	525.00	96.16	63.44	246.24	0.80
	金昌	640.00	99.88	63.44	258.58	0.64
	酒泉	1 690.00	99.45	78.68	205.46	4.36
	兰州	7 793.00	96.16	1 104.59	860.61	1.01
	陇南	1 947.17	87.32	22.33	183.50	0.31
	平凉	1 947.17	100.00	36.46	246.26	0.99
	庆阳	1 947.17	95.69	63.44	305.53	1.25
	天水	1 947.17	96.16	130.25	305.53	0.20
	武威	889.00	99.52	6.47	214.55	0.77
	张掖	3 506.00	96.16	156.45	207.75	0.98
河北	保定	8 511.00	98.39	64.27	150.44	0.38
	沧州	5 016.00	98.39	95.14	146.18	0.19
	承德	1 465.00	97.00	199.95	150.44	0.31
	邯郸	4 896.00	96.10	133.66	150.44	0.20
	衡水	3 074.00	98.39	133.66	150.44	0.44
	廊坊	6 292.00	98.39	133.66	149.76	0.31

续表

省(区)	指标	文化教育				
		专利申请总量	义务教育巩固率	每万人在校大学生数	每万人在校高中生数	每十万人拥有图书馆、博物馆数
	正负	正	正	正	正	正
	单位	个	%	人/万人	人/万人	个/十万人
河北	秦皇岛	4 833.00	98.39	494.73	150.44	0.26
	石家庄	12 966.00	98.53	437.50	145.71	0.31
	唐山	6 712.00	97.89	155.76	150.44	0.39
	邢台	4 815.00	99.32	65.96	150.44	0.25
	张家口	1 251.00	98.39	42.53	161.11	0.32
吉林	白城	2 543.29	99.80	10.68	154.63	0.63
	白山	258.00	99.85	11.64	154.96	1.30
	吉林	2 124.00	99.85	97.66	142.05	0.63
	辽源	327.00	99.90	50.25	164.17	0.85
	四平	2 543.29	99.85	175.93	427.68	0.41
	松原	388.00	99.85	58.49	195.87	0.44
	通化	394.00	99.85	59.80	149.92	0.37
	延边	545.00	99.85	88.76	124.24	0.95
	长春	14 995.00	99.85	72.11	160.24	0.47
黑龙江	大庆	453.00	99.00	223.91	205.79	0.22
	大兴安岭	182.00	99.00	56.16	164.02	1.82
	哈尔滨	21 314.00	97.97	647.40	149.75	1.02
	鹤岗	453.00	99.00	248.96	164.02	0.30
	黑河	453.00	100.00	627.60	164.02	0.37
	鸡西	440.00	99.00	520.06	140.00	0.46
	佳木斯	666.00	99.00	133.99	164.02	0.59
	牡丹江	453.00	99.00	196.23	164.02	0.72
	七台河	453.00	99.00	145.69	173.26	0.24
	齐齐哈尔	453.00	100.00	103.05	118.04	0.24
	双鸭山	453.00	99.00	60.16	164.02	0.72
	绥化	453.00	99.00	145.69	164.02	0.72
	伊春	239.00	98.35	145.69	140.36	2.42

省（区）	指标	文化教育				
		专利申请总量	义务教育巩固率	每万人在校大学生数	每万人在校高中生数	每十万人拥有图书馆、博物馆数
	正负	正	正	正	正	正
	单位	个	%	人/万人	人/万人	个/十万人
河南	安阳	2 500.00	99.00	129.00	175.80	0.39
	鹤壁	2 500.00	99.00	98.12	190.49	0.31
	焦作	4 610.00	99.00	224.15	216.29	0.45
	开封	1 980.00	99.00	185.20	231.68	0.84
	洛阳	10 724.00	100.00	212.52	202.26	0.25
	漯河	1 854.00	99.00	129.00	178.47	0.26
	南阳	6 129.00	99.00	85.97	176.31	0.29
	平顶山	3 350.00	99.00	129.00	197.92	0.22
	濮阳	1 785.00	99.00	41.22	68.69	0.38
	三门峡	898.00	99.00	73.61	188.65	0.62
	商丘	3 022.00	100.00	125.11	210.31	0.22
	新乡	8 995.00	99.00	268.68	185.47	0.17
	信阳	2 241.00	99.00	133.88	290.07	0.65
	许昌	12 472.00	100.00	106.93	142.04	0.42
	郑州	50 544.00	99.00	946.26	194.31	0.56
	周口	220.00	99.00	55.47	283.83	0.25
	驻马店	2 291.00	99.00	42.57	338.78	0.32
湖南	邵阳	3 194.00	99.38	49.22	276.32	0.22
	常德	3 557.00	99.70	85.54	227.54	0.84
	郴州	2 572.00	97.90	59.18	264.21	0.44
	衡阳	5 087.00	99.80	72.44	145.54	0.42
	怀化	1 820.00	97.11	87.54	242.07	0.99
	娄底	1 871.00	97.53	74.54	292.53	0.26
	湘潭	4 523.00	99.77	466.34	238.43	0.67
	益阳	896.00	96.69	72.44	219.50	0.46
	永州	2 810.00	95.70	50.68	283.23	0.27

省（区）	指标	文化教育				
		专利申请总量	义务教育巩固率	每万人在校大学生数	每万人在校高中生数	每十万人拥有图书馆、博物馆数
	正负	正	正	正	正	正
	单位	个	%	人/万人	人/万人	个/十万人
湖南	岳阳	14 265.00	97.47	72.44	272.46	0.40
	张家界	397.00	98.90	215.46	232.57	0.72
	长沙	37 050.00	100.00	770.89	172.77	0.34
	株洲	2 572.00	97.90	59.18	264.21	0.44
湖北	鄂州	2 221.00	99.65	142.83	148.67	0.28
	黄冈	3 402.50	97.14	68.76	507.33	0.55
	黄石	1 240.00	97.50	246.05	61.40	0.61
	荆门	3 900.00	100.00	63.54	143.63	0.38
	荆州	4 387.00	99.99	116.00	198.88	0.14
	十堰	4 056.00	100.00	151.73	208.15	0.91
	随州	1 680.00	97.78	23.92	193.92	0.36
	武汉	49 726.00	99.80	870.29	222.16	0.11
	咸宁	3 306.00	97.05	159.07	233.92	0.55
	襄阳	9 936.00	99.53	88.43	265.30	0.35
	孝感	5 929.00	99.51	114.24	171.31	0.41
	宜昌	11 349.00	98.37	138.31	368.75	0.80
直辖市	天津	87 000.00	99.55	330.02	105.34	0.62
	上海	131 746.00	99.90	212.92	65.71	0.62
	重庆	65 000.00	99.83	242.88	195.70	0.45
	北京	186 000.00	100.00	267.66	75.55	0.94

附录表 5　　　　　　　　　　　　　　安全健康原始数据

省（区）	指标	安全健康				
		每十万人拥有卫生机构床位数	二级以上空气质量天数	城乡基本养老保险、基本医疗保险参保率	安全事故发生数	污水处理率
	正负	正	正	正	逆	正
	单位	张/十万人	天	%	个	%
山西	大同	599.37	304.00	32.64	56.00	93.00
	晋城	510.00	166.00	66.56	170.00	95.00
	晋中	469.00	183.00	45.92	130.00	96.98
	临汾	461.89	128.00	57.05	158.00	92.98
	吕梁	335.70	246.00	48.24	167.00	95.15
	朔州	450.61	242.00	50.73	19.00	98.63
	太原	880.00	175.00	46.01	189.00	100.00
	忻州	396.00	286.00	44.23	307.00	95.15
	阳泉	493.82	193.00	31.33	24.00	95.15
	运城	590.00	161.00	52.82	53.00	93.50
	长治	508.11	187.00	60.04	183.00	100.00
陕西	安康	573.24	239.00	51.86	26.00	92.00
	宝鸡	692.77	239.00	40.32	208.00	98.10
	汉中	669.00	269.00	58.25	187.00	92.00
	商洛	584.63	331.00	52.62	94.00	94.35
	铜川	784.13	242.00	34.15	24.00	92.00
	渭南	545.15	195.00	48.35	117.00	92.00
	西安	672.22	180.00	51.60	49.00	92.00
	咸阳	645.00	190.00	50.30	653.00	90.50
	延安	583.00	313.00	38.98	243.00	92.00
	榆林	608.58	285.00	40.87	166.00	92.00
四川	巴中	578.11	335.07	45.83	89.00	88.00
	成都	841.38	235.00	50.16	157.00	93.30
	达州	525.79	305.00	38.78	148.00	52.88
	德阳	582.15	278.00	17.10	148.00	85.00

续表

省（区）	指标	安全健康				
		每十万人拥有卫生机构床位数	二级以上空气质量天数	城乡基本养老保险、基本医疗保险参保率	安全事故发生数	污水处理率
	正负	正	正	正	逆	正
	单位	张/十万人	天	％	个	％
四川	广安	559.56	292.00	30.36	51.00	87.00
	广元	798.00	328.00	38.01	69.00	97.50
	乐山	684.27	278.00	34.04	109.00	89.03
	泸州	677.66	273.00	32.01	185.00	85.00
	眉山	644.42	269.00	44.23	76.00	82.50
	绵阳	750.68	295.00	85.03	120.00	85.00
	南充	831.20	289.00	39.57	148.00	85.00
	内江	629.10	276.00	32.98	148.00	85.00
	攀枝花	809.38	276.00	29.35	29.00	93.30
	遂宁	1 391.00	302.00	28.99	50.00	85.00
	雅安	805.00	303.00	28.03	517.00	85.00
	宜宾	1 079.00	261.00	32.46	132.00	85.00
	资阳	698.00	303.00	36.46	148.00	85.00
	自贡	692.00	229.00	11.31	148.00	85.00
西藏	拉萨	478.00	314.00	41.84	376.00	100.00
新疆	克拉玛依	374.38	329.00	104.42	155.00	95.32
	吐鲁番	56 449.00	251.00	24.16	1 100.00	95.32
	乌鲁木齐	1 383.58	241.00	97.09	694.00	95.32
云南	保山	518.71	359.00	54.53	388.00	93.00
	昆明	897.83	360.00	10.37	200.00	92.60
	丽江	93.69	362.00	59.63	29.00	88.10
	临沧	479.09	362.00	59.74	16.00	87.00
	普洱	437.72	362.00	59.74	420.00	87.00
	曲靖	488.17	362.00	53.46	29.00	86.92
	玉溪	557.83	362.00	55.48	55.00	86.92
	昭通	44.27	362.00	52.46	71.00	85.00

续表

省(区)	指标	安全健康				
		每十万人拥有卫生机构床位数	二级以上空气质量天数	城乡基本养老保险、基本医疗保险参保率	安全事故发生数	污水处理率
	正负	正	正	正	逆	正
	单位	张/十万人	天	％	个	％
浙江	杭州	801.64	271.00	66.36	462.00	92.30
	湖州	588.75	251.00	54.05	1 284.00	92.89
	嘉兴	742.29	265.00	66.78	316.00	91.78
	金华	555.05	301.00	69.17	3 383.00	94.20
	丽水	492.29	340.00	25.47	185.00	95.75
	宁波	579.27	311.00	20.61	591.00	92.89
	衢州	541.79	316.00	69.98	210.00	94.92
	绍兴	540.14	303.00	73.68	191.00	93.63
	台州	462.39	344.00	34.59	282.00	93.53
	温州	433.50	256.00	33.01	313.00	92.89
	舟山	489.98	336.00	85.58	67.00	95.20
福建	厦门	382.57	362.00	68.28	203.00	95.76
	龙岩	663.60	352.00	50.13	93.00	90.00
	南平	606.04	262.80	24.29	107.00	89.96
	宁德	464.17	347.85	43.93	118.00	85.00
	莆田	516.14	206.23	14.75	168.00	90.00
	泉州	435.64	345.00	49.12	377.00	92.14
	三明	547.16	360.99	42.04	138.00	89.04
	漳州	454.82	220.00	14.44	179.00	89.33
	福州	455.33	347.00	30.85	262.00	91.16
广西	南宁	411.40	347.00	58.60	310.14	91.31
	百色	490.09	362.00	8.64	73.00	69.40
	北海	470.00	347.00	11.49	310.14	91.31
	崇左	394.02	347.00	36.94	253.00	91.31
	防城港	422.82	364.00	40.82	295.00	91.31

续表

省(区)	指标	安全健康				
		每十万人拥有卫生机构床位数	二级以上空气质量天数	城乡基本养老保险、基本医疗保险参保率	安全事故发生数	污水处理率
	正负	正	正	正	逆	正
	单位	张/十万人	天	%	个	%
广西	贵港	303.00	347.00	31.46	310.14	91.31
	桂林	438.95	347.00	39.52	556.00	90.55
	河池	505.97	335.07	46.14	149.00	91.31
	贺州	367.00	347.00	40.19	310.14	85.06
	来宾	496.71	328.50	33.31	310.14	89.70
	柳州	592.50	308.06	27.72	199.00	94.70
	钦州	474.73	320.11	28.32	310.14	96.01
	梧州	460.52	329.96	9.74	121.00	86.00
	玉林	440.56	347.00	28.30	310.14	88.96
贵州	贵阳	655.00	347.12	17.29	284.00	95.00
	安顺	525.25	350.00	49.83	166.00	92.40
	毕节	366.40	347.12	49.25	190.00	88.05
	六盘水	611.98	343.10	30.05	157.00	87.00
	铜仁	597.14	350.40	41.82	113.00	80.00
	遵义	767.62	344.00	50.10	229.00	91.00
安徽	安庆	426.02	268.00	52.87	444.00	93.42
	蚌埠	481.10	227.03	30.95	114.00	99.51
	亳州	372.34	206.00	56.55	140.00	93.30
	池州	437.06	249.00	52.77	277.00	94.10
	滁州	429.69	227.00	35.45	302.00	96.71
	阜阳	491.65	226.00	3.80	307.00	93.30
	淮北	561.98	190.00	34.67	60.00	91.87
	淮南	487.53	209.00	38.76	916.00	97.48
	黄山	563.87	358.07	13.88	358.00	93.40
	六安	402.65	295.65	34.48	242.00	98.42

省(区)	指标	安全健康				
		每十万人拥有卫生机构床位数	二级以上空气质量天数	城乡基本养老保险、基本医疗保险参保率	安全事故发生数	污水处理率
	正负	正	正	正	逆	正
	单位	张/十万人	天	%	个	%
安徽	马鞍山	404.95	239.44	25.91	94.00	95.02
	铜陵	519.15	259.88	44.08	86.00	92.00
	芜湖	550.38	249.00	40.84	316.00	93.56
	宿州	406.58	181.99	54.14	126.00	97.13
	合肥	618.96	222.00	40.49	507.00	92.00
	宣城	487.80	287.00	17.26	205.00	93.94
广东	深圳	350.15	354.00	90.48	3 045.00	96.80
	潮州	240.40	349.00	15.11	255.00	79.70
	东莞	358.41	301.00	78.11	1465.00	96.20
	佛山	460.68	290.00	55.29	636.00	97.50
	河源	470.32	356.00	13.32	321.00	78.03
	惠州	482.42	346.00	57.33	346.00	96.20
	江门	499.24	282.15	46.98	574.00	91.20
	揭阳	300.69	343.83	37.77	145.00	50.00
	茂名	541.58	335.07	13.25	181.00	91.58
	梅州	406.67	362.08	30.42	62.00	96.96
	清远	432.49	314.00	34.62	590.00	81.50
	汕头	322.30	353.00	36.55	810.00	91.00
	汕尾	276.95	354.00	39.09	873.00	88.00
	韶关	573.98	326.00	28.99	1 259.00	87.08
	阳江	519.41	315.00	40.20	161.00	92.34
	云浮	397.22	335.00	39.17	335.00	77.40
	湛江	480.37	327.04	31.07	533.00	88.50
	肇庆	375.98	327.30	18.48	268.00	91.40
	中山	467.98	354.00	100.00	1 687.00	96.30
	广州	622.14	330.80	13.99	838.00	94.20
	珠海	532.12	322.00	8.21	516.00	96.36

省(区)	指标	安全健康				
		每十万人拥有卫生机构床位数	二级以上空气质量天数	城乡基本养老保险、基本医疗保险参保率	安全事故发生数	污水处理率
	正负	正	正	正	逆	正
	单位	张/十万人	天	%	个	%
海南	海口	708.60	352.00	19.75	59.00	95.00
	三亚	469.77	360.00	33.75	298.00	89.80
	儋州	484.49	357.00	28.24	148.00	91.20
江苏	常州	551.20	248.93	37.86	2 751.00	96.20
	淮安	582.97	248.00	34.99	426.00	93.70
	连云港	536.47	281.05	50.03	2 058.00	91.00
	南京	626.27	264.00	45.41	15 287.00	94.50
	南通	576.32	266.00	19.11	3 271.00	93.50
	苏州	623.36	260.98	6.49	1 116.00	95.20
	泰州	548.61	270.83	68.75	503.00	95.14
	无锡	642.45	247.11	49.85	732.00	95.00
	宿迁	517.66	227.00	28.09	525.00	89.01
	徐州	634.45	176.00	31.03	664.00	93.00
	盐城	541.27	293.10	13.79	2 751.00	89.00
	扬州	504.97	228.00	19.22	149.00	90.00
	镇江	476.07	260.98	33.15	331.00	93.54
江西	抚州	316.31	312.00	38.20	171.00	92.50
	赣州	463.95	346.75	42.51	438.00	72.67
	吉安	496.37	282.15	45.59	619.00	91.55
	景德镇	515.95	333.61	22.65	139.00	72.51
	九江	425.91	288.00	39.44	863.00	87.86
	南昌	594.25	303.00	36.34	339.00	93.60
	萍乡	574.08	227.00	23.01	80.00	87.86
	上饶	542.18	312.08	16.40	1 303.00	87.86
	新余	459.30	310.00	23.14	51.00	87.86
	宜春	471.49	305.51	38.95	60.00	94.61
	鹰潭	620.47	308.00	39.91	544.00	97.14

续表

省(区)	指标	安全健康				
		每十万人拥有卫生机构床位数	二级以上空气质量天数	城乡基本养老保险、基本医疗保险参保率	安全事故发生数	污水处理率
	正负	正	正	正	逆	正
	单位	张/十万人	天	%	个	%
宁夏	固原	549.10	330.00	38.82	20.00	90.30
	石嘴山	572.60	254.00	16.25	33.00	96.67
	吴忠	485.65	292.00	32.58	42.00	89.00
	银川	749.30	237.00	12.89	113.00	95.20
	中卫	413.56	281.00	31.76	29.00	95.30
辽宁	鞍山	636.57	263.00	29.45	363.00	95.00
	本溪	743.67	318.00	74.64	870.00	97.25
	朝阳	517.47	280.00	61.16	1 120.00	100.00
	大连	771.83	300.00	55.39	363.00	96.00
	丹东	756.66	319.00	46.85	363.00	97.25
	抚顺	711.91	275.00	44.19	363.00	97.25
	阜新	612.84	292.00	29.22	363.00	98.18
	葫芦岛	525.20	251.00	38.84	47.00	97.25
	锦州	578.41	258.42	34.72	363.00	89.80
	辽阳	762.11	270.00	17.15	363.00	100.00
	盘锦	709.23	276.00	43.54	42.00	100.00
	沈阳	836.59	256.00	50.99	363.00	95.00
	铁岭	403.60	254.00	18.45	363.00	97.25
	营口	556.97	261.00	34.30	215.00	81.60
内蒙古	呼和浩特	571.04	283.00	26.35	625.00	93.45
	阿拉善	557.66	319.00	20.80	34.00	93.45
	巴彦淖尔	634.12	307.00	33.29	625.00	93.45
	包头	654.80	309.00	15.11	625.00	91.00
	赤峰	635.53	318.00	37.68	625.00	93.45
	鄂尔多斯	390.25	312.00	32.10	625.00	93.45

续表

省(区)	指标	安全健康				
		每十万人拥有卫生机构床位数	二级以上空气质量天数	城乡基本养老保险、基本医疗保险参保率	安全事故发生数	污水处理率
	正负	正	正	正	逆	正
	单位	张/十万人	天	%	个	%
内蒙古	呼伦贝尔	568.64	360.00	22.69	40.00	93.45
	通辽	601.56	316.00	41.89	625.00	93.45
	乌海	632.86	268.00	32.15	625.00	97.50
	乌兰察布	413.89	301.00	40.24	625.00	93.45
	锡林郭勒	493.06	309.00	31.00	625.00	93.45
	兴安	545.11	309.00	20.62	625.00	93.45
青海	海东	316.00	317.00	51.61	83.00	95.30
	西宁	837.07	299.00	24.31	108.00	95.30
山东	滨州	515.28	207.00	48.45	33.00	95.00
	德州	458.73	182.00	52.23	86.00	95.86
	东营	586.51	273.00	35.06	50.00	96.20
	菏泽	555.60	254.00	9.70	48.00	95.86
	济南	854.54	230.00	31.00	282.00	95.86
	济宁	581.00	230.00	71.54	67.00	96.00
	莱芜	524.64	259.00	36.50	29.00	98.00
	聊城	550.51	230.00	47.08	71.00	95.00
	临沂	550.51	230.00	46.67	98.00	95.86
	青岛	656.58	342.00	27.85	106.00	95.86
	日照	468.82	264.00	45.74	75.00	95.86
	泰安	564.31	258.00	49.55	78.00	95.86
	威海	641.14	322.00	74.42	24.00	95.86
	潍坊	550.51	277.00	72.05	162.00	95.86
	烟台	655.73	292.00	44.75	158.50	95.86
	枣庄	541.13	254.00	45.85	43.00	70.00
	淄博	738.86	252.00	34.70	125.00	96.50

续表

省(区)	指标	安全健康				
		每十万人拥有卫生机构床位数	二级以上空气质量天数	城乡基本养老保险、基本医疗保险参保率	安全事故发生数	污水处理率
	正负	正	正	正	逆	正
	单位	张/十万人	天	%	个	%
甘肃	白银	488.12	304.00	48.87	15.00	92.54
	定西	580.90	310.30	56.57	55.00	92.54
	嘉峪关	606.49	310.00	7.69	10.00	92.54
	金昌	564.00	304.00	33.86	181.11	95.17
	酒泉	641.69	301.00	52.51	154.00	94.00
	兰州	829.37	310.30	22.38	171.00	92.54
	陇南	286.31	337.00	1.89	77.00	92.54
	平凉	591.16	330.00	57.38	203.00	92.54
	庆阳	420.18	310.30	3.41	184.00	92.54
	天水	649.63	305.00	9.96	74.00	92.54
	武威	543.00	306.00	47.74	45.00	95.00
	张掖	725.05	319.00	14.31	114.00	92.54
河北	保定	506.25	220.13	60.75	238.00	96.50
	沧州	498.70	190.00	13.72	87.00	96.50
	承德	560.23	291.00	45.13	371.83	96.50
	邯郸	535.69	220.13	13.49	371.83	96.50
	衡水	452.60	165.00	11.97	371.83	96.50
	廊坊	473.68	214.00	20.80	371.83	96.50
	秦皇岛	595.63	268.00	40.87	6.00	96.50
	石家庄	529.80	151.00	37.34	371.83	97.60
	唐山	544.51	205.00	42.41	587.00	96.50
	邢台	371.08	148.00	9.18	61.00	96.50
	张家口	550.00	286.00	45.84	53.00	96.50

省(区)	指标	安全健康				
		每十万人拥有卫生机构床位数	二级以上空气质量天数	城乡基本养老保险、基本医疗保险参保率	安全事故发生数	污水处理率
	正负	正	正	正	逆	正
	单位	张/十万人	天	%	个	%
吉林	白城	384.00	327.00	26.17	655.00	72.00
	白山	819.00	312.00	14.69	35.00	72.00
	吉林	630.02	264.00	14.90	847.50	100.00
	辽源	530.83	288.00	27.77	932.00	72.00
	四平	513.64	295.32	7.62	847.50	72.00
	松原	333.97	290.00	13.58	21.00	72.00
	通化	578.72	322.00	26.57	971.00	72.00
	延边	522.13	295.32	17.34	48.00	72.00
	长春	666.31	276.00	29.07	847.50	72.00
黑龙江	大庆	661.99	313.33	57.17	423.00	95.47
	大兴安岭	674.91	313.33	53.49	423.00	85.80
	哈尔滨	858.64	270.00	22.72	409.00	94.20
	鹤岗	934.29	313.33	10.24	50.00	85.80
	黑河	491.28	313.33	24.30	423.00	85.80
	鸡西	749.89	307.00	62.42	29.00	85.80
	佳木斯	650.11	313.33	34.82	423.00	85.80
	牡丹江	711.06	313.33	25.90	423.00	85.80
	七台河	508.24	313.33	57.17	423.00	85.80
	齐齐哈尔	580.85	315.00	9.74	423.00	85.80
	双鸭山	711.06	313.33	57.17	423.00	85.80
	绥化	711.06	313.33	57.17	423.00	70.00
	伊春	594.93	338.00	26.64	423.00	85.80
河南	安阳	596.97	195.00	34.45	172.00	97.23
	鹤壁	598.41	195.00	108.97	172.00	9.00
	焦作	673.38	173.00	18.71	41.00	97.23

续表

省（区）	指标	安全健康				
		每十万人拥有卫生机构床位数	二级以上空气质量天数	城乡基本养老保险、基本医疗保险参保率	安全事故发生数	污水处理率
	正负	正	正	正	逆	正
	单位	张/十万人	天	%	个	%
河南	开封	604.49	220.00	40.94	172.00	97.23
	洛阳	691.43	210.00	42.78	172.00	97.23
	漯河	509.38	195.00	11.25	172.00	97.23
	南阳	437.80	235.00	14.03	8.00	97.23
	平顶山	596.97	219.00	44.57	172.00	97.23
	濮阳	577.03	209.00	49.43	172.00	97.23
	三门峡	605.16	219.00	13.94	74.00	97.23
	商丘	584.12	227.00	6.74	172.00	97.23
	新乡	630.96	221.92	15.12	35.00	97.23
	信阳	406.49	276.00	38.79	71.00	97.23
	许昌	459.80	222.00	50.75	172.00	97.00
	郑州	920.96	201.00	41.57	431.00	97.23
	周口	435.90	221.00	44.33	172.00	97.23
	驻马店	567.02	195.00	41.73	52.00	97.23
湖南	邵阳	485.40	292.00	10.56	441.00	91.20
	常德	564.59	274.85	66.42	74.00	97.00
	郴州	634.12	327.00	34.08	145.00	91.00
	衡阳	581.52	288.00	64.75	73.00	92.00
	怀化	634.82	328.87	31.68	55.00	91.00
	娄底	640.65	318.00	49.05	32.00	97.05
	湘潭	658.06	267.00	42.36	119.00	96.28
	益阳	541.00	304.05	54.58	22.00	91.00
	永州	636.11	282.15	53.66	49.00	91.00
	岳阳	38.19	305.00	3.15	50.00	92.30
	张家界	581.42	308.06	73.50	50.00	95.00
	长沙	930.78	262.00	28.56	301.00	91.30
	株洲	634.12	292.00	11.08	52.00	91.00

省(区)	指标	安全健康				
		每十万人拥有卫生机构床位数	二级以上空气质量天数	城乡基本养老保险、基本医疗保险参保率	安全事故发生数	污水处理率
	正负	正	正	正	逆	正
	单位	张/十万人	天	％	个	％
湖北	鄂州	563.65	271.00	38.30	31.00	93.04
	黄冈	566.41	268.00	13.08	168.00	65.30
	黄石	624.62	273.14	60.01	233.00	92.20
	荆门	582.11	283.00	38.58	107.00	96.35
	荆州	537.78	273.00	36.44	203.00	92.00
	十堰	747.89	314.00	14.82	31.00	90.50
	随州	513.64	276.00	79.89	192.00	90.00
	武汉	840.91	255.00	16.55	222.00	96.00
	咸宁	568.62	290.18	34.03	197.00	94.00
	襄阳	645.68	238.00	77.73	227.00	92.30
	孝感	463.89	274.48	168.67	139.00	85.00
	宜昌	681.40	258.00	30.40	1 363.00	91.70
直辖市	天津	439.34	209.00	52.14	901.00	92.50
	上海	538.54	274.85	5.45	448.00	95.40
	重庆	670.86	303.00	36.06	901.00	93.00
	北京	557.42	226.00	15.68	569.00	92.00

2. 逆向指标处理

附录表6   逆向指标处理

省(区)	指标	逆向指标				
		城镇登记失业率	CPI增长水平	城乡收入比	恩格尔系数	安全事故发生数
	正负	逆	逆	逆	逆	逆
	单位	%	%	1	%	个
山西	大同	96.80	98.70	96.85	69.70	0.017 9
	晋城	98.26	99.40	96.76	77.65	0.005 9
	晋中	97.64	98.30	97.49	72.35	0.007 7
	临汾	97.07	99.60	97.32	74.90	0.006 3
	吕梁	97.28	99.80	96.88	71.39	0.006 0
	朔州	96.65	98.90	97.48	71.55	0.052 6
	太原	96.54	98.20	97.98	74.70	0.005 3
	忻州	96.30	99.30	96.51	70.15	0.003 3
	阳泉	96.89	98.60	97.72	72.24	0.041 7
	运城	97.74	99.40	97.27	68.25	0.018 9
	长治	98.02	98.50	97.62	69.70	0.005 5
陕西	安康	96.80	97.60	97.01	67.45	0.038 5
	宝鸡	96.00	98.80	96.94	67.45	0.004 8
	汉中	96.80	98.40	97.11	67.45	0.005 3
	商洛	96.70	98.50	96.98	67.45	0.010 6
	铜川	96.77	98.90	97.11	67.45	0.041 7
	渭南	96.79	98.70	97.09	67.45	0.008 5
	西安	96.68	98.00	98.02	66.75	0.020 4
	咸阳	96.80	98.00	97.01	65.83	0.001 5
	延安	96.55	99.40	97.13	67.45	0.004 1
	榆林	96.70	98.90	97.22	69.77	0.006 0
四川	巴中	95.75	99.90	97.42	99.56	0.011 2
	成都	96.70	98.00	98.08	62.77	0.006 4
	达州	96.03	98.60	97.79	58.80	0.006 8
	德阳	96.10	99.20	97.93	61.40	0.006 8

省(区)	指标	逆向指标				
		城镇登记失业率	CPI增长水平	城乡收入比	恩格尔系数	安全事故发生数
	正负	逆	逆	逆	逆	逆
	单位	%	%	1	%	个
四川	广安	96.40	98.60	97.76	61.40	0.019 6
	广元	96.15	98.40	97.94	61.40	0.014 5
	乐山	96.07	98.30	97.77	62.15	0.009 2
	泸州	96.49	98.20	97.70	60.56	0.005 4
	眉山	95.83	98.40	97.95	62.45	0.013 2
	绵阳	96.17	96.30	97.84	59.90	0.008 3
	南充	96.11	98.20	97.71	60.55	0.006 8
	内江	96.16	98.30	97.77	63.20	0.006 8
	攀枝花	96.00	98.80	97.68	64.15	0.034 5
	遂宁	96.00	98.60	97.84	63.45	0.020 0
	雅安	96.11	98.50	97.55	61.40	0.001 9
	宜宾	96.05	98.80	97.81	61.95	0.007 6
	资阳	96.00	98.20	97.89	65.20	0.006 8
	自贡	96.13	98.70	98.45	61.40	0.006 8
西藏	拉萨	97.32	98.40	97.04	62.70	0.002 7
新疆	克拉玛依	99.22	99.40	98.29	69.96	0.006 5
	吐鲁番	96.59	97.80	98.19	71.00	0.000 9
	乌鲁木齐	99.00	97.20	97.93	71.40	0.001 4
云南	保山	96.60	98.70	97.08	69.90	0.002 6
	昆明	97.00	99.50	97.02	72.64	0.005 0
	丽江	96.19	98.50	96.79	69.70	0.034 5
	临沧	96.33	99.00	97.45	69.90	0.062 5
	普洱	96.71	98.70	97.17	69.90	0.002 4
	曲靖	96.95	99.40	97.16	68.50	0.034 5
	玉溪	96.69	98.90	96.64	68.50	0.018 2
	昭通	95.70	99.70	97.06	69.90	0.014 1

续表

省(区)	指标	逆向指标				
		城镇登记失业率	CPI 增长水平	城乡收入比	恩格尔系数	安全事故发生数
	正负	逆	逆	逆	逆	逆
	单位	%	%	1	%	个
浙江	杭州	98.30	99.75	98.15	71.78	0.002 2
	湖州	97.70	98.20	98.28	69.90	0.000 8
	嘉兴	97.18	97.80	97.38	71.42	0.003 2
	金华	97.27	97.90	97.95	66.90	0.000 3
	丽水	97.34	98.50	97.84	66.90	0.005 4
	宁波	98.00	98.20	98.19	67.68	0.001 7
	衢州	98.00	98.20	97.67	67.20	0.004 8
	绍兴	97.75	98.20	98.20	71.25	0.005 2
	台州	97.95	97.90	97.97	70.46	0.003 5
	温州	98.17	97.60	97.94	65.45	0.003 2
	舟山	97.38	98.30	98.29	67.85	0.014 9
福建	厦门	96.53	98.00	97.56	68.04	0.004 9
	龙岩	97.52	99.00	97.90	63.20	0.010 8
	南平	97.01	99.40	97.93	64.65	0.009 3
	宁德	97.27	99.30	97.93	63.10	0.008 5
	莆田	97.50	99.10	97.91	62.33	0.006 0
	泉州	98.72	98.90	97.71	62.70	0.002 7
	三明	97.65	99.30	97.88	63.45	0.007 2
	漳州	97.77	98.90	98.00	62.61	0.005 6
	福州	97.60	98.90	97.71	67.02	0.003 8
广西	南宁	95.95	97.70	97.35	67.80	0.003 2
	百色	97.20	98.60	97.14	50.26	0.013 7
	北海	96.32	97.10	97.21	50.26	0.003 2
	崇左	97.02	98.40	97.29	61.05	0.004 0
	防城港	97.30	98.90	97.54	54.05	0.003 4
	贵港	98.84	98.60	97.52	56.60	0.003 2
	桂林	97.60	98.40	97.56	69.90	0.001 8

续表

省(区)	指标	逆向指标				
		城镇登记失业率	CPI增长水平	城乡收入比	恩格尔系数	安全事故发生数
	正负	逆	逆	逆	逆	逆
	单位	%	%	1	%	个
广西	河池	97.43	98.70	96.90	66.85	0.006 7
	贺州	97.52	98.60	97.24	50.26	0.003 2
	来宾	97.40	98.60	97.09	64.65	0.003 2
	柳州	97.49	98.70	97.31	58.50	0.005 0
	钦州	97.72	97.90	97.34	62.84	0.003 2
	梧州	97.61	97.70	97.35	50.26	0.008 3
	玉林	98.50	97.70	97.63	50.26	0.003 2
贵州	贵阳	96.90	99.00	97.74	70.70	0.003 5
	安顺	96.89	99.30	96.96	70.70	0.006 0
	毕节	96.60	98.50	96.78	68.40	0.005 3
	六盘水	96.17	98.40	96.92	58.80	0.006 4
	铜仁	96.52	99.00	96.80	81.92	0.008 8
	遵义	98.50	98.50	97.34	67.50	0.004 4
安徽	安庆	97.38	98.20	97.57	64.70	0.002 3
	蚌埠	96.90	99.00	97.74	64.00	0.008 8
	亳州	97.12	98.50	97.65	67.05	0.007 1
	池州	96.86	98.70	97.89	67.40	0.003 6
	滁州	97.00	98.80	97.61	64.65	0.003 3
	阜阳	98.10	98.60	97.42	67.05	0.003 3
	淮北	97.40	99.00	97.45	70.92	0.016 7
	淮南	96.90	99.00	97.43	65.35	0.001 1
	黄山	96.43	98.60	97.80	67.45	0.002 8
	六安	97.43	98.50	97.54	65.10	0.004 1
	马鞍山	97.02	98.80	97.86	66.30	0.010 6
	铜陵	97.14	99.10	97.47	66.40	0.011 6
	芜湖	96.95	98.70	98.13	64.35	0.003 2
	宿州	96.99	98.70	97.45	70.80	0.007 9
	合肥	97.14	98.60	97.96	66.05	0.002 0
	宣城	96.97	98.90	97.70	65.80	0.004 9

省（区）	指标	城镇登记失业率	CPI增长水平	城乡收入比	恩格尔系数	安全事故发生数
				逆向指标		
	正负	逆	逆	逆	逆	逆
	单位	%	%	1	%	个
广东	深圳	97.80	98.60	99.00	70.00	0.000 3
	潮州	97.40	98.70	98.34	56.92	0.003 9
	东莞	97.76	98.60	98.39	67.20	0.000 7
	佛山	97.65	98.10	98.22	66.89	0.001 6
	河源	97.56	98.90	98.21	58.52	0.003 1
	惠州	97.64	98.20	98.10	64.10	0.002 9
	江门	97.62	98.40	98.03	61.29	0.001 7
	揭阳	97.69	98.50	98.18	55.72	0.006 9
	茂名	97.55	99.00	98.39	59.90	0.005 5
	梅州	97.55	98.50	98.18	61.60	0.016 1
	清远	97.63	98.10	98.03	58.50	0.001 7
	汕头	97.59	98.50	98.18	60.40	0.001 2
	汕尾	97.62	99.30	98.22	54.90	0.001 1
	韶关	97.57	98.40	97.99	63.00	0.000 8
	阳江	97.54	98.50	98.20	60.70	0.006 2
	云浮	97.53	98.90	98.34	67.80	0.003 0
	湛江	97.59	98.70	98.13	56.95	0.001 9
	肇庆	97.62	98.40	98.28	60.20	0.003 7
	中山	97.70	98.40	98.49	63.95	0.000 6
	广州	97.60	97.70	97.64	64.55	0.001 2
	珠海	97.74	99.20	98.01	67.74	0.001 9
海南	海口	98.70	96.70	97.58	61.70	0.016 9
	三亚	98.46	97.10	97.69	60.71	0.003 4
	儋州	96.83	99.30	97.84	58.80	0.006 8
江苏	常州	98.20	98.10	98.07	71.45	0.000 4
	淮安	98.18	98.10	97.89	69.95	0.002 3
	连云港	98.14	98.20	98.02	68.15	0.000 5

省(区)	指标	逆向指标				
		城镇登记失业率	CPI增长水平	城乡收入比	恩格尔系数	安全事故发生数
	正负	逆	逆	逆	逆	逆
	单位	％	％	1	％	个
江苏	南京	98.18	98.10	97.64	74.20	0.000 1
	南通	98.18	98.30	97.91	71.08	0.000 3
	苏州	98.18	98.30	98.04	73.95	0.000 9
	泰州	98.18	98.10	97.95	71.20	0.002 0
	无锡	98.18	98.10	98.14	71.50	0.001 4
	宿迁	98.18	98.10	98.29	65.60	0.001 9
	徐州	98.18	98.30	98.14	69.20	0.001 5
	盐城	98.18	98.30	98.23	68.30	0.000 4
	扬州	98.16	98.30	98.03	69.20	0.006 7
	镇江	98.18	98.00	98.00	71.76	0.003 0
江西	抚州	96.70	98.40	97.83	72.65	0.005 8
	赣州	96.65	97.90	96.96	65.15	0.002 3
	吉安	97.02	98.50	97.45	64.80	0.001 6
	景德镇	96.70	97.70	97.73	62.25	0.007 2
	九江	96.58	97.70	97.55	62.25	0.001 2
	南昌	96.62	97.90	97.70	66.60	0.002 9
	萍乡	96.70	98.10	98.00	62.25	0.012 5
	上饶	96.96	97.90	97.38	62.25	0.000 8
	新余	96.70	98.00	97.90	62.25	0.019 6
	宜春	97.02	98.20	97.83	62.25	0.016 7
	鹰潭	97.02	98.30	97.85	67.20	0.001 8
宁夏	固原	96.24	98.10	97.13	70.00	0.050 0
	石嘴山	96.21	98.30	97.81	68.50	0.030 3
	吴忠	96.58	98.70	97.68	70.00	0.023 8
	银川	96.44	98.30	97.48	70.20	0.008 8
	中卫	96.51	98.20	97.29	75.10	0.034 5

续表

省(区)	指标	逆向指标				
		城镇登记失业率	CPI增长水平	城乡收入比	恩格尔系数	安全事故发生数
	正负	逆	逆	逆	逆	逆
	单位	%	%	1	%	个
辽宁	鞍山	97.00	99.50	97.79	67.73	0.002 8
	本溪	96.17	99.10	97.87	67.73	0.001 1
	朝阳	96.08	98.90	97.99	67.73	0.000 9
	大连	97.57	97.90	97.59	72.03	0.002 8
	丹东	96.32	98.50	98.07	67.73	0.002 8
	抚顺	96.77	98.40	97.73	67.73	0.002 8
	阜新	95.61	99.10	97.95	67.73	0.002 8
	葫芦岛	95.25	99.20	97.61	67.73	0.021 3
	锦州	96.10	98.60	97.90	67.73	0.002 8
	辽阳	96.80	99.00	97.83	72.25	0.002 8
	盘锦	96.43	98.60	97.71	67.73	0.023 8
	沈阳	96.88	98.60	97.32	71.37	0.002 8
	铁岭	95.81	98.90	98.27	67.73	0.002 8
	营口	96.99	98.80	97.79	67.73	0.004 7
内蒙古	呼和浩特	96.35	98.60	97.23	70.79	0.001 6
	阿拉善	97.60	97.50	97.93	73.28	0.029 4
	巴彦淖尔	96.14	98.70	98.20	71.10	0.001 6
	包头	96.13	98.40	97.22	70.70	0.001 6
	赤峰	96.00	98.50	97.13	70.79	0.001 6
	鄂尔多斯	97.21	98.91	97.40	76.95	0.001 6
	呼伦贝尔	96.27	98.91	97.70	72.70	0.025 0
	通辽	96.46	98.80	97.64	72.50	0.001 6
	乌海	96.54	98.60	97.66	71.40	0.001 6
	乌兰察布	96.00	98.30	97.08	62.55	0.001 6
	锡林郭勒	96.92	98.10	97.51	66.80	0.001 6
	兴安	96.00	98.91	97.15	68.71	0.001 6

省（区）	指标	逆向指标				
		城镇登记失业率	CPI增长水平	城乡收入比	恩格尔系数	安全事故发生数
	正负	逆	逆	逆	逆	逆
	单位	%	%	1	%	个
青海	海东	96.90	98.00	97.15	77.84	0.012 0
	西宁	97.55	98.20	97.15	74.07	0.009 3
山东	滨州	97.88	99.10	97.79	73.08	0.030 3
	德州	97.49	98.80	98.16	70.44	0.011 6
	东营	97.50	98.60	97.25	76.62	0.020 0
	菏泽	96.95	98.90	97.95	73.08	0.020 8
	济南	97.92	98.00	97.19	72.50	0.003 5
	济宁	96.90	98.90	97.82	73.08	0.014 9
	莱芜	97.40	98.50	97.84	73.08	0.034 5
	聊城	96.96	98.50	97.97	73.08	0.014 1
	临沂	97.70	98.60	97.36	73.08	0.010 2
	青岛	96.88	98.00	97.56	70.30	0.009 4
	日照	97.84	98.90	97.88	73.08	0.013 3
	泰安	97.65	98.20	97.91	72.60	0.012 8
	威海	98.35	98.70	97.75	71.90	0.041 7
	潍坊	97.09	98.60	97.92	73.08	0.006 2
	烟台	96.74	98.40	97.68	73.08	0.006 3
	枣庄	97.61	99.00	97.89	70.16	0.023 3
	淄博	97.10	98.80	97.68	74.15	0.008 0
甘肃	白银	97.75	98.40	96.68	65.09	0.066 7
	定西	96.68	98.40	96.71	65.30	0.018 2
	嘉峪关	97.22	99.50	97.95	68.50	0.100 0
	金昌	96.97	98.70	97.39	66.98	0.005 5
	酒泉	97.30	99.20	97.94	69.30	0.006 5
	兰州	97.15	98.50	97.14	68.90	0.005 8
	陇南	97.15	100.00	96.53	66.98	0.013 0
	平凉	96.39	98.90	96.66	66.98	0.004 9

续表

省（区）	指标	逆向指标				
		城镇登记失业率	CPI增长水平	城乡收入比	恩格尔系数	安全事故发生数
	正负	逆	逆	逆	逆	逆
	单位	%	%	1	%	个
甘肃	庆阳	97.95	98.70	96.62	66.98	0.005 4
	天水	97.15	98.50	96.52	66.98	0.013 5
	武威	96.80	98.60	97.59	66.98	0.022 2
	张掖	97.40	98.90	98.15	67.83	0.008 8
河北	保定	96.03	97.10	97.82	73.61	0.004 2
	沧州	96.88	98.10	97.49	73.61	0.011 5
	承德	96.47	98.00	97.21	73.61	0.002 7
	邯郸	96.46	98.60	97.81	73.61	0.002 7
	衡水	96.62	98.40	97.66	73.61	0.002 7
	廊坊	98.10	97.90	97.58	73.61	0.002 7
	秦皇岛	97.12	98.30	97.39	74.65	0.166 7
	石家庄	96.67	98.60	97.53	75.60	0.002 7
	唐山	97.17	98.40	97.76	73.61	0.001 7
	邢台	96.55	98.00	97.62	73.61	0.016 4
	张家口	96.90	98.10	97.23	73.61	0.018 9
吉林	白城	96.42	99.40	97.51	73.50	0.001 5
	白山	96.15	98.50	97.83	73.50	0.028 6
	吉林	96.38	98.70	97.92	73.50	0.001 2
	辽源	97.00	99.20	97.99	73.50	0.001 1
	四平	95.50	98.40	98.03	73.50	0.001 2
	松原	96.00	98.20	97.68	73.50	0.047 6
	通化	96.52	97.40	97.82	73.50	0.001 0
	延边	97.70	97.70	97.62	73.50	0.020 8
	长春	96.49	98.70	97.53	73.50	0.001 2
黑龙江	大庆	95.78	99.00	97.38	68.41	0.002 4
	大兴安岭	96.03	98.95	98.08	68.41	0.002 4
	哈尔滨	96.32	98.40	97.72	64.95	0.002 4

省(区)	指标	逆向指标				
		城镇登记失业率	CPI增长水平	城乡收入比	恩格尔系数	安全事故发生数
	正负	逆	逆	逆	逆	逆
	单位	%	%	1	%	个
黑龙江	鹤岗	95.90	99.60	98.47	68.41	0.020 0
	黑河	96.40	99.20	98.13	68.41	0.002 4
	鸡西	95.98	98.70	98.59	68.41	0.034 5
	佳木斯	95.92	99.20	98.23	68.95	0.002 4
	牡丹江	96.48	98.30	98.19	68.41	0.002 4
	七台河	96.03	99.20	98.06	68.41	0.002 4
	齐齐哈尔	95.70	98.20	98.12	68.41	0.002 4
	双鸭山	95.70	99.20	98.30	70.80	0.002 4
	绥化	96.03	98.50	98.17	68.41	0.002 4
	伊春	95.85	99.20	98.27	67.20	0.002 4
河南	安阳	97.00	99.20	97.78	73.72	0.005 8
	鹤壁	98.18	99.30	98.14	72.85	0.005 8
	焦作	97.00	98.80	98.20	71.78	0.024 4
	开封	97.00	99.00	98.49	77.00	0.005 8
	洛阳	96.05	99.00	97.34	78.50	0.005 8
	漯河	97.90	99.10	97.96	67.00	0.005 8
	南阳	95.50	98.50	97.71	65.55	0.125 0
	平顶山	97.31	99.20	97.58	65.81	0.005 8
	濮阳	97.88	99.10	97.53	68.30	0.005 8
	三门峡	97.24	99.30	97.89	73.85	0.013 5
	商丘	96.44	99.40	97.38	69.60	0.005 8
	新乡	96.18	98.70	97.89	71.35	0.028 6
	信阳	97.44	99.20	97.77	64.10	0.014 1
	许昌	97.01	98.60	98.11	69.28	0.005 8
	郑州	97.70	98.20	98.20	70.44	0.002 3
	周口	96.19	98.80	97.61	68.30	0.005 8
	驻马店	97.49	99.00	97.58	66.00	0.019 2

省(区)	指标	逆向指标				
		城镇登记失业率	CPI增长水平	城乡收入比	恩格尔系数	安全事故发生数
	正负	逆	逆	逆	逆	逆
	单位	%	%	1	%	个
湖南	邵阳	96.37	98.90	97.67	66.40	0.002 3
	常德	96.90	98.30	97.92	64.28	0.013 5
	郴州	96.53	97.80	97.83	66.35	0.006 9
	衡阳	96.20	98.60	98.71	68.50	0.013 7
	怀化	95.77	98.40	97.23	66.80	0.018 2
	娄底	95.61	98.50	97.57	59.95	0.031 3
	湘潭	98.50	98.40	98.09	69.40	0.008 4
	益阳	96.44	98.50	98.15	70.20	0.045 5
	永州	95.50	98.20	97.94	67.40	0.020 4
	岳阳	96.52	98.70	97.90	67.22	0.020 0
	张家界	96.24	98.70	97.36	60.63	0.020 0
	长沙	97.33	98.70	98.28	76.75	0.003 3
	株洲	96.53	97.80	97.83	72.80	0.019 2
湖北	鄂州	97.97	98.90	98.18	73.09	0.032 3
	黄冈	98.09	99.10	97.78	62.95	0.006 0
	黄石	97.05	97.90	97.70	72.91	0.004 3
	荆门	97.00	98.40	98.18	66.30	0.009 3
	荆州	97.80	98.10	98.12	68.08	0.004 9
	十堰	97.18	98.20	96.96	66.79	0.032 3
	随州	97.36	98.50	98.23	66.22	0.005 2
	武汉	97.16	98.10	97.92	70.39	0.004 5
	咸宁	97.86	98.50	98.24	65.23	0.005 1
	襄阳	96.76	98.60	98.04	69.73	0.004 4
	孝感	96.24	98.60	97.95	67.44	0.007 2
	宜昌	97.94	98.90	97.88	70.60	0.000 7

续表

省（区）	指标	逆向指标				
		城镇登记失业率	CPI增长水平	城乡收入比	恩格尔系数	安全事故发生数
	正负	逆	逆	逆	逆	逆
	单位	%	%	1	%	个
直辖市	天津	96.50	97.90	98.15	68.00	0.001 1
	上海	96.10	98.30	97.75	74.47	0.002 2
	重庆	96.60	99.00	97.45	66.80	0.001 1
	北京	98.57	98.10	97.43	79.80	0.001 8

3. 无量纲化处理

附录表7　　　　　民生基础无量纲化处理

省（区）	指标	民生基础				
		城镇化率	人均地区生产总值	地方财政总收入	固定资产投资额	进出口贸易额
	正负	正	正	正	正	正
	单位	%	元	亿元	亿元	亿元
山西	大同	0.511 426	0.176 833	0.009 282	0.014 445	0.000 760
	晋城	0.460 011	0.268 758	0.019 754	0.012 559	0.001 447
	晋中	0.395 413	0.207 403	0.010 237	0.019 331	0.000 542
	临汾	0.247 232	0.159 580	0.008 196	0.017 327	0.000 513
	吕梁	0.311 830	0.183 393	0.012 249	0.012 431	0.000 517
	朔州	0.397 127	0.300 653	0.005 874	0.005 595	0.000 162
	太原	0.798 295	0.422 234	0.029 071	0.029 743	0.028 386
	忻州	0.333 583	0.149 354	0.005 882	0.013 177	0.000 059
	阳泉	0.572 333	0.259 472	0.003 617	0.006 608	0.000 034
	运城	0.326 859	0.135 384	0.011 355	0.018 524	0.002 812
	长治	0.380 384	0.232 644	0.011 617	0.018 462	0.000 158

续表

省(区)	指标	民生基础				
		城镇化率	人均地区生产总值	地方财政总收入	固定资产投资额	进出口贸易额
	正负	正	正	正	正	正
	单位	％	元	亿元	亿元	亿元
陕西	安康	0.305 239	0.198 583	0.126 265	0.035 677	0.000 089
	宝鸡	0.368 782	0.313 681	0.019 121	0.122 768	0.001 780
	汉中	0.176 042	0.209 576	0.009 751	0.045 131	0.000 279
	商洛	0.282 959	0.182 348	0.002 710	0.017 362	0.000 668
	铜川	0.533 706	0.226 850	0.002 308	0.014 026	0.000 103
	渭南	0.292 319	0.166 551	0.005 905	0.086 565	0.000 354
	西安	0.630 867	0.426 667	0.131 418	0.241 789	0.078 953
	咸阳	0.344 261	0.290 968	0.006 269	0.075 353	0.001 194
	延安	0.483 082	0.304 866	0.012 407	0.039 998	0.000 051
	榆林	0.442 345	0.533 174	0.070 649	0.049 438	0.000 380
四川	巴中	0.216 120	0.097 279	0.032 283	0.042 796	0.000 079
	成都	0.629 549	0.473 532	0.122 746	0.301 229	0.122 065
	达州	0.260 679	0.151 548	0.007 576	0.054 281	0.000 140
	德阳	0.354 017	0.302 245	0.009 080	0.040 891	0.003 221
	广安	0.211 637	0.195 147	0.005 678	0.047 386	0.000 616
	广元	0.261 470	0.149 288	0.006 730	0.021709	0.000 049
	乐山	0.343 075	0.250 389	0.015 743	0.039 681	0.002 152
	泸州	0.326 991	0.200 542	0.012 953	0.064 397	0.004 317
	眉山	0.271 885	0.214 686	0.018 963	0.034 439	0.000 571
	绵阳	0.354 149	0.233 345	0.009 507	0.044 916	0.003 551
	南充	0.294 692	0.154 010	0.008 794	0.057 255	0.000 603
	内江	0.313 149	0.192 340	0.004 210	0.026 375	0.000 293
	攀枝花	0.551 635	0.504 573	0.004 647	0.022 679	0.000 809
	遂宁	0.321 059	0.188 586	0.004 607	0.039 161	0.000 103
	雅安	0.279 531	0.212 317	0.002 143	0.013 542	0.000 088
	宜宾	0.316 049	0.221 597	0.021 660	0.052 912	0.001 782
	资阳	0.226 139	0.217 597	0.003 598	0.017 816	0.000 391
	自贡	0.352 962	0.250 674	0.016 102	0.025 477	0.000 946

续表

省(区)	指标	民生基础				
		城镇化率	人均地区生产总值	地方财政总收入	固定资产投资额	进出口贸易额
	正负	正	正	正	正	正
	单位	%	元	亿元	亿元	亿元
西藏	拉萨	0.089 032	0.212 793	0.023 944	0.064 684	0.001 821
新疆	克拉玛依	0.255 669	0.082 555	0.025 003	0.007 197	0.001 701
	吐鲁番	0.332 660	0.244 748	0.276 577	0.378 159	0.006 404
	乌鲁木齐	0.855 511	0.672 402	0.059 796	0.063 691	0.014 275
云南	保山	0.152 049	0.000 000	0.008 147	0.027 071	0.000 095
	昆明	0.631 526	0.391 429	0.053 277	0.134 392	0.002 421
	丽江	0.174 856	0.130 318	0.005 332	0.009 823	0.000 140
	临沧	0.218 888	0.128 982	0.004 766	0.036 347	0.001 632
	普洱	0.239 454	0.128 320	0.008 925	0.018 370	0.000 382
	曲靖	0.153 499	0.172 702	0.029 160	0.070 917	0.055 645
	玉溪	0.351 380	0.323 601	0.012 096	0.033 473	0.004 394
	昭通	0.121 727	0.080 705	0.013 273	0.027 572	0.000 006
浙江	杭州	0.694 147	0.734 512	0.282 731	0.187 119	0.157 730
	湖州	0.216 647	0.451 869	0.038 505	0.054 389	0.024 129
	嘉兴	0.531 992	0.512 124	0.073 540	0.095 580	0.076 605
	金华	0.578 134	0.501 689	1.000 000	1.000 000	0.794 221
	丽水	0.073 871	0.324 498	0.016 299	0.027 780	0.006 908
	宁波	0.636 140	0.676 566	0.233 592	0.159 859	0.429 291
	衢州	0.415 979	0.345 389	0.015 718	0.010 495	0.032 497
	绍兴	0.545 175	0.557 189	0.067 386	0.098 943	0.061 942
	台州	0.501 670	0.396 933	0.062 620	0.079 714	0.048 941
	温州	0.600 545	0.322 485	0.074 414	0.133 123	0.041 162
	舟山	0.576 815	0.571 476	0.016 954	0.045 359	0.024 284
福建	厦门	0.805 150	0.598 446	0.114 171	0.075 314	0.180 407
	龙岩	0.415 979	0.447 218	0.025 415	0.079 742	0.007 977
	南平	0.417 297	0.331 223	0.011 378	0.062 726	0.000 454
	宁德	0.160 222	0.337 029	0.015 948	0.040 119	0.009 486

续表

省（区）	指标	民生基础				
		城镇化率	人均地区生产总值	地方财政总收入	固定资产投资额	进出口贸易额
	正负	正	正	正	正	正
	单位	%	元	亿元	亿元	亿元
福建	莆田	0.259 097	0.384 534	0.018 704	0.071 878	0.011 390
	泉州	0.336 879	0.477 384	0.075 431	0.131 363	0.048 622
	三明	0.459 484	0.454 540	0.013 074	0.079 079	0.004 850
	漳州	0.442 345	0.382 181	0.029 677	0.105 766	0.019 671
	福州	0.597 909	0.508 436	0.096 522	0.186 038	0.072 458
广西	南宁	0.335 560	0.315 054	0.065 634	0.137 287	0.018 827
	百色	0.017 183	0.203 053	0.011 885	0.038 157	0.005 859
	北海	0.411 233	0.301 161	0.018 263	0.034 080	0.007 157
	崇左	0.086 791	0.201 313	0.004 414	0.025 450	0.005 757
	防城港	0.391 853	0.398 493	0.006 107	0.018 010	0.017 953
	贵港	0.294 956	0.108 726	0.005 829	0.023 751	0.000 656
	桂林	0.121 595	0.220 306	0.022 042	0.070 578	0.002 167
	河池	0.082 177	0.112 452	0.005 508	0.013 283	0.000 602
	贺州	0.156 399	0.124 802	0.003 918	0.021 866	0.000 194
	来宾	0.159 036	0.162 333	0.003 447	0.012 606	0.000 235
	柳州	0.334 638	0.376 890	0.038 011	0.085 471	0.005 338
	钦州	0.195 158	0.216 484	0.012 860	0.033 732	0.010 500
	梧州	0.299 834	0.239 791	0.010 529	0.041 496	0.001 864
	玉林	0.125 418	0.158 776	0.014 327	0.053 048	0.001 050
贵州	贵阳	0.667 780	0.405 584	0.074 856	0.122 575	0.006 260
	安顺	0.182 634	0.185 905	0.009 959	0.024 264	0.000 450
	毕节	0.224 821	0.149 491	0.010 795	0.054 357	0.000 425
	六盘水	0.334 242	0.272 309	0.012 232	0.051 864	0.000 688
	铜仁	0.314 467	0.166 513	0.010 436	0.033 240	0.000 573
	遵义	0.337 933	0.239 063	0.055 751	0.079 887	0.002 422

省(区)	指标	民生基础				
		城镇化率	人均地区生产总值	地方财政总收入	固定资产投资额	进出口贸易额
	正负	正	正	正	正	正
	单位	％	元	亿元	亿元	亿元
安徽	安庆	0.321 982	0.200 006	0.027 031	0.054 395	0.002 906
	蚌埠	0.410 837	0.250 953	0.025 441	0.060 229	0.003 703
	亳州	0.206 364	0.124 107	0.015 379	0.033 035	0.001 377
	池州	0.389 612	0.245 508	0.008 682	0.021 692	0.001 608
	滁州	0.365 882	0.214 653	0.026 879	0.060 762	0.005 805
	阜阳	0.232 071	0.104 874	0.025 693	0.051 220	0.002 320
	淮北	0.365 882	0.227 162	0.009 216	0.032 668	0.001 269
	淮南	0.518 281	0.173 167	0.014 534	0.031 575	0.000 622
	黄山	0.352 699	0.253 738	0.009 051	0.019 514	0.001 539
	六安	0.280 322	0.137 316	0.016 653	0.037 307	0.001 501
	马鞍山	0.320 531	0.411 113	0.022 601	0.071 269	0.007 962
	铜陵	0.417 165	0.394 892	0.015 068	0.041 853	0.011 616
	芜湖	0.539 243	0.453 412	0.053 039	0.106 221	0.013 348
	宿州	0.229 567	0.144 194	0.013 965	0.043 837	0.001 208
	合肥	0.653 938	0.496 524	0.141 488	0.203 024	0.052 255
	宣城	0.389 480	0.247 391	0.020 162	0.049 548	0.003 199
广东	深圳	1.000 000	1.000 000	0.322 667	0.164 289	0.868 900
	潮州	0.531 992	0.219 884	0.003 091	0.014 823	0.006 509
	东莞	0.866 321	0.497 706	0.158 876	0.053 804	0.380 431
	佛山	0.907 717	0.244 206	0.063 045	0.135 931	0.135 161
	河源	0.260 943	0.166 798	0.005 677	0.023 747	0.008 073
	惠州	0.591 976	0.436 838	0.036 577	0.070 598	0.105 958
	江门	0.549 262	0.321 297	0.045 611	0.055 799	0.042 964
	揭阳	0.355 072	0.191 278	0.005 834	0.052 340	0.013 185
	茂名	0.234 049	0.257 574	0.011 407	0.044 247	0.004 208
	梅州	0.334 110	0.139 023	0.009 309	0.024 657	0.004 112
	清远	0.350 062	0.211 124	0.033 897	0.020 139	0.010 226

续表

省（区）	指标	民生基础				
		城镇化率	人均地区生产总值	地方财政总收入	固定资产投资额	进出口贸易额
	正负	正	正	正	正	正
	单位	%	元	亿元	亿元	亿元
广东	汕头	0.607 401	0.227 928	0.013 344	0.063 248	0.018 442
	汕尾	0.326 025	0.160 188	0.002 331	0.020 236	0.006 165
	韶关	0.276 763	0.244 206	0.007 379	0.020 991	0.005 151
	阳江	0.092 328	0.301 949	0.004 653	0.016 082	0.004 416
	云浮	0.193 527	0.182 343	0.004 345	0.018 923	0.004 136
	湛江	0.236 554	0.209 975	0.011 880	0.051 511	0.010 717
	肇庆	0.298 383	0.291 668	0.007 977	0.046 879	0.011 098
	中山	0.845 491	0.579 771	0.029 157	0.038 867	0.080 073
	广州	0.732 247	0.822 448	0.147 783	0.189 140	0.301 331
	珠海	0.859 861	0.813 813	0.029 317	0.052 170	0.092 748
海南	海口	0.482 841	0.334 944	0.010 944	0.044 240	0.006 516
	三亚	0.669 230	0.376 925	0.007 793	0.026 630	0.001 544
	儋州	0.107 631	0.172 729	0.000 971	0.005 728	0.000 848
江苏	常州	0.628 230	0.766 850	0.049 188	0.124 045	0.065 683
	淮安	0.489 146	0.376 091	0.021 174	0.090 050	0.001 433
	连云港	0.232 761	0.318 496	0.019 642	0.082 461	0.017 194
	南京	0.766 523	0.770 056	0.122 397	0.198 642	0.128 110
	南通	0.552 162	0.577 451	0.056 168	0.158 237	0.073 208
	苏州	0.681 152	0.883 985	0.184 239	0.179 803	0.661 809
	泰州	0.109 430	0.556 412	0.032 193	0.115 264	0.027 106
	无锡	0.670 812	0.877 285	0.089 160	0.158 505	0.170 125
	宿迁	0.452 892	0.289 715	0.018 255	0.069 291	0.006 168
	徐州	0.522 235	0.411 701	0.047 520	0.168 462	0.016 347
	盐城	0.462 294	0.382 181	0.033 752	0.136 340	0.018 107
	扬州	0.349 461	0.613 871	0.029 881	0.117 411	0.022 609
	镇江	0.611 092	0.702 737	0.026 397	0.085 379	0.022 056

续表

省(区)	指标	民生基础				
		城镇化率	人均地区生产总值	地方财政总收入	固定资产投资额	进出口贸易额
	正负	正	正	正	正	正
	单位	%	元	亿元	亿元	亿元
江西	抚州	0.317 367	0.182 310	0.010 440	0.043 786	0.004 138
	赣州	0.322 377	0.158 344	0.022 608	0.079 464	0.009 910
	吉安	0.332 528	0.179 279	0.013 974	0.061 039	0.011 445
	景德镇	0.551 108	0.287 488	0.007 185	0.027 313	0.001 727
	九江	0.390 515	0.269 699	0.024 278	0.086 557	0.010 707
	南昌	0.409 783	0.025 354	0.039 300	0.163 309	0.020 754
	萍乡	0.316 181	0.303 120	0.008 743	0.040 907	0.003 190
	上饶	0.346 371	0.164 166	0.019 559	0.064 027	0.010 875
	新余	0.604 632	0.513 224	0.007 758	0.032 001	0.005 652
	宜春	0.315 917	0.197 560	0.020 655	0.064 985	0.006 023
	鹰潭	0.460 538	0.374 614	0.006 072	0.020 531	0.008 942
宁夏	固原	0.000 000	0.118 690	0.000 378	0.012 854	0.000 000
	石嘴山	0.673 054	0.364 316	0.000 998	0.016 343	0.001 132
	吴忠	0.122 950	0.197 108	0.001 935	0.024 401	0.000 228
	银川	0.697 994	0.444 778	0.016 007	0.054 005	0.008 402
	中卫	0.250 396	0.175 126	0.001 090	0.009 862	0.000 799
辽宁	鞍山	0.389 480	0.252 811	0.012 385	0.010 591	0.008 544
	本溪	0.617 684	0.253 304	0.005 036	0.005 473	0.003 988
	朝阳	0.076 640	0.141 770	0.004 385	0.006 772	0.001 140
	大连	0.670 417	0.574 628	0.062 681	0.051 873	0.128 175
	丹东	0.281 377	0.179 153	0.005 824	0.006 444	0.007 170
	抚顺	0.595 140	0.236 135	0.007 321	0.004 881	0.001 227
	阜新	0.299 834	0.128 288	0.002 470	0.002 246	0.000 591
	葫芦岛	0.135 174	0.139 789	0.005 833	0.005 878	0.003 147
	锦州	0.238 136	0.206 362	0.007 622	0.010 214	0.005 129
	辽阳	0.266 480	0.224 995	0.006 601	0.004 672	0.001 650
	盘锦	0.617 684	0.437 550	0.010 315	0.018 131	0.003 377

续表

省（区）	指标	民生基础				
		城镇化率	人均地区生产总值	地方财政总收入	固定资产投资额	进出口贸易额
	正负	正	正	正	正	正
	单位	%	元	亿元	亿元	亿元
辽宁	沈阳	0.738 970	0.384 950	0.062 545	0.046 443	0.026 908
	铁岭	0.239 322	0.119 330	0.003 267	0.002 082	0.000 791
	营口	0.376 033	0.287 001	0.021 639	0.013 499	0.011 578
内蒙古	呼和浩特	0.592 635	0.479 933	0.018 354	0.046 662	0.003 346
	阿拉善	0.705 880	0.782 709	0.002 677	0.013 508	0.000 195
	巴彦淖尔	0.396 204	0.238 455	0.004 317	0.019 621	0.000 867
	包头	0.779 838	0.776 485	0.012 133	0.093 886	0.004 183
	赤峰	0.088 637	0.176 581	0.008 546	0.047 183	0.001 885
	鄂尔多斯	0.657 893	0.944 839	0.033 441	0.097 325	0.001 639
	呼伦贝尔	0.632 581	0.254 608	0.014 376	0.022 869	0.000 942
	通辽	0.321 850	0.211 934	0.005 606	0.047 945	0.000 738
	乌海	0.930 128	0.585 550	0.002 430	0.004 460	0.000 014
	乌兰察布	0.327 782	0.255 209	0.002 948	0.015 866	0.000 494
	锡林郭勒	0.540 297	0.143 256	0.005 982	0.014 802	0.002 890
	兴安	0.319 213	0.140 648	0.001 566	0.016 061	0.000 014
青海	海东	0.052 514	0.160 691	0.000 393	0.021 669	0.000 185
	西宁	0.619 002	0.297 829	0.006 452	0.050 176	0.001 016
山东	滨州	0.454 606	0.364 420	0.020 753	0.069 087	0.020 825
	德州	0.414 265	0.294 530	0.027 845	0.083 663	0.007 650
	东营	0.574 838	0.968 532	0.021 395	0.080 975	0.040 694
	菏泽	0.328 310	0.174 618	0.016 891	0.041 282	0.012 392
	济南	0.611 487	0.539 499	0.064 586	0.139 077	0.021 960
	济宁	0.434 699	0.302 179	0.036 251	0.110 444	0.012 850
	莱芜	0.506 680	0.354 308	0.004 201	0.020 198	0.003 318
	聊城	0.321 059	0.280 434	0.016 887	0.078 166	0.014 165
	临沂	0.426 525	0.204 708	0.026 490	0.119 843	0.020 999
	青岛	0.638 381	0.651 068	0.313 030	0.248 887	0.156 133

续表

省(区)	指标	民生基础				
		城镇化率	人均地区生产总值	地方财政总收入	固定资产投资额	进出口贸易额
	正负	正	正	正	正	正
	单位	%	元	亿元	亿元	亿元
山东	日照	0.454 870	0.374 696	0.012 495	0.053 108	0.028 210
	泰安	0.480 973	0.345 734	0.018 889	0.094 970	0.004 785
	威海	0.557 831	0.671 894	0.025 302	0.099 389	0.043 575
	潍坊	0.472 667	0.351 022	0.051 162	0.163 169	0.045 402
	烟台	0.520 918	0.565 430	0.057 113	0.178 666	0.095 461
	枣庄	0.437 336	0.321 412	0.012 871	0.056 528	0.003 130
	淄博	0.607 928	0.554 897	0.033 907	0.099 558	0.021 089
甘肃	白银	0.331 869	0.140 862	0.004 468	0.008 612	0.000 417
	定西	0.547 416	0.065 609	0.003 278	0.010 243	0.000 053
	嘉峪关	0.913 649	0.463 765	0.002 684	0.003 449	0.000 552
	金昌	0.592 503	0.239 840	0.003 163	0.006 074	0.002 379
	酒泉	0.476 227	0.281 091	0.009 479	0.017 967	0.000 156
	兰州	0.749 780	0.369 410	0.064 047	0.041 018	0.003 876
	陇南	0.109 862	0.065 614	0.004 536	0.011 599	0.000 045
	平凉	0.205 309	0.098 932	0.004 357	0.012 358	0.000 081
	庆阳	0.142 952	0.144 260	0.012 105	0.040 954	0.000 088
	天水	0.277 554	0.098 730	0.013 186	0.020 172	0.001 169
	武威	0.205 309	0.129 951	0.003 747	0.009 116	0.000 033
	张掖	0.284 936	0.178 239	0.001 315	0.006 605	0.000 068
河北	保定	0.352 435	0.167 006	0.045 067	0.083 190	0.009 683
	沧州	0.400 159	0.266 482	0.022 116	0.118 060	0.007 664
	承德	0.375 110	0.230 923	0.015 972	0.054 437	0.000 895
	邯郸	0.410 837	0.208 900	0.034 500	0.128 317	0.004 602
	衡水	0.136 624	0.188 296	0.017 362	0.041 254	0.006 140
	廊坊	0.452 892	0.334 917	0.064 187	0.084 400	0.011 488
	秦皇岛	0.444 718	0.263 571	0.021 162	0.026 800	0.010 486
	石家庄	0.285 464	0.324 340	0.090 842	0.203 081	0.026 741

续表

省(区)	指标	民生基础				
		城镇化率	人均地区生产总值	地方财政总收入	固定资产投资额	进出口贸易额
	正负	正	正	正	正	正
	单位	%	元	亿元	亿元	亿元
河北	唐山	0.494 288	0.492 021	0.070 010	0.171 301	0.020 893
	邢台	0.166 682	0.164 789	0.021 348	0.067 331	0.004 450
	张家口	0.418 879	0.190 162	0.023 700	0.051 420	0.000 985
吉林	白城	0.264 502	0.200 017	0.005 095	0.024 169	0.000 191
	白山	0.665 671	0.318 091	0.003 725	0.020 518	0.000 532
	吉林	0.377 747	0.298 754	0.027 394	0.063 628	0.002 030
	辽源	0.347 953	0.353 378	0.002 284	0.019 314	0.000 544
	四平	0.201 091	0.206 785	0.008 818	0.026 991	0.000 086
	松原	0.272 280	0.323 727	0.006 378	0.044 847	0.000 342
	通化	0.365 618	0.227 151	0.009 245	0.021 123	0.001 275
	延边	0.595 404	0.238 423	0.012 501	0.022 119	0.004 452
	长春	0.480 709	0.473 641	0.116 272	0.165 816	0.029 542
黑龙江	大庆	0.379 065	0.535 033	0.035 288	0.017 800	0.018 126
	大兴安岭	0.862 893	0.184 402	0.000 000	0.000 000	0.000 034
	哈尔滨	0.322 377	0.360 760	0.073 626	0.172 273	0.007 037
	鹤岗	0.770 610	0.152 157	0.003 053	0.002 047	0.000 330
	黑河	0.443 927	0.169 869	0.001 877	0.008 033	0.001 255
	鸡西	0.534 365	0.161 036	0.003 248	0.006 830	0.000 477
	佳木斯	0.373 792	0.192 657	0.002 431	0.017 629	0.001 376
	牡丹江	0.474 776	0.279 264	0.011 510	0.041 116	0.010 325
	七台河	0.480 577	0.133 677	0.000 434	0.001 873	0.000 037
	齐齐哈尔	0.193 444	0.143 592	0.012 881	0.030 288	0.000 336
	双鸭山	0.462 648	0.159 791	0.000 565	0.002 886	0.000 194
	绥化	0.015 733	0.141 544	0.004 210	0.023 526	0.000 523
	伊春	0.752 153	0.122 838	0.000 331	0.001 596	0.000 144

省（区）	指标	民生基础				
		城镇化率	人均地区生产总值	地方财政总收入	固定资产投资额	进出口贸易额
	正负	正	正	正	正	正
	单位	％	元	亿元	亿元	亿元
河南	安阳	0.343 470	0.239 834	0.011 350	0.072 091	0.002 074
	鹤壁	0.456 320	0.274 149	0.004 161	0.027 711	0.000 479
	焦作	0.446 169	0.358 762	0.011 762	0.077 640	0.004 606
	开封	0.306 821	0.230 664	0.010 688	0.052 368	0.000 971
	洛阳	0.054 833	0.346 850	0.030 437	0.145 601	0.004 121
	漯河	0.352 831	0.239 221	0.006 796	0.036 834	0.001 633
	南阳	0.270 567	0.181 703	0.015 753	0.107 213	0.004 065
	平顶山	0.394 094	0.211 614	0.009 207	0.049 239	0.001 119
	濮阳	0.258 174	0.242 039	0.006 641	0.053 508	0.001 844
	三门峡	0.403 059	0.351 272	0.009 273	0.062 299	0.002 463
	商丘	0.231 544	0.164 445	0.011 282	0.070 542	0.000 609
	新乡	0.366 673	0.224 169	0.014 218	0.069 815	0.002 142
	信阳	0.288 760	0.186 906	0.008 521	0.076 394	0.001 033
	许昌	0.354 808	0.326 939	0.012 881	0.080 150	0.004 398
	郑州	0.633 892	0.507 632	0.101 476	0.242 334	0.124 871
	周口	0.225 084	0.154 634	0.009 627	0.064 564	0.001 907
	驻马店	0.242 882	0.015 794	0.009 955	0.054 531	0.000 672
湖南	邵阳	0.286 650	0.123 927	0.013 665	0.057 899	0.003 544
	常德	0.361 927	0.301 134	0.022 719	0.072 565	0.002 361
	郴州	0.390 930	0.268 906	0.018 529	0.083 248	0.008 140
	衡阳	0.373 265	0.234 538	0.023 254	0.082 854	0.009 386
	怀化	0.290 078	0.164 565	0.012 046	0.038 457	0.000 188
	娄底	0.305 371	0.214 413	0.009 996	0.042 979	0.002 532
	湘潭	0.499 034	0.393 344	0.018 344	0.069 634	0.005 725
	益阳	0.342 416	0.204 509	0.010 111	0.046 953	0.001 650
	永州	0.318 422	0.170 803	0.015 207	0.058 748	0.002 837
	岳阳	0.435 886	0.308 917	0.029 678	0.083 423	0.004 755

续表

省（区）	指标	民生基础				
		城镇化率	人均地区生产总值	地方财政总收入	固定资产投资额	进出口贸易额
	正负	正	正	正	正	正
	单位	%	元	亿元	亿元	亿元
湖南	张家界	0.314 731	0.191 907	0.004 255	0.010 005	0.000 214
	长沙	0.704 562	0.738 785	0.135 168	0.242 153	0.029 092
	株洲	0.390 930	0.268 906	0.018 529	0.083 248	0.008 140
湖北	鄂州	0.543 989	0.460 077	0.006 669	0.030 353	0.001 162
	黄冈	0.287 046	0.164 078	0.018 532	0.068 581	0.001 683
	黄石	0.495 079	0.291 574	0.014 725	0.048 233	0.007 052
	荆门	0.445 114	0.311 812	0.008 599	0.056 296	0.000 817
	荆州	0.402 927	0.184 405	0.017 419	0.070 515	0.002 973
	十堰	0.408 069	0.259 286	0.015 233	0.048 354	0.001 230
	随州	0.351 380	0.229 600	0.006 466	0.035 168	0.002 726
	武汉	0.736 861	0.675 548	0.259 047	0.251 929	0.060 056
	咸宁	0.373 792	0.264 988	0.011 344	0.052 622	0.001 056
	襄阳	0.468 712	0.391 364	0.045 300	0.116 935	0.004 686
	孝感	0.424 812	0.191 936	0.018 315	0.064 364	0.002 303
	宜昌	0.470 821	0.508 660	0.036 443	0.081 766	0.005 709
直辖市	天津	0.774 961	0.651 526	0.223 318	0.361 401	0.237 198
	上海	0.837 848	0.679 756	0.644 438	0.231 821	1.000 000
	重庆	0.526 455	0.346 467	0.217 708	0.559 752	0.139 840
	北京	0.822 025	0.703 832	0.526 674	0.286 557	0.680 066

附录表8　　　　　　　　　　　收入消费无量纲化处理

省(区)	指标	收入消费				
		城镇登记失业率	CPI增长水平	城乡收入比	恩格尔系数	居民最低生活保障标准
	正负	逆	逆	逆	逆	正
	单位	%	%	1	%	元/人·月
山西	大同	0.390 428	0.648 649	0.136 546	0.394 288	0.173 481
	晋城	0.758 186	0.837 838	0.100 402	0.555 533	0.276 690
	晋中	0.602 015	0.540 541	0.393 574	0.448 037	0.033 248
	临汾	0.458 438	0.891 892	0.325 301	0.499 757	0.196 421
	吕梁	0.511 335	0.945 946	0.148 594	0.428 566	0.227 669
	朔州	0.352 645	0.702 703	0.389 558	0.431 811	0.132 048
	太原	0.324 937	0.513 514	0.590 361	0.495 700	0.339 262
	忻州	0.264 484	0.810 811	0.000 000	0.403 416	0.197 762
	阳泉	0.413 098	0.621 622	0.485 944	0.445 806	0.199 898
	运城	0.627 204	0.837 838	0.305 221	0.364 879	0.183 392
	长治	0.697 733	0.594 595	0.445 783	0.394 288	0.072 756
陕西	安康	0.390 428	0.351 351	0.200 803	0.348 653	0.207 735
	宝鸡	0.188 917	0.675 676	0.172 691	0.348 653	0.431 169
	汉中	0.390 428	0.567 568	0.240 964	0.348 653	0.380 247
	商洛	0.365 239	0.594 595	0.188 755	0.348 653	0.207 735
	铜川	0.382 872	0.702 703	0.240 964	0.348 653	0.290 824
	渭南	0.387 909	0.648 649	0.232 932	0.348 653	0.087 138
	西安	0.360 202	0.459 459	0.606 426	0.334 456	0.457 251
	咸阳	0.390 428	0.459 459	0.200 803	0.315 796	0.268 232
	延安	0.327 456	0.837 838	0.248 996	0.348 653	0.290 824
	榆林	0.365 239	0.702 703	0.285 141	0.395 708	0.322 594
四川	巴中	0.125 945	0.972 973	0.365 462	1.000 000	0.000 000
	成都	0.365 239	0.459 459	0.630 522	0.253 732	0.337 337
	达州	0.196 474	0.621 622	0.514 056	0.173 211	0.212 579
	德阳	0.214 106	0.783 784	0.570 281	0.225 945	0.212 79
	广安	0.289 673	0.621 622	0.502 008	0.225 945	0.062 422
	广元	0.226 700	0.567 568	0.574 297	0.225 945	0.050 350

省(区)	指标	收入消费				
		城镇登记失业率	CPI增长水平	城乡收入比	恩格尔系数	居民最低生活保障标准
	正负	逆	逆	逆	逆	正
	单位	%	%	1	%	元/人·月
四川	乐山	0.206 549	0.540 541	0.506 024	0.241 157	0.212 579
	泸州	0.312 343	0.513 514	0.477 912	0.208 908	0.212 579
	眉山	0.146 096	0.567 568	0.578 313	0.247 242	0.045 221
	绵阳	0.231 738	0.000 000	0.534 137	0.195 522	0.251 702
	南充	0.216 625	0.513 514	0.481 928	0.208 705	0.053 604
	内江	0.229 219	0.540 541	0.506 024	0.262 453	0.212 579
	攀枝花	0.188 917	0.675 676	0.469 880	0.281 722	0.212 579
	遂宁	0.188 917	0.621 622	0.534 137	0.267 524	0.217 547
	雅安	0.216 625	0.594 595	0.417 671	0.225 945	0.251 702
	宜宾	0.201 511	0.675 676	0.522 088	0.237 100	0.689 503
	资阳	0.188 917	0.513 514	0.554 217	0.303 018	0.212 579
	自贡	0.221 662	0.648 649	0.779 116	0.225 945	0.212 579
西藏	拉萨	0.521 411	0.567 568	0.212 851	0.252 312	0.292 066
新疆	克拉玛依	1.000 000	0.837 838	0.714 859	0.399 562	0.329 326
	吐鲁番	0.337 531	0.405 405	0.674 699	0.420 656	0.251 702
	乌鲁木齐	0.944 584	0.243 243	0.570 281	0.428 768	0.248 597
云南	保山	0.340 050	0.648 649	0.228 916	0.398 345	0.203 885
	昆明	0.440 806	0.864 865	0.204 819	0.453 919	0.203 885
	丽江	0.236 776	0.594 595	0.112 450	0.394 288	0.214 293
	临沧	0.272 040	0.729 730	0.377 510	0.398 345	0.471 099
	普洱	0.367 758	0.648 649	0.265 060	0.398 345	0.203 885
	曲靖	0.428 212	0.837 838	0.261 044	0.369 950	0.203 885
	玉溪	0.362 720	0.702 703	0.052 209	0.369 950	0.203 885
	昭通	0.113 350	0.918 919	0.220 884	0.398 345	0.274 057
浙江	杭州	0.768 262	0.932 432	0.658 635	0.436 476	0.934 175
	湖州	0.617 128	0.513 514	0.710 843	0.398 345	0.711 859
	嘉兴	0.486 146	0.405 405	0.349 398	0.429 174	0.783 894
	金华	0.508 816	0.432 432	0.578 313	0.337 498	0.707 512

续表

省(区)	指标	收入消费				
		城镇登记失业率	CPI增长水平	城乡收入比	恩格尔系数	居民最低生活保障标准
	正负	逆	逆	逆	逆	正
	单位	％	％	1	％	元/人・月
浙江	丽水	0.526 448	0.594 595	0.534 137	0.337 498	0.217 758
	宁波	0.692 695	0.513 514	0.674 699	0.353 318	0.793 830
	衢州	0.692 695	0.513 514	0.465 863	0.343 583	0.555 368
	绍兴	0.629 723	0.513 514	0.678 715	0.425 726	0.634 855
	台州	0.680 101	0.432 432	0.586 345	0.409 703	0.277 162
	温州	0.735 516	0.351 351	0.574 297	0.308 089	0.572 756
	舟山	0.536 524	0.540 541	0.714 859	0.356 766	0.619 951
福建	厦门	0.322 418	0.459 459	0.421 687	0.360 620	0.689 503
	龙岩	0.571 788	0.729 730	0.558 233	0.262 453	0.359 817
	南平	0.443 325	0.837 838	0.570 281	0.291 863	0.183 392
	宁德	0.508 816	0.810 811	0.570 281	0.260 425	0.447 315
	莆田	0.566 751	0.756 757	0.562 249	0.244 808	0.546 674
	泉州	0.874 055	0.702 703	0.481 928	0.252 312	0.410 055
	三明	0.604 534	0.810 811	0.550 201	0.267 524	0.366 586
	漳州	0.634 761	0.702 703	0.598 394	0.250 487	0.034 974
	福州	0.591 940	0.702 703	0.481 928	0.339 932	0.447 315
广西	南宁	0.176 322	0.378 378	0.337 349	0.355 752	0.315 006
	百色	0.491 184	0.621 622	0.253 012	0.000 000	0.315 006
	北海	0.269 521	0.216 216	0.281 124	0.000 000	0.391 425
	崇左	0.445 844	0.567 568	0.313 253	0.218 846	0.304 486
	防城港	0.516 373	0.702 703	0.413 655	0.076 870	0.068 508
	贵港	0.904 282	0.621 622	0.405 622	0.128 590	0.315 006
	桂林	0.591 940	0.567 568	0.421 687	0.398 345	0.295 171
	河池	0.549 118	0.648 649	0.156 627	0.336 484	0.229 967
	贺州	0.571 788	0.621 622	0.293 173	0.000 000	0.315 006
	来宾	0.541 562	0.621 622	0.232 932	0.291 863	0.261 016
	柳州	0.564 232	0.648 649	0.321 285	0.167 126	0.478 365

续表

省(区)	指标	收入消费				
		城镇登记失业率	CPI增长水平	城乡收入比	恩格尔系数	居民最低生活保障标准
	正负	逆	逆	逆	逆	正
	单位	%	%	1	%	元/人·月
广西	钦州	0.622 166	0.432 432	0.333 333	0.255 152	0.121 665
	梧州	0.594 458	0.378 378	0.337 349	0.000 000	0.157 931
	玉林	0.818 640	0.378 378	0.449 799	0.000 000	0.317 937
贵州	贵阳	0.415 617	0.729 730	0.493 976	0.414 571	0.130 608
	安顺	0.413 098	0.810 811	0.180 723	0.414 571	0.331 499
	毕节	0.340 050	0.594 595	0.108 434	0.367 921	0.317 788
	六盘水	0.231 738	0.567 568	0.164 659	0.173 211	0.169 109
	铜仁	0.319 899	0.729 730	0.116 466	0.642 139	0.317 788
	遵义	0.818 640	0.594 595	0.333 333	0.349 667	0.326 743
安徽	安庆	0.536 524	0.513 514	0.425 703	0.292 877	0.186 497
	蚌埠	0.415 617	0.729 730	0.493 976	0.278 679	0.320 731
	亳州	0.471 033	0.594 595	0.457 831	0.340 540	0.149 858
	池州	0.405 542	0.648 649	0.554 217	0.347 639	0.330 208
	滁州	0.440 806	0.675 676	0.441 767	0.291 863	0.214 442
	阜阳	0.717 884	0.621 622	0.365 462	0.340 540	0.231 830
	淮北	0.541 562	0.729 730	0.377 510	0.419 033	0.336 778
	淮南	0.415 617	0.729 730	0.369 478	0.306 060	0.211 337
	黄山	0.297 229	0.621 622	0.518 072	0.348 653	0.323 116
	六安	0.549 118	0.594 595	0.413 655	0.300 990	0.302 412
	马鞍山	0.445 844	0.675 676	0.542 169	0.325 329	0.540 104
	铜陵	0.476 071	0.756 757	0.385 542	0.327 357	0.334 294
	芜湖	0.428 212	0.648 649	0.650 602	0.285 778	0.393 288
	宿州	0.438 287	0.648 649	0.377 510	0.416 599	0.248 597
	合肥	0.476 071	0.621 622	0.582 329	0.320 258	0.449 029
	宣城	0.433 249	0.702 703	0.477 912	0.315 187	0.304 486

省(区)	指标	收入消费				
		城镇登记失业率	CPI增长水平	城乡收入比	恩格尔系数	居民最低生活保障标准
	正负	逆	逆	逆	逆	正
	单位	%	%	1	%	元/人·月
广东	深圳	0.642 317	0.621 622	1.000 000	0.400 373	0.913 061
	潮州	0.541 562	0.648 649	0.734 940	0.135 080	0.167 867
	东莞	0.632 242	0.621 622	0.755 020	0.343 583	0.888 221
	佛山	0.604 534	0.486 486	0.686 747	0.337 295	0.913 061
	河源	0.581 864	0.702 703	0.682 731	0.167 532	0.403 845
	惠州	0.602 015	0.513 514	0.638 554	0.280 707	0.552 884
	江门	0.596 977	0.567 568	0.610 442	0.223 714	0.602 563
	揭阳	0.614 610	0.594 595	0.670 683	0.110 742	0.456 009
	茂名	0.579 345	0.729 730	0.755 020	0.195 522	0.403 845
	梅州	0.579 345	0.594 595	0.670 683	0.230 002	0.403 845
	清远	0.599 496	0.486 486	0.610 442	0.167 126	0.403 845
	汕头	0.589 421	0.594 595	0.669 398	0.205 663	0.482 091
	汕尾	0.596 977	0.810 811	0.685 141	0.094 110	0.403 845
	韶关	0.584 383	0.567 568	0.595 823	0.258 397	0.403 845
	阳江	0.576 826	0.594 595	0.679 960	0.211 748	0.403 845
	云浮	0.574 307	0.702 703	0.734 940	0.355 752	0.403 845
	湛江	0.589 421	0.648 649	0.649 639	0.135 689	0.403 845
	肇庆	0.596 977	0.567 568	0.710 442	0.201 606	0.559 094
	中山	0.617 128	0.567 568	0.795 502	0.277 665	0.908 093
	广州	0.591 940	0.378 378	0.454 177	0.289 834	0.913 061
	珠海	0.627 204	0.783 784	0.601 245	0.354 535	0.908 093
海南	海口	0.869 018	0.108 108	0.429 237	0.232 030	0.403 845
	三亚	0.808 564	0.216 216	0.474 418	0.211 950	0.459 735
	儋州	0.397 985	0.810 811	0.534 980	0.173 211	0.229 967
江苏	常州	0.743 073	0.486 486	0.625 060	0.429 783	0.739 182
	淮安	0.738 035	0.486 486	0.552 731	0.399 359	0.422 475
	连云港	0.727 960	0.513 514	0.605 060	0.362 851	0.374 037

省（区）	指标	收入消费				
		城镇登记失业率	CPI增长水平	城乡收入比	恩格尔系数	居民最低生活保障标准
	正负	逆	逆	逆	逆	正
	单位	%	%	1	%	元/人·月
江苏	南京	0.738 035	0.486 486	0.454 779	0.485 559	0.801 282
	南通	0.738 035	0.540 541	0.562 851	0.422 278	0.547 916
	苏州	0.738 035	0.540 541	0.613 775	0.480 488	0.882 011
	泰州	0.738 035	0.486 486	0.576 345	0.424 712	0.496 994
	无锡	0.738 035	0.486 486	0.655 863	0.430 797	0.813 702
	宿迁	0.738 035	0.486 486	0.714 618	0.311 131	0.341 746
	徐州	0.738 035	0.540 541	0.656 305	0.384 147	0.463 461
	盐城	0.738 035	0.540 541	0.690 843	0.365 893	0.391 425
	扬州	0.732 997	0.540 541	0.609 799	0.384 147	0.577 724
	镇江	0.738 035	0.459 459	0.599 478	0.436 070	0.608 773
江西	抚州	0.365 239	0.567 568	0.529 197	0.454 121	0.314 422
	赣州	0.352 645	0.432 432	0.179 598	0.302 004	0.314 422
	吉安	0.445 844	0.594 595	0.379 076	0.294 905	0.314 422
	景德镇	0.365 239	0.378 378	0.489 518	0.243 185	0.314 422
	九江	0.335 013	0.378 378	0.417 671	0.243 185	0.314 422
	南昌	0.345 088	0.432 432	0.476 988	0.331 413	0.314 422
	萍乡	0.365 239	0.486 486	0.600 241	0.243 185	0.314 422
	上饶	0.430 730	0.432 432	0.350 803	0.243 185	0.314 422
	新余	0.365 239	0.459 459	0.559 317	0.243 185	0.314 422
	宜春	0.445 844	0.513 514	0.528 956	0.243 185	0.314 422
	鹰潭	0.445 844	0.540 541	0.537 831	0.343 583	0.314 422
宁夏	固原	0.249 370	0.486 486	0.248 675	0.400 373	0.231 209
	石嘴山	0.241 814	0.540 541	0.522 731	0.369 950	0.231 209
	吴忠	0.335 013	0.648 649	0.468 112	0.400 373	0.231 209
	银川	0.299 748	0.540 541	0.389 518	0.404 430	0.345 472
	中卫	0.317 380	0.513 514	0.314 779	0.503 813	0.231 209

续表

省(区)	指标	收入消费				
		城镇登记失业率	CPI增长水平	城乡收入比	恩格尔系数	居民最低生活保障标准
	正负	逆	逆	逆	逆	正
	单位	%	%	1	%	元/人·月
辽宁	鞍山	0.440 806	0.864 865	0.514 056	0.354 332	0.388 320
	本溪	0.231 738	0.756 757	0.546 185	0.354 332	0.346 093
	朝阳	0.209 068	0.702 703	0.594 378	0.354 332	0.296 413
	大连	0.584 383	0.432 432	0.433 735	0.441 546	0.490 784
	丹东	0.269 521	0.594 595	0.626 506	0.354 332	0.360 376
	抚顺	0.382 872	0.567 568	0.489 960	0.354 332	0.317 937
	阜新	0.090 680	0.756 757	0.578 313	0.354 332	0.301 480
	葫芦岛	0.000 000	0.783 784	0.441 767	0.354 332	0.300 859
	锦州	0.214 106	0.621 622	0.558 233	0.354 332	0.427 443
	辽阳	0.390 428	0.729 730	0.530 120	0.446 008	0.344 851
	盘锦	0.297 229	0.621 622	0.481 928	0.354 332	0.460 356
	沈阳	0.410 579	0.621 622	0.325 301	0.428 160	0.453 525
	铁岭	0.141 058	0.702 703	0.706 827	0.354 332	0.286 837
	营口	0.438 287	0.675 676	0.514 056	0.354 332	0.316 695
内蒙古	呼和浩特	0.277 078	0.621 622	0.289 157	0.416 396	0.449 389
	阿拉善	0.591 940	0.324 324	0.570 281	0.466 899	0.549 158
	巴彦淖尔	0.224 181	0.648 649	0.678 715	0.422 684	0.370 411
	包头	0.221 662	0.567 568	0.285 141	0.414 571	0.427 853
	赤峰	0.188 917	0.594 595	0.248 996	0.416 396	0.348 837
	鄂尔多斯	0.493 703	0.705 405	0.357 430	0.541 335	0.419 370
	呼伦贝尔	0.256 927	0.705 405	0.477 912	0.455 135	0.279 435
	通辽	0.304 786	0.675 676	0.453 815	0.451 079	0.262 258
	乌海	0.324 937	0.621 622	0.461 847	0.428 768	0.583 934
	乌兰察布	0.188 917	0.540 541	0.228 916	0.249 270	0.343 882
	锡林郭勒	0.420 655	0.486 486	0.401 606	0.335 470	0.400 740
	兴安	0.188 917	0.705 405	0.257 028	0.374 209	0.187 640

续表

省（区）	指标	收入消费				
		城镇登记失业率	CPI增长水平	城乡收入比	恩格尔系数	居民最低生活保障标准
	正负	逆	逆	逆	逆	正
	单位	%	%	1	%	元/人·月
青海	海东	0.415 617	0.459 459	0.257 028	0.559 387	0.239 070
	西宁	0.579 345	0.513 514	0.257 028	0.482 922	0.230 637
山东	滨州	0.662 469	0.756 757	0.514 056	0.462 843	0.338 641
	德州	0.564 232	0.675 676	0.662 651	0.409 297	0.186 497
	东营	0.566 751	0.621 622	0.297 189	0.534 642	0.361 208
	菏泽	0.428 212	0.702 703	0.578 313	0.462 843	0.304 113
	济南	0.672 544	0.459 459	0.273 092	0.451 079	0.386 718
	济宁	0.415 617	0.702 703	0.526 104	0.462 843	0.385 215
	莱芜	0.541 562	0.594 595	0.534 137	0.462 843	0.284 925
	聊城	0.430 730	0.594 595	0.586 345	0.462 843	0.242 387
	临沂	0.617 128	0.621 622	0.341 365	0.462 843	0.235 146
	青岛	0.410 579	0.459 459	0.421 687	0.406 458	0.447 315
	日照	0.652 393	0.702 703	0.550 201	0.462 843	0.142 406
	泰安	0.604 534	0.513 514	0.562 249	0.453 107	0.299 853
	威海	0.780 856	0.648 649	0.497 992	0.438 910	0.329 847
	潍坊	0.463 476	0.621 622	0.566 265	0.462 843	0.337 809
	烟台	0.375 315	0.567 568	0.469 880	0.462 843	0.200 693
	枣庄	0.594 458	0.729 730	0.554 217	0.403 618	0.269 561
	淄博	0.465 995	0.675 676	0.469 880	0.484 545	0.323 116
甘肃	白银	0.629 723	0.567 568	0.068 273	0.300 787	0.131 614
	定西	0.360 202	0.567 568	0.080 321	0.305 046	0.085 325
	嘉峪关	0.496 222	0.864 865	0.578 313	0.369 950	0.285 956
	金昌	0.433 249	0.648 649	0.353 414	0.339 121	0.285 956
	酒泉	0.516 373	0.783 784	0.574 297	0.386 176	0.064 049
	兰州	0.478 589	0.594 595	0.253 012	0.378 063	0.285 956
	陇南	0.478 589	1.000 000	0.008 032	0.339 121	0.138 060
	平凉	0.287 154	0.702 703	0.060 241	0.339 121	0.285 956

续表

省（区）	指标	收入消费				
		城镇登记失业率	CPI增长水平	城乡收入比	恩格尔系数	居民最低生活保障标准
	正负	逆	逆	逆	逆	正
	单位	%	%	1	%	元/人·月
甘肃	庆阳	0.680 101	0.648 649	0.044 177	0.339 121	0.285 956
	天水	0.478 589	0.594 595	0.004 016	0.339 121	0.085 499
	武威	0.390 428	0.621 622	0.433 735	0.339 121	0.285 956
	张掖	0.541 562	0.702 703	0.658 635	0.356 361	0.127 490
河北	保定	0.196 474	0.216 216	0.526 104	0.473 592	0.339 262
	沧州	0.410 579	0.486 486	0.393 574	0.473 592	0.339 262
	承德	0.307 305	0.459 459	0.281 124	0.473 592	0.339 262
	邯郸	0.304 786	0.621 622	0.522 088	0.473 592	0.339 262
	衡水	0.345 088	0.567 568	0.461 847	0.473 592	0.339 262
	廊坊	0.717 884	0.432 432	0.429 719	0.473 592	0.540 464
	秦皇岛	0.471 033	0.540 541	0.353 414	0.494 686	0.339 262
	石家庄	0.357 683	0.621 622	0.409 639	0.513 954	0.339 262
	唐山	0.483 627	0.567 568	0.502 008	0.473 592	0.339 262
	邢台	0.327 456	0.459 459	0.445 783	0.473 592	0.339 262
	张家口	0.415 617	0.486 486	0.289 157	0.473 592	0.339 262
吉林	白城	0.294 710	0.837 838	0.401 606	0.471 361	0.204 121
	白山	0.226 700	0.594 595	0.530 120	0.471 361	0.291 035
	吉林	0.284 635	0.648 649	0.566 265	0.471 361	0.204 121
	辽源	0.440 806	0.783 784	0.594 378	0.471 361	0.048 611
	四平	0.062 972	0.567 568	0.610 442	0.471 361	0.204 121
	松原	0.188 917	0.513 514	0.469 880	0.471 361	0.295 581
	通化	0.319 899	0.297 297	0.526 104	0.471 361	0.204 121
	延边	0.617 128	0.378 378	0.445 783	0.471 361	0.204 121
	长春	0.312 343	0.648 649	0.409 639	0.471 361	0.187 901
黑龙江	大庆	0.133 501	0.729 730	0.349 398	0.368 124	0.242 387
	大兴安岭	0.196 474	0.716 216	0.630 522	0.368 124	0.242 387
	哈尔滨	0.269 521	0.567 568	0.485 944	0.297 947	0.351 061

续表

省（区）	指标	收入消费				
		城镇登记失业率	CPI增长水平	城乡收入比	恩格尔系数	居民最低生活保障标准
	正负	逆	逆	逆	逆	正
	单位	%	%	1	%	元/人·月
黑龙江	鹤岗	0.163 728	0.891 892	0.787 149	0.368 124	0.242 387
	黑河	0.289 673	0.783 784	0.650 602	0.368 124	0.242 387
	鸡西	0.183 879	0.648 649	0.835 341	0.368 124	0.242 387
	佳木斯	0.168 766	0.783 784	0.690 763	0.379 077	0.242 387
	牡丹江	0.309 824	0.540 541	0.674 699	0.368 124	0.242 387
	七台河	0.196 474	0.783 784	0.622 490	0.368 124	0.242 387
	齐齐哈尔	0.113 350	0.513 514	0.646 586	0.368 124	0.242 387
	双鸭山	0.113 350	0.783 784	0.718 876	0.416 599	0.242 387
	绥化	0.196 474	0.594 595	0.666 667	0.368 124	0.242 387
	伊春	0.151 134	0.783 784	0.706 827	0.343 583	0.113 481
河南	安阳	0.440 806	0.783 784	0.510 040	0.475 789	0.267 226
	鹤壁	0.738 035	0.810 811	0.654 257	0.458 178	0.100 800
	焦作	0.440 806	0.675 676	0.678 032	0.436 453	0.155 447
	开封	0.440 806	0.729 730	0.796 064	0.542 350	0.279 646
	洛阳	0.201 511	0.729 730	0.333 534	0.572 773	0.217 547
	漯河	0.667 506	0.756 757	0.582 048	0.339 526	0.236 177
	南阳	0.062 972	0.594 595	0.481 807	0.310 117	0.105 768
	平顶山	0.518 892	0.783 784	0.428 153	0.315 390	0.155 447
	濮阳	0.662 469	0.756 757	0.408 153	0.365 893	0.093 348
	三门峡	0.501 259	0.810 811	0.555 622	0.478 460	0.267 226
	商丘	0.299 748	0.837 838	0.347 871	0.392 260	0.155 447
	新乡	0.234 257	0.648 649	0.553 695	0.427 754	0.188 981
	信阳	0.551 637	0.783 784	0.504 217	0.280 707	0.329 326
	许昌	0.443 325	0.621 622	0.643 133	0.385 837	0.217 547
	郑州	0.617 128	0.513 514	0.677 390	0.409 297	0.478 365
	周口	0.236 776	0.675 676	0.441 486	0.365 893	0.217 547
	驻马店	0.564 232	0.729 730	0.428 353	0.319 244	0.217 547

续表

省（区）	指标	收入消费				
		城镇登记失业率	CPI增长水平	城乡收入比	恩格尔系数	居民最低生活保障标准
	正负	逆	逆	逆	逆	正
	单位	%	%	1	%	元/人·月
湖南	邵阳	0.282 116	0.702 703	0.467 076	0.327 357	0.212 579
	常德	0.415 617	0.540 541	0.568 201	0.284 358	0.212 682
	郴州	0.322 418	0.405 405	0.530 235	0.326 343	0.290 588
	衡阳	0.239 295	0.621 622	0.883 481	0.369 950	0.117 088
	怀化	0.130 982	0.567 568	0.287 514	0.335 470	0.149 628
	娄底	0.090 680	0.594 595	0.423 945	0.196 536	0.127 081
	湘潭	0.818 640	0.567 568	0.634 389	0.388 204	0.229 053
	益阳	0.299 748	0.594 595	0.658 486	0.404 430	0.290 588
	永州	0.062 972	0.513 514	0.575 882	0.347 639	0.213 200
	岳阳	0.319 899	0.648 649	0.556 755	0.343 988	0.290 588
	张家界	0.249 370	0.648 649	0.341 499	0.210 328	0.212 579
	长沙	0.523 929	0.648 649	0.712 476	0.537 279	0.243 075
	株洲	0.322 418	0.405 405	0.530 235	0.457 164	0.785 905
湖北	鄂州	0.685 139	0.702 703	0.671 347	0.463 046	0.379 005
	黄冈	0.715 365	0.756 757	0.510 488	0.257 383	0.132 477
	黄石	0.453 401	0.432 432	0.478 528	0.459 395	0.608 773
	荆门	0.440 806	0.567 568	0.668 974	0.325 329	0.361 928
	荆州	0.642 317	0.486 486	0.647 481	0.361 431	0.357 271
	十堰	0.486 146	0.513 514	0.179 691	0.335 267	0.335 536
	随州	0.531 486	0.594 595	0.692 482	0.323 706	0.563 924
	武汉	0.481 108	0.486 486	0.567 033	0.408 283	0.521 834
	咸宁	0.657 431	0.594 595	0.693 566	0.303 626	0.450 627
	襄阳	0.380 353	0.621 622	0.615 808	0.394 897	0.382 731
	孝感	0.249 370	0.621 622	0.577 256	0.348 450	0.447 315
	宜昌	0.677 582	0.702 703	0.550 737	0.412 543	0.453 525
直辖市	天津	0.314 861	0.432 432	0.659 242	0.359 809	0.863 381
	上海	0.214 106	0.540 541	0.498 140	0.490 983	1.000 000
	重庆	0.340 050	0.729 730	0.378 587	0.335 470	0.323 116
	北京	0.836 272	0.486 486	0.367 669	0.599 140	0.913 061

附录表 9　　　　　　　　　居住出行无量纲化处理

省(区)	指标	居住出行				
		房地产开发投资额	人均绿地面积	旅游总收入	每万人拥有民用汽车数	每万人享有公路里程
	正负	正	正	正	正	正
	单位	亿元	平方米/人	亿元	辆/万人	里/万人
山西	大同	0.013 481	0.152 880	0.087 552	0.378 250	0.145 419
	晋城	0.008 558	0.134 660	0.080 498	0.333 557	0.156 149
	晋中	0.014 040	0.134 660	0.149 890	0.330 930	0.190 554
	临汾	0.012 472	0.095 183	0.087 806	0.253 569	0.165 299
	吕梁	0.004 656	0.134 660	0.070 367	0.173 077	0.179 660
	朔州	0.002 553	0.134 660	0.036 454	0.216 459	0.230 910
	太原	0.058 061	0.119 581	0.149 553	0.638 216	0.064 523
	忻州	0.003 975	0.088 377	0.073 862	0.199 573	0.108 079
	阳泉	0.003 622	0.134 660	0.051 101	0.296 765	0.160 047
	运城	0.014 076	0.127 853	0.100 985	0.391 405	0.119 055
	长治	0.008 728	0.126 073	0.083 544	0.272 222	0.131 406
陕西	安康	0.011 350	0.118 639	0.040 870	0.331 804	0.246 892
	宝鸡	0.020 069	0.121 047	0.105 212	0.161 599	0.172 131
	汉中	0.011 805	0.118 848	0.030 799	0.303 638	0.195 253
	商洛	0.002 500	0.118 848	0.046 817	0.331 804	0.195 253
	铜川	0.002 947	0.118 848	0.018 338	0.289 697	0.201 018
	渭南	0.013 774	0.118 848	0.077 102	0.331 804	0.191 149
	西安	0.283 576	0.120 942	0.221 281	0.619 955	0.191 149
	咸阳	0.012 642	0.118 848	0.052 614	0.331 804	0.124 000
	延安	0.006 162	0.118 848	0.053 804	0.331 804	0.032 067
	榆林	0.007 628	0.118 848	0.034 064	0.389 246	0.370 810
四川	巴中	0.016 589	0.219 162	0.004 663	0.333 286	0.207 583
	成都	0.302 364	0.135 497	0.554 515	0.599 142	0.061 754
	达州	0.013 753	0.127 016	0.030 448	0.234 768	0.112 100
	德阳	0.012 703	0.127 016	0.051 315	0.226 669	0.089 799
	广安	0.022 184	0.127 016	0.044 086	0.215 084	0.145 562
	广元	0.010 099	0.127 016	0.060 367	0.135 119	0.303 783

省(区)	指标	居住出行				
		房地产开发投资额	人均绿地面积	旅游总收入	每万人拥有民用汽车数	每万人享有公路里程
	正负	正	正	正	正	正
	单位	亿元	平方米/人	亿元	辆/万人	里/万人
四川	乐山	0.023 540	0.127 016	0.139 893	0.206 294	0.143 839
	泸州	0.031 377	0.127 016	0.080 008	0.302 656	0.125 477
	眉山	0.023 470	0.127 016	0.064 411	0.234 768	0.142 690
	绵阳	0.021 413	0.127 016	0.098 170	0.234 768	0.164 540
	南充	0.025 757	0.127 016	0.083 092	0.234 768	0.139 202
	内江	0.013 925	0.127 016	0.038 680	0.234 768	0.103 320
	攀枝花	0.007 228	0.127 016	0.050 255	0.406 524	0.116 676
	遂宁	0.021 027	0.097 068	0.000 972	0.682 394	0.142 690
	雅安	0.007 036	0.127 016	0.045 815	0.234 768	0.142 690
	宜宾	0.027 673	0.127 016	0.097 731	0.015 790	0.142 690
	资阳	0.015 487	0.127 016	0.028 823	0.234 768	0.193 098
	自贡	0.014 841	0.127 016	0.028 468	0.145 706	0.091 112
西藏	拉萨	0.004 845	0.132 670	0.001 584	0.190 737	0.357 228
新疆	克拉玛依	0.003 926	0.113 822	0.007 282	0.027 768	0.028 948
	吐鲁番	0.126 100	0.139 686	0.001 067	0.287 930	0.028 948
	乌鲁木齐	0.052 056	0.130 785	0.001 360	0.746 404	0.028 948
云南	保山	0.008 418	0.105 131	0.000 000	0.165 125	0.217 061
	昆明	0.204 562	0.239 476	0.293 544	0.000 000	0.217 061
	丽江	0.004 163	0.182 304	0.105 082	0.113 918	0.262 217
	临沧	0.003 345	0.150 785	0.031 606	0.646 474	0.217 061
	普洱	0.006 472	0.150 785	0.048 552	0.176 963	0.198 597
	曲靖	0.011 335	0.150 785	0.027 146	0.177 354	0.292 335
	玉溪	0.024 944	0.099 895	0.050 967	0.329 948	0.115 137
	昭通	0.009 788	0.150 785	0.038 177	0.023 263	0.053 260
浙江	杭州	0.332 280	0.141 780	0.555 743	0.502 721	0.153 584
	湖州	0.036 553	0.134 241	0.201 349	0.535 906	0.077 449
	嘉兴	0.087 923	0.140 628	0.184 135	0.652 850	0.079 541

续表

省(区)	指标	居住出行				
		房地产开发投资额	人均绿地面积	旅游总收入	每万人拥有民用汽车数	每万人享有公路里程
	正负	正	正	正	正	正
	单位	亿元	平方米/人	亿元	辆/万人	里/万人
浙江	金华	1.000 000	0.130 262	0.715 268	0.934 899	0.060 605
	丽水	0.023 091	0.134 241	0.117 066	0.685 536	0.115 137
	宁波	0.167 021	0.134 241	0.313 170	0.416 803	0.132 227
	衢州	0.019 211	0.130 681	0.081 384	0.287 833	0.217 964
	绍兴	0.082 356	0.127 225	0.187 275	0.580 377	0.077 654
	台州	0.055 981	0.129 215	0.206 554	0.423 204	0.079 541
	温州	0.124 439	0.134 241	0.209 603	0.491 706	0.060 256
	舟山	0.025 394	0.136 545	0.146 775	0.332 283	0.063 087
福建	厦门	0.106 894	0.128 901	0.212 992	0.686 771	0.017 131
	龙岩	0.022 434	0.086 492	0.060 037	0.714 334	0.218 785
	南平	0.019 664	0.150 681	0.107 502	0.484 025	0.233 823
	宁德	0.020 560	0.156 230	0.045 676	0.137 858	0.161 688
	莆田	0.047 204	0.134 555	0.047 821	0.199 946	0.086 845
	泉州	0.085 110	0.142 827	0.153 566	0.283 555	0.078 413
	三明	0.013 215	0.142 304	0.044 165	0.180 346	0.236 449
	漳州	0.061 272	0.145 340	0.070 467	0.171 872	0.093 615
	福州	0.205 881	0.146 387	0.159 922	0.297 806	0.056 050
广西	南宁	0.116 403	0.128 168	0.202 722	0.215 946	0.098 375
	百色	0.013 058	0.119 372	0.060 349	0.114 100	0.091 974
	北海	0.020 395	0.128 168	0.039 351	0.147 281	0.098 375
	崇左	0.007 771	0.128 168	0.032 095	0.093 266	0.138 977
	防城港	0.010 611	0.134 031	0.022 082	0.212 296	0.115 650
	贵港	0.008 301	0.128 168	0.024 326	0.069 225	0.063 662
	桂林	0.036 455	0.128 168	0.176 983	0.212 381	0.104 858
	河池	0.007 240	0.096 230	0.053 533	0.460 532	0.150 096
	贺州	0.002 411	0.128 168	0.030 331	0.103 908	0.098 375
	来宾	0.006 005	0.128 168	0.032 258	0.412 291	0.128 144

续表

省（区）	指标	居住出行				
		房地产开发投资额	人均绿地面积	旅游总收入	每万人拥有民用汽车数	每万人享有公路里程
	正负	正	正	正	正	正
	单位	亿元	平方米/人	亿元	辆/万人	里/万人
广西	柳州	0.047 965	0.125 445	0.080 030	0.423 371	0.010 073
	钦州	0.009 665	0.122 408	0.045 724	0.374 873	0.083 357
	梧州	0.008 011	0.084 293	0.044 123	0.123 046	0.085 758
	玉林	0.022 349	0.101 257	0.075 934	0.160 772	0.098 375
贵州	贵阳	0.124 710	0.126 911	0.341 729	0.531 669	0.307 066
	安顺	0.012 153	0.097 382	0.139 083	0.278 334	0.307 066
	毕节	0.025 479	0.177 173	0.116 579	0.238 037	0.191 190
	六盘水	0.009 416	0.148 691	0.035 830	0.278 334	0.196 504
	铜仁	0.014 293	0.086 283	0.093 926	0.336 718	0.330 639
	遵义	0.041 681	0.149 110	0.209 932	0.191 261	0.210 988
安徽	安庆	0.019 692	0.138 220	0.110 917	0.179 361	0.155 718
	蚌埠	0.065 201	0.123 246	0.044 824	0.187 847	0.104 571
	亳州	0.039 032	0.081 047	0.030 543	0.156 588	0.101 453
	池州	0.010 162	0.112 461	0.021 100	0.373 807	0.243 425
	滁州	0.051 832	0.263 351	0.036 857	0.166 843	0.166 715
	阜阳	0.062 700	0.122 932	0.030 360	0.170 527	0.063 046
	淮北	0.013 578	0.167 016	0.016 786	0.207 658	0.072 812
	淮南	0.023 461	0.193 194	0.029 170	0.161 063	0.095 072
	黄山	0.014 952	1.000 000	0.091 763	0.256 565	0.204 526
	六安	0.035 653	0.112 461	0.063 247	0.190 737	0.163 022
	马鞍山	0.031 425	0.150 576	0.047 197	0.253 109	0.121 333
	铜陵	0.015 061	0.137 487	0.027 937	0.261 804	0.035 698
	芜湖	0.055 536	0.132 565	0.110 066	0.247 686	0.119 630
	宿州	0.031 223	0.127 016	0.026 861	0.147 423	0.100 057
	合肥	0.189 255	0.224 503	0.271 946	0.412 821	0.094 805
	宣城	0.022 500	0.139 686	0.048 552	0.258 039	0.230 766

续表

省(区)	指标	居住出行				
		房地产开发投资额	人均绿地面积	旅游总收入	每万人拥有民用汽车数	每万人享有公路里程
	正负	正	正	正	正	正
	单位	亿元	平方米/人	亿元	辆/万人	里/万人
广东	深圳	0.259 571	0.164 817	0.130 386	0.498 162	0.000 000
	潮州	0.008 061	0.129 738	0.042 102	0.535 111	0.076 382
	东莞	0.085 291	0.511 728	0.088 613	0.614 161	0.020 537
	佛山	0.176 684	0.112 461	0.129 015	0.579 431	0.020 988
	河源	0.027 160	0.041 780	0.049 075	0.189 080	0.207 275
	惠州	0.107 420	0.261 675	0.079 532	0.422 228	0.113 372
	江门	0.054 709	0.178 220	0.089 277	1.000 000	0.086 106
	揭阳	0.013 224	0.133 403	0.052 611	0.131 084	0.044 007
	茂名	0.020 388	0.137 068	0.059 227	0.568 740	0.110 131
	梅州	0.026 444	0.170 052	0.080 612	0.185 561	0.168 028
	清远	0.033 526	0.153 298	0.056 696	0.402 346	0.258 442
	汕头	0.043 818	0.151 204	0.080 641	0.190 795	0.022 710
	汕尾	0.010 444	0.133 194	0.022 972	0.107 569	0.069 659
	韶关	0.022 999	0.122 932	0.070 531	0.199 753	0.223 676
	阳江	0.017 548	0.129 005	0.048 114	0.550 678	0.163 541
	云浮	0.010 348	0.125 026	0.046 284	0.117 151	0.120 451
	湛江	0.038 557	0.138 534	0.076 263	0.119 966	0.119 630
	肇庆	0.025 228	0.166 387	0.055 506	0.228 219	0.138 608
	中山	0.075 788	0.184 817	0.051 663	0.499 932	0.028 067
	广州	0.328 498	0.170 681	0.660 586	0.333 314	0.016 731
	珠海	0.080 912	0.199 372	0.066 432	0.689 072	0.028 473
海南	海口	0.073 269	0.118 743	0.046 171	0.661 962	0.101 634
	三亚	0.066 767	0.153 403	0.073 472	0.405 370	0.084 220
	儋州	0.012 468	0.152 775	0.001 788	0.340 480	0.079 234
江苏	常州	0.058 178	0.143 351	0.173 678	0.505 553	0.074 674
	淮安	0.036 779	0.136 545	0.064 534	0.156 032	0.104 867
	连云港	0.033 359	0.142 827	0.083 108	0.171 550	0.104 146

续表

省(区)	指标	居住出行				
		房地产开发投资额	人均绿地面积	旅游总收入	每万人拥有民用汽车数	每万人享有公路里程
	正负	正	正	正	正	正
	单位	亿元	平方米/人	亿元	辆/万人	里/万人
江苏	南京	0.263 746	0.152 670	0.396 075	0.557 875	0.050 289
	南通	0.074 090	0.170 052	0.111 673	0.359 132	0.096 355
	苏州	0.280 253	0.144 084	0.425 192	0.550 501	0.043 259
	泰州	0.035 378	0.096 754	0.058 789	0.288 960	0.078 885
	无锡	0.146 039	0.148 168	0.318 130	0.440 600	0.043 164
	宿迁	0.029 478	0.150 157	0.045 916	0.161 024	0.082 939
	徐州	0.065 413	0.156 859	0.121 142	0.263 812	0.071 203
	盐城	0.051 808	0.121 885	0.057 702	0.166 311	0.106 157
	扬州	0.048 758	0.155 602	0.144 948	0.237 847	0.082 117
	镇江	0.041 697	0.189 948	0.149 642	0.299 791	0.074 446
江西	抚州	0.014 417	0.158 010	0.065 023	0.104 469	0.142 731
	赣州	0.037 520	0.100 628	0.144 622	0.155 337	0.126 860
	吉安	0.012 747	0.170 995	0.143 244	0.159 870	0.186 684
	景德镇	0.005 518	0.150 995	0.095 932	0.179 999	0.111 444
	九江	0.018 350	0.139 267	0.271 203	0.147 794	0.119 691
	南昌	0.096 047	0.115 602	0.219 596	0.342 990	0.119 691
	萍乡	0.006 308	0.139 267	0.086 284	0.147 794	0.119 691
	上饶	0.017 504	0.139 267	0.270 162	0.186 007	0.010 657
	新余	0.002 853	0.139 267	0.050 270	0.260 301	0.119 691
	宜春	0.024 861	0.139 267	0.111 008	0.147 794	0.119 691
	鹰潭	0.008 016	0.139 267	0.064 108	0.288 582	0.144 892
宁夏	固原	0.012 055	0.239 581	0.005 011	0.363 521	0.291 948
	石嘴山	0.002 199	0.204 188	0.003 510	0.256 757	0.268 701
	吴忠	0.008 874	0.202 513	0.005 225	0.414 027	0.322 371
	银川	0.048 905	0.165 026	0.029 692	0.663 883	0.104 366
	中卫	0.007 016	0.269 319	0.006 152	0.202 357	0.275 296

续表

省（区）	指标	居住出行				
		房地产开发投资额	人均绿地面积	旅游总收入	每万人拥有民用汽车数	每万人享有公路里程
	正负	正	正	正	正	正
	单位	亿元	平方米/人	亿元	辆/万人	里/万人
辽宁	鞍山	0.018 975	0.104 921	0.070 348	0.367 451	0.121 148
	本溪	0.004 838	0.153 403	0.052 761	0.208 597	0.024 414
	朝阳	0.007 063	0.116 545	0.029 335	0.189 861	0.190 082
	大连	0.068 814	0.110 366	0.233 413	0.447 316	0.084 096
	丹东	0.010 478	0.104 921	0.057 931	0.225 088	0.162 550
	抚顺	0.006 601	0.104 921	0.051 278	0.263 704	0.131 981
	阜新	0.002 796	0.118 743	0.015 609	0.265 501	0.160 170
	葫芦岛	0.010 126	0.104 921	0.033 508	0.226 180	0.136 658
	锦州	0.012 277	0.134 450	0.034 826	0.250 755	0.121 148
	辽阳	0.006 187	0.113 508	0.035 722	0.248 776	0.084 588
	盘锦	0.009 834	0.126 073	0.039 383	0.208 597	0.121 148
	沈阳	0.098 912	0.139 686	0.119 927	0.490 823	0.054 942
	铁岭	0.007 002	0.070 262	0.023 464	0.208 597	0.154 364
	营口	0.015 049	0.115 602	0.042 219	0.293 985	0.068 093
内蒙古	呼和浩特	0.034 389	0.186 073	0.036 544	0.445 058	0.341 902
	阿拉善	0.000 085	0.172 670	0.022 071	0.680 026	0.341 902
	巴彦淖尔	0.003 938	0.186 073	0.009 423	0.309 012	0.271 696
	包头	0.018 829	0.407 958	0.091 596	0.429 658	0.136 269
	赤峰	0.016 970	0.186 073	0.047 087	0.445 058	0.251 385
	鄂尔多斯	0.028 639	0.186 073	0.068 372	0.513 132	0.460 937
	呼伦贝尔	0.014 080	0.186 073	0.110 300	0.445 058	0.440 872
	通辽	0.005 840	0.186 073	0.028 385	0.445 058	0.276 004
	乌海	0.002 429	0.200 419	0.010 981	0.540 287	0.341 902
	乌兰察布	0.002 480	0.186 073	0.026 590	0.445 058	0.341 902
	锡林郭勒	0.002 333	0.186 073	0.066 849	0.460 241	0.341 902
	兴安	0.001 832	0.186 073	0.015 020	0.264 484	0.323 786

续表

省(区)	指标	居住出行				
		房地产开发投资额	人均绿地面积	旅游总收入	每万人拥有民用汽车数	每万人享有公路里程
	正负	正	正	正	正	正
	单位	亿元	平方米/人	亿元	辆/万人	里/万人
青海	海东	0.003 653	0.117 696	0.007 317	0.212 673	0.252 123
	西宁	0.042 646	0.117 696	0.045 069	0.212 673	0.253 724
山东	滨州	0.013 517	0.098 010	0.027 113	0.521 753	0.168 623
	德州	0.028 933	0.000 000	0.033 299	0.390718	0.023 040
	东营	0.024 216	0.103 770	0.029 910	0.390 718	0.169 997
	菏泽	0.035 916	0.103 770	0.027 659	0.390 718	0.108 674
	济南	0.149 772	0.115 602	0.176 807	0.624 355	0.076 607
	济宁	0.048 952	0.103 770	0.125 064	0.253 001	0.090 661
	莱芜	0.006 435	0.086 283	0.011 638	0.390 718	0.131 734
	聊城	0.034 208	0.103 770	0.033 356	0.390 718	0.128 288
	临沂	0.049 486	0.103 770	0.073 386	0.390 718	0.110 254
	青岛	0.161 673	0.103 770	0.299 298	0.546 947	0.110 254
	日照	0.022 206	0.238 220	0.056 580	0.372 047	0.111 875
	泰安	0.019 765	0.103 770	0.137 789	0.390 718	0.107 115
	威海	0.033 421	0.103 770	0.108 305	0.551 553	0.097 226
	潍坊	0.061 217	0.103 770	0.141 138	0.390 718	0.118 378
	烟台	0.066 336	0.103 770	0.175 096	0.564 389	0.116 778
	枣庄	0.020 382	0.103 770	0.035 688	0.390 718	0.078 803
	淄博	0.029 332	0.208 796	0.110 758	0.525 722	0.102 499
甘肃	白银	0.003 485	0.152 461	0.010 887	0.303 895	0.151 040
	定西	0.003 985	0.152 461	0.004 555	0.303 895	0.151 040
	嘉峪关	0.005 043	0.152 461	0.009 608	0.539 802	0.151 040
	金昌	0.002 762	0.231 414	0.002 396	0.266 192	0.121 640
	酒泉	0.003 987	0.137 696	0.043 958	0.311 162	0.627 447
	兰州	0.052 472	0.152 461	0.082 683	0.607 770	0.151 040
	陇南	0.008 536	0.152 461	0.012 095	0.303 895	0.239 280
	平凉	0.007 723	0.152 461	0.019 191	0.212 502	0.151 040

续表

省(区)	指标	居住出行				
		房地产开发投资额	人均绿地面积	旅游总收入	每万人拥有民用汽车数	每万人享有公路里程
	正负	正	正	正	正	正
	单位	亿元	平方米/人	亿元	辆/万人	里/万人
甘肃	庆阳	0.005 770	0.152 461	0.019 257	0.303 895	0.151 040
	天水	0.007 741	0.067 749	0.037 937	0.303 895	0.126 113
	武威	0.006 988	0.152 461	0.010 723	0.303 895	0.289 401
	张掖	0.006 270	0.152 461	0.027 926	0.434 109	0.151 040
河北	保定	0.062 785	0.133 194	0.173 732	0.306 432	0.076 956
	沧州	0.030 747	0.133 194	0.028 856	0.306 432	0.081 162
	承德	0.018 525	0.133 194	0.124 227	0.306 432	0.123 302
	邯郸	0.057 704	0.133 194	0.115 736	0.268 460	0.041 135
	衡水	0.024 141	0.133 194	0.023 790	0.306 432	0.041 135
	廊坊	0.092 080	0.140 733	0.067 347	0.306 432	0.089 799
	秦皇岛	0.020 233	0.133 194	0.119 614	0.386 353	0.041 135
	石家庄	0.151 109	0.133 194	0.181 126	0.456 389	0.041 135
	唐山	0.043 421	0.158 639	0.106 622	0.454 367	0.088 179
	邢台	0.023 862	0.133 194	0.042 944	0.289 265	0.096 652
	张家口	0.047 444	0.092 461	0.126 607	0.306 432	0.183 025
吉林	白城	0.003 562	0.189 529	0.012 886	0.285 465	0.236 470
	白山	0.001 361	0.178 010	0.027 871	0.232 636	0.223 709
	吉林	0.007 743	0.178 010	0.145 731	0.346 573	0.075 705
	辽源	0.001 888	0.178 010	0.008 322	0.209 302	0.166 674
	四平	0.006 017	0.178 010	0.010 704	0.333 039	0.075 705
	松原	0.003 232	0.178 010	0.024 961	0.279 418	0.187 949
	通化	0.007 221	0.178 010	0.034 734	0.186 985	0.129 375
	延边	0.007 975	0.113 298	0.073 256	0.234 664	0.075 705
	长春	0.069 689	0.247 016	0.295 308	0.412 046	0.004 267
黑龙江	大庆	0.006 017	0.080 000	0.025 217	0.197 446	0.159 083
	大兴安岭	0.000 000	0.080 000	0.011 034	0.197 446	1.000 000
	哈尔滨	0.060 026	0.154 241	0.214 636	0.335 069	0.101 309

省(区)	指标	居住出行				
		房地产开发投资额	人均绿地面积	旅游总收入	每万人拥有民用汽车数	每万人享有公路里程
	正负	正	正	正	正	正
	单位	亿元	平方米/人	亿元	辆/万人	里/万人
黑龙江	鹤岗	0.000 924	0.080 000	0.007 959	0.175 363	0.424 111
	黑河	0.001 228	0.080 000	0.014 163	0.197 446	0.273 214
	鸡西	0.002 528	0.080 000	0.011 382	0.207 566	0.245 620
	佳木斯	0.006 333	0.080 000	0.003 054	0.197 446	0.185 630
	牡丹江	0.006 017	0.080 000	0.027 212	0.197 446	0.159 493
	七台河	0.000 270	0.080 000	0.012 864	0.197 446	0.560 605
	齐齐哈尔	0.005 944	0.080 000	0.020 788	0.197 446	0.141 808
	双鸭山	0.001 933	0.080 000	0.001 609	0.197 446	0.250 708
	绥化	0.007 075	0.080 000	0.012 864	0.197 446	0.077 326
	伊春	0.000 926	0.080 000	0.019 813	0.115 795	0.380 350
河南	安阳	0.033 768	0.109 319	0.079 010	0.209 783	0.112 367
	鹤壁	0.010 199	0.109 319	0.017 201	0.408 942	0.112 367
	焦作	0.014 243	0.109 319	0.069 805	0.209 783	0.112 367
	开封	0.033 241	0.109 319	0.087 570	0.228 317	0.112 367
	洛阳	0.045 560	0.109 319	0.190 021	0.209 783	0.112 367
	漯河	0.010 563	0.135 602	0.006 751	0.208 495	0.112 367
	南阳	0.025 335	0.109 319	0.050 437	0.168 266	0.112 367
	平顶山	0.025 600	0.109 319	0.030 122	0.209 783	0.112 367
	濮阳	0.018 246	0.109 319	0.003 512	0.292 151	0.112 367
	三门峡	0.015 198	0.154 660	0.054 225	0.209 783	0.112 367
	商丘	0.032 606	0.109 319	0.004 619	0.209 783	0.112 367
	新乡	0.046 221	0.109 319	0.047 365	0.209 783	0.090 523
	信阳	0.052 404	0.109 319	0.035 570	0.152 901	0.135 263
	许昌	0.023 607	0.109 319	0.018 739	0.209 783	0.087 319
	郑州	0.408 230	0.109 319	0.217 839	0.209 783	0.112 367
	周口	0.026 344	0.109 319	0.020 239	0.209 783	0.112 367
	驻马店	0.034 097	0.109 319	0.032 915	0.254 698	0.112 367

省(区)	指标	居住出行				
		房地产开发投资额	人均绿地面积	旅游总收入	每万人拥有民用汽车数	每万人享有公路里程
	正负	正	正	正	正	正
	单位	亿元	平方米/人	亿元	辆/万人	里/万人
湖南	邵阳	0.020 519	0.120 524	0.059 929	0.236 729	0.119 815
	常德	0.023 704	0.134 974	0.065 425	0.161 008	0.155 574
	郴州	0.027 460	0.159 895	0.082 990	0.156 248	0.172 069
	衡阳	0.021 083	0.166 911	0.103 099	0.245 475	0.114 809
	怀化	0.016 948	0.150 052	0.070 929	0.120 946	0.165 914
	娄底	0.008 819	0.136 230	0.045 144	0.151 263	0.152 148
	湘潭	0.020 957	0.190 157	0.101 973	0.415 037	0.108 100
	益阳	0.014 408	0.149 110	0.042 292	0.337 909	0.157 626
	永州	0.013 621	0.145 026	0.073 569	0.123 527	0.166 879
	岳阳	0.018 660	0.176 649	0.077 426	0.173 259	0.184 625
	张家界	0.005 215	0.139 895	0.113 298	0.159 764	0.235 710
	长沙	0.181 024	0.247 749	0.323 082	0.531 273	0.244 450
	株洲	0.027 460	0.216 126	0.082 990	0.156 248	0.212 486
湖北	鄂州	0.003 492	0.203 560	0.009 152	0.086 450	0.141 274
	黄冈	0.034 502	0.144 188	0.035 876	0.101 545	0.192 011
	黄石	0.018 938	0.195 079	0.020 642	0.133 109	0.108 490
	荆门	0.011 409	0.178 953	0.029 335	0.172 413	0.202 515
	荆州	0.028 885	0.179 476	0.046 721	0.116 134	0.171 618
	十堰	0.008 023	0.175 079	0.078 566	0.158 499	0.330 557
	随州	0.004 563	0.153 508	0.413 278	0.143 199	0.167 145
	武汉	0.326 486	0.176 754	0.513 919	0.464 851	0.188 072
	咸宁	0.007 566	0.167 749	0.052 669	0.157 735	0.169 115
	襄阳	0.040 844	0.181 780	0.061 454	0.185 144	0.211 784
	孝感	0.021 292	0.182 932	0.026 778	0.085 314	0.135 650
	宜昌	0.023 990	0.181 047	0.129 711	0.263 445	0.302 747

续表

省(区)	指标	居住出行				
		房地产开发投资额	人均绿地面积	旅游总收入	每万人拥有民用汽车数	每万人享有公路里程
	正负	正	正	正	正	正
	单位	亿元	平方米/人	亿元	辆/万人	里/万人
直辖市	天津	0.271 426	0.112 251	0.648 000	0.357 292	0.038 216
	上海	0.468 733	0.076 021	0.819 916	0.287 507	0.025 707
	重庆	0.483 751	0.163 037	0.604 553	0.356 737	0.190 790
	北京	0.455 285	0.161 675	1.000 000	0.504 369	0.036 689

附录表10　　　　　　　　　　文化教育无量纲化处理

省(区)	指标	文化教育				
		专利申请总量	义务教育巩固率	每万人在校大学生数	每万人在校高中生数	每十万人拥有图书馆、博物馆数
	正负	正	正	正	正	正
	单位	个	%	人/万人	人/万人	个/十万人
山西	大同	0.007 804	0.928 923	0.053 322	0.374 206	0.081 243
	晋城	0.001 850	0.928 741	0.080 583	0.182 791	0.053 763
	晋中	0.009 477	0.910 698	0.490 914	0.113 331	0.069 295
	临汾	0.004 039	0.928 923	0.090 397	0.146 283	0.105 137
	吕梁	0.003 652	0.909 787	0.135 636	0.136 653	0.075 269
	朔州	0.001 780	0.910 698	0.105 293	0.225 822	0.081 243
	太原	0.019 755	0.928 923	0.954 793	0.911 651	0.090 800
	忻州	0.003 286	0.928 923	0.070 589	0.126 667	0.080 048
	阳泉	0.005 577	0.910 698	0.135 681	0.135 290	0.089 606
	运城	0.009 982	0.928 923	0.087 630	0.126 536	0.096 774
	长治	0.005 793	0.928 923	0.079 276	0.142 355	0.084 827
陕西	安康	0.003 856	0.928 923	0.070 337	0.166 674	0.156 511
	宝鸡	0.006 438	0.928 558	0.085 909	0.136 335	0.072 879
	汉中	0.003 985	0.928 923	0.102 310	0.154 067	0.060 932
	商洛	0.008 137	0.910 698	0.100 508	0.140 068	0.077 658

续表

省（区）	指标	文化教育				
		专利申请总量	义务教育巩固率	每万人在校大学生数	每万人在校高中生数	每十万人拥有图书馆、博物馆数
	正负	正	正	正	正	正
	单位	个	％	人/万人	人/万人	个/十万人
陕西	铜川	0.001 242	0.928 923	0.062 947	0.134 469	0.130 227
	渭南	0.007 035	0.910 698	0.021 205	0.156 353	0.014 337
	西安	0.435 863	0.928 741	0.716 910	0.188 596	0.170 848
	咸阳	0.016 651	0.910 698	0.061 839	0.163 641	0.021 505
	延安	0.005 497	0.928 923	0.061 811	0.215 641	0.135 006
	榆林	0.013 274	0.928 923	0.061 811	0.132 910	0.109 916
四川	巴中	0.006 336	0.910 698	0.091 496	0.197 116	0.048 984
	成都	0.612 521	0.922 909	0.453 038	0.294 956	0.031 063
	达州	0.011 558	0.928 923	0.078 348	0.477 215	0.032 258
	德阳	0.038 789	0.928 923	0.080 168	0.075 582	0.060 932
	广安	0.011 198	0.921 633	0.102 310	0.190 742	0.046 595
	广元	0.008 622	0.928 923	0.112 980	0.121 814	0.070 490
	乐山	0.013 059	0.928 923	0.134 969	0.072 353	0.105 137
	泸州	0.016 926	0.928 194	0.137 357	0.129 943	0.074 074
	眉山	0.003 195	0.928 923	0.077 474	0.106 808	0.068 100
	绵阳	0.058 189	0.928 923	0.033 307	0.229 135	0.059 737
	南充	0.014 635	0.928 923	0.071 995	0.141 412	0.057 348
	内江	0.012 225	0.921 633	0.130 841	0.082 021	0.020 311
	攀枝花	0.014 667	0.928 558	0.184 137	0.522 225	0.074 074
	遂宁	0.002 652	0.928 923	0.152 776	0.331 380	0.132 616
	雅安	0.008 648	0.928 923	0.064 461	0.086 874	0.143 369
	宜宾	0.016 544	0.928 194	0.074 743	0.211 927	0.063 321
	资阳	0.005 518	0.927 100	0.064 461	0.437 768	0.026 284
	自贡	0.012 903	0.887 006	0.134 752	0.086 874	0.028 674
西藏	拉萨	0.003 926	0.919 810	0.091 496	0.117 671	0.077 658

省（区）	指标	文化教育				
		专利申请总量	义务教育巩固率	每万人在校大学生数	每万人在校高中生数	每十万人拥有图书馆、博物馆数
	正负	正	正	正	正	正
	单位	个	%	人/万人	人/万人	个/十万人
新疆	克拉玛依	0.003 507	0.928 923	0.058 495	0.048 612	0.083 632
	吐鲁番	0.076 319	0.927 283	0.129 436	0.175 587	0.101 553
	乌鲁木齐	0.032 324	0.928 923	0.748 452	0.231 524	0.035 842
云南	保山	0.002 410	0.928 558	0.041 130	0.140 852	0.088 411
	昆明	0.090 652	0.928 923	0.663 101	0.421 903	0.075 269
	丽江	0.002 264	0.857 846	0.023 845	0.122 318	0.099 164
	临沧	0.001 931	0.910 698	0.025 206	0.000 000	0.077 658
	普洱	0.002 280	0.927 100	0.032 884	0.093 677	0.074 074
	曲靖	0.004 760	0.925 278	0.034 461	0.186 953	0.023 895
	玉溪	0.008 148	0.928 194	0.015 383	0.165 125	0.087 216
	昭通	0.002 139	0.928 923	0.021 394	0.129 215	0.020 311
浙江	杭州	0.137 191	0.923 273	0.460 085	1.000 000	0.117 085
	湖州	0.154 564	0.928 923	0.083 557	0.349 774	0.121 864
	嘉兴	0.050 680	0.911 974	0.248 760	0.097 140	0.034 648
	金华	0.024 891	0.928 741	0.078 916	0.082 805	0.074 074
	丽水	0.058 248	0.928 923	0.092 226	0.072 428	0.112 306
	宁波	0.333 642	0.917 988	0.290 079	0.091 307	0.034 648
	衢州	0.043 947	0.928 923	0.041 616	0.096 458	0.048 984
	绍兴	0.060 012	0.928 923	0.169 186	0.223 153	0.052 569
	台州	0.150 600	0.928 923	0.093 794	0.199 795	0.088 411
	温州	0.247 028	0.927 829	0.080 916	0.152 872	0.065 711
	舟山	0.019 249	0.928 923	0.189 255	0.109 057	0.039 427
福建	厦门	0.078 567	0.928 923	0.309 472	0.417 013	0.050 179
	龙岩	0.035 126	0.928 923	0.053 268	0.194 746	0.083 632
	南平	0.011 660	0.810 461	0.080 808	0.125 594	0.077 658
	宁德	0.017 550	0.903 955	0.028 991	0.185 059	0.074 074

续表

省（区）	指标	文化教育				
		专利申请总量	义务教育巩固率	每万人在校大学生数	每万人在校高中生数	每十万人拥有图书馆、博物馆数
	正负	正	正	正	正	正
	单位	个	％	人/万人	人/万人	个/十万人
福建	莆田	0.018 625	0.928 923	0.057 549	0.250 562	0.008 363
	泉州	0.253 370	0.928 923	0.125 542	0.190 164	0.020 311
	三明	0.022 718	0.903 408	0.082 764	0.235 257	0.108 722
	漳州	0.053 181	0.824 130	0.120 838	0.160 972	0.041 816
	福州	0.137 202	0.928 923	0.363 407	0.192 488	0.065 711
广西	南宁	0.016 569	0.920 357	0.151 658	0.198 796	0.046 595
	百色	0.009 407	0.920 357	0.122 433	0.549 802	0.095 579
	北海	0.016 569	0.920 357	0.116 648	0.150 931	0.009 558
	崇左	0.016 569	0.920 357	0.183 623	0.198 796	0.057 348
	防城港	0.009 428	0.920 357	0.029 288	0.116 803	0.077 658
	贵港	0.006 965	0.920 357	0.515 696	0.466 492	0.019 116
	桂林	0.052 063	0.920 357	0.336 642	0.096 822	0.063 321
	河池	0.010 316	0.920 357	0.043 689	0.198 796	0.062 127
	贺州	0.003 302	0.920 357	0.040 634	0.310 335	0.040 621
	来宾	0.004 507	0.920 357	0.049 330	0.242 499	0.026 284
	柳州	0.053 058	0.477 675	0.065 353	0.204 461	0.194 743
	钦州	0.009 079	0.462 183	0.046 374	0.207 662	0.005 974
	梧州	0.010 880	0.887 006	0.096 966	0.131 268	0.039 427
	玉林	0.019 884	0.392 200	0.021 313	0.177 407	0.013 142
贵州	贵阳	0.075 555	0.423 364	0.650 999	0.377 789	0.054 958
	安顺	0.011 074	0.368 143	0.060 162	0.718 007	0.019 116
	毕节	0.005 696	0.908 876	0.049 871	0.320 050	0.008 363
	六盘水	0.022 119	0.762 894	0.046 591	0.305 483	0.016 726
	铜仁	0.002 738	0.797 704	0.107 807	0.435 733	0.029 869
	遵义	0.034 615	0.851 103	0.123 461	0.221 156	0.048 984

续表

省（区）	指标	文化教育				
		专利申请总量	义务教育巩固率	每万人在校大学生数	每万人在校高中生数	每十万人拥有图书馆、博物馆数
	正负	正	正	正	正	正
	单位	个	％	人/万人	人/万人	个/十万人
安徽	安庆	0.043 527	0.929 287	0.071 067	0.227 437	0.054 958
	蚌埠	0.024 746	0.928 923	0.167 105	0.260 678	0.033 453
	亳州	0.019 792	0.928 923	0.013 346	0.236 937	0.010 753
	池州	0.022 675	1.000 000	0.153 560	0.251 682	0.062 127
	滁州	0.053 854	0.877 164	0.109 844	0.284 756	0.050 179
	阜阳	0.055 214	0.410 242	0.034 254	0.249 340	0.010 753
	淮北	0.016 732	0.478 768	0.127 543	0.195 800	0.041 816
	淮南	0.028 565	0.737 015	0.194 527	0.202 632	0.028 674
	黄山	0.006 632	0.928 923	0.143 665	0.195 315	0.540 024
	六安	0.057 538	0.874 430	0.073 635	0.254 902	0.027 479
	马鞍山	0.054 031	0.928 923	0.211 677	0.245 961	0.023 895
	铜陵	0.014 258	0.923 638	0.196 339	0.210 751	0.032 258
	芜湖	0.155 118	0.928 923	0.400 626	0.355 494	0.020 311
	宿州	0.016 087	0.690 724	0.039 255	0.192 189	0.001 195
	合肥	0.329 533	0.923 638	0.702 212	0.251 365	0.047 790
	宣城	0.025 746	0.925 825	0.029 495	0.315 870	0.075 269
广东	深圳	0.952 133	0.928 923	0.063 731	0.266 362	0.635 603
	潮州	0.030 216	0.669 218	0.052 647	0.138 006	0.033 453
	东莞	0.436 750	0.000 000	0.122 064	0.135 841	1.000 000
	佛山	0.138 918	0.916 348	0.137 762	0.097 774	0.025 090
	河源	0.019 486	0.923 091	0.031 487	0.205 571	0.046 595
	惠州	0.163 384	0.690 177	0.049 979	0.290 943	0.015 532
	江门	0.096 251	0.414 981	0.105 392	0.219 607	0.025 090
	揭阳	0.027 526	0.705 668	0.011 643	0.316 560	0.011 947
	茂名	0.035 277	0.621 469	0.050 961	0.289 674	0.000 000
	梅州	0.013 403	0.443 412	0.046 582	0.208 530	0.037 037

续表

省(区)	指标	文化教育				
		专利申请总量	义务教育巩固率	每万人在校大学生数	每万人在校高中生数	每十万人拥有图书馆、博物馆数
	正负	正	正	正	正	正
	单位	个	%	人/万人	人/万人	个/十万人
广东	清远	0.022 073	0.140 878	0.021 087	0.224 581	0.046 595
	汕头	0.077 411	0.927 100	0.011 468	0.308 898	0.020 012
	汕尾	0.012 569	0.923 455	0.012 173	0.146 318	0.031 099
	韶关	0.018 722	0.928 923	0.111 529	0.131 231	0.064 229
	阳江	0.017 184	0.928 923	0.029 284	0.119 702	0.025 639
	云浮	0.009 756	0.928 923	0.027 044	0.125 143	0.040 514
	湛江	0.036 524	0.928 923	0.158 120	0.151 261	0.019 128
	肇庆	0.028 349	0.928 923	0.145 920	0.126 043	0.043 214
	中山	0.226 419	0.928 923	0.142 338	0.090 441	0.101 661
	广州	0.636 057	0.928 923	0.657 568	0.072 428	0.025 137
	珠海	0.111 155	0.928 923	0.692 484	0.118 421	0.048 961
海南	海口	0.016 797	0.826 134	0.575 623	0.119 917	0.019 606
	三亚	0.001 103	0.897 394	0.576 371	0.142 456	0.097 491
	儋州	0.000 855	0.801 349	0.589 791	0.149 848	0.014 432
江苏	常州	0.182 343	0.928 923	0.229 158	0.053 997	0.071 637
	淮安	0.089 883	0.928 741	0.121 808	0.092 216	0.009 940
	连云港	0.048 750	0.927 100	0.127 798	0.107 302	0.067 384
	南京	0.405 179	0.928 923	0.774 249	0.041 054	0.095 556
	南通	0.294 046	0.928 923	0.116 917	0.050 464	0.037 121
	苏州	0.611 112	0.928 923	0.177 626	0.025 841	0.049 558
	泰州	0.168 246	0.928 923	0.113 696	0.079 468	0.054 827
	无锡	0.280 654	0.928 923	0.149 155	0.052 652	0.108 375
	宿迁	0.059 463	0.927 100	0.030 476	0.112 137	0.002 748
	徐州	0.099 381	0.927 100	0.127 132	0.075 091	0.027 587
	盐城	0.167 138	0.923 455	0.071 816	0.081 648	0.022 700
	扬州	0.175 163	0.928 923	0.159 594	0.085 216	0.006 607
	镇江	0.180 014	0.928 923	0.221 563	0.048 372	0.074 289

续表

省（区）	指标	文化教育				
		专利申请总量	义务教育巩固率	每万人在校大学生数	每万人在校高中生数	每十万人拥有图书馆、博物馆数
	正负	正	正	正	正	正
	单位	个	％	人/万人	人/万人	个/十万人
江西	抚州	0.029 818	0.839 621	0.111 493	0.172 563	0.053 763
	赣州	0.078 718	0.913 249	0.085 744	0.156 734	0.037 109
	吉安	0.025 752	0.910 698	0.049 260	0.134 767	0.065 412
	景德镇	0.013 026	0.903 773	0.181 496	0.133 050	0.023 931
	九江	0.032 969	0.927 829	0.165 591	0.155 022	0.068 961
	南昌	0.098 715	0.928 923	1.000 000	0.136 007	0.047 097
	萍乡	0.017 114	0.928 923	0.054 237	0.124 463	0.050 119
	上饶	0.027 865	0.907 053	0.036 017	0.153 948	0.023 274
	新余	0.011 510	0.928 923	0.282 679	0.155 261	0.058 889
	宜春	0.028 317	0.928 923	0.062 856	0.148 869	0.033 226
	鹰潭	0.015 215	0.928 923	0.064 411	0.129 775	0.080 155
宁夏	固原	0.000 452	0.788 591	0.045 784	0.226 345	0.069 295
	石嘴山	0.010 993	0.894 842	0.095 173	0.134 469	0.047 563
	吴忠	0.005 760	0.867 870	0.017 923	0.134 794	0.158 280
	银川	0.023 138	0.967 195	0.405 597	0.185 514	0.079 319
	中卫	0.001 791	0.928 923	0.134 960	0.142 692	0.060 311
辽宁	鞍山	0.016 318	0.928 923	0.078 889	0.086 883	0.033 453
	本溪	0.004 249	0.920 722	0.215 732	0.083 029	0.109 916
	朝阳	0.003 388	0.874 248	0.024 972	0.188 372	0.058 542
	大连	0.073 759	0.923 455	0.425 895	0.098 045	0.035 842
	丹东	0.001 495	0.928 923	0.093 046	0.106 304	0.027 479
	抚顺	0.006 841	0.928 923	0.173 016	0.234 119	0.027 479
	阜新	0.015 780	0.928 923	0.170 917	0.102 664	0.039 427
	葫芦岛	0.005 556	0.928 923	0.254 437	0.204 601	0.022 700
	锦州	0.009 041	0.928 923	0.249 562	0.090 672	0.044 205
	辽阳	0.005 034	0.928 923	0.072 662	0.072 129	0.046 595

续表

省（区）	指标	文化教育				
		专利申请总量	义务教育巩固率	每万人在校大学生数	每万人在校高中生数	每十万人拥有图书馆、博物馆数
	正负	正	正	正	正	正
	单位	个	%	人/万人	人/万人	个/十万人
辽宁	盘锦	0.007 395	0.928 923	0.036 723	0.132 836	0.038 232
	沈阳	0.111 918	0.928 923	0.426 606	0.107 750	0.035 842
	铁岭	0.003 819	0.928 923	0.050 709	0.105 016	0.032 258
	营口	0.005 916	0.928 923	0.151 244	0.062 470	0.046 595
内蒙古	呼和浩特	0.019 271	0.928 923	0.682 702	0.374 719	0.048 984
	阿拉善	0.000 624	0.928 923	0.136 555	0.170 949	0.469 534
	巴彦淖尔	0.009 407	0.808 639	0.055 368	0.085 110	0.170 848
	包头	0.013 129	0.880 080	0.238 405	0.101 209	0.054 958
	赤峰	0.007 013	0.928 923	0.042 202	0.134 879	0.068 100
	鄂尔多斯	0.007 820	0.928 923	0.034 055	0.094 247	0.086 022
	呼伦贝尔	0.007 013	0.922 909	0.082 701	0.081 853	0.266 428
	通辽	0.007 013	0.801 895	0.086 161	0.158 033	0.041 816
	乌海	0.001 060	0.928 923	0.074 960	0.124 857	0.137 395
	乌兰察布	0.001 527	0.885 183	0.088 468	0.098 661	0.107 527
	锡林郭勒	0.001 350	0.928 923	0.072 995	0.143 474	0.283 154
	兴安	0.000 936	0.905 231	0.061 839	0.098 381	0.060 932
青海	海东	0.000 000	0.821 214	0.266 765	0.168 130	0.020 311
	西宁	0.000 000	0.928 923	0.278 111	0.143 512	0.084 827
山东	滨州	0.029 425	0.909 787	0.119 126	0.119 276	0.027 479
	德州	0.028 989	0.928 923	0.093 217	0.111 959	0.029 869
	东营	0.006 217	0.928 923	0.227 564	0.119 276	0.021 505
	菏泽	0.006 917	0.793 876	0.044 374	0.127 815	0.023 895
	济南	0.062 658	0.928 923	0.756 418	0.119 276	0.010 753
	济宁	0.014 016	0.892 473	0.115 206	0.101 806	0.007 168
	莱芜	0.002 124	0.925 278	0.064 875	0.156 978	0.143 369
	聊城	0.006 734	0.909 787	0.195 347	0.259 419	0.046 595

续表

省(区)	指标	文化教育				
		专利申请总量	义务教育巩固率	每万人在校大学生数	每万人在校高中生数	每十万人拥有图书馆、博物馆数
	正负	正	正	正	正	正
	单位	个	%	人/万人	人/万人	个/十万人
山东	临沂	0.009 821	0.892 473	0.227 564	0.119 276	0.046 595
	青岛	0.034 911	0.909 787	0.328 883	0.072 820	0.046 595
	日照	0.002 894	0.909 787	0.201 160	0.119 276	0.019 116
	泰安	0.009 504	0.145 617	0.196 906	0.172 152	0.084 827
	威海	0.044 404	0.909 787	0.317 222	0.057 561	0.081 243
	潍坊	0.102 275	0.909 787	0.158 859	0.128 981	0.013 142
	烟台	0.023 154	0.928 923	0.285 501	0.081 676	0.074 074
	枣庄	0.027 193	0.910 698	0.072 472	0.119 724	0.050 179
	淄博	0.030 549	0.909 787	0.212 578	0.119 276	0.161 290
甘肃	白银	0.005 282	0.822 672	0.051 340	0.202 734	0.064 516
	定西	0.004 340	0.835 794	0.013 806	0.182 129	0.056 153
	嘉峪关	0.002 447	0.858 939	0.051 340	0.185 087	0.083 632
	金昌	0.003 066	0.926 736	0.051 340	0.196 603	0.064 516
	酒泉	0.008 713	0.918 899	0.065 074	0.147 030	0.508 961
	兰州	0.041 537	0.858 939	0.989 596	0.758 434	0.108 722
	陇南	0.010 096	0.697 831	0.014 293	0.126 536	0.025 090
	平凉	0.010 096	0.928 923	0.027 026	0.185 106	0.106 332
	庆阳	0.010 096	0.850 374	0.051 340	0.240 418	0.137 395
	天水	0.010 096	0.858 939	0.111 547	0.240 418	0.011 947
	武威	0.004 405	0.920 175	0.000 000	0.155 513	0.080 048
	张掖	0.018 480	0.858 939	0.135 158	0.149 167	0.105 137
河北	保定	0.045 399	0.899 581	0.052 088	0.095 684	0.033 453
	沧州	0.026 601	0.899 581	0.079 907	0.091 708	0.010 753
	承德	0.007 503	0.874 248	0.174 359	0.095 684	0.025 090
	邯郸	0.025 956	0.857 846	0.114 620	0.095 684	0.011 947
	衡水	0.016 157	0.899 581	0.114 620	0.095 684	0.040 621

续表

省（区）	指标	文化教育				
		专利申请总量	义务教育巩固率	每万人在校大学生数	每万人在校高中生数	每十万人拥有图书馆、博物馆数
	正负	正	正	正	正	正
	单位	个	%	人/万人	人/万人	个/十万人
河北	廊坊	0.033 464	0.899 581	0.114 620	0.095 049	0.025 090
	秦皇岛	0.025 617	0.899 581	0.440 007	0.095 684	0.019 116
	石家庄	0.069 359	0.902 132	0.388 433	0.091 270	0.025 090
	唐山	0.035 723	0.890 468	0.134 536	0.095 684	0.034 648
	邢台	0.025 520	0.916 530	0.053 611	0.095 684	0.017 921
	张家口	0.006 352	0.899 581	0.032 496	0.105 641	0.026 284
吉林	白城	0.013 302	0.925 278	0.003 794	0.099 594	0.063 321
	白山	0.001 011	0.926 189	0.004 659	0.099 902	0.143 369
	吉林	0.011 047	0.926 189	0.082 178	0.087 854	0.063 321
	辽源	0.001 382	0.927 100	0.039 453	0.108 497	0.089 606
	四平	0.013 302	0.926 189	0.152 713	0.354 412	0.037 037
	松原	0.001 710	0.926 189	0.046 879	0.138 080	0.040 621
	通化	0.001 743	0.926 189	0.048 060	0.095 199	0.032 258
	延边	0.002 555	0.926 189	0.074 158	0.071 233	0.101 553
	长春	0.080 272	0.926 189	0.059 153	0.104 829	0.044 205
黑龙江	大庆	0.002 060	0.910 698	0.195 951	0.147 338	0.014 337
	大兴安岭	0.000 602	0.910 698	0.044 779	0.108 357	0.205 496
	哈尔滨	0.114 258	0.891 926	0.577 589	0.095 040	0.109 916
	鹤岗	0.002 060	0.910 698	0.218 526	0.108 357	0.023 895
	黑河	0.002 060	0.928 923	0.559 746	0.108 357	0.032 258
	鸡西	0.001 990	0.910 698	0.462 834	0.085 941	0.043 011
	佳木斯	0.003 206	0.910 698	0.114 918	0.108 357	0.058 542
	牡丹江	0.002 060	0.910 698	0.171 007	0.108 357	0.074 074
	七台河	0.002 060	0.910 698	0.125 461	0.116 980	0.016 726
	齐齐哈尔	0.002 060	0.928 923	0.087 035	0.065 447	0.016 726
	双鸭山	0.002 060	0.910 698	0.048 384	0.108 357	0.074 074
	绥化	0.002 060	0.910 698	0.125 461	0.108 357	0.074 074
	伊春	0.000 909	0.898 852	0.125 461	0.086 277	0.277 180

续表

省(区)	指标	文化教育				
		专利申请总量	义务教育巩固率	每万人在校大学生数	每万人在校高中生数	每十万人拥有图书馆、博物馆数
	正负	正	正	正	正	正
	单位	个	%	人/万人	人/万人	个/十万人
河南	安阳	0.013 069	0.910 698	0.110 421	0.119 350	0.034 648
	鹤壁	0.013 069	0.910 698	0.082 591	0.133 059	0.024 898
	焦作	0.024 418	0.910 698	0.196 167	0.157 133	0.041 744
	开封	0.010 273	0.910 698	0.161 067	0.171 503	0.087 849
	洛阳	0.057 301	0.928 923	0.185 684	0.144 041	0.017 826
	漯河	0.009 595	0.910 698	0.110 421	0.121 843	0.019 606
	南阳	0.032 588	0.910 698	0.071 642	0.119 831	0.022 533
	平顶山	0.017 641	0.910 698	0.110 421	0.139 993	0.014 576
	濮阳	0.009 224	0.910 698	0.031 313	0.019 397	0.034 014
	三门峡	0.004 453	0.910 698	0.060 505	0.131 346	0.061 780
	商丘	0.015 877	0.928 923	0.106 915	0.151 560	0.014 241
	新乡	0.048 002	0.910 698	0.236 294	0.128 379	0.008 757
	信阳	0.011 676	0.910 698	0.114 817	0.225 991	0.065 806
	许昌	0.066 703	0.928 923	0.090 536	0.087 846	0.038 674
	郑州	0.271 468	0.910 698	0.846 914	0.136 627	0.054 552
	周口	0.000 807	0.910 698	0.044 153	0.220 170	0.018 053
	驻马店	0.011 945	0.910 698	0.032 530	0.271 448	0.026 870
湖南	邵阳	0.016 802	0.917 623	0.038 523	0.213 162	0.013 971
	常德	0.018 754	0.923 455	0.071 259	0.167 640	0.088 211
	郴州	0.013 457	0.890 651	0.047 505	0.201 862	0.041 085
	衡阳	0.026 983	0.925 278	0.059 450	0.091 111	0.037 797
	怀化	0.009 412	0.876 253	0.073 057	0.181 192	0.106 082
	娄底	0.009 686	0.883 907	0.061 339	0.228 282	0.018 549
	湘潭	0.023 950	0.924 731	0.414 422	0.177 798	0.067 646
	益阳	0.004 443	0.868 599	0.059 450	0.160 130	0.043 011
	永州	0.014 737	0.850 556	0.039 841	0.219 604	0.020 757

续表

省（区）	指标	文化教育				
		专利申请总量	义务教育巩固率	每万人在校大学生数	每万人在校高中生数	每十万人拥有图书馆、博物馆数
	正负	正	正	正	正	正
	单位	个	%	人/万人	人/万人	个/十万人
湖南	岳阳	0.076 346	0.882 814	0.059 450	0.209 555	0.035 981
	张家界	0.001 759	0.908 876	0.188 337	0.172 333	0.073 859
	长沙	0.198 892	0.928 923	0.688 877	0.116 522	0.028 792
	株洲	0.013 457	0.890 651	0.047 505	0.201 862	0.041 085
湖北	鄂州	0.011 569	0.922 544	0.122 881	0.094 030	0.021 335
	黄冈	0.017 923	0.876 800	0.056 133	0.428 746	0.053 998
	黄石	0.006 293	0.883 361	0.215 901	0.012 592	0.060 740
	荆门	0.020 599	0.928 923	0.051 430	0.089 329	0.033 347
	荆州	0.023 218	0.928 741	0.098 706	0.140 886	0.004 994
	十堰	0.021 438	0.928 923	0.130 906	0.149 539	0.096 411
	随州	0.008 659	0.888 464	0.015 723	0.136 256	0.031 291
	武汉	0.267 068	0.925 278	0.778 453	0.162 618	0.001 214
	咸宁	0.017 404	0.875 159	0.137 519	0.173 593	0.054 032
	襄阳	0.053 063	0.920 357	0.073 863	0.202 873	0.030 314
	孝感	0.031 512	0.919 993	0.097 121	0.115 162	0.036 669
	宜昌	0.060 663	0.899 216	0.118 812	0.299 416	0.083 387
直辖市	天津	0.467 542	0.920 722	0.291 576	0.053 595	0.062 490
	上海	0.708 202	0.927 100	0.186 043	0.016 608	0.061 664
	重庆	0.349 217	0.925 825	0.213 048	0.137 919	0.041 279
	北京	1.000 000	0.928 923	0.235 374	0.025 796	0.100 333

附录表 11　　　　　　　　　　　安全健康无量纲化处理

省（区）	指标	安全健康				
		每十万人拥有卫生机构床位数	二级以上空气质量天数	城乡基本养老保险、基本医疗保险参保率	安全事故发生数	污水处理率
	正负	正	正	正	逆	正
	单位	张/十万人	天	%	个	%
山西	大同	0.009 948	0.745 763	0.184 378	0.106 792	0.860 000
	晋城	0.008 364	0.161 017	0.387 762	0.034 915	0.900 000
	晋中	0.007 637	0.233 051	0.264 005	0.045 779	0.939 600
	临汾	0.007 511	0.000 000	0.330 740	0.037 597	0.859 600
	吕梁	0.005 274	0.500 000	0.277 915	0.035 550	0.903 000
	朔州	0.007 311	0.483 051	0.292 846	0.315 521	0.972 600
	太原	0.014 923	0.199 153	0.264 544	0.031 366	1.000 000
	忻州	0.006 343	0.669 492	0.253 871	0.019 159	0.903 000
	阳泉	0.008 077	0.275 424	0.176 523	0.249 706	0.903 000
	运城	0.009 782	0.139 831	0.305 377	0.112 859	0.870 000
	长治	0.008 330	0.250 000	0.348 668	0.032 407	1.000 000
陕西	安康	0.009 485	0.470 339	0.299 621	0.230 467	0.840 000
	宝鸡	0.011 604	0.470 339	0.230 427	0.028 465	0.962 000
	汉中	0.011 182	0.597 458	0.337 936	0.031 706	0.840 000
	商洛	0.009 687	0.860 169	0.304 178	0.063 462	0.887 000
	铜川	0.013 223	0.483 051	0.193 432	0.249 706	0.840 000
	渭南	0.008 987	0.283 898	0.278 575	0.050 910	0.840 000
	西安	0.011 239	0.220 339	0.298 062	0.122 104	0.840 000
	咸阳	0.010 757	0.262 712	0.290 267	0.008 799	0.810 000
	延安	0.009 658	0.783 898	0.222 392	0.024 308	0.840 000
	榆林	0.010 111	0.665 254	0.233 725	0.035 766	0.840 000
四川	巴中	0.009 571	0.877 415	0.263 465	0.067 050	0.760 000
	成都	0.014 238	0.453 390	0.289 428	0.037 839	0.866 000
	达州	0.008 644	0.750 000	0.221193	0.040 164	0.057 600
	德阳	0.009 643	0.635 593	0.091 199	0.040 164	0.700 000

省（区）	指标	安全健康				
		每十万人拥有卫生机构床位数	二级以上空气质量天数	城乡基本养老保险、基本医疗保险参保率	安全事故发生数	污水处理率
	正负	正	正	正	逆	正
	单位	张/十万人	天	%	个	%
四川	广安	0.009 242	0.694 915	0.170 707	0.117 301	0.740 000
	广元	0.013 469	0.847 458	0.216 576	0.086 598	0.950 000
	乐山	0.011 453	0.635 593	0.192 772	0.054 675	0.780 600
	泸州	0.011 336	0.614 407	0.180 600	0.032 053	0.700 000
	眉山	0.010 747	0.597 458	0.253 871	0.078 586	0.650 000
	绵阳	0.012 630	0.707 627	0.498 509	0.049 627	0.700 000
	南充	0.014 058	0.682 203	0.225 930	0.040 164	0.700 000
	内江	0.010 475	0.627 119	0.186 416	0.040 164	0.700 000
	攀枝花	0.013 671	0.627 119	0.164 651	0.206 585	0.866 000
	遂宁	0.023 981	0.737 288	0.162 492	0.119 654	0.700 000
	雅安	0.013 593	0.741 525	0.156 736	0.011 217	0.700 000
	宜宾	0.018 450	0.563 559	0.183 298	0.045 080	0.700 000
	资阳	0.011 696	0.741 525	0.207 282	0.040 164	0.700 000
	自贡	0.011 590	0.427 966	0.056 482	0.040 164	0.700 000
西藏	拉萨	0.007 796	0.788 136	0.239 541	0.015 571	1.000 000
新疆	克拉玛依	0.005 960	0.851 695	0.614 772	0.038 332	0.906 400
	吐鲁番	1.000 000	0.521 186	0.133 531	0.005 064	0.906 400
	乌鲁木齐	0.023 850	0.478 814	0.570 821	0.008 256	0.906 400
云南	保山	0.008 518	0.978 814	0.315 630	0.015 077	0.860 000
	昆明	0.015 239	0.983 051	0.050 846	0.029 619	0.852 000
	丽江	0.000 984	0.991 525	0.346 210	0.206 585	0.762 000
	临沧	0.007 816	0.991 525	0.346 870	0.374 755	0.740 000
	普洱	0.007 082	0.991 525	0.346 870	0.013 899	0.740 000
	曲靖	0.007 977	0.991 525	0.309 215	0.206 585	0.738 400
	玉溪	0.009 212	0.991 525	0.321 327	0.108 741	0.738 400
	昭通	0.000 108	0.991 525	0.303 219	0.084 148	0.700 000

省(区)	指标	安全健康				
		每十万人拥有卫生机构床位数	二级以上空气质量天数	城乡基本养老保险、基本医疗保险参保率	安全事故发生数	污水处理率
	正负	正	正	正	逆	正
	单位	张/十万人	天	%	个	%
浙江	杭州	0.013 534	0.605 932	0.386 563	0.012 599	0.846 000
	湖州	0.009 760	0.521 186	0.312 752	0.004 282	0.857 800
	嘉兴	0.012 482	0.580 508	0.389 082	0.018 602	0.835 600
	金华	0.009 162	0.733 051	0.403 412	0.001 382	0.884 000
	丽水	0.008 050	0.898 305	0.141 386	0.032 053	0.915 000
	宁波	0.009 592	0.775 424	0.112 245	0.009 764	0.857 800
	衢州	0.008 927	0.796 610	0.408 269	0.028 190	0.898 400
	绍兴	0.008 898	0.741 525	0.430 454	0.031 033	0.872 600
	台州	0.007 520	0.915 254	0.196 070	0.020 892	0.870 600
	温州	0.007 008	0.542 373	0.186 596	0.018 784	0.857 800
	舟山	0.008 009	0.881 356	0.501 807	0.089 195	0.904 000
福建	厦门	0.006 105	0.991 525	0.398 076	0.029 176	0.915 200
	龙岩	0.011 087	0.949 153	0.289 248	0.064 149	0.800 000
	南平	0.010 066	0.571 186	0.134 311	0.055 704	0.799 200
	宁德	0.007 551	0.931 568	0.252 073	0.050 475	0.700 000
	莆田	0.008 473	0.331 483	0.077 109	0.035 336	0.800 000
	泉州	0.007 046	0.919 492	0.283 192	0.015 529	0.842 800
	三明	0.009 022	0.987 246	0.240 740	0.043 103	0.780 800
	漳州	0.007 386	0.389 831	0.075 250	0.033 140	0.786 600
	福州	0.007 395	0.927 966	0.173 645	0.022 517	0.823 200
广西	南宁	0.006 616	0.927 966	0.340 034	0.018 961	0.826 200
	百色	0.008 011	0.991 525	0.040 473	0.081 831	0.388 000
	北海	0.007 655	0.927 966	0.057 562	0.018 961	0.826 200
	崇左	0.006 308	0.927 966	0.210 160	0.023 332	0.826 200
	防城港	0.006 818	1.000 000	0.233 425	0.019 954	0.826 200

续表

省（区）	指标	每十万人拥有卫生机构床位数	二级以上空气质量天数	城乡基本养老保险、基本医疗保险参保率	安全事故发生数	污水处理率
	正负	正	正	正	逆	正
	单位	张/十万人	天	%	个	%
广西	贵港	0.004 694	0.927 966	0.177 302	0.018 961	0.826 200
	桂林	0.007 104	0.927 966	0.225 630	0.010 403	0.811 000
	河池	0.008 292	0.877 415	0.265 324	0.039 892	0.826 200
	贺州	0.005 829	0.927 966	0.229 647	0.018 961	0.701 200
	来宾	0.008 128	0.849 576	0.188 395	0.018 961	0.794 000
	柳州	0.009 826	0.762 966	0.154 877	0.029 770	0.894 000
	钦州	0.007 739	0.814 025	0.158 475	0.018 961	0.920 200
	梧州	0.007 487	0.855 763	0.047 069	0.049 214	0.720 000
	玉林	0.007 133	0.927 966	0.158 355	0.018 961	0.779 200
贵州	贵阳	0.010 934	0.928 475	0.092 339	0.020 742	0.900 000
	安顺	0.008 634	0.940 678	0.287 449	0.035 766	0.848 000
	毕节	0.005 818	0.928 475	0.283 971	0.031 199	0.761 000
	六盘水	0.010 172	0.911 441	0.168 848	0.037 839	0.740 000
	铜仁	0.009 908	0.942 373	0.239 421	0.052 726	0.600 000
	遵义	0.012 931	0.915 254	0.289 068	0.025 819	0.820 000
安徽	安庆	0.006 875	0.593 220	0.305 677	0.013 126	0.868 400
	蚌埠	0.007 851	0.419 619	0.174 244	0.052 260	0.990 200
	亳州	0.005 923	0.330 508	0.327 742	0.042 481	0.866 000
	池州	0.007 071	0.512 712	0.305 077	0.021 277	0.882 000
	滁州	0.006 940	0.419 492	0.201 226	0.019 483	0.934 200
	阜阳	0.008 038	2.415 254	0.011 452	0.019 159	0.866 000
	淮北	0.009 285	0.262 712	0.196 549	0.099 647	0.837 400
	淮南	0.007 965	0.343 220	0.221 073	0.006 160	0.949 600
	黄山	0.009 319	0.974 873	0.071 892	0.016 374	0.868 000
	六安	0.006 461	0.710 381	0.195 410	0.024 410	0.968 400

续表

省(区)	指标	安全健康				
		每十万人拥有卫生机构床位数	二级以上空气质量天数	城乡基本养老保险、基本医疗保险参保率	安全事故发生数	污水处理率
	正负	正	正	正	逆	正
	单位	张/十万人	天	%	个	%
安徽	马鞍山	0.006 502	0.472 203	0.144 024	0.063 462	0.900 400
	铜陵	0.008 526	0.558 814	0.252 972	0.069 402	0.840 000
	芜湖	0.009 080	0.512 712	0.233 545	0.018 602	0.871 200
	宿州	0.006 530	0.228 771	0.313 292	0.047 245	0.942 600
	合肥	0.010 295	0.398 305	0.231 446	0.011 446	0.840 000
	宣城	0.007 970	0.673 729	0.092 159	0.028 887	0.878 800
广东	深圳	0.005 530	0.957 627	0.531 187	0.001 579	0.936 000
	潮州	0.003 585	0.936 441	0.079 267	0.023 146	0.594 000
	东莞	0.005 676	0.733 051	0.457 017	0.003 705	0.924 000
	佛山	0.007 489	0.686 441	0.320 187	0.009 045	0.950 000
	河源	0.007 660	0.966 102	0.068 534	0.018 306	0.560 600
	惠州	0.007 875	0.923 729	0.332 419	0.016 955	0.924 000
	江门	0.008 173	0.653 178	0.270 360	0.010 064	0.824 000
	揭阳	0.004 653	0.914 534	0.215 137	0.041 003	0.000 000
	茂名	0.008 924	0.877 415	0.068 115	0.032 770	0.831 600
	梅州	0.006 532	0.991 864	0.171 066	0.096 420	0.939 200
	清远	0.006 990	0.788 136	0.196 250	0.009 781	0.630 000
	汕头	0.005 036	0.953 390	0.207 832	0.007 018	0.820 000
	汕尾	0.004 232	0.957 627	0.223 042	0.006 483	0.760 000
	韶关	0.009 498	0.838 983	0.162 491	0.004 375	0.741 600
	阳江	0.008 531	0.792 373	0.229 736	0.036 889	0.846 800
	云浮	0.006 365	0.877 119	0.223 524	0.017 525	0.548 000
	湛江	0.007 838	0.843 390	0.174 975	0.010 869	0.770 000
	肇庆	0.005 988	0.844 492	0.099 484	0.022 004	0.828 000
	中山	0.007 619	0.957 627	0.588 269	0.003 165	0.926 000
	广州	0.010 352	0.859 322	0.072 552	0.006 770	0.884 000
	珠海	0.008 756	0.822 034	0.037 883	0.011 240	0.927 200

省（区）	指标	安全健康				
		每十万人拥有卫生机构床位数	二级以上空气质量天数	城乡基本养老保险、基本医疗保险参保率	安全事故发生数	污水处理率
	正负	正	正	正	逆	正
	单位	张/十万人	天	%	个	%
海南	海口	0.011 884	0.949 153	0.107 116	0.101 342	0.900 000
	三亚	0.007 651	0.983 051	0.191 039	0.019 749	0.796 000
	儋州	0.007 911	0.970 339	0.157 982	0.040 164	0.824 000
江苏	常州	0.009 094	0.512 415	0.215 655	0.001 789	0.924 000
	淮安	0.009 657	0.508 475	0.198 491	0.013 697	0.874 000
	连云港	0.008 833	0.648 517	0.288 654	0.002 524	0.820 000
	南京	0.010 425	0.576 271	0.260 953	0.000 000	0.890 000
	南通	0.009 539	0.584 746	0.103 254	0.001 442	0.870 000
	苏州	0.010 373	0.563 475	0.027 611	0.004 986	0.904 000
	泰州	0.009 048	0.605 212	0.400 872	0.011 540	0.902 800
	无锡	0.010 712	0.504 703	0.287 550	0.007 807	0.900 000
	宿迁	0.008 500	0.419 492	0.157 081	0.011 040	0.780 200
	徐州	0.010 570	0.203 390	0.174 729	0.008 647	0.860 000
	盐城	0.008 918	0.699 576	0.071 334	0.001 789	0.780 000
	扬州	0.008 275	0.423 729	0.103 912	0.039 892	0.800 000
	镇江	0.007 762	0.563 475	0.187 428	0.017 741	0.870 800
江西	抚州	0.004 930	0.779 661	0.217 737	0.034 709	0.850 000
	赣州	0.007 547	0.926 907	0.243 580	0.013 311	0.453 400
	吉安	0.008 122	0.653 178	0.262 012	0.009 304	0.831 000
	景德镇	0.008 469	0.871 229	0.124 465	0.042 790	0.450 200
	九江	0.006 873	0.677 966	0.225 147	0.006 563	0.757 200
	南昌	0.009 857	0.741 525	0.206 561	0.017 313	0.872 000
	萍乡	0.009 500	0.419 492	0.126 654	0.074 637	0.757 200
	上饶	0.008 934	0.780 000	0.087 003	0.004 214	0.757 200
	新余	0.007 465	0.771 186	0.127 408	0.117 301	0.757 200
	宜春	0.007 681	0.752 161	0.222 235	0.099 647	0.892 200
	鹰潭	0.010 322	0.762 712	0.227 994	0.010 641	0.942 800

省（区）	指标	安全健康				
		每十万人拥有卫生机构床位数	二级以上空气质量天数	城乡基本养老保险、基本医疗保险参保率	安全事故发生数	污水处理率
	正负	正	正	正	逆	正
	单位	张/十万人	天	％	个	％
宁夏	固原	0.009 057	0.855 932	0.221 413	0.299 725	0.806 000
	石嘴山	0.009 474	0.533 898	0.086 112	0.181 497	0.933 400
	吴忠	0.007 932	0.694 915	0.184 019	0.142 521	0.780 000
	银川	0.012 606	0.461 864	0.065 969	0.052 726	0.904 000
	中卫	0.006 654	0.648 305	0.179 075	0.206 585	0.906 000
辽宁	鞍山	0.010 607	0.572 034	0.165 250	0.016 143	0.900 000
	本溪	0.012 506	0.805 085	0.436 210	0.006 507	0.945 000
	朝阳	0.008 496	0.644 068	0.355 384	0.004 967	1.000 000
	大连	0.013 005	0.728 814	0.320 787	0.016 143	0.920 000
	丹东	0.012 736	0.809 322	0.269 581	0.016 143	0.945 000
	抚顺	0.011 943	0.622 881	0.253 632	0.016 143	0.945 000
	阜新	0.010 187	0.694 915	0.163 871	0.016 143	0.963 600
	葫芦岛	0.008 633	0.521 186	0.221 553	0.127 317	0.945 000
	锦州	0.009 576	0.552 627	0.196 849	0.016 143	0.796 000
	辽阳	0.012 833	0.601 695	0.091 499	0.016 143	1.000 000
	盘锦	0.011 896	0.627 119	0.249 734	0.142 521	1.000 000
	沈阳	0.014 153	0.542 373	0.294 404	0.016 143	0.900 000
	铁岭	0.006 478	0.533 898	0.099 294	0.016 143	0.945 000
	营口	0.009 196	0.563 559	0.194 331	0.027 525	0.632 000
内蒙古	呼和浩特	0.009 446	0.656 780	0.146 663	0.009 211	0.869 000
	阿拉善	0.009 209	0.809 322	0.113 385	0.176 147	0.869 000
	巴彦淖尔	0.010 564	0.758 475	0.188 275	0.009 211	0.869 000
	包头	0.010 931	0.766 949	0.079 267	0.009 211	0.820 000
	赤峰	0.010 589	0.805 085	0.214 597	0.009 211	0.869 000
	鄂尔多斯	0.006 241	0.779 661	0.181 140	0.009 211	0.869 000

续表

省(区)	指标	每十万人拥有卫生机构床位数	二级以上空气质量天数	城乡基本养老保险、基本医疗保险参保率	安全事故发生数	污水处理率
		安全健康				
	正负	正	正	正	逆	正
	单位	张/十万人	天	%	个	%
内蒙古	呼伦贝尔	0.009 403	0.983 051	0.124 717	0.149 666	0.869 000
	通辽	0.009 987	0.796 610	0.239 841	0.009 211	0.869 000
	乌海	0.010 542	0.593 220	0.181 440	0.009 211	0.950 000
	乌兰察布	0.006 660	0.733 051	0.229 947	0.009 211	0.869 000
	锡林郭勒	0.008 063	0.766 949	0.174 544	0.009 211	0.869 000
	兴安	0.008 986	0.766 949	0.112 305	0.009 211	0.869 000
青海	海东	0.004 925	0.800 847	0.298 122	0.071 925	0.906 000
	西宁	0.014 162	0.724 576	0.134 431	0.055 185	0.906 000
山东	滨州	0.008 457	0.334 746	0.279 175	0.181 497	0.900 000
	德州	0.007 455	0.228 814	0.301 840	0.069 402	0.917 200
	东营	0.009 720	0.614 407	0.198 888	0.119 654	0.924 000
	菏泽	0.009 172	0.533 898	0.046 829	0.124 656	0.917 200
	济南	0.014 471	0.432 203	0.174 544	0.020 892	0.917 200
	济宁	0.009 622	0.432 203	0.417 623	0.089 195	0.920 000
	莱芜	0.008 623	0.555 085	0.207 522	0.206 585	0.960 000
	聊城	0.009 082	0.432 203	0.270 960	0.084 148	0.900 000
	临沂	0.009 082	0.432 203	0.268 502	0.060 856	0.917 200
	青岛	0.010 962	0.906 780	0.155 657	0.056 233	0.917 200
	日照	0.007 634	0.576 271	0.262 925	0.079 639	0.917 200
	泰安	0.009 327	0.550 847	0.285 770	0.076 561	0.917 200
	威海	0.010 688	0.822 034	0.434 891	0.249 706	0.917 200
	潍坊	0.009 082	0.631 356	0.420 681	0.036 659	0.917 200
	烟台	0.010 947	0.694 915	0.256 989	0.037 477	0.917 200
	枣庄	0.008 916	0.533 898	0.263 585	0.139197	0.400 000
	淄博	0.012 421	0.525 424	0.196 729	0.047 626	0.930 000

续表

省(区)	指标	安全健康				
		每十万人拥有卫生机构床位数	二级以上空气质量天数	城乡基本养老保险、基本医疗保险参保率	安全事故发生数	污水处理率
	正负	正	正	正	逆	正
	单位	张/十万人	天	%	个	%
甘肃	白银	0.007 976	0.745 763	0.281 693	0.399 764	0.850 800
	定西	0.009 621	0.772 458	0.327 862	0.108 741	0.850 800
	嘉峪关	0.010 074	0.771 186	0.034 777	0.599 843	0.850 800
	金昌	0.009 321	0.745 763	0.191 693	0.032 749	0.903 400
	酒泉	0.010 698	0.733 051	0.303 518	0.038 584	0.880 000
	兰州	0.014 025	0.772 458	0.122 858	0.034 709	0.850 800
	陇南	0.004 398	0.885 593	0.000 000	0.077 560	0.850 800
	平凉	0.009 802	0.855 932	0.332 719	0.029 176	0.850 800
	庆阳	0.006 771	0.772 458	0.009 114	0.032 229	0.850 800
	天水	0.010 839	0.750 000	0.048 388	0.080 720	0.850 800
	武威	0.008 949	0.754 237	0.274 917	0.132 993	0.900 000
	张掖	0.012 176	0.809 322	0.074 471	0.052 260	0.850 800
河北	保定	0.008 297	0.390 381	0.352 926	0.024 827	0.930 000
	沧州	0.008 163	0.262 712	0.070 933	0.068 600	0.930 000
	承德	0.009 254	0.690 678	0.259 268	0.015 750	0.930 000
	邯郸	0.008 819	0.390 381	0.069 554	0.015 750	0.930 000
	衡水	0.007 346	0.156 780	0.060 440	0.015 750	0.930 000
	廊坊	0.007 720	0.364 407	0.113 385	0.015 750	0.930 000
	秦皇岛	0.009 882	0.593 220	0.233 725	1.000 000	0.930 000
	石家庄	0.008 715	0.097 458	0.212 559	0.015 750	0.952 000
	唐山	0.008 976	0.326 271	0.242 959	0.009 833	0.930 000
	邢台	0.005 901	0.084 746	0.043 711	0.098 007	0.930 000
	张家口	0.009 073	0.669 492	0.263 525	0.112 859	0.930 000
吉林	白城	0.006 130	0.843 220	0.145 583	0.008 771	0.440 000
	白山	0.013 841	0.779 661	0.076 749	0.171 103	0.440 000

续表

省（区）	指标	安全健康				
		每十万人拥有卫生机构床位数	二级以上空气质量天数	城乡基本养老保险、基本医疗保险参保率	安全事故发生数	污水处理率
	正负	正	正	正	逆	正
	单位	张/十万人	天	％	个	％
吉林	吉林	0.010 491	0.576 271	0.078 008	0.006 690	1.000 000
	辽源	0.008 733	0.677 966	0.155 177	0.006 048	0.440 000
	四平	0.008 428	0.708 983	0.034 357	0.006 690	0.440 000
	松原	0.005 243	0.686 441	0.070 093	0.285 434	0.440 000
	通化	0.009 582	0.822 034	0.147 982	0.005 789	0.440 000
	延边	0.008 579	0.708 983	0.092 638	0.124 656	0.440 000
	长春	0.011 135	0.627 119	0.162 972	0.006 690	0.440 000
黑龙江	大庆	0.011 058	0.785 297	0.331 460	0.013 797	0.909 400
	大兴安岭	0.011 287	0.785 297	0.309 395	0.013 797	0.716 000
	哈尔滨	0.014 544	0.601 695	0.124 897	0.014 283	0.884 000
	鹤岗	0.015 885	0.785 297	0.050 067	0.119 654	0.716 000
	黑河	0.008 032	0.785 297	0.134 371	0.013 797	0.716 000
	鸡西	0.012 616	0.758 475	0.362 939	0.206 585	0.716 000
	佳木斯	0.010 847	0.785 297	0.197 449	0.013 797	0.716 000
	牡丹江	0.011 928	0.785 297	0.143 964	0.013 797	0.716 000
	七台河	0.008 333	0.785 297	0.331 460	0.013 797	0.716 000
	齐齐哈尔	0.009 620	0.792 373	0.047 069	0.013 797	0.716 000
	双鸭山	0.011 928	0.785 297	0.331 460	0.013 797	0.716 000
	绥化	0.011 928	0.785 297	0.331 460	0.013 797	0.400 000
	伊春	0.009 869	0.889 831	0.148 401	0.013 797	0.716 000
河南	安阳	0.009 905	0.283 898	0.195 230	0.034 505	0.944 600
	鹤壁	0.009 931	0.283 898	0.642 054	0.034 505	0.800 000
	焦作	0.011 260	0.190 678	0.100 824	0.146 006	0.944 600
	开封	0.010 039	0.389 831	0.234 145	0.034 505	0.944 600
	洛阳	0.011 580	0.347 458	0.245 193	0.034 505	0.944 600

省(区)	指标	安全健康				
		每十万人拥有卫生机构床位数	二级以上空气质量天数	城乡基本养老保险、基本医疗保险参保率	安全事故发生数	污水处理率
	正负	正	正	正	逆	正
	单位	张/十万人	天	%	个	%
河南	漯河	0.008 353	0.283 898	0.056 150	0.034 505	0.944 600
	南阳	0.007 084	0.453 390	0.072 792	0.749 902	0.944 600
	平顶山	0.009 905	0.385 593	0.255 923	0.034 505	0.944 600
	濮阳	0.009 552	0.343 220	0.285 024	0.034 505	0.944 600
	三门峡	0.010 051	0.385 593	0.072 281	0.080 720	0.944 600
	商丘	0.009 678	0.419 492	0.029 096	0.034 505	0.944 600
	新乡	0.010 508	0.397 966	0.079 322	0.171 103	0.944 600
	信阳	0.006 529	0.627 119	0.221 234	0.084 148	0.944 600
	许昌	0.007 474	0.398 305	0.292 963	0.034 505	0.940 000
	郑州	0.015 649	0.309 322	0.237 897	0.013 534	0.944 600
	周口	0.007 050	0.394 068	0.254 447	0.034 505	0.944 600
	驻马店	0.009 375	0.283 898	0.238 881	0.115 037	0.944 600
湖南	邵阳	0.007 928	0.694 915	0.051 966	0.013 218	0.824 000
	常德	0.009 331	0.622 225	0.386 898	0.080 720	0.940 000
	郴州	0.010 564	0.843 220	0.192 994	0.041 003	0.820 000
	衡阳	0.009 632	0.677 966	0.376 882	0.081 831	0.840 000
	怀化	0.010 576	0.851 123	0.178 594	0.108 741	0.820 000
	娄底	0.010 680	0.805 085	0.282 775	0.187 181	0.941 000
	湘潭	0.010 988	0.588 983	0.242 636	0.050 047	0.925 600
	益阳	0.008 913	0.745 953	0.315 950	0.272 442	0.820 000
	永州	0.010 599	0.653 157	0.310 388	0.122 104	0.820 000
	岳阳	0.000 000	0.750 000	0.007 574	0.119 654	0.846 000
	张家界	0.009 630	0.762 966	0.429 365	0.119 654	0.900 000
	长沙	0.015 823	0.567 797	0.159 890	0.019 549	0.826 000
	株洲	0.010 564	0.694 915	0.055 079	0.115 037	0.820 000

续表

省（区）	指标	安全健康				
		每十万人拥有卫生机构床位数	二级以上空气质量天数	城乡基本养老保险、基本医疗保险参保率	安全事故发生数	污水处理率
	正负	正	正	正	逆	正
	单位	张/十万人	天	%	个	%
湖北	鄂州	0.009 315	0.605 932	0.218 341	0.193 232	0.860 800
	黄冈	0.009 364	0.593 220	0.067 095	0.035 336	0.306 000
	黄石	0.010 396	0.615 004	0.348 477	0.025 369	0.844 000
	荆门	0.009 642	0.656 780	0.219 974	0.055 704	0.927 013
	荆州	0.008 856	0.614 407	0.207 141	0.029 176	0.840 000
	十堰	0.012 581	0.788 136	0.077 510	0.193 232	0.810 000
	随州	0.008 428	0.627 119	0.467 689	0.030 870	0.800 000
	武汉	0.014 230	0.538 136	0.087 895	0.026 645	0.920 000
	咸宁	0.009 403	0.687 182	0.192 723	0.030 076	0.880 000
	襄阳	0.010 769	0.466 102	0.454 738	0.026 049	0.846 000
	孝感	0.007 546	0.620 678	1.000 000	0.042 790	0.700 000
	宜昌	0.011 402	0.550 847	0.170 951	0.004 011	0.834 000
直辖市	天津	0.007 111	0.343 220	0.301 326	0.006 269	0.850 000
	上海	0.008 870	0.622 225	0.021 363	0.013 005	0.908 000
	重庆	0.011 215	0.741 525	0.204 903	0.006 269	0.860 000
	北京	0.009 204	0.415 254	0.082 675	0.010 156	0.840 000

4. 一级指标得分

附录表 12　　　　　　　　　　一级指标民生发展指数得分

省（区）	城市	一级指标民生发展指数得分
山西	大同	0.263 443 878
	晋城	0.269 775 476
	晋中	0.262 168 040
	临汾	0.237 168 508

续表

省（区）	城市	一级指标民生发展指数得分
山西	吕梁	0.253 107 389
	朔州	0.269 414 991
	太原	0.360 693 838
	忻州	0.228 550 833
	阳泉	0.261 768 302
	运城	0.250 181 544
	长治	0.254 038 893
陕西	安康	0.243 623 652
	宝鸡	0.246 249 984
	汉中	0.243 899 152
	商洛	0.249 912 518
	铜川	0.256 442 960
	渭南	0.222 466 000
	西安	0.363 883 753
	咸阳	0.221 981 687
	延安	0.266 559 584
	榆林	0.284 786 318
四川	巴中	0.274 654 049
	成都	0.372 962 561
	达州	0.212 646 173
	德阳	0.235 385 77
	广安	0.228 828 357
	广元	0.243 096 831
	乐山	0.237 120 21
	泸州	0.233 035 062
	眉山	0.219 700 031
	绵阳	0.231 286 286
	南充	0.219 049 253
	内江	0.221 443 817
	攀枝花	0.288 900 032
	遂宁	0.264 767 029

续表

省（区）	城市	一级指标民生发展指数得分
四川	雅安	0.225 073 262
	宜宾	0.246 235 83
	资阳	0.239 951 034
	自贡	0.221 106 645
西藏	拉萨	0.247 486 118
新疆	克拉玛依	0.295 031 364
	吐鲁番	0.315 545 253
	乌鲁木齐	0.361 036 278
云南	保山	0.235 293 645
	昆明	0.337 863 375
	丽江	0.238 131 827
	临沧	0.286 602 788
	普洱	0.243 596 373
	曲靖	0.266 834 247
	玉溪	0.256 422 941
	昭通	0.225 003 636
浙江	杭州	0.478 983 557
	湖州	0.322 687 463
	嘉兴	0.322 736 401
	金华	0.500 003 325
	丽水	0.279 751 466
	宁波	0.390 378 129
	衢州	0.297 139 972
	绍兴	0.351 456 358
	台州	0.313 679 046
	温州	0.312 836 033
	舟山	0.335 115 587
福建	厦门	0.372 163 942
	龙岩	0.318 790 604
	南平	0.272 884 865
	宁德	0.273 350 405

省（区）	城市	一级指标民生发展指数得分
福建	莆田	0.258 225 354
	泉州	0.324 822 81
	三明	0.305 637 559
	漳州	0.249 466 775
	福州	0.341 347 156
广西	南宁	0.266 021 486
	百色	0.222 529 272
	北海	0.216 646 324
	崇左	0.237 786 301
	防城港	0.253 805 067
	贵港	0.279 458 865
	桂林	0.272 862 054
	河池	0.246 196 234
	贺州	0.226 832 542
	来宾	0.243 822 209
	柳州	0.262 144 676
	钦州	0.220 807 264
	梧州	0.210 077 53
	玉林	0.211 664 819
贵州	贵阳	0.337 151 889
	安顺	0.267 398 418
	毕节	0.248 818 104
	六盘水	0.226 740 255
	铜仁	0.269 255 54
	遵义	0.291 335 902
安徽	安庆	0.251 156 633
	蚌埠	0.262 986 596
	亳州	0.223 407 619
	池州	0.277 299 618
	滁州	0.255 250 822
	阜阳	0.208 911 513

续表

省（区）	城市	一级指标民生发展指数得分
安徽	淮北	0.231 396 495
	淮南	0.239 671 651
	黄山	0.322 722 204
	六安	0.255 681 401
	马鞍山	0.280 692 637
	铜陵	0.269 822 328
	芜湖	0.309 715 397
	宿州	0.218 915 143
	合肥	0.357 435 951
	宣城	0.267 864 392
广东	深圳	0.530 593 552
	潮州	0.254 230 729
	东莞	0.413 450 376
	佛山	0.352 872 68
	河源	0.254 628 59
	惠州	0.329 153 735
	江门	0.306 064 271
	揭阳	0.227 493 95
	茂名	0.277 068 143
	梅州	0.262 976 898
	清远	0.235 340 915
	汕头	0.291 954 472
	汕尾	0.261 066 607
	韶关	0.264 639 106
	阳江	0.273 213 975
	云浮	0.255 919 742
	湛江	0.261 674 217
	肇庆	0.279 122 247
	中山	0.382 081 701
	广州	0.419 330 288
	珠海	0.395 763 475

省（区）	城市	一级指标民生发展指数得分
海南	海口	0.302 042 901
	三亚	0.309 941 727
	儋州	0.263 131 122
江苏	常州	0.349 680 983
	淮安	0.276 905 807
	连云港	0.273 433 084
	南京	0.414 205 428
	南通	0.321 464 092
	苏州	0.423 705 326
	泰州	0.295 855 073
	无锡	0.376 696 158
	宿迁	0.256 243 507
	徐州	0.285 632 395
	盐城	0.283 666 037
	扬州	0.295 160 91
	镇江	0.325 814 756
江西	抚州	0.254 701 394
	赣州	0.226 202 853
	吉安	0.250 006 058
	景德镇	0.238 475 177
	九江	0.247 634 05
	南昌	0.300 430 743
	萍乡	0.229 735 853
	上饶	0.231 427 068
	新余	0.275 803 764
	宜春	0.254 791 886
	鹰潭	0.274 829 193
宁夏	固原	0.239 309 851
	石嘴山	0.264 994 509
	吴忠	0.255 080 062
	银川	0.294 827 763
	中卫	0.251 736 186

省（区）	城市	一级指标民生发展指数得分
辽宁	鞍山	0.269 101 449
	本溪	0.284 142 291
	朝阳	0.243 316 958
	大连	0.334 816 168
	丹东	0.258 251 859
	抚顺	0.269 433 338
	阜新	0.247 369 47
	葫芦岛	0.236 874 555
	锦州	0.243 610 178
	辽阳	0.251 273 168
	盘锦	0.279 317 387
	沈阳	0.311 256 263
	铁岭	0.229 671 049
	营口	0.246 620 211
内蒙古	呼和浩特	0.319 369 425
	阿拉善	0.356 318 925
	巴彦淖尔	0.269 965 707
	包头	0.305 670 766
	赤峰	0.246 269 816
	鄂尔多斯	0.340 234 13
	呼伦贝尔	0.311 732 587
	通辽市	0.267 864 563
	乌海	0.322 052 582
	乌兰察布	0.247 406 523
	锡林郭勒	0.282 689 938
	兴安	0.235 026 662
青海	海东	0.244 708 638
	西宁	0.279 178 219
山东	滨州	0.296 097 642
	德州	0.260 798 543
	东营	0.318 264 398

省(区)	城市	一级指标民生发展指数得分
山东	菏泽	0.253 801 825
	济南	0.327 999 446
	济宁	0.280 386 594
	莱芜	0.286 560 589
	聊城	0.273 288 972
	临沂	0.271 514 26
	青岛	0.352 590 625
	日照	0.293 230 174
	泰安	0.263 459 018
	威海	0.353 330 296
	潍坊	0.307 147 104
	烟台	0.313 244 393
	枣庄	0.261 523 383
	淄博	0.314 374 996
甘肃	白银	0.249 539 972
	定西	0.232 107 974
	嘉峪关	0.331 419 39
	金昌	0.266 157 499
	酒泉	0.313 935 01
	兰州	0.352 674 029
	陇南	0.222 556 857
	平凉	0.235 001 573
	庆阳	0.237 271 184
	天水	0.217 190 394
	武威	0.256 548 918
	张掖	0.267 825 179
河北	保定	0.239 790 522
	沧州	0.237 892 932
	承德	0.253 023 794
	邯郸	0.247 411 676
	衡水	0.217 708 188

省（区）	城市	一级指标民生发展指数得分
河北	廊坊	0.273 497 304
	秦皇岛	0.316 521 316
	石家庄	0.275 933 759
	唐山	0.286 995 746
	邢台	0.213 107 973
	张家口	0.260 021 275
吉林	白城	0.239 220 65
	白山	0.257 696 856
	吉林	0.261 615 901
	辽源	0.243 222 842
	四平	0.225 832 817
	松原	0.236 043 53
	通化	0.220 334 199
	延边	0.241 804 584
	长春	0.271 470 467
黑龙江	大庆	0.263 904 447
	大兴安岭	0.303 809 603
	哈尔滨	0.288 061 702
	鹤岗	0.280 810 844
	黑河	0.272 576 922
	鸡西	0.283 700 816
	佳木斯	0.249 769 455
	牡丹江	0.254 396 626
	七台河	0.268 314 105
	齐齐哈尔	0.215 581 584
	双鸭山	0.257 393 151
	绥化	0.215 664 957
	伊春	0.269 573 253
河南	安阳	0.253 881 512
	鹤壁	0.284 705 353
	焦作	0.260 976 009

省（区）	城市	一级指标民生发展指数得分
河南	开封	0.276 617 209
	洛阳	0.248 843 918
	漯河	0.247 711 082
	南阳	0.239 413 639
	平顶山	0.247 119 458
	濮阳	0.240 238 724
	三门峡	0.266 000 268
	商丘	0.225 406 717
	新乡	0.246 767 719
	信阳	0.268 374 487
	许昌	0.257 013 334
	郑州	0.364 187 898
	周口	0.227 991 871
	驻马店	0.238 864 724
湖南	邵阳	0.233 085 582
	常德	0.265 251 331
	郴州	0.253 829 759
	衡阳	0.269 321 562
	怀化	0.228 652 552
	娄底	0.237 208 628
	湘潭	0.315 478 389
	益阳	0.274 148 799
	永州	0.234 543 562
	岳阳	0.265 621 291
	张家界	0.256 167 966
	长沙	0.383 752 347
	株洲	0.274 253 74
湖北	鄂州	0.297 895 946
	黄冈	0.234 605 109
	黄石	0.271 503 222
	荆门	0.270 984 277

续表

省（区）	城市	一级指标民生发展指数得分
湖北	荆州	0.264 487 397
	十堰	0.261 668 967
	随州	0.289 109 114
	武汉	0.393 592 177
	咸宁	0.280 622 879
	襄阳	0.287 501 687
	孝感	0.278 767 198
	宜昌	0.313 365 375
直辖市	天津	0.384 366 652
	上海	0.451 543 854
	重庆	0.367 489 733
	北京	0.481 100 614